ベルリン・オリンピック1936

NAZI GAMES The Olympics of 1936

ナチの競技

デイヴィッド・クレイ・ラージ◆著　高儀進◆訳

白水社

ベルリン・オリンピック1936 ナチの競技

カバー写真 © Bettmann / CORBIS
1936年8月8日、ベルリン・オリンピック、走り幅跳びのメダリストたち。
銅メダルの田島直人[日本、左]、
金メダルのジェシー・オーエンス[アメリカ、中央]、
銀メダルのルッツ・ロング[ドイツ、右]。

わが息子ジョシュア・ジョン・ヘンリー
および
わが娘アルマ・エズメラルダに

ベルリン・オリンピック1936 ナチの競技

目次

装幀◆日下充典

序章 古代ギリシア人への架け橋？

一九三六年七月二十日、正午きっかりに、粗いサージのミニスモックをまとった十五人のギリシアの乙女がオリンピアの古代の廃墟にしずしずと入ってきた。そして、ドイツのツァイス光学機器製造会社製のガラスの凹型反射鏡を使い、可燃素材の載っている薪束に、正午の陽光の熱を集中させた。それから乙女たちは、尖端の燃えている短い棒、松明《トーチ》を持って、女神ヘラの神殿の前を通り、アルティスの正面の火の祭壇のところに行った。アルティスとは、古代に競技が行われていたあいだ「オリンピックの火」が燃えていたとされる、聖なる囲われた場所である。そこで先頭の乙女が、ドイツからのもう一つの贈り物である、油の満ちた火桶にトーチで触れた。点火式のあいだ、一人の雄弁家が古代の楽器の演奏に合わせ、ピンダロスの『オリンピック讃歌』を朗誦した。[*1]

この芸術的な「幕間」のあと、国際オリンピック委員会（ＩＯＣ）の役員がピエール・ド・クーベルタン男爵からのメッセージを読み上げた。クーベルタンは当時七十三歳のフランス人で、一八九六年、約千五百年間行われなかった四年ごとの「オリンピック」の祭典の伝統を復活させた。クーベルタンはメッセージの中で、「何世紀にもわたって道を照らすことをやめず、その古《いにしえ》の解決法が今日でも変わらずに適用できる永遠のヘレニズム」[1]の精神を引き合いに出した。すると、現代の世界においてどの国家が「古の解決法」を最もよく適用することができるのかを示すかのように、ギリシア駐在のドイツ大使は、オリンピックの聖火は「わが総統アドルフ・ヒトラーおよび総統の全ドイツ国民に」[2]対する幾時代を超えた挨拶であると述べた。

大使の言わんとすることを強調するかのように、ドイツのブラスバンドがドイツ国歌を演奏し、そのあと、ナチ党の軍隊、突撃隊《シュトゥルムアプタイルング》（SA）の血に飢えた行進曲『ホルスト・ヴェッセルの歌』が演奏された。世界中から集まった若者による、「平和」で見事な運動の技倆を讃える荘重な儀式が、ナチ政権下のドイツの暴力的な気風を思い起こさせるものを含むことが適切かどうか疑った者はいなかったようだ。それどころか、現場にいたドイツの公式オリンピック新聞『オリュンピア新聞《ツァイトゥング》』の記者によれば、点火式は「遥か彼方のドイツにおいて、オリンピックの理念が最も栄光ある再度の目覚めを祝いつつある」[3]明白な証拠だった。

オリンピアの廃墟で蘇った聖火は、細身の少年の持つトーチに移され、少年はアテネのほうに向かって、その場をゆっくりと走り去り始めた。それが、叙事詩的な聖火リレーの開始だった。それから、三千人以上の聖火ランナーがトーチを掲げて七ヵ国を通って、最終目的地のベルリンのオリンピック・スタジアムに聖火を運んだ。

一九三六年の競技のあらゆる面同様、聖火リレーはドイツの組織委員によって、ずっと以前から計画されていた。委員たちは、先祖のプロイセンの軍人が軍事作戦を立てた時と同じように綿密な計画を立てた。一九三五年、ドイツ組織委員会の二人の委員は、聖火リレーのルートとなる道を車で下調べをした。道が舗装されていない個所や高い山道を越えねばならなかったので、骨の折れる仕事だった。そうやって前もって下調べをした結果、聖火の立案者たちは、各リレーランナーたちは約一キロ走ること、平均五分で走り十五分は越えてはならないことと決めた。全行程三千七十五キロを十二日で走ることになった。スピーチと儀式で中断されることを勘定に入れると、聖火は八月一日の午後四時ちょうどにベルリンのオリンピック・スタジアムに着く予定だった。

一九三六年のオリンピックの聖火リレーは、近代オリンピックのでっち上げられた伝統の中の「でっち上げられた伝統」だった。古代の競技には、そんな聖火リレーなどなかった。その点になれば、ベルリン・オリンピックに先立つ十回の公式近代夏季オリンピックのどれにもなかった。聖火リレーは、今日のような形のオリンピックにするのにナチのオリンピックが影響をおよぼした多くのものの一つに過ぎなかった。ところが、近年のわれわれにとってお馴染みの光景になった、本質的に無害なオリンピックの聖火リレーとは対照的に、ドイツが始めた聖火リレーは、間もなく始まる競技に対する関心を高めるだけのものではなかった。それは、ある理念上の非常に重い荷を負っていた。

最初はナチの宣伝省によって立案され、ドイツ組織委員会の疲れを知らぬ事務局長のカール・ディームによってもっぱら具体化された聖火リレーは、南東および中部ヨーロッパに新生ドイツを宣伝するものに変わった。その地域は、ナチの生活圏《レーベンスラウム》（ドイツ拡張主義のスローガン）を提唱する者が欲しがっていた地域だった――そして、やがてドイツの国内軍によって蹂躙された。オリンピアからベルリンに聖火を徒歩で運ぶという一見無害な行事は、その後のあからさまな侵略を予示するものだったのである。

同時に聖火リレーは、ヒトラーが構想した新生ドイツ帝国に華々しい系図を与えるかのように、現代のドイツと古代ギリシアのあいだの象徴的な架け橋を、ごくはっきりと、かつ誇示する形で渡すものになった。ディームによれば、オリンピックの聖火は現代のドイツ国家の純粋さを予示する古代の「純粋さの象徴」[4]だった。ディームは聖火リレーを、プロメテウスを巡る神話的な崇拝を再び呼び覚ますものと見ていた。プロメテウスは人類の生活を向上させるために神々から火を盗み、古代において、トーチのパレードによってその栄誉を讃えられた。だがディームは、そのイメージを少々誤解していた。彼は聖火リレーのロゴとして、ローマのコロンナ宮殿の浮き彫りを選んだのである。それは

「ゴールラインでのトーチ・ランナー」を表わしていると思ったのだ。ところが実際は、その「ランナー」は通常エロチックな愛と結びついている二人のプット（ルネサンスの絵画、彫刻での子供の像）だったのだ。

一九三六年の聖火リレーの最初の段階は、ペロポンネソス北部の荒涼たる地方からコリントに至るというものだった。ギリシア当局はオリンピアからトリポリスという山間の町まで新しい高速道路を造るつもりだったが、その計画はリレーまでには完成せず、ランナーの伴走車は、峠を蛇行する狭いでこぼこ道を走るのに非常な苦労をした。山間のその一帯にはほとんど人が住んでいなかったので、ランナーを前もって伴走車に乗せておかねばならなかった。そして、オペル社から提供された一台のIOCの公用車と、ドイツの放送記者とレニ・リーフェンシュタールの映画会社から派遣されたカメラマンを乗せた二台のバン以外の車は警備上の理由でそのルートから締め出された。カメラマンたちは、いまや有名になった、一九三六年のオリンピックを撮影したドキュメンタリー映画『オリンピア』のために聖火リレーを撮影していた。

　リーフェンシュタール自身、トーチの点火の場面と聖火リレーの最初の段階を撮影する際の監督として現地に姿を現わした。彼女は、車とスーツ姿のお偉方で一杯の点火現場が、自分の思っている古代オリンピアのイメージにまったくそぐわないことに悩んだ。また、彼女の目には、聖火ランナーたちは古代の競技者に似ていなかった。ぴったりとしたショーツしか身につけていなかった最初の若者以外、民族衣装をちゃんと着ていたギリシアのランナーたちは丘を登る際、大汗をかいた——白いレギンズ、フレアの短いスカート、長袖の黒っぽいチュニカ、細かい模様のブロケードのベスト。リーフェンシュタールとしては、古代オリンピアの競技者に敬意を表して素っ裸で走ってもらいたかったであろう。古代の競技者は、通常、色のついた油をたっぷりと体に塗っただけで、裸で競争した。リーフェンシュタールとそのチームは、少なくとも体格と物腰が、彼らの想像する古代の聖火ランナー――そんな者がいたとしてだが――に似ている一人のランナーをついに見つけた。すると、その若者は、アナトールというロシアからの移住者であるのがわかった。アナトールは、服を着ていてさえ撮影されるのを好まなかった。だが、ドイツ人たちはアナトールを説得し、彼が走るところを撮影した。結局彼は、ドイツ人たちと一緒にベルリンまで行き、『オリンピア』の撮影に協力した。(5)

聖火リレーはコリント湾を船で渡ってアテネに到着した。市長自身が市の中心を聖火を持って走ると言い張ったのだが、息を整えるために何度となく立ち止まったので、割り当てられた聖火時間の十五分を大幅に超過してしまった。聖火歓迎の式典はギリシアの国王、ゲオルギリス二世の臨席のもとにパンアテナイア・スタジアムで行われた。そこは、一八九六年に最初の近代オリンピックが催された場所だった。

ディームの発案で、聖火リレーはアテネから迂回してデルポイに向かった。そして、パルナッソス山にあるアポロの神殿のずっと上にある古代のスタジアムで、聖火を祝う儀式が再び執り行われた。その際ディームは、ピエール・ド・クーベルタン男爵が一九一四年に考案した、近代オリンピックの五輪のシンボルを大きな黒い石に刻んだ「小道具」を付け加えた。一九五〇年代の末、二人の英国の考古学者がその「工芸品」を偶然見つけ、それは五輪を考案したのはクーベルタンではなく古代ギリシア人だということを証明すると主張した。古代競技のある歴史家はその「発見」を取り上げ、「デルポイの祭壇で見つかった組み合わさった輪が、古代競技とはっきりと関連していた」(6)証拠としてその「発見」を引用した。

ギリシアでは、各村に止まるごとに、地元の雄弁家たちが、オリンピックの聖火リレーを考案してくれたことに対して、「新生ヘラ」から「新生ドイツ」に謝意を表した。第三帝国で出版された聖火リレーに関する本によれば、何人かのギリシアの村人は、聖火が通り過ぎる際、「ハイル・ヒト

ラー！」と叫びさえした。(7)

ドイツ側は、トーチのデザインを含め聖火リレー全般に深く関わった。ディームは古代ギリシア人の猿真似をしようとして最初、ナルセクスの茎を使う計画を立てた。それは、エフェソスの高地に生える茴香《ういきょう》に似た植物で、長時間、火を保つと言われていた。ところが、いろいろ試験をしてみると、ナルセクスの茎の火の保持力は、またしても古代の神話に過ぎないことがわかった。結局、ドイツ組織委員会はハイテクを選び、火が天候に左右されることのない、マグネシウムを燃やすものを考案するよう、ドイツの化学者に依頼した。そして委員会は、聖火のためのステンレススチールの取っ手を作ることを、有名な武器製造会社のクルップに委嘱した。のちにクルップは、その際に考案したものの一つを、エッセンの最新の溶鉱炉を点火するために使った。

聖火リレーがギリシアを出てブルガリアに入ったとき、ギリシア聖火リレー委員会の会長が、燃えているトーチをブルガリアの聖火リレー委員会の会長に渡した。ブルガリアでは、聖火ランナーが止まるごとに、手の込んだ祝典が催された。最も際立ったのはソフィアで、ギリシア正教会の神父が中央教会の前で、異教の火を祝福した。中央教会は、その日のためにナチの鉤十字《スヴァスティカ》の旗で飾られていた。

一九三六年のオリンピックのドイツの『公式記録』によれば、ブルガリアとユーゴスラヴィアとの国境で行われた聖火の引渡し式は「ブルガリアとユーゴスラヴィアの友情」の証《あかし》だった——その情緒的な絆には、関係者が期待したほどには両国の国民は気づいていなかったように思われる。背後では紛争が起こっていたのである。

ユーゴスラヴィアのあるコースでは、聖火の数本の具合が悪くなり、走者は伴走の車に一時避難して火を消さずに済んだ。聖火の一本が完全に消えた場合にそなえ、車の後部座席に予備の「オリンピックの火」があった。聖火が、初期のドイツ移民の子孫が住んでいる、ユーゴスラヴィアの二つの村を通ると、村人はその機を利用して、自分たちがドイツ人の血を受け継いでいることを祝った。新生ナチ帝国に忠誠を誓った者さえいた。

ハンガリーではリレー走者たちが平坦な土地を非常に速く走ったので、歓迎式典にたっぷり時間をかけることができた。果物で知られるケチケメート村では、杏《あんず》だけで作ったオリンピックの祭壇が市《いち》の広場を飾った。ジプシーの楽師たちは、さまざまな中継地で走者のためにセレナードを演奏した。ブダペストでは、ハンガリー系ジプシーのマジャール族の族長が特別の祝典を開いた。

オーストリア国境で、オーストリア・オリンピック委員会の会長テーオドール・シュミット博士が聖火を受け取り、最初の一キロを走った。彼はまったくオリンピックにふさわしくなく、太鼓腹で禿頭で、だぶだぶのトラックスーツを着ていた。聖火リレーの政治的象徴性は、ウィーンでその頂点に達した。二年前、オーストリアのナチは同国を牛耳ろうとしたが、首相のエンゲルベルト・ドルフースを殺害することができただけだった。オリンピックの聖火がウィーンの英雄広場に間もなくやってくることになったとき、地元のナチは『ホルスト・ヴェッセルの歌』（ナチ党の党歌。別名『旗を高く掲げよ』。ホルスト・ヴェッセルは作詞者）を歌って「ドイツ帝国と一体になる」希望を表明した。夜の帷《とばり》が下り、聖火ランナーがとうとう広場に駆け込んでくると、「ハイル・ヒトラー！」という大歓声が上がった。それは、二年ほどのち、まさにその広場に入ってきた総統を迎えた熱狂的歓迎を予告していた。ナチの示威運動者たちはオーストリア大統領ヴィルヘルム・ミクラス（彼は反ナチだった）の話を大声で黙らせ、次に、副首相のエルンスト・リューディガー・フォン・シュターレンベルクに注目した。彼は環状道路の次の中継地点まで、かまびすしい群衆のあいだを抜けて聖火を運ぶのにひどく苦労した。「環状道路に着いたとき」とシュターレンベルクはのちに書いている、「群衆のあいだをどうしても抜けられないと感じた。通り道はいっそう狭まった。街灯の光が、憎しみに満ち、喚き、歪んだ無数の顔を照らしていた[8]」。

ドイツの『公式報告』は微妙な表現で、その光景をこう伝えた。「オリンピックの火のウィーンへの到着は、まったく予期しなかった規模の凱旋行列の形をとった[9]」。宣伝相のヨーゼフ・ゲッベルスはウィーンでの示威運動が、一九三六年のオリンピックは「政治とはまったく無関係である」という、ドイツのなんとも腹黒い公式の立場を危うくすると考え、ドイツ国内の新聞に対し、オーストリアでの示威運動を派手に書き立てないこと、および、「オリンピックの火を政治目的に利用するのはきわめて遺憾である[10]」とコメントするように命じた。

オーストリア同様、聖火リレーは、そのコースになっているチェコの地域でも、チェコ在住のドイツ人の民族的誇りを掻き立てたが、反ドイツ的感情をも掻き立てた。宣伝省作成の聖火リレーを宣伝したポスターでは、数多くのドイツ人入植者が住んでいるチェコスロヴァキア西部のズデーテン地方は、すでにドイツ帝国に属していることになっていた（ズデーテン地方は一九三八年の悪名高いミュンヘン協定によってドイツに併合されるのだが）。チェコの愛国者は、そのポスターを「類のない挑発[11]」だとして非難した。自分たちが行き過ぎたらしいことを悟ったドイツ人は、間違いだったと言い訳をしてポスターを引っ込めた。そのおかげで聖火リレーは、ほとんどなんの事件もなく、計画通りチェコスロヴァキアを通過することができた。チェコの大統領エドヴァルト・ベネシュは個人的には聖火リレーを支持していたが、それが国民のあいだにあまりに凄まじい憎悪を掻き立てたので、聖火ランナーはスラヴ系住民の住む地方を通過する際には、同伴する警官に守ってもらわねばならなかった。ズデーテン地方ではそれと対照的に、ドイツ系の群衆はオリンピックの火を、あたかもベルリンから直接送られた狼煙《のろし》でもあるかのように歓迎した[12]。

「聖なる火」は、まさにスケジュール通り、七月三十一日午前十一時四十五分にドイツに到着した。

その時点で聖火のトーチを握っていた青年は、あとのどの走者とも同じように、細身で溌剌としていた。「われわれの誰もが超アーリア人でなければならなかった」と、ドイツの聖火ランナーの一人は五十年後に回想している。「碧眼金髪の者だけしか受け入れられなかった」(13)

そのあとのベルリンまでのコースは勝利の一周《ヴィクトリー・ラップ》に似ていた。聖火ランナーがザクセンの村々に入ると、ヒトラー青少年団《ユーゲント》のトランペット奏者たちが出迎えた。ドレスデンで、聖火はエルベ川の畔のケーニヒス通りに作られた特製の祭壇に移され、体操の演技、音楽の演奏、ドイツ体育協会の地元指導者による長たらしい演説があった。ブランデンブルク州のベルリンに近い地域にあるルッケンヴァルデでは、歓迎式典が戦没者記念碑の前で行われた。市長は、ドイツのオリンピック選手と、第一次世界大戦で祖国のために戦って死んだ兵士との相似点を挙げた。ルッケンヴァルトから大ベルリンとオリンピック・スタジアムまでは、ほんのわずかな道程《みちのり》だった。

聖火リレーはナチ・ドイツと古代ギリシアとの繋がりを象徴しているという、ドイツの組織委員の主張は、単なるこじつけの宣伝ではなかった。聖火リレーは、一九三六年の組織委員による、古代オリンピックの遺産を大々的に再生させようという大真面目な試みの一部だったのだ。ナチ政権下のドイツのオリンピック関係の役員や支持者は、近代オリンピックの平和な「フェア・プレイ」と国際的な相互理解という高邁な理念よりは、自由民のギリシアの男性のみが参加し、異教の神々を信仰し、血腥《なまぐさ》い格闘試合をし、闘技場での死を讃美し、勝利だけが価値のある成果であるとして勝利を恥ずかしげもなく祝う古代の競技のほうに、自分たちは精神的に近いと信じ込んでいたのだ。

ナチが一九三六年に古代オリンピックの遺産を勝手に利用したのは、現代ドイツの民族《フォルク》を古代ギリシア人の真の後継者に仕立て、二つの国民のあいだに人種的血縁関係があるとまで言い立てた、ヒトラーのドイツの大々的な企図に応ずるものだった。古代ギリシアとドイツ人は血の繋がりがあるというこの主張は、例えば、ヨハン・ヨーアヒム・ヴィンケルマン、エルンスト・クルツィウスのような学者、ヴォルフガング・フォン・ゲーテ、フリードリヒ・シラー、ハインリヒ・ハイネ等の過去のドイツの知識人たちが主張した、古代ギリシア文化との「精神的血縁関係」からは大きく逸脱したものだった。ギリシアとドイツのあいだに人種的類縁関係があるという想定は、よく知られている、文化面での「ドイツに対するギリシアの圧制」ではなく、ギリシアに対するドイツの圧制のようなものだった。ドイツは、古代ギリシア人は実はドイツ系だったと主張していたのだ。

ナチの宣伝者ヴィリー・ケーニッァーは、『オリンピア、一九三六年』と題した著書の中で、古代の競技の神話的な創設者ヘラクレスは、「古代ギリシアのドーリス人の北欧民族に属していて、ヘラクレスの最高の目標は「肉体と知能と魂の調和」だったと述べた。そして、その目標は、ヒトラーのもとのドイツ人が、頽廃し堕落したすべてのものに対する「精神的、身体的優越性」[14]を確立することによって実現したものにほかならないと論じた。古代ギリシアの熱烈な崇拝者だったヒトラー自身、北からギリシアに移住したドーリス族こそドイツ人の血を引いていると言い張った。[15]その結果総統は、ナチ・ドイツはオリンピック競技用の建物を含め、多くの公共建築物に新ドーリス建築様式を採用することによって、ドイツの人種的根源に還りつつあるのだと言った。同様にゲッベルスも、アーリア文化の発祥の地としてアクロポリスを讃えた。[16]ナチ体制の中心的なイデオロギー唱導者のアルフレート・ローゼンベルクは、中世ドイツの英雄叙事詩『ニーベルンゲンの歌』をホメロスの『イーリアス』と同等の価値のあるものとし、ギリシアの寺院の建築方法をゴシック様式の大聖堂の建築様式と同一のものとすることによって、ドイツとギリシアの類似性を証明しようとした。[17]

古代ギリシアに対するナチの賞讃の念を最も掻き立てたのは、ペリクレス（前四二九年没。古代アテネの政治家、将軍）の時代のアテネではなく、スパルタだった。スパルタは好戦的な都市国家で、ペロポンネソス戦争でアテネを征服しただけではなく、古代ギリシアの四大競技祭を独り占めし、わかっている限りのオリンピア祭典競技の優勝者の半分以上を生み出しもした。[18] ナチ時代のドイツの学者は、スパルタについての論文を次々に粗製乱造し、なかんずく、スパルタはまさしくドイツの前身だったということを「証明」しようとした。ナチは、その優れたスポーツ能力の面でスパルタ人を賞讃したけれども、一番大きな関心を寄せていたのは、スパルタ人の「人種衛生学」での先駆的な仕事だった。スパルタ人は、虚弱な、あるいは畸形の新生児を殺すことが「人種の健康」によってきわめて大事であることを示しはしなかっただろうか？　もちろん、スパルタ人はまた、降伏はせず死ぬまで戦うことで知られていた。カール・ディームは戦争とスポーツを関係づけようとして（現代のドイツ人はその関係を熟知していると彼は信じていた）、テルモピュライの戦い（前四八〇年、スパルタ軍はギリシアの山道、テルモピュライでペルシア軍に大敗した）でスパルタ人が壮絶な玉砕を遂げたことを何度も引き合いに出した。

ナチの理論家によれば、ギリシア帝国がついにその高貴な絶頂から墜ちたのは、古代ギリシア人（とりわけアテネ人）が人種混交を許すようになり、民主主義の実験を始めたせいなのだ――民主主義とは、市民権の基盤を広げ、その結果、少数派の貴族の権力を弱めた政体なのだ。ドイツの学校でギリシアの歴史を教える際、ギリシアの衰亡を、古代ギリシアの現代の後継者をもって自認するドイツ人にとっての教訓とするように、という指示をナチは出した。「ギリシア人の歴史は、中欧に発する。ギリシア人は人種的にわれわれに最も近い従兄弟であるのを強調しなくてはならない。南欧における階級闘争は、人種的憎悪に根差していた。アテネ同様、スパルタにおいても、市民は少数派に過ぎなかった。ところが、民主主義による階級差の撤廃と、その結果である、無制限の人種混交のせいで、ギリシアにおける北方人種の命運は尽きた」。[19] ナチはその轍を踏むことはないと、ヒトラーは明言した。
ナチ・ドイツは現代の古代ギリシア――その文化の人種規律と政治的厳しさの嘆かわしい喪失は除き――であるというイメージを作り出す政策の一環として、ヒトラー政府は、ドイツの研究者が一八七五年に始め、八一年に中止した、古代オリンピアでの考古学的な発掘計画を遂行することを引き受けた。ナチ・ドイツの帝国スポーツ指導者《ライヒスシュポルトフューラー》ハンス・フォン・チャンマー・ウント・オステンは一九三五年にオリンピアの遺跡を訪ねたあと、古代オリンピアの建築学的栄光を明るみに出すならば、ナチ・ドイツは「世界中のすべての進んだ文明国の賞讃を勝ち得、第三帝国の偉大さへの永遠の記念碑を打ち立てる」[20]ことができるとヒトラーに進言した。ヒトラーはその提案を喜んで受け入れ、ベルリン・オリンピックの開会式で、その計画を公式に発表した。

前述したように、ヒトラーのお気に入りの映画製作者レニ・リーフェンシュタールは、トーチの点火式のあいだオリンピアにいた。周囲の遺跡とアテネのアクロポリスの夢幻的映像が登場する奇怪なシーンが、映画『オリンピア』の導入部で大きく扱われている。映画は、ベルリン大会が終わったあと、ほぼ二年目に初公開された。聖火リレーと、「ヘレニズム期のスポーツ」と題した、ベルリン大会中に開かれた展示会同様、映画は、ナチが主張するヒトラーのドイツと古代ギリシアとの繋がりを、いっそう強化するのに役立った。結局のところ『オリンピア』は、「美しい肉体」に対する、長い視覚的頌歌となった。「美しい肉体」への信仰の根源は古代にあることが、この映画では示されている。ギリシアの運動美学と、ナチ・ドイツの運動美学が相等しいことが、きわめてあからさまに何度も提示される。例えば、この映画の導入部で、ミュロン（前五世紀のギリシアの彫刻家）作の円盤投げ選手が、ドイツの十種競技のチャンピオン、エルヴィーン・フーバーという現代の選手に次第に姿を変えてゆく。『オリンピア』は一九三八年に初公開されてから、世界中で数千回も上映された。当今の人間は、一九三六年のベルリン・オリンピックについてある程度「知る」場合、この歴史的スペクタクルを、もっぱらこの映画を通して見る傾向にある。

一九三六年のオリンピックについての考えを、主にリーフェンシュタールの映画か、もしくは、ジェシー・オーエンスがベルリンで四個の金メダルの最初のメダルを勝ち取ったあとヒトラーに「鼻であしらわれた」という伝説から得た人々に、本書は数多くの新しい見方を提供するだろう。私は本書を、近代オリンピック運動という大きな脈絡の中に置き、さらに、二十世紀前半のヨーロッパと世界を襲った政治的危機を背景にして執筆した。第三帝国についての記述は一般に、一九三六年のオリンピックをまったく無視するか、ほんのついでにそれに触れるかする傾きがある。しかし、オリンピックの祭典は、ナチの最初の大規模な国際的ショーだった――世界の舞台でのお目見えパーティーだった。国内的には、オリンピックはドイツ国民の心を摑むための、ナチ体制の「精神的動員」[21]の重要な部分だった。一九三三年三月五日の最後の「自由な」議会選挙では、五割以上の国民が、まだナチ党に投票しなかった。その時の選挙でヒトラー政権は、結果を自分たちにとって有利なものにしようと、テロリストの手段を用いた。本書で私は、一九三六年のオリンピックに、国家社会主義運動の歴史と、現代社会において持ってしかるべき重要性を与えようとした。

ナチのオリンピックは、もう少しで流れるところだった。ＩＯＣは一九三一年に、一九三六年の夏季オリンピックの開催地をベルリンに決めた。その時には、ベルリンはまだ議会制民主主義の首都だった。議会制民主主義は敵対勢力に囲まれてはいたが。ナチは一九三三年に権力を握る以前は、現代のオリンピック運動の理念に対し、軽蔑の念をしばしば表明した。世界平和と国際理解に貢献することを公言しているその理念は、ナチの世界観と真正面から衝突した。ヒトラーとその仲間が、オリンピックの招致国になるという考えをやがて受け入れることになったとき——そして、最大、最上のオリンピック大会を開くことも実際に約束したとき——参加をすることになりそうな多くの国は、なかんずくアメリカは、ドイツの招待に応ずることに深刻な懸念を表明した。国際的なボイコット運動は結局失敗したが、そのボイコット運動は、第三帝国の初期の頃のナチ・ドイツに対する世界の態度について、また、ヒトラー体制がボイコット運動をなんとか敗北させ、国内でのヒトラー体制を確固としたものにし、世界の舞台に堂々と歩み出ようとした際の内幕について、多くのことを語ってくれる。

あるオリンピック学者が言うところの、「最も議論の余地のあるオリンピック」[22]を招来した、あらゆる政治的内紛といがみ合いを考えると、一九三六年の運動競技そのものは、オリンピックを語る際、政治ドラマに席を譲る。しかしもちろん、実際の競技に触れずにオリンピックについての本を書くのはあまり意味がないので、さまざまな運動競技と、ショーの本当のスターである選手たち（アドルフ・ヒトラーがいるにもかかわらず）に、かなりの紙数を割いた。

選手たちは一九三六年に、数多くの世界記録、オリンピック記録を作り、観衆は近代オリンピック史上で今日まで最大の数になったが、報道においても類のない規模に達した。かつてないほどの数の記者（新聞と放送の）が訪れ、ベルリン大会は最初のテレビ生中継が行われた。ドイツ人は、聖火リレーを考え出したのに加え、結果として、その後、テレビ放映権の激しい争奪戦を引き起こすお膳立てをもしたのである——その競争は、オリンピック運動の財源確保という面で、やがて、競技場で起こる何にも増して目立つようになった。

一九三六年のオリンピックの話は一度ならず語られてきたが、私見によれば、これまで欠けているのは、現在見ることのできる厖大な量の専門的な二次的文献と、公文書館の大量の記録の両方に十分に注意を払った、一般読者のための総合的研究である。[23] 文書記録は、ボイコット運動に関して、さらに、ガルミッシュ＝パルテンキルヒェンでの冬季オリンピックの運営に関して、とりわけ多くのことを明かしている。その冬季オリンピックは、それに続くもっと大規模なベルリン大会のリハーサルとして役立った（それについて書かれたものは、さらに少ない）。根本資料は、一九三六年のオリンピックを巡る問題を、いっそう広く深く研究することを容易にしてくれるだけではなく、中心的な役割を果たした者たちの動機や考え方を知る興味深い手掛かりを提供してもくれる。神は――本書の場合、悪魔も――細部に宿るということを信じ、私は「役者」たちに、彼らの頭の中にあることを、かなり具体的に自ら語らせることにした。

公文書を渉猟し、公刊された多数の文献を詳しく調べることに加え、私は青春時代に自分の目で一九三六年のオリンピックを見た大勢の人から話を聞いた。また、ナチのオリンピックに関する場所の大半を調べてみることにもした。私はかつての帝国競技場《ライヒスシュポルトフェルト》の敷地を歩き、オリンピック・スタジアムを見て回り、マラソン・コースの大半を走り、ミューゲルゼー湖（漕艇競技が行われた場所）で舟をスカルで漕ぎ、ガルミッシュ＝パルテンキルヒェンの上のスキー場の丘でハイキングをし、デーベリッツのオリンピック村の廃墟を歩き回った。（私はオリンピック村の何が残っているのかを調べるため、不発弾に注意という警告の表示が花綱のように掛かっている防護柵を飛び越えねばならなかった。）

驚くには当たらないが、ベルリン大会からほぼ七十年――しかも、かなり波瀾に富んだ七十年――が経過した今では、オリンピック会場だった場所はだいぶ様変わりした。しかし、すべてが変わってしまったわけではない。ベルリンのオリンピック・スタジアムの外観は、一九三六年の時とほぼ同じだし、スタジアムを囲む旧帝国競技場を飾るナチ時代の彫像はそのままである。ガルミッシュ＝パルテンキルヒェンのスキージャンプのスタジアムにある石の門に刻まれた巨大な浮き彫りも、そのままである。ベルリンのオリンピック村の建物の大半はなくなってしまったが、ジェシー・オーエンスが泊まった宿舎は、今でも建っている。

一九三六年のベルリン大会の残存する建物は、今日でも多くのドイツ人が、オリンピック競技はヒトラーのドイツの「積極的な」面を反映していると信じている、ナチ時代のいくつかの事業の一つである（そうしたもののもう一つの例はアウトバーンである）。ベルリン・オリンピックに対するこうしたきわめて好意的な見方は、ベルリン・オリンピックはナチのイデオロギーにほとんど汚されることがなく、ナチの十二年に及ぶ悪夢のような支配の中での、束の間の寛容の精神と善意の現われ――「道義を重んじる行為」という一種のオアシス――だという、広く流布していた信念に支えられている。それが、一九八六年に、ドイツでのオリンピックの五十周年を記念してベルリンとガルミッシュ＝パルテンキルヒェンで行われた公式の祝典の主なテーマだった。その祝典は、当時の組織委員たちの技術的能力、革新的才能、大会の進行の秩序正しさと和気藹々《あいあい》ぶり、「今日の甘やかされたプロ選手」と対照的なオリンピック選手たちの「理想主義」に、やたらに懐古的に思いを巡らすものだった。[24] そうした場合、選手自身の多くも、ヒトラー体制がオリンピックを政治的目的のために、ともかくも「悪用」したという考えに激しく異論を唱えた。[25] 彼らの抗議はいくつかの保守的な新聞とスポーツ史家に取り上げられた。その一人、ヴィリ・クネヒトは、歴史家がヒトラー体制と一九三六年のオリンピックとを固く結びつけようとするのは、まったくの「無知」によると論じた。[26]

しかし、私見では、自国の歴史における、この興味津々たる一章について誤った考えをいつまでも抱いているのは、一九三六年のオリンピックの「聖火の管理人」だけではない。私は一九三六年のオリンピックについて同僚、友人、長い飛行機の旅で話相手になってくれた見知らぬ者と数多くの議論を重ねた結果、それについての世間での一般的な情報の量がごく少ないだけではなく、しばしば歪められ、まったく間違っていることにも気づいた。現代のオリンピックの歴史における一九三六年の大会の位置がどんなものなのかについては、評価がきわめて混乱している――ユダヤ人と、ほかの「帝国《ライヒ》にとっての敵」に対するナチの政策にベルリン大会が与えた影響、ベルリン大会の組織の質、ジェシー・オーエンスほかのアメリカの黒人選手が受けた扱い、アメリカの黒人選手の数々の優勝がドイツの人種偏見（さらにはアメリカの人種偏見）に与えた影響、ベルリン大会に対する国際的な報道機関の反応、ヒトラー政権に対するベルリン大会の宣伝価値について、そして最後に、レニ・リーフェンシュタールの映画と、第三帝国の指導者たちと彼女の関係についても。私は本書において新しい見方を提示するだけではなく、曖昧さを一掃することになるのも願っている。

章末注

＊1　そうしたギリシアの乙女の一人で、一九三六年には十二歳だったマリア・ホルスは、六十八年後、二〇〇四年のアテネ・オリンピックに先立って行われた点火式の監督をした。「私たちは自分たちの国のために非常に大事なことをするのです。戦《いくさ》に出る兵士のように」とホルスは二〇〇四年、乙女たちに向かって言った。「私たちは理念のための兵士でもあるのです(27)」

原注

（1）GOC, ed., *The Olympic Games Berlin 1936. Official Report*, 2 vols.（Berlin, 1936）, vol. 1, 518.（以下 *Official Report*）

（2）Hajo Bernett, Marcus Funck, and Helga Woggon, "Der Olymprsche Fackellauf 1936 oder die Disharmonie der Völker" *SZS* 10. Jg, Heft 2（1996）: 18 に引用されている。

（3）"Wir holen das Olympische Feuer," *Die Olympia-Zeitung*, 29.6.03.

（4）Carl Diem, ed., *Ewiges Olympia: Eine Quellensammlung antiker und moderner Texte*（Kastellaun, 1991）, 17.

（5）Leni Riefenstahl, *A Memoir*（New York, 1992）, 188-89.

（6）Richard Stanton, *The Forgotten Olympic Art Competitions*（Victoria, BC, 2000）, 160.

（7）Victor Kuron, *The Messengers of Peace from Olympia to Berlin*（Berlin, 1936）, 12.

（8）Ernst Rüdiger von Starhemberg, *Between Hitler and Mussolini*（London, 1942）, 244.

（9）*Official Report*, vol. 1, 528.

（10）Hans Bohrmann, ed., *NS-Presseanweisungen der Vorkriegszeit: Edition und Dokumentation, Band 4/II: 1936*（Munich, 1993）, 936.

（11）Bernett, Funck, and Woggon, "Der Olympische Fackellauf," 16.

（12）Marek Waic, "Die Beteiligung der Tschechoslowakai an den Olympischen Spielen im Jahre 1936 und die Sudeten-Deutschen in der tschecholslowakischen Representation,、*SZS*, 10. Jg, Heft 2（1996）: 37-38.

（13）"Ich trug das Olympische Feuer," *FAZ*, 1.8.86.

（14）Willi Könitzer, *Olympia 1936*（Berlin, 1 936）, 32.

（15）David Welch, *Propaganda and the German Cinema*（Oxford, 1983）, 115.

（16）*Berliner Morgenpost*, 9.7.36.

（17）Robert Cecil, The *Myth of the Master Race: Alfred Rosenberg dnd Nazi Ideology*（London, 1972）, 15.

（18）Arnd Krüger and Dietrich Ramba, "Athens or Sparta? Classical Greek Ideals and the 1936 Olympic Games," in Roland Renson, ed., *The Olympic Games through the Ages: Greek Antiquity and Its Impact on Modern Sport*（Athens, 1991）, 347-48.

（19）*Pädagogisches Zentralblatt*, Nr. 9/10, 1933, Ivone Kirkpatrick, *The Inner Circle*（London, 1 939）, 74 に引用されている。

（20）Der Reichssportführer. Abschrift zu RK. 10921, 1 1 . 12.35, R 43II/729, BAB.

（21）Richard Evans, *The Coming of the Third Reich*（New York, 2003）, 396.

（22）Allen Guttmann, *The Olympics. A History of the Modern Games*（Urbana, IL, 1992）, 53-71.

（23）一九三六年のオリンピックについて書かれた先駆的な著書は、Richard D. Mandell の *The Nazi Olympics*（New York, 1 971）［リチャード・マンデル著、田島直人訳『ナチのオリンピック』、一九七六年、ベースボール・マガジン社］で、一九八七年に新しい序文が付いて再刊された。英国の観点から生き生きと書かれた、同オリンピックに関する著書は、Duff Hart-Davis の *Hitler's Games: The 1936 Olympics*（London, 1986）［ダフ・ハート・デイヴィス著、岸本寛司訳『ヒトラーへの聖火』、一九八八年、東京書籍］である。どちらの著者も未刊行の資料をあまり利用していない。ドイツ語での一冊の本の分量の学問的研究に関しては、とりわけ次のものを参照されたい。Arnd Krüger, *Die Olympischen Spiele 1936 und die Weltmeinung: Ihre aussenpolitische Bedeutung unter besonderer Berücksichtigung der USA*（Berlin 1 972）; Thomas Alkemeyer, *Körper, Kult und Politik. Von der 'Muskelreligion' Pierre de Coubertins zur Inszenierung von Macht in den Olympischen Spielen von 1936*（Frankfurt, 1 996）.

（24）"Die Flamme war erloschen," *Garmisch-Partenkirchner Tageblatt*, 6.2.86; さらに "Da kann ich nur noch Nazi werden," *Der Spiegel*, 31/1986, 116-32.

（25）"Politisch missbraucht das kann ich überhaupt nicht mehr hören," *FAZ*, 1.8.86. 第二次世界大戦を生き延びた一九三六年のオリンピック選手で、ナチはオリンピックを悪用したという考えに異論を唱えた者の中に、エーリヒ・ボルヒマイヤーがいた。彼は百メートル競走でジェシー・オーエンスと競った。

（26）W. P. Knecht "Verwirrender Rückschau über fünf Jahrzehnte," *Olympisches Feuer* 36（1986）: 4. 同じ立場に立つがもっと穏健な考えについては次のものを参照のこと。Christine Eisenberg, *"English Sports" und der Deutsche Bürger: Eine Gesellschaftsgeschichte 1800-1939*（Paderborn, 1996）, 404-29.

（27）"Before the Games," *NYT* 29 6 03

第1章 「より速く、より高く、より強く」
アテネからアムステルダムまでの近代オリンピック

近代オリンピック運動は、最初から「二重人格」だった。ギリシア帝国の市民だけが参加し、オリンピアのみで開催された古代の競技とはきわめて対照的に、クーベルタン男爵は、いわば移動競技祭のように、都市から都市へと移る国際的な競技祭を催そうとした。それは国境を越え、世界の若者を、栄光ある競技において結びつけるというものだった。競技祭開催中、競技に参加するために往復する敵国の選手を襲うことを禁じるが、都市国家同士の戦争を特に非合法にしたり、さらにはやめさせたりはしなかった古代ギリシアの「オリンピック休戦」を理想化したクーベルタンは、近代オリンピックは、国家間の軍事衝突の可能性を低くするだろうと主張した。しかし同時に男爵は、強い国家主義的情熱によっても動かされていた。というのも、オリンピックを開催するうえでの彼の主な関心事の一つは、一八七〇年から七一年にかけての普仏戦争でドイツ連邦にフランスが屈辱的な敗北を喫したので、フランスの若者の肉体的、精神的素質を強化する――「再ブロンズ色化」する――ことだったからである。彼は、近代オリンピックは、個人の運動能力と、より強く、より速くなりたいという人間の意欲を競うものと主張したが、国の代表選手として参加するよう競技者に要請することによって、その原則を無効にした。その結果、オリンピックにおいてナショナリズムが強力な役割を演ずることになった。次第にオリンピックは、一国の活力の標尺と見なされるようになったのである。

軍事衝突の厳しい試煉を経て生まれた新生ドイツは、当然ながら、オリンピック競技は別の手段による戦争であるという考えを進んで受け入れた。だが、そもそもの最初から、ドイツはクーベルタンのオリンピック計画に、矛盾した複雑な見方をしていたのである。十九世紀においては、ドイツで一番盛んだったスポーツは、英国やアメリカとは異なり、チーム・スポーツや伝統的な陸上競技ではなく、体操《トウルネン》だった。それは、集団規律と同胞意識を培うことを意図した複雑な団体体操と、シンクロナイズド徒手体操《カリスセニクス》だった。ルートヴィヒ・「体操の父《トウルンファーター》」・ヤーン（一七七八～一八五二）が先鞭をつけた体操運動は、次第に民族主義的《フエルキシュ》で外国人排斥的な色彩を帯びていき、クーベルタンのコスモポリタン的理想と相容れないものになった。[3] 男爵がオリンピック計画を発表するや否や、ドイツの体操連盟《トウルナーシャフト》の指導者は、それを非ギリシア的で非ドイツ的だとして一蹴した。「国際的オリンピック祭典などは意味をなさない。……しかしながらわれわれは、もし国家的オリンピック、ドイツ的オリンピックを祝うならば、古代の戦士の理想に忠実に従うであろう」[4]

　ドイツと近代オリンピックの関係は、オリンピックの発展の初期段階では、依然として曖昧でねじれたものだった。当初は疑念を抱いてはいたものの、いわばクーベルタンのテーブルの席を要求することに決めたドイツは、第一次世界大戦のせいで、オリンピックの招致国になる最初の機会を逸した。さらに、戦後の最初の二回のオリンピックから締め出された。当時のドイツのスポーツ界の重鎮だったカール・ディームは、自分たちの国はオリンピックなどに用はないと啖呵を切るべきか、それとも、近代オリンピックはドイツなしには無に等しいと言い立てるべきか迷った。

多難な船出

近代オリンピック運動は、幸い、幼児期と子供時代を生き延びることができた。だが、われわれの目的にとっては、出発したばかりのオリンピック事業の注目すべき点は、それが不安定だったということではなく、三〇年代半ばに熾烈な論争を巻き起こす厄介な問題の多くを露呈したということである。本書でこれから述べるように、一九三六年にドイツは言語道断なやり口でオリンピックの原則を破り、実際、いってみれば新しい分野を開拓することになるのだが、ドイツが泥の中を引きずった五輪の旗は、すでにまっさらではなかったのである。

ドイツは、もう少しで一八九六年の第一回アテネ・オリンピックへの参加を取りやめるところだった。クーベルタン男爵は、オリンピック計画を初めて提案した一八九四年に開かれたソルボンヌ会議に、ドイツ代表を入れなかった。彼は、もしドイツが会議への参加を認められれば、フランス体操連盟は参加しないという警告を受けていた。ドイツはその侮辱に腹を立てたが、ドイツがソルボンヌ会議に出なかったことを誰も残念がらず、ドイツが一八九六年のアテネ・オリンピックに参加しなくとも誰も悲しまないだろうという趣旨のクーベルタンの言葉が、フランスの雑誌『ジル・ブラース』に引用されると、いっそう憤慨した。クーベルタンが実際にそう言ったかどうかは、はっきりしていないが――男爵は、すぐさま否定した――多くのドイツ人の怒りはおさまらなかった。ある新聞は、アテネ・オリンピックに参加することに積極的なドイツのスポーツ関係の役員は、ドイツのスポーツ界から追放されるべきであると論じた。トゥルナー運動の指導者は、アテネ・オリンピックに参加するというのは「ドイツ人の沽券に関わる(5)」と言った。

クーベルタンは心の底では、オリンピックという自分の夢からドイツを除外するのは大いに結構と思っていただろうが、実際問題としては、そうした重要な国が参加しないと、自分の企ての価値が減じるのを知っていた。そこで彼は、ドイツがアテネ・オリンピックに加わることを歓迎すると、わざわざドイツ人に請け合った。その際、幸いなことに彼は、ヴィリバルト・ゲプハルト博士というドイツ人の強力な味方を得た。ゲプハルトは長年、体操連盟《トゥルナーシャフト》の偏狭さに異を唱えていた、ベルリンのスポーツ関係の役員だった。ゲプハルトは、ドイツが国際的運動競技会で異彩を放つことを熱望していた皇帝ヴィルヘルム二世を説きつけることに成功した。新たに設立された「オリンピックにドイツが参加するための委員会」は、アテネ・オリンピックに出場する全国的チームを結成するのに必要な支持と資金を、皇帝の援助で土壇場になってなんとか確保できた。

オリンピックが実際に行われることがはっきりするや否や、当時のさまざまな民族・国家紛争が、政治的同盟関係を巡る論争となって表面化した。オーストリア＝ハンガリー帝国チームのメンバーとしてオーストリア人と並んで参加するのに乗り気ではなかったハンガリーは、自費でアテネに行き、緑と白の自国の旗の下で競技をした。同様にアイルランドも、大英帝国の代表選手として競技をするのを拒否した。トルコは競技をすることを一切拒否し（実際は、ギリシアの仇敵であるトルコは招待されなかった）、ギリシアが小アジアに領土を拡張するための道具だとしてアテネ・オリンピックを非難した[6]。

アメリカはオリンピックの復活に対する関心が総じて薄く、距離が障害になったにもかかわらず、小編成の選手団を第一回の近代オリンピックになんとか送った。その選手団はもっぱら、プリンストン大学の学生と、ボストン運動協会の会員から成っていた。その会員のうちの四人はハーヴァード大学の学生だった。プリンストン大学の学生は、ＩＯＣの設立会員であるウィリアム・ミリガン・スローン教授の口利きで、勉学を一時中断することを認められた。一方、ハーヴァード大学の学生の場合は、事がこじれた。ハーヴァード大学の一年生で三段跳びの選手だったジョン・コノリーが、勉学を一時中断し、アテネでの競技に母国を代表して参加してもいいかとコーチに訊くと、コーチは、「アテネの競技」など聞いたこともない、君はギリシアに「物見遊山」に出掛けたいだけなのだろうと答えた。[7] ハーヴァード大学の教授会は、もしコノリーほかの学生がどうしてもアテネに行くと言うのなら、学生たちは退学し、帰国したなら再入学を願い出なければならないと決定した。コノリーは、ハーヴァードなどくそ喰らえと言って永遠に大学を去った。

　アメリカの選手は辛い長旅で疲れ切ってアテネに到着したが、大学対抗スポーツの経験がこれまであったので、トレーニングや高レベルでの競争についてほとんど何も知らない他国の選手の大半より有利だった。四百メートル競走で優勝したボストン運動協会のランナーは、ホームストレッチでほかの一団の選手の遥か前方にいたので、歩く速度にペースを落とした。古代の競技の遺産である円盤投げで優勝したプリンストン大学の学生は、競技の行われる朝まで円盤を見たことすらなかったが、砲丸投げとハンマー投げの経験があったのが役に立った。[8] アメリカは、最初のオリンピックで陸上競技だけではなく、ほかの競技でも優位を占めた。

　ギリシア人の観衆は、星条旗が何度も掲げられるのに最初は立腹したが（それは、オリンピックの「野外劇」に欠かせぬものになった、例の国家誇示の介入の一例である）、やがて、溌剌とした若いヤンキーに好感を抱くようになった。そして、アテネにやってきたボストンの一団の訳のわからぬ声援にも慣れるようになった――「バー！　ラー！　ラー！　ラー！　シス‐ブーム‐バー！」。彼らは、それは「野生のインディアンの雄《お》叫《たけ》び」だと想像した。[9] 一方、君主制復活論者の著名な思想家で反ユダヤ主義者のシャルル・モーラスは、アメリカ人のおどけた振る舞いを苦々しく思った。オリンピックでのアメリカ人のファンの大仰な声援に、のちに多くのヨーロッパ人が嫌悪感を抱くようになったが、早くもモーラスは、ヤンキーの熱烈な応援団は「大きくなり過ぎた子供」だと馬鹿にした[10]。

ギリシアでは、ドイツ人はアメリカ人よりもずっと不人気だった——実のところ、ほかのどんな外国チームよりも不人気だった。ドイツの主要な体操協会は、この「非ドイツ的」な催しになんらかの関わりを持つことを拒否したが、同協会に属さない体操選手のチームがドイツの派遣団に加わってい た。彼らは、お決まりの演技をロボット風で冷酷なほどにきびきびした態度でこなし、地元の人間の反感を買った。ドイツ人の体操選手が、優雅ではあるが、さほど訓練されていないギリシアの代表選手に勝ったことで、事態はいっそう悪くなった。アテネの観衆にブーイングをされた選手は、二人のギリシア人と一人の美男子の若いイギリス人を負かした、ひどく醜いドイツ人のレスリング選手だけだった。

一八九六年のアテネ大会で他を圧して最も期待されたのは——そして広範囲で観衆が見たのは——マラソンだった。マラソンの距離は、最初は四十キロ（二十四マイルと少し）だった。マラソンは、ギリシアの組織委員会がフィリピデスの伝説に敬意を表してオリンピックの競技種目に加えたのだ。フィリピデスは、紀元前四九〇年のマラトンの戦いでギリシア軍がペルシア軍を撃破したという知らせを伝えた伝令である。彼はアテネに到着すると、「喜べ、われらが勝った！」と叫び、倒れて死んだと伝えられている。クーベルタンは、このぞっとするほどの試煉をオリンピック競技種目に加えるのに懐疑的だった。そんな競技は、そもそも古代の競技にも近代の陸上競技にもなかったのだ。ドイツ人でさえ、死者が出るのを恐れ、マラソンはやめるようにと忠告した。「この点で、着想のもとになった伝説の人物と競うことに人が固執することのないのを願う[11]」と、あるドイツの新聞は書いた。

結果的に、一八九六年のマラソンの走者たちの誰も実際に息が絶えはしなかったものの、マラソンが走者を苦しめたのは間違いない。走者の多くは、そんな距離をどうやって走ったらいいのか見当もつかなかったので、全速力で猛然と走り出し、数キロで脱落してしまった。アメリカ人のアーサー・ブレイクは、足が血まみれになり意識が混濁したので、半分少し走ったところで棄権した。この苦行のもう一人の犠牲者は、競技中、白手袋を嵌めた異色の人物、フランス人のアルバン・レルミュジオーだった。レルミュジオーは、アテネ・オリンピックでマラソンに参加する前にすでに百メートルと八百メートルのレースを走っていた。そんなまちまちの距離のレースに対してどんな練習をするのかとアメリカ人の記者に尋ねられると、彼はブロークン・イングリッシュで答えた。「アル日、スコーシ、ヒジョニ速ク走ル。次ノ日、長ク、ヒジョニユックリ走ル」(12)。彼は前の晩、地元のレッツィーナ（ギリシア特産の松脂入りワイン）を「幾瓶も」(13)飲み、足元がひどく怪しかったにもかかわらず、猛烈なスピードで走り、レースの大部分、先頭に立った。ところが、最後の数キロのところで痛みでよろめき出し、とうとう、コースから運び出された。同じ運命が、彼を追い抜いた走者の一人、オーストラリアのエドウィン・フラックにも襲いかかった。フラックはアテネの郊外で意識を失い、吐瀉物にまみれてその場で倒れた。

優勝したのは、スピリドン・ルイスというギリシアの農民だった。彼は断食をし、祈りを捧げてレースにそなえた。彼は賢明にも、最初のうちは一団の走者の後ろにいて、軽い飲食物としてはワインを少し飲むだけだった。そして、次第に先頭集団に迫った。ルイスはスタジアムに向かってアテネの通りを走り抜けながら、観衆の愛国的情熱を爆発させたが、それは、彼が大競技場に入り、ゴールラインに向かって走った時に熱狂的な頂点に達した。彼はゴールラインを、二時間五八分五〇秒という、信じられないようなタイムで跨《また》いだ。ある解説者は、こう報じた。「その時のスタジアムの光景は実に信じられないものだった。……終わることのない勝利の叫びが四方に谺《こだま》した。女はハンカチを振り、男は帽子を振った。それまで慎重に隠していたギリシアの小さな旗が広げられた。観衆はわれを忘れ、国家を演奏することを楽隊に求めた[14]。ギリシアの観衆の熱狂振りを見たモーラスは、意味深くも同国人のクーベルタンに言った。「私の見るところ、君の国際主義は国民精神を殺していない——むしろ、強めている[15]」

アテネ・オリンピックは多くの外国人の客を引き寄せることができず、注目すべき競技記録はわずかしか残さなかったが、ギリシアの組織委員たちは大いに喜び、オリンピックをギリシアで永久に開催することを要求した。アテネ駐在のアメリカ領事を含め、何人かの外国人オブザーバーは、それがいい考えであることに同意し、こう論じた。「オリンピックは、もしほかの国で開催されたなら、その名にほとんど値しないだろう[16]」。しかしクーベルタンは、こう反論した。「[近代]オリンピックを成功させ、見事で華やかなものにする唯一の手段は、オリンピックを変化に富んだものにすることだ[17]」。クーベルタンは、ドイツ人のゲプハルトを含め、自分の意見に賛成してくれるＩＯＣのメンバーの助けを借り、その後、オリンピックを各国巡回の催しにすることができた。次の開催地は、彼の生まれた都市、パリだった。

クーベルタンはアテネ・オリンピックから帰国し、一九〇〇年のオリンピックを組織する仕事に取りかかると、オリンピック事業が世紀末のフランスでは国民のあいだにあまり熱意を掻き立てていないことに気づき、心を痛めた。彼はパリ・オリンピックへの支持を得るため、それが、フランスの華々しい万国博覧会《エクスポジション・ユニヴェルセル・アンテルナシヨナル》の単なる付けたりとして催されることに同意せざるを得なかった。だが、それはとんだ間違いであるのがわかった。というのも、博覧会の主催者たちは、スポーツになんの関心もなかったし、スポーツについての知識もなかった。博覧会の最高責任者アルフレッド・ピカールは、スポーツは低能がやるものだと思っていた。さらに悪いことにフランスは、ドレフュス事件を巡る激しい論争に、いまだにかかずらっていた。博覧会とドレフュス事件に挟まれたなら、生まれたばかりのオリンピックにどんなチャンスがあるというのか？

博覧会の主催者は、オリンピックの劇的効果を高めるためには期間を短くすべしという原則をまったく無視し、競技を五月十四日から十月二十八日までの五ヵ月半に分散した。そして、その永遠とも思える長い期間を、数多くの一風変わった催しのプログラムで埋めた（ありがたいことに、その大半は繰り返されることはなかった）。気球乗り、消火競争、綱引き、カーレース、モーターボート競争、クローケー、鷹狩り、クリケット、ペロタ（スペイン・中南米で行われるハンドボールの一種）、ゴルフ、魚釣り、ブール（鉄球を用いる玉ころがし遊び）。そして、鳩撃ちさえあった（それは「いとも貴族的にして、いとも華麗なるスポーツ」《アン・スポール・トレ・アリストクラティック・エ・トレ・ブリヤーン》[18]だと宣伝された）。

選手は全員、常軌を逸した施設で苦労しなければならなかった。水泳競技はセーヌ川で行われた。川の早い流れのせいでタイムは速くなったが、川の汚染がひどいため選手はおぞましい皮膚病に罹った。陸上競技はパリの広大な公園、ブーローニュの森で催されたが、主催者は規定の施設を作ることによって公園を損なうのを拒否した。おかげで、短距離走者は起伏する芝生の上を走り、円盤投げと槍投げの選手は樹木や、逍遥している恋人たちに円盤や槍が当たらないように注意しなければならなかった。マラソンは過酷な条件下で行われなければならなかった。レースは一年のうちで一番暑い時期の日の午後二時半という馬鹿げた時間に始まり、走者は摂氏三十五度から三十九度という気温に晒された。それは、史上最も暑いオリンピック・マラソンになった。そしてパリの通りを抜けるコースは、人をまごつかせるような具合にくねっていて監視がお粗末だったので、走者は結局、そこら中を走り回ることになった。あるフランス人の走者は賢明にも、違った方角にだいぶ走ってから、カフェで自分のレースを終えた。最初は先頭を走っていた二人のアメリカ人は、ずっとトップだと思っていたが、二人のフランス人が一着と二着になったのを知ってびっくり仰天した。二人の失意のヤンキーは、その二人のフランスの男を見かけた覚えも、ましてやその男たちに抜かれた覚えもなかったのである。のちに二人のアメリカ人は、地元の二人は便利な近道を走ったのかもしれないと、恨みがましく仄めかした[19]。

オリンピックは産業と技術の進歩に焦点を当てている博覧会に従属していることを強調するため、各種目はスポーツと無関係の項目に入れられることが多かった。例えばアイススケートとフェンシングは、公式には刃物コンクールに登録された。漕艇は海運業に所属させられた。パリの組織委員たちは申し訳程度の競技プログラムを、オリンピック大会《ジュー・ゾランピック》ではなく、運動および《コンクール・アンテルナショノー・》スポーツ国際コンクール《デグゼルシス・エ・デュ・スポール》と呼んだ。パリにやってきた選手たちの何人かが、自分たちは「オリンピック競技」で競ったのだということをあとになって知って、ひどく驚いたのも不思議ではない。

パリでは運営上の知恵がさして見受けられなかった一方、政治が再びはっきりと前面に出てきた。博覧会は、西欧の植民地勢力と中国の国家主義者のあいだの次第に高まっていく緊張を背景に開かれた。それは、一九〇〇年の義和団事件で頂点に達した。日本はロシアと一触即発の状態で、一九〇四年、両国は軍事衝突を引き起こした。東アジアがヨーロッパで「黄禍」として非難されていた状況では、パリ大会にやってきた唯一の非西洋の国が（オーストラリアを除き）インドだったというのも驚くには当たらない。一九〇〇年にパリにやってきたアメリカ人は、自国が米西戦争でスペインを打ち負かしたという栄光に依然として浴していた。アメリカの選手は、自国の軍隊がキューバとフィリピンで達成したことを、パリの競技場で再現したいと思っていた。

ヨーロッパの中では、仏独間に依然として存在する敵対感情が、パリ大会からドイツを完全に閉め出そうとしたフランスの大統領フェリークス・フォーレの試みに反映していた。その試みが失敗すると――クーベルタンは自らドイツのために説得工作をして成功した――フランスの主催者は、自分たちは歓迎されていないとドイツ人が感じるように、わざと仕向けた。ドイツの選手団はパリに到着したとき誰も出迎えてくれなかったので、やむなく自分たちで宿舎を捜そうと市内を歩き回った。宿舎が見つかると、壁に、「豚野郎《コション》――プロイセンをやっつけろ！《ア・バ・ラ・プリュス》[20]」という落書きがしてあった。団長のフリッツ・ホフマンは、自分のベッドに大きな糞の塊を見つけた。競技のスケジュールについて何も知らされなかったドイツの短距離走者は、百メートル競走のスタート合図用ピストルがまさに鳴った時にトラックに着いた。ドイツの体操選手は、大会の前にフランスの施設で練習することは許されなかった。驚くには当たらないが、ドイツの国としての順位は低く、パリ大会の何人かのドイツのメダリストは賞が貰えなかった（メダルが授与されたのは陸上競技のみ）。

パリ大会は、パリジャンにとっては、月で行われたのも同然だった。博覧会の観客は多かったが、運動競技の観衆はごく少なかった。クーベルタンは、当然のことながら、大会の完全な失敗に落胆し、その原因は、競技を「なんの威信もない月並みの余興[21]」の地位に格下げしてしまったことにあると考えた。

だが、ＩＯＣのクーベルタンとそのほかの委員たちは、一九〇四年にセントルイスで開かれた次のオリンピックでも同じ過ちを犯した。その大会は、アメリカの万国博覧会である、ルイジアナ購入地百周年博覧会と合同で開催された。クーベルタンはセントルイスで大会を開くことに疑問を感じていた。セントルイスは、ＩＯＣが開催地としてはもっと好ましいと思っていたシカゴからオリンピックを捥《も》ぎ取ったのである。クーベルタンは、「［セントルイスの］オリンピックは、その都市の平凡さに似合ったものになる」[22]のを恐れると、仲間うちでは言った。そして、そこでの競技は、またもや、もっと大規模な博覧会に喰われてしまい、引き延ばされた競技スケジュール――六ヵ月――は、運営上の悪夢になるのではないかと心配した。おまけに、愛国主義者のクーベルタンは、「自分の」オリンピックが、フランスが一八〇三年に北アメリカの所有権を「焼け残りの特売品」同様にアメリカ政府に売却した記念祭と合同で開かれることに気分を損ねた。したがって彼は、セントルイスのオリンピックに出席するのを断った。

クーベルタン同様、ヨーロッパの多くの国もセントルイスに行かないことに決めた。長旅をしなければならず、半年間アメリカの奥地に滞在するのに多額の出費をしなければならないので、ヨーロッパの大半の国は、まったく参加しないか、比較的小人数の選手団を送るかだった。大会開催中に招致国で事務上の打ち合わせ会を開くのが常だったIOCでさえ、一九〇四年には、招致国ではなくロンドンで打ち合わせ会を開いた。英国の首都のほうが、アメリカの首都よりも安全で、自分たちに合った会合場所に思えたのだ。多くのヨーロッパ人は、アメリカの首都は敵意に満ちたインディアンに、いまだに脅かされていると想像していた。

少なくともドイツ人は、ミズーリとセントルイスのことは聞いていた。彼らの親戚の多くが、その地方に移住したからだ。ところが、財政上の問題があるうえ、体操連盟がオリンピックを終始ボイコットしていたせいで、ドイツはごく小規模の選手団しか送れなかった。（体操連盟に認められていない体操選手のグループは、自分たちだけでセントルイスに行き、そこで、ビールの豪商アドルファス・ブッシュの家に泊めてもらった。）ドイツはわずか十人しか参加しなかったにしては、セントルイスで健闘した。百ヤード平泳ぎで全勝したことを含め、水泳で八個のメダルを獲得した。さらに、陸上競技でも二個のメダルを獲得した。

ドイツが成功を収めたにもかかわらず、一九〇四年のオリンピックは、予想通りアメリカが圧勝した。アメリカ選手団は飛び抜けて大編成だった。（セントルイスでの五百五十四人の選手のうち、四百三十二人がアメリカ人だった。）二十三の陸上競技種目で、招致国は二十二個の金メダル、二十二個の銀メダル、二十個の銅メダルを獲得した。またアメリカは、初めて体操でも健闘した。ヨーロッパ勢が少なかったため得をしたのは明らかである。ジョージ・ポウグとジョーゼフ・サンドラーは、オリンピックでメダルを獲得した最初のアフリカ系アメリカ人になった。ポウグは四百メートル競走で三位になり、サンドラーは立ち高飛び（助走なしで両足を揃えてバーを飛ぶ）で二位になった。[23]

一九〇四年のオリンピックで最も意味深い競技は、公式のオリンピックのプログラムには含まれていなかったものだ。オリンピックの期間中、二日にわたり、「人類学の日」と称する、アフリカ人、アジア人、フィリピン人、アメリカ・インディアンが参加する競技が行われた。彼らはみな民族衣裳をまとい、従来のヨーロッパが起源のスポーツと平行して、「土着民の競技」で競った。人間の品位を下げるこの余興は、「白いアメリカ」が「海原から輝く海原へと」（キャサリン・リー・ベイツの詩「美しきアメリカ」〔一八九三年〕の一節）拡大していき、ワシントンの米政府が当時、スペインを犠牲にしてアメリカ帝国を築き上げたことと軌を一にしたものだった。それはすべて、卓越したアングロサクソン人種の「自明の運命」を表わしていた。[24]セントルイスのある新聞は「人類学の日」を要約して、こう書いた。「この集いはあらゆる観点から見て大成功だった。そして、訓練さえすれば小さな茶色の人間に何ができるかを示すよい例になった[25]」。「人類学の日」の主催者たちは、オリンピックのアマチュアリズムの慣行を無視し、部族の勝者たちに小額の金銭を与えた。土着民の選手が本当のオリンピック競技に参加する資格があるかどうかは考慮しなくてもよい、と主催者たちは言った。なぜなら、概してこうした連中はオリンピックの水準にとても達していないし、いずれにしろ彼らは、「アマチュアリズムの原則を理解しないだろうから[26]」。

競技の場にいたＩＯＣの同僚からセントルイスで行われていることを逐一知らされたクーベルタンは、「人類学の日」は恥晒しだと思ったが、どうしてもアメリカをオリンピックの仲間に入れておきたかったので、この滑稽な催しについては諦めることにした。「アメリカ以外のどんな場所でも」と彼はのちに書いた、「そんな催しをプログラムにあえて載せはしなかったろう――しかし、アメリカ人にはすべてが許されているし、彼らの若気の過ちを、ギリシアの先祖は大目に見てくれるだろう、もし偶然その時、古代ギリシア人が面白がっている観衆の中にいたなら」(27)。

一九〇四年にロンドンで開かれたＩＯＣの総会でクーベルタンは、最初、一九〇八年のオリンピック招致国としてローマが選ばれるように工作した。その理由を彼は、こう説明した。オリンピック精神は残念ながら「功利主義のアメリカ」で不幸な滞在をしたあとは、芸術と哲学で織られた豪華なトーガを再び身につける必要がある、私はいつも彼女にそれをまとわせたかった(28)。ところが、イタリアの組織委員会の委員のあいだで諍《いさか》いが起こり、同時に、一九〇六年にヴェスヴィオ山が噴火するという自然災害が発生したため、ローマは辞退せざるを得なかった。当初からローマに疑念を抱いていた英国のＩＯＣのメンバーは、その代わり、ロンドンを開催地として提案した。ＩＯＣは即座に受け入れた。クーベルタンはその展開を、こう要約している。「カーテンはテヴェレ川の舞台で下りると、すぐにテムズ川の舞台で上がった(29)」

参加国の数と観衆の規模の面、および運動の施設の質の面では、一九〇八年のロンドン大会は、フランス大会とアメリカ大会よりも遥かに勝っていた。だが、ロンドン大会でも、招致国の自国贔屓《びいき》に対する非難と、過度な国家主義精神の発露に溢れていた。そのうえ、ロンドン大会の背後に、またしても大掛かりな博覧会があった。今度の場合は、英仏博覧会だった。それは、いってみれば町内に新たに現われたいじめっ子のドイツに独りで対抗することにならぬよう、海峡の向こうの仇敵との関係を修復する決心を英国がしたことを祝う催しだった。

世界最大の帝国都市であるロンドンは、フランス人と、その他の博覧会来場者を感心させるだけではなく、ドイツ人を威嚇しもするのに都合のよい立場にあった。したがって、近代オリンピック史上初めて、招致国である英国は、ゼロからオリンピック専用のスタジアムを建てた。二年もかからずにシェパード・ブッシュに建設されたホワイト・シティー・スタジアムは、七万人の観衆を収容することができた。また、オリンピック史上初めて、招致国の組織委員会、英国オリンピック評議会は、クーベルタン男爵の計画に十分に応えるようなプログラムを作ろうとした。英国はマラソン以外のすべてのレースにメートル法を適用することにさえ同意した。クーベルタンがロンドン大会に特別な好意を抱き、オリンピックが具現することを常日頃願っていた高貴な理想を見事に示すもの、と今大会を見たのも不思議ではない。

もちろん、クーベルタンの理想主義的な考えは、国家意識と完全に両立していた。国家意識のさまざまな形は、エドワード七世とアレグザンドラ王妃が臨席する開会式に、はっきりと現われた。初めて選手は国ごとのグループでスタジアムに行進してきた。一八〇九年に領土がロシアによって併合されたフィンランド人は、ロシアの帝国主義的チームとは別に入場することに固執し、ロシア国旗を持つ必要がないように、なんの旗も掲げなかった。アイルランド人の子孫が大勢いる大人数のアメリ選手団は、国王夫妻の前を通るとき、国旗を少し下げるのを拒否した。アメリカ人の選手の一人は、星条旗についてこう言ったと伝えられている。「この旗は、どんな地上の王にも下げない」(30)。アメリカ人の無作法な振る舞いにひどく気分を害した英国の観衆は、一斉に猫の鳴き声を真似て野次った。

競技が始まると、世界の二大スポーツ国の英米のライバル意識は険悪なものになった。アメリカの公衆は、一九〇八年のオリンピックを、世界における英国の政治上、経済上の指導的立場に対する大いなる挑戦の不可欠の一部と見なした。アメリカの新聞の見出しは、ヤンキーの厚かましい自信を反映していた。**アメリカの選手、成功間違いなし。英国人はヤンキーの選手を恐れている。われわれは英国人を楽々と打ち負かす。**[31] だが、自分の縄張りにいる英国人は、容易には負けなかった。結局、英国は五十七個の金メダルを獲得し、アメリカは二十二個の金メダルを獲得した。

大会が始まる前、アメリカ側の役員たちは、ほぼ全員が英国人のロンドンの審判員が依怙贔屓をするのではないかと心配した。その心配は現実のものになった（少なくともアメリカ人の目には）。アメリカ人の走者J・C・カーペンターは四百メートルの決勝で、英国人の優勝候補ウィンダム・ホルズウェルの進路を妨害したとして失格になった。カーペンターが最後のストレッチで、ホルズウェルが自分を抜き去るのを妨げようと自コースから逸れて走ったとき、英国の役員は「ノー・レース！」と叫んでテープを裂いた。それから役員は、二日後にレースを再開することを命じた。アメリカ人はカーペンターの失格に激怒し、決勝に出る資格のあったほかの二人のアメリカ人の走者は、二度目のレースに参加するのを拒否した。

英国人の得意とする綱引きでは、アメリカのチームはリヴァプールの警察チームに予選の一回目で「一気に引っ張られて」負けた。その屈辱的敗北は、相手が鉄で補強した重いブーツを履いていたせいだとヤンキーは言い張った。リヴァプールの「違法の」装具に対するアメリカ側の抗議は、綱引きを取り仕切っている役員に、即座に却下された。

しかしながら最大の諍いは、初期のオリンピックの長年の問題児、マラソンを巡って起こった。マラソンでは英国側はメートル法を避け、レースがウィンザー城から始まり、ホワイト・シティー・スタジアムのアレグザンドラ王妃の貴賓席のまさに正面で終わるように、半端だがいまや標準の二十六マイル三百八十五ヤードに距離を決めた。スタジアムに到着した最初の走者はドランド・ピエトリというイタリア人だったが、疲れ切っていて見当識を失っていたので、競技場に入ると違った方角に走り出し、それからトラックにへたり込んでしまった。王妃の前で死ぬかもしれないように思われたので医者が駆け寄り、よろめきながら歩き出すことができるだけの元気を取り戻させた。だがピエトリは、テープに向かってよろよろ歩く途中、何度もへたり込んだ。とうとう、そのおぞましい光景に耐えられなくなったレースの最高責任者は、ピエトロを文字通り抱えてゴールラインを跨がせた。二着になったのはアメリカ人のジョン・ジョーゼフ・ヘイズで、彼はピエトリが人の手を借りたことを知ると、当然ながら、優勝者は自分のはずだと思った。アメリカ人たちは直ちに抗議した。今度は役員は、アメリカ人の言い分を認めざるを得なかった。ヘイズは、ちゃんと金メダルを授与された。ところがファンは、アメリカ人たちの抗議が検討されているあいだ生死の境をさ迷っていたピエトリに大いに同情した。アレグザンドラ王妃はピエトリがまさに命懸けで頑張ったことを讃え、個人で巨大なカップを与えた。それには、ヘイズのメダルよりずっと多い金が含まれていた。

オリンピックの来賓のために催された宴会で、クーベルタンは、いまや有名になった文句を口にした。「オリンピックの意義は勝つことにではなく参加することにある」[32]。オリンピックの競技者の何人かは――主としてメダルを手にするどんなチャンスもない者だが――この陳腐な文句に賛成したのは疑いないが、数多くの優勝の機会を騙されて奪われたと固く信じていたアメリカ選手団は、単に参加することが、自分たちの努力に対する報酬だという考えを素直に受け入れる気にはなれなかった。全米体育協会（AAU）は、英国の審判員を、「冷酷で、無責任で、まったく不公平」[33]だとおおやけに痛烈に非難した。大統領セオドア・ローズヴェルトも同意し、ロンドン駐在米国大使に送った手紙の中で、「いわゆる英国のスポーツマンシップ」に対する怒りを表明した。大統領は、アメリカのオリンピック参加選手のためにニューヨーク市で催された紙吹雪パレードを個人的に支持した。そのパレードで、浮かれた連中は「英国ライオン」（英国の紋章に用いられるライオン像）のコンクリ紙の像を引きずって歩いた。

ところで、ロンドンのドイツ人選手はどうだったのか？　英国の首都に彼らが出現したということは、ドイツ皇帝の反英国的大言壮語によって掻き立てられた、次第に増大する英独間の敵対感情と、加速する海軍の軍備拡大競争という文脈の中で見られねばならない。事実、ロンドン大会の期間中、ドイツ人は腹を立てる理由をふんだんに見つけた。ドイツの新聞は、ドイツ選手団がホワイト・シティー・スタジアムに入った時の「冷たい」迎えられ方に苦情を言った。ドイツのオリンピックの役員たちは、単一の大英帝国選手団ではなく、いくつかの「英国」の選手団（カナダ、オーストラリア、南アフリカからの別々の選手団）が参加しているのはフェアではないと考えた。もし大英帝国がそれほど数多くの選手団を競技に参加させることができるなら、なぜドイツはプロイセン、バイエルン、ザクセンを代表する別々の選手団を参加させることができないのか？

競技ということになるとドイツ人は、英国の審判員は救い難く偏向していて、自国の選手を贔屓するという点でアメリカ人と意見を同じくした。ドイツ人は願っていたほどには振るわなかったが（六位だった）、それは不公平な審判員に加え、英国の惨めな天候と、ロンドンのひどく汚染された空気のせいだと言った。ドイツは、体操でもっといい成績が残せるはずだった。なぜなら、体操連盟が初めて大派遣団を送ったからだ。けれども、強力なスカンディナヴィアの諸国と直接競うのを恐れたらしく、体操連盟はエキシビション・マッチにしか参加しなかった。それを見に来た者は、ほとんどいなかった。ドイツ人は、それもまた、計算づくの侮辱だととった。苦々しい気分になった彼らは、「ドイツのビール、ドイツの食べ物、ドイツのサービス」[34]を求めて、ロンドン北部にあるドイツ人経営のパブにしけ込んだ。

IOCのドイツ人の委員は、一九一二年のオリンピックをベルリンで開催することを期待し、IOCの第十回年次総会（一九〇九年）をドイツの首都で開くよう、クーベルタンを説得した。ところが、会合が始まる寸前に、ベルリンは開催地の候補になることを辞退した。ドイツ組織委員会がスタジアムを作るだけの資金を調達することができなかったからである。いまや、スタジアム建設はオリンピックを主催するための前提条件と見なされるようになった。候補を辞退するに当たってドイツは、次の一九一六年のオリンピックには適切なスタジアムを間違いなく建てることを約束した。そして、一九一六年のオリンピックはドイツで行うことが一応確約された。

一九〇九年のベルリンでのIOCの総会で、ストックホルム——競争に残った唯一の真剣な立候補国——が、一九一二年のオリンピックを開催する権利を得た。さまざまな戸惑いと混乱を生んだ過去の経緯に鑑みて、クーベルタンとIOCの同僚は、堅実なスウェーデン人が大会を成功させることを期待した。

スウェーデン人は期待に応えた。ストックホルム大会が、それまでで最も成功した大会だということには誰もが同意した。スウェーデンの組織委員会は美しい新しいスタジアムを建設した。クーベルタンはそれを「その種の模範」[35]と評した。初めてオリンピックは、建築、彫刻、絵画、文学、音楽の副次的な芸術コンクールも含めた——それは、クーベルタンがオリンピックの文化的使命の価値を高める手段として、長いあいだ唱道してきた企画だった。彼自身が匿名で書いた感傷的な「スポーツ讃歌」が文学コンクールで一等になった。スウェーデン人は競技種目に近代五種を導入した。それは苛酷な五種目の軍隊風競技で、当時二十六歳だったジョージ・S・パットン・ジュニアという米陸軍中尉が五位になった。それは、若きパットンにとっては、ひどくがっかりすることだった。彼は生焼けのステーキとサラダという食事をし、クロスカントリー・レースの前には阿片の注射までして、なん

とか優勝しようと全力を尽くしたのだ。(36)

ストックホルムで初めて登場したものに、徒競争のタイムを計るのに使う電子装置と拡声装置があった。また、オリンピックでの女性の唯一の役割は「優勝者の頭に花冠を載せること」だと信じていたクーベルタンの反対を押し切って、ストックホルム大会では、水泳と飛び込み競技に女性が含まれていた（その新機軸を知ったオーストラリアの新聞記者は、女性が水着姿で現われると観衆は肉欲を刺激され、「原始の黒人」(37)さながらに振る舞うのではないかと心配した）。IOCは苛立ったが、スウェーデンの組織委員は、人道上の理由から、ボクシング競技を行うことを許さなかった。だがスウェーデン人は、そうした細かい神経を持っていたにもかかわらず、大会の名誉会長に、ほかならぬベルギーの国王レオポルド二世を選んだのである。彼はコンゴにおける悪夢のような私有植民地の所有者として、すでに悪名高かった。スウェーデン人は審判でのスキャンダルを避けようと、国際的な審判員団を作った。

ストックホルム大会は成功したけれども、順風満帆というわけではなかった。またもや開会式は、国際協調というオリンピックの原則を裏切るものだった。フィンランド選手団は一九〇八年の大会のとき同様、ロシア帝国の選手団の一部として行進するのを避けるため、旗なしでスタジアムに入ってきた。彼らは競技場に入ると、大方がスカンディナヴィア人の観衆から万雷の拍手を浴びた。ロシア人はひどく苛立った。のちに、フィンランドの走者、ハンネス・コーレマイネンが一万メートル競走で優勝したのを祝うためにロシアの国旗が掲揚されたとき、彼は抗議した。「あの旗があそこに揚がるのを見るのなら、優勝したくなかった」(38)。チェコの選手はオーストリア選手団と別に行進しただけではなく、独立した選手団として競技をした。それは、チェコが第一世界大戦後にオーストリア＝ハンガリー帝国から離脱する前兆だった。一方、ドイツ人は規律正しく、しっかりとまとまった一団になって行進し、「プロイセン風軍国主義だ」という囁きがスウェーデン人たちから洩れた。

人種差別主義は国家主義同様、ストックホルム大会の嘆かわしい一部だった。アメリカは大編成の選手団をスウェーデンに送った。それは、アメリカの新聞の記事によると、さまざまな人種的、階級的背景の選手を含めることによって、アメリカの「人種の坩堝」を反映していた。アメリカの選手団には事実、何人かの黒人と、一人のハワイ人と、偉大なサック・アンド・フォックス族のインディアン、ジム・ソープがいた。ドイツ人をはじめヨーロッパ人は、アメリカが非白人を含めるのは、「紳士的」競技というオリンピック精神に反すると抗議した。[39] それと対照的に、多くのアメリカ人の評者は、自国が成功を収めたのは——アメリカはほとんどの金メダルを獲得し、メダルの総数において僅差でスウェーデンの次だった——アメリカの「多くの人種の同化[40]」によるという事実に公然と誇りを覚えた。

しかしながら、ジム・ソープのその後の経験は、アメリカ人がその「人種の坩堝」を誇らしいと思うと公言したにもかかわらず、アメリカのスポーツ界の官僚が、ヨーロッパの同僚と、人種的、階級的偏見をたっぷりと共有していたことを暴露した。周知のように、ソープは陸上五種競技と十種競技の両方で大差で優勝した。（陸上五種競技で彼が負かした者の中に、エイヴェリー・ブランデージがいた。ブランデージはのちに、一九三六年のナチのオリンピックを巡って大紛争があった時期にアメリカ・オリンピック委員会、AOCの会長になり、一九五二年から七二年までIOCの会長を務めた。）スウェーデンの国王グスタヴ五世は、ソープは「世界で最も素晴らしい選手」だと言った——それに対してソープは、「ありがとうございます、王様」と謙虚に答えた。しかし、ソープの栄光は短命に終わった。というのも、一九一三年、アメリカの新聞は、彼がストックホルムで競技をする前、セミプロの野球チームに入っていて小額の金を貰っていたと報じたからである。自分たちが非アングロサクソン系の（かつ、労働者階級の）選手を使ったことに対するヨーロッパからの苦情に敏感だった全米体育協会（同協会がストックホルムに派遣するアメリカの代表選手の選抜を取り仕切った）の役員は、すぐさまソープの優勝を取り消した。そのうえ、全米体育協会はソープのメダルをIOCに返却し、オリンピックの公式記録簿から彼の名前を削除するように求めた。アメリカは、その過酷な処罰をすることを、IOCが求めもしないのに要求したのである。全米体育協会会長のサリヴァンは、ソープのような輩には、アマチュアリズムの紳士的な規約を破るのは、おそらく「ごく自然」なことだろうが、彼の「奇妙な生い立ち」は、自分が以前、金を貰ってプレーをした事実を全米体育協会に報告しそこなった言い訳にはならないと言った[41]（ソープの名誉は死後三十年経った一九八二年に回復された）。

一九一三年、クーベルタンはこう論じた。オリンピックは軍事衝突に完全に取って代わることはできないとしても、将来の戦争をいっそう「フェア」にし、永続的なものではなくするのは間違いない。「スポーツ戦争という考え——この文句は熟慮の結果だが——は、次第に根付いているように思える。つまり、激しいが、あとにさほど憎悪と怨恨を残さない軍事衝突である。スポーツマンの軍隊は、戦闘中は人間的でフェアであり、戦闘後は冷静沈着であるだろう[42]」。第一次世界大戦——クーベルタンの「スポーツ戦争」という考えを嘲笑った四年に及ぶ大殺戮——が一年後に勃発した。

一九一六年——消えたベルリン大会

IOCは一九一二年にストックホルムで開かれた総会で、一九一六年のオリンピックをベルリンで開くことを投票によって満場一致で決めた。ドイツの首都は、オリンピック・スタジアムの建設資金をついに確保して大会を支援することになった。次の二年間に、約束した建物はベルリンの西の郊外にある競馬クラブ連盟の競馬場に建てられた。競馬場の所有者はスタジアムの建設資金の大半を出したが、オリンピックのあと、それを自分たちのために使うつもりだった。

一九一三年六月八日、皇帝ヴィルヘルム二世は、「独逸競技場《ドイチエス・シユターディオン》」と命名された、三万人が収容できる施設の公式の落成式に臨席した。式典では、スポーツのエキシビションに加え、近衛兵の数個中隊による演習があった。その際、高障害競走《ハイ・ハードル》の軍隊版である二メートルの障害物を、戦闘服で身を固めた近衛兵が勢いよく飛び越えた。演習中、一人の騎兵が皇帝を感心させようと張り切り過ぎ、片腕を折った。さらに、ツェッペリンと複葉機のアルバトロスの儀礼飛行があった。アルバトロスは新型の軍用機で、間もなく第一次世界大戦で戦闘に加わることになる。オリンピック競技大会《ドイチャー・ライヒスアウシュス・フュール・》独逸帝国委員会《ディー・オリュンピシェ・シュピーレ》（DRAFOS）の会長、ヴィクトル・フォン・ポートビエルスキは、皇帝と一群の高官に向かってスピーチをし、新しいスタジアムを「国民の意志を強固にし、愛国心を涵養する(43)」ための競技場だと言った。

スタジアムの落成式は、皇帝ヴィルヘルムのドイツと、その生意気な新首都、ベルリンを象徴するものだった。皇帝は、ヨーロッパで最強の陸軍と、英国の公海覇権に挑戦する新興の艦隊を統轄していた。ベルリンはきわめて高度なテクノロジーの下部構造と、世界有数のいくつかの大学を誇っていた。一八七一年にプロイセンの首都からドイツ帝国の首都に格上げされたベルリンは、過去数十年のあいだに、ほかのどんなヨーロッパの都市よりも急速に発展し、一九一二年にはヨーロッパで四番目に大きい大都市になっていた。ベルリンが遅れて登場して急成長した、荒削りで尊大な都市であるのを知っているマーク・トウェインが、ベルリンを「ドイツのシカゴ」と呼んだのは有名である。大方のベルリン市民は、自分たちの都市がニューヨークに比べられるのを好んだ。彼らは自分たちの都市を真の「世界都市」と見始めたからである。実際にはヴィルヘルムのベルリンは、都会的洗練さという点ではニューヨークやロンドンやパリのように「垢抜けて」はいなかったが、やっと、いくつかの一流のホテルとレストランを持つようになり、その大量輸送方式は、スピードと能率の面ではパリやロンドンに負けなかった。ドイツ競技場の落成式が行われた日、新しい地下鉄の駅がオリンピックの会場がある場所に完成した。その地下鉄は一時間に四千人を運ぶことができた。

一九一六年のベルリン大会を取り仕切っているドイツの運動関係の役員は、これまでで最も印象深いオリンピックを実施する決心であることを公言した。役員のうちの二人、カール・ディームとテーオドール・レーヴァルトは、一九三六年のドイツのオリンピック運営で重要な役割を果たすことになる。

カール・ディームは、たいていは舞台裏にいたが、二十世紀の前半においてドイツのスポーツとそのオリンピック精神を推進した点で、第三帝国の誰よりも多くのことを成し遂げた。背が低く、胸板の厚いディームは、晩年になっても頑健だった（そして、若者を長いジョギングに連れ出し、へとへとにさせるのを何よりも好んだ）。ディームはつましい環境に育った。彼は一度、自分の子供時代を「決して太陽に明るく照らされない、灰色の雨もよいの日」(44)に譬えた。大学に入ることはおろか中等学校を終えることさえできないほど貧しかったディームは、生涯にわたる独学者になり、哲学、歴史、文学の本を広く読み、やがてベルリン大学の聴講生になり、さまざまなコースを取った。一九〇四年、気乗りのしないまま経営の研修コースを取ったあと、ディームは職業軍人になろうという野心を抱いて陸軍に志願した。しかし、高等学校の卒業免状がなかったので、将校にはなれないことがわかった。そして、一九〇五年、不意に軍隊を去った。

ディームの人生のそうした失敗と挫折の記録の中に、一つだけ明るいことがあった。スポーツである。ディームは子供時代からスポーツに取り憑かれていた——単にスポーツに参加するだけではなく、スポーツを研究し、スポーツについて書き、スポーツの催しを企画した。彼は格別才能のあるアスリートではなかったので、スポーツの催しを企画することに対する執念が前面に出てきた。数年後の一九〇八年、ベルリン運動連盟を共同で設立したあと、ベルリンでの最初の「マラソン」を企画し、スポーツを大衆化するのに貢献した。それはリレー競争で、彼も一役買って実現した、一九三六年のオリンピックの聖火リレーのモデルになった。

ディームはドイツのスポーツ界のために積極的な働きをしたので、当然ながら、自国に生まれかけていたオリンピック運動に関わるようになった。彼は一九〇四年に、共同でDRAFOSを設立し、一九〇六年、本来のオリンピックが開かれない年に非公式にアテネで催された「オリンピアード競技会」（第一回のオリンピックの精神を取り戻そうという意図で、クーベルタンとギリシア側が、正式のオリンピックが開かれない年に、四年に一度アテネで開催することにしたもの。政治情勢の悪化で、この年限りで中止。なお「オリンピアード」は夏季オリンピックの公式名称）に、ドイツ選手団と一緒に行った。彼はアテネでの経験に深い感銘を受けたので、ベルリンの新聞『シュポルト・イム・ビルト』のスポーツ担当記者という新しい職を利用して、オリンピック運動支持に読者を転向させようとした。そして、オリンピックのために貢献した点を認められ、一九一二年、ドイツ選手団がストックホルムのスタジアムに入場する際の先導役に選ばれた。その後間もなく、彼はDRAFOSの事務総長に任命された。その主な仕事は、一九一六年のベルリン大会の準備をすることだった。

ディームはその仕事を始めたとき、オリンピックのスポーツを含め、スポーツはドイツにとって、きわめて重要なものである、なぜなら、スポーツは若者の肉体と道義心を強めると同時に、国家の軍事的能力をも強めうるからである、と論じた。事実、彼は二度目のアテネでの競技会から戻ってきて以来、その考えを抱いていた。そして、こう書いた。「おそらくオリンピックは、もしわれわれが、わが国民を健全に、かつ軍事的に強くしておきたいと望むなら、スポーツを育成するためにもっと、さらにもっと努めねばならないということを教えてくれるだろう」[45]。DRAFOSの書記長としてディームは、オリンピックにとってよいことは軍隊にもよいと論じて、軍をオリンピックの後ろ楯にしようとした。

けれども、もしオリンピックのというものがドイツの軍と、さらには国民全体《フォルク》の心を摑むようになるには、ドイツのオリンピック・チームが、これまでよりかなりよい成績を収めねばならないのは、最初からディームにはわかっていた。彼の言うように、「全面的に勝利を収める」[46]必要があったのだ。だが、一九一六年に母国で決定的な「実地試験」が行われる前の短期間に、どうやってそれが達成できるのか？ 将来ドイツが成功するには、これまでオリンピックで最大の成功を収めた国から学ぶことだ、とディームは結論づけた――アメリカから。

一九一三年、ディームはアメリカに「研究旅行」に出掛けた。彼は、ヤンキーの練習方法の秘密を探り、できれば、ドイツ選手団の練習に手を貸してくれる、一人か二人のコーチを連れてこようと決心していた。ディームの二ヵ月の旅は大成功だった。彼はいくつかの大学と練習施設を訪ね、数十人のアメリカの選手とコーチにインタヴューをした。一番の成果は、元アメリカの陸上競技の花形で、当時、プリンストン大学でコーチをしていたアルヴィン・クレンツラインを雇い、一九一六年のためにドイツ代表選手の育成を引き受けてもらうことに成功したことだった。ディームにとって都合のよいことに、クレンツラインは正真正銘のドイツ系アメリカ人だった（ニューヨーク市で雑貨店を営んでいた彼の父は母国との繋がりがあまりに強く、英語を話す客には物を売らなかった）。三十六歳のそのドイツ系アメリカ人は、一九〇〇年のパリ大会で陸上競技の四つの種目で優勝し、その後、プリンストンに移る前に、シカゴ大学でコーチとして成功した。超国家主義的な体操運動関係者《トゥルナー》でさえクレンツラインをコーチにしたことを歓迎し、ドイツは「［アメリカ人の］コーチを、あたかも彼が救世主であるかのように待ち望んでいた。……スポーツを教える者は、スポーツについて心得がなければならない[47]」。

もちろん、オリンピックというショーを成功させるには、十分に練習を積んだ自国の選手団以上のものが必要なのを誰もが知っていた。追加のオリンピック施設を作り大会を催すためには、莫大な金が必要だった。スウェーデンは一九一二年に運営水準の高い大会を催した。ディームとDRAFOSの同僚は、国家から多額の補助金が貰えなければストックホルムを凌駕することはできないのではないかと心配した。ディームの目から見ると、多くのことがベルリン大会に賭けられていた。というのも、オリンピックは単にスポーツのみではなく、あらゆる事柄で優越性を示す機会をドイツに与えることになるからだ。彼の目標は、「われらが祖国の経済力、生産力、軍事力のすべてを世界中からの来訪者に示す[48]」ための手段として大会を利用することだった。

ディームは宣伝能力に優れていたけれども、一九一六年大会のための資金が調達できる男ではなかった——上流社会と政界にちゃんとした縁故がなかったのだ。ドイツのオリンピック運動にとって幸いなことに、政府の高官で、のちにIOCの委員と、一九三六年のベルリン大会のドイツ組織委員会の会長になるテーオドール・レーヴァルトは、スポーツに情熱を燃やしていたうえに、政界に有力な縁故があった。だが、レーヴァルトにも克服すべき「不利な面」があった。彼は半分ユダヤ人だったのである。したがってドイツの政界とスポーツ行政で長く活躍しているあいだ、彼のような人種的背景を持った人物が要職にあるのはドイツの恥だという議論と闘わねばならなかった。他方、レーヴァルトが忠実に仕えた反ユダヤ主義体制にとって、その血統が彼をとりわけ有用な存在にしたのである。というのも、そうした血統の人物を重用したことで、反ユダヤ主義体制は、対外的には、表面上、公明正大に見えたからである。

レーヴァルトは一八六〇年にベルリンで生まれた。父は著名な法律専門家で、十九世紀初頭にプロテスタントに改宗した、ケーニヒスベルクのドイツ系ユダヤ人の名家の出だった。母の先祖には、著名な説教師、芸術家、ジャーナリストがいたが、そのうちの何人かは民主主義者だった。しかしながら、レーヴァルト自身の育ちは根っから保守的なものだった。そして、ディーム同様、生涯、国家主義的権威主義の価値観の支持者で通した。

レーヴァルトは、彼のような背景を持つ者に共通するのだが、父に倣って法曹界に入った。その間、先祖がユダヤ人の血を幾分引いていることが表立たないように注意した。そして、出世の妨げになるのを恐れ、深く愛していたユダヤ人少女との結婚を断念しさえした。[49] 法律の勉強を終えると、一年間の義務兵役に服した。そのため、予備軍で中尉になる資格を得た。彼は生涯、その栄誉を誇りにした。そしてポツダムで、人の羨む裁判所補佐人という地位に就いたため、影響力のある政府関係者と親しくなり、社交サロンに出入りするようになった。一八九一年、帝国内務省に入ったので、軍人の世界から帝国官僚主義の世界に移ったのである。

レーヴァルトは野心的で、多言語を駆使する、慇懃な若き官僚だったので、一九〇〇年のパリ万国博覧会と、一九〇四年にセントルイスで開かれた、ルイジアナ購入地百周年博覧会の両方に政府を代表して派遣された。その任務のおかげで、彼は博覧会の枠組みの中で行われたオリンピック（すでに見た通り）に接することになった。レーヴァルト自身は大したアスリートではなかったが、スポーツを熱愛し、政府の関係者として一九〇〇年と一九〇四年に、ドイツのオリンピック選手団に、ささやかな国家補助金を出すように取り計らうことができた。

一九一〇年までには、レーヴァルトは内務省の局長に昇進した。内務省を代表して帝国議会と折衝するのが主な仕事だった。彼は当時、無骨な（彼の目から見て）社会民主主義者で占められていたドイツ議会の讃美者ではなかったが、どの側ともうまくやるだけに世故に長けていて柔軟だった。その才能のおかげで、一九一四年の初め、DRAFOSが一九一六年のベルリン大会のために相当の額の国の資金を獲得するのにかなりの影響力を行使することができた。

のちにわかったのだが、レーヴァルトがそうやって介入することが絶対に必要だった。なぜなら、一九一四年五月十二日、帝国議会の予算委員会の全員は、二十万マルク補助してもらいたいというDRAFOSの要求を満場一致で拒否することを議会に勧告したからだ。[50]その行動は、ドイツのオリンピック賛成派のあいだに怒りを掻き立てた。ある新聞は、「職務怠慢」という言葉を使った。二日後の議会の総会の議論で社会民主党の代表は、オリンピック運動はブルジョワの計画であって、労働者の大衆にはまったく魅力のないものであるという理由で、補助金要求は拒否するよう主張した。レーヴァルトは補助金の要求を支持して演説をし、世界に対するドイツの評判が危機に晒されていることを指摘した。外国から賓客を首都に招いておいて、貧しい食事しか出さないというのは「偉大な国と偉大な国民」の信用を落とすだろう。さらに彼は、ドイツは古代のオリンピックの遺産との強い絆を忘れてはならない、と論じた。「三十年前にドイツ帝国議会が古代オリンピアの発掘を可能にした資金を出すことを認めたのなら、帝国議会は今、ドイツの土地での最初の近代オリンピックのための資金を拒むことはできないはずである」[51]

もっぱらレーヴァルトが介入したために、帝国議会は結局、ベルリン大会の資金を補助することに決めた。その決定は、若いオリンピック運動にとって新しい事柄だった。というのも、過去のすべてのオリンピックの運営資金は、主に個人の寄付か宝籤によって賄われてきたからだ。

帝国議会が歴史的決定をすると、全ドイツがオリンピック熱に浮かされたようになったかに見えた。クルップ兵器製造会社の社長、グスタフ・クルップ・フォン・ボーレン・ウント・ハルバッハは、オリンピックの準備の一助にと、自分の懐から二万五千マルク寄付した。皇帝ヴィルヘルム二世は、自国のチームを結成するための代表選手選抜試合に優勝した者に与える特製メダルを寄付した。造幣局で鋳造したそのメダルの表には皇帝の胸像が彫ってあり、裏には優勝者の名前が彫ってあった。

一九一四年にドイツのさまざまな場所で開かれた代表選手選抜試合には、大勢の熱心な観衆がやってきた。皇帝の命令で、現役の軍人も、その試合に参加することを認められた。彼らにとって特に関心があったのは、馬術競技と近代五種競技だった。近代五種競技は、射撃、フェンシング、騎馬のような武術をテストするものだった。一九一六年のオリンピックのための本番並みの練習が、全国から新たに選ばれた選手により、一九一四年六月二十六日から二十八日にかけてドイチェス・シュターディオンで行われた。

歴史の皮肉だが、六月二十八日、ドイツの射手がベルリンで射撃の優勝を競っているとき、南のボスニアのサライェヴォで、ガヴリロ・プリンツィプという十九歳のボスニアのセルビア人が、オーストリア＝ハンガリーの王嗣、フランツ・フェルディナント大公の体に孔を明けていた——その、ほとんど偶然に近いちょっとした狙撃が、第一次世界大戦を勃発させるに至った外交上の危機を生み、一九一六年のオリンピックを中止に追い込んだのである。

ドイツと、ヨーロッパの主な競争相手のあいだの緊張が次第に高まり、戦争が始まらないうちに、早くもオリンピックの雲行きは怪しくなった。一九一四年の初め、国際紛争の気配が濃厚になったとき、英国外務省は、ドイツのオリンピックに英国人は参加しないほうがよいと言った。英陸軍も同じことを言った。[52] 自国のスポーツマンがドイツの領土で独逸野郎《ボッシュ》に対抗するということに、やはり不安を覚えていたフランスのスポーツ関係の役員は、次第に緊張が高まっている事実を、オリンピックをベルリンからほかに移すよい口実と考えた。

一九一四年に実際に戦争が勃発すると、戦争がすぐに終わらなければ、一九一六年のオリンピックは実際にほかの場所で開くか、もしくは中止するという可能性が高くなった。一九一五年、英国オリンピック評議会の会長、セオドア・クックは、自国の大衆の感情を要約し、「英国チーム」は確かにベルリンに向かうが、そのチームはスポーツ着ではなく軍服を着るのは確かだと言った。クックは、IOCに残っている唯一のドイツ代表、アーダルベルト・フォン・シュティールシュトロプフ伯爵を放逐することを要求した。クーベルタンがその要求を拒否すると、クックは自分がIOCを去った。[53]一方、ドイツの体操連盟は、断固として要求した。「国際主義者のオリンピックなどやめてしまえ！」

ヨーロッパの多くの国が血腥《ちなまぐさ》い戦いをしているとき、いくつかの非ヨーロッパの都市が、ベルリンに代わって一九一六年のオリンピック招致国になろうと申し出た。招致国を志望した都市の中に、オハイオ州のシンシナティが入っていた。同市の商工会議所は、スタジアムを建設し、ヨーロッパの選手をアメリカに連れてくる費用の一部を負担することを約束した。だがベルリンは、オリンピックの招致国の権利を諦めようとしなかった。戦争で西部戦線に行っていたカール・ディームは、戦争が終わったらすぐにオリンピックはドイツの首都で開かれるべきであると論じた。オリンピックを別の国に移動させたり中止にしたりする権威を持つ唯一の機関であるIOCも、平和が訪れたらベルリンで競技を行うことを依然として期待していた。

ディーム同様召集されたクーベルタンでさえ（五十を過ぎていたので非戦闘員としてだが）、戦争が始まってから数ヵ月間は、ベルリンでオリンピックを開催することに依然として固執していた。[54]「古代のように」、「オリンピック休戦」のようなものが取り決められるのを期待したのだ。一九一五年、彼は自国が自分のオリンピック計画に無関心なのに失望し、また、国境を超越することに捧げられた運動は中立国に基盤を置いたほうがいっそう機能を果たすことができると信じ、IOCの本部をスイスのローザンヌに移した。今日でも、本部はそこにある。

ベルリンを開催地にしないようにという要求は、一九一五年の春、西部戦線のイープルの突出部でドイツが毒ガスを使用したあと、熾烈さを増した。毒ガスという武器を使うということは（実際には古代ギリシア人の知らないものだったが）、オリンピック精神にまったく反することに思えたので、クーベルタンを含めIOCは、一九一五年の中頃、ついにドイツの首都と手を切った。同委員会は、一九一六年のオリンピックの別の開催地を探すのはやめ、その年のオリンピックを完全に中止することにした。しかし同時に、オリンピックは途切れることなく政治と戦争を超えて続いているという印象を与えようと、IOCは一九一六年の行われなかった競技を「第六回オリンピアード」と名付けた。クーベルタンは、こう論じた。「オリンピックは行われなくとも勘定に入れねばならない」[55]

一九一六年のオリンピックを中止にした決定は当時の状況を考えれば十分理解できるけれども、その措置は、近代オリンピックが政治と軍の圧力に弱いということを浮き彫りにした。クーベルタンは、オリンピックは紛争を超越していなければならないと繰り返し警告したものの、オリンピックは「競技の象牙の搭」ではなかったのである。それどころか、近代オリンピックほど、時代の政治的情念に捉えられた国際的催し物は数少ない。

さほど狂騒《ロアリング》とは言えなかった二〇年代のオリンピック（アメリカの二〇年代は経済も文化も異常なほどの活気に満ち、「狂騒の二〇年代」と呼ばれてたことを踏まえた表現）

戦争によって煽られた国家主義的情念と敵意は、砲声がやんだあとも長く存続し、オリンピック運動も含め、戦後のほとんどあらゆる秩序に影響を与えた。クーベルタンが反対したにもかかわらず、戦後の最初の二つのオリンピックはドイツ、オーストリア、ブルガリア、トルコ、ハンガリーの参加なしで行われた。それらの国は、戦時中の「侵略行為」ゆえにオリンピックのような平和的な催しには不適格とされたのである。

もう一つの重要な不参加国は、新しいソヴィエト連邦だった。ソヴィエト連邦の代表は、オリンピックのようなブルジョワの催し物にはなんの興味もないと公言した。IOCはソヴィエト連邦など存在しないかのように振る舞い、いまや消滅したロシア帝国の代表レフ・ウルソフ皇子を、一九三三年に死ぬまでそのまま委員にしておいた。一九五二年になって初めてソヴィエト連邦はオリンピックに参加した。

戦争に敗れた国を除外するのは、中立と国際主義を標榜するオリンピックの理念と相容れないので、IOC自体は、ドイツとそのかつての同盟国の参加を禁止しなかった。参加させるかさせないかの決定は、一九二〇年のオリンピック招致国ベルギーのアントワープの組織委員会と、一九二〇年の招致国フランスのパリの組織委員会に委ねられた。両国は、問題の諸国に招聘状を送らなかった。一方、ドイツとの講和条約であるヴェルサイユ条約は、ドイツのスポーツ関係組織と、ドイツの国防省との接触を禁じた(第百七十七条)。

一九二〇年のオリンピック開催地にアントワープを選んだこと自体、第一世界大戦の遺産だった――「勇敢で小さなベルギー」が野蛮なドイツ兵に侵略され荒らされた償いだった。ある者はこう評した。「[アントワープでオリンピックを開くという]決定は、もちろん、五年前に一方的になんの正当な理由もなく攻撃された被害者である、雄々しいベルギー人の名誉を讃えるという意図のもとに下された。それは、世界中で広く人気を博した」[57]。ベルギーのアンリ・ド・バイエ＝ラトゥール伯爵は

IOCの影響力のあるメンバーで会長だったが（一九二五年にも）、自国が招致国に選ばれるよう、懸命にロビー活動をした。

アントワープを招致国に選んだことは人気を博したかもしれないが、ベルギーが四年にわたり主戦場だったあと惨めな状態にあったことを考えると、必ずしも賢明ではなかった。準備期間が不十分だったのに加え資金が総じて不足していたので、なんとかアントワープにやってきた比較的少数の選手と、やはり数少ない観衆が不便を忍ぶこともあるのは必定だった。

戦後、かつてないほど強大になったアメリカでさえも、信頼できる選手団を編成しアントワープに送るのに難渋した。アメリカでは、ヨーロッパの政治には干渉しないという孤立主義の機運がすでに強くなっていたので、AOCは必要な資金を調達するのに苦労した。AOCは戦時国債運動でお馴染みの愛国主義的なスローガンを使い――「われらの見事な戦果のゆえに、今後アメリカが敵国に侵入すれば勝利に終わるということをヨーロッパのすべての国は期待するようになった」[57]――目標には四万ドルほど不足だったが、十六万三千ドルの資金が調達できた。

金の問題が解決すると、すぐさま輸送の問題が持ち上がった。なぜなら民間の客船はすべて予約済みで、軍の船舶は厳密に言えば民間人を乗せなかったからである。AOCの新しい会長ガスティヴァス・カービーは必死になり、アメリカのオリンピック代表選手には例外を設けるように議会に働きかけた。その結果、選手たちはアメリカ海軍の軍艦プリンセス・マトイカ号でヨーロッパに航海することを許された。それは、大した得にはならなかった。乗客の一人、全米体育協会のダニエル・J・フェリスが証言しているように。

政府はわれわれを、大きな錆付いた輸送船プリンセス・マトイカ号に乗せてくれた。われわれが乗船したとき、船員はヨーロッパから千八百人の戦死者の遺体を移送してきたばかりだった。選手がタラップを列になって登ると、柩が何列にも何列にも波止場に置かれていた。それは、衝撃的な出発だった。

選手は船倉で寝泊りすることになった。ホルムアルデヒドの臭いは我慢できなかった。選手にとっては、なんと汚く狭苦しい場所であったことか。選手は鎖で吊された三段の寝棚で寝なければならなかった。そこには鼠が蔓延《はびこ》っていた。ひどい話だったが、仕方がなかった。金がなかったのだ。無一文だったのだ。(58)

アントワープの状況は、船中とさほど変わらなかった。アメリカの選手は、地元のYMCAの寝棚が固いことや、食事が惨めなことや、競技場のトラックの表面がひどいことに文句を言った。オリンピック競技に初めて参加することになったアメリカの女子水泳選手は、氷のように冷たいプールの水にぞっとした。欲求不満になったアメリカの選手は、競技の最中に、ちょっとしたボルシェヴィキ革命を実際に起こした。

ヤンキーが甘やかされていたのは疑いない。四年間、物資の欠乏に耐えていたヨーロッパの選手は、アントワープの施設と宿泊所に十分満足していた。クーベルタンと友人のバイエ＝ラトゥールにとっては、オリンピックが八年間開かれなかったあとに、その平和な大会が開けただけでも勝利だった。ベルギーのアルベール一世も大会を主催することが誇らしかった。「確かに人が少ない」ということを認めねばならなかったが。二十七ヵ国（実際には二十九ヵ国）の選手がともかくもアントワープにやってきたことに注目したアメリカのジャーナリスト、アーサー・S・ドレイパーは、こう結論づけた。「戦後最上の国際連盟の集会だった」(59)

アントワープ大会にやってきたまばらな観衆は、オリンピックのいくつかの重要な新機軸を目にした。いまやお馴染みになったオリンピックの五輪の旗が、初めてオリンピック・スタジアムに翻った。その旗は、オリンピックに参加する五つの大陸を表わすものとして、クーベルタン自身が一九一四年にデザインしたものだった。別の新機軸は、オリンピックの宣誓だった。参加者はその中で、「真のスポーツ精神に則《のっと》り、スポーツの名において、母国の名誉のためにオリンピック競技のルール」を守ることを約束した。

かなりの名誉を得た一つの国は、小国のフィンランドだった。フィンランドのメダル獲得数は、遥かに大きい国のアメリカの次だった。「空飛ぶフィン」のパーヴォ・ヌルミは三個の金メダルを獲得したが、その後何年も中距離のレースを独り占めすることになる。氷のように冷たいプールの水にもかかわらず、アメリカのエセルダ・ブレイブトレイは女子水泳の三種目のすべてで金メダルを獲得した。七十二歳のスウェーデンの射手、オスカー・スワーンは、ランニング・ディア・ダブルショット団体（現在は廃止）（動く鹿の形の標的を撃つ競技）で銀メダルを獲得した。その結果、スワーンはオリンピック史上、最年長のメダリストになった。

オリンピックの神殿から追い出されたドイツは、当然ながら、アントワープでの競技を間近に見ることができなかった。生まれたばかりのヴァイマル共和国は、新しい政体を確立するのに苦労していた。左翼と右翼の一揆を鎮圧し、近代の工業国では最悪の通貨インフレーションと闘っていた。したがって、オリンピック選手を送ることについて心配する必要がなかったのは幸いだったろう。

いずれにしてもその時点でドイツのスポーツ界は、オリンピック運動に加わる気はなかった。IOCもドイツをも含める気はなかった。一九一七年に、もっと愛国的な響きの名前、「独逸帝国体育協会《ドイチャー・ライヒスアウシユス・フユール・ライベスユーブンゲン》（DRL）」に変えたDRAFOSは、初の会合で、当会は純粋にドイツ的なスポーツを育成し、「ドイツ民族を不敗[60]」にするまで国民的スポーツの伝統を伸ばすことを意図すると宣言した。したがって、戦後、DRLはオリンピックの代表選手選抜試合とその準備をする代わりに、軍隊風国民的競技（独逸格闘的団体競技《ドイチェ・カンプフシュピーレ》）を催し始めた。

いまやDRLの指導的人物になったカール・ディームの見解では、こうした国家的スポーツはオリンピックに十分取って代わるものであり、古代の競技を自分たちだけのものにしていた古代ギリシア人の理念に精神的に近かった。一九三二年、ディームはある議論において、IOCは、戦争の傷がすっかり癒えて、すべての国が参加できるようになるまで一九二〇年の大会を延期しなかったことにより、自らの国際主義の原則を破ったと言った。それには、いくらかの理があった。ディームはIOCが次回のオリンピックをパリで開くことに決定したことに触れて、その決定もオリンピック精神に反する、なぜなら、ドイツはたとえ招待されたとしても、ドイツの領土を自国の軍が占領している国に選手団を派遣することはできないからと付け加えた（一九二三年、フランスはルール渓谷を占領した）。フランスがドイツの領土を占領した際、モロッコの軍隊を使ったことに言及し、ディームは憤然として言った。「フランスの軍服を着た黒人がドイツのラインラントに立っている限り、どんなドイツ人がパリの国際的競技祭に喜んで出席するだろうか！　われわれドイツ人には、われらが国家的競技がそれに十分に取って代わる[61]」

疑いもなくディームは、ドイツの国家的競技がオリンピックに十分に取って代わるものだと言ったとき本気だったが、その発言はあまりに抗議の調子の強いものだった。ディームのような国家主義者を含めドイツ人は、参加する特別の資格があると信じていたオリンピック運動から排除されたことに、ひどく腹を立てていた。一九二三年、ディームはドイツが再び数多くの国際的スポーツ協会に入れてもらえるようになった事実に、束の間だが、気をよくした。それは、早い時期にまたオリンピックの仲間に入れてもらえる前兆だと考えた。「ドイツなしには」と彼は書いた、「オリンピックは中途半端なものである」[62]。ところが、ディームが一九二四年のパリ大会にドイツも加わることを可能にしたかもしれないチャンスは、ローマで開かれた一九二三年のIOC総会に彼がクーベルタンから非公式に招待されたとき、それが正式の招待ではないという理由で断ったために消えた。

　ディームが純粋にドイツ的スポーツに対する忠誠を表明していたとき、彼がのちに一九三六年のオリンピックを取り仕切る際に密接に関係するようになった政治運動、すなわちナチ党が、初めてドイツのスポーツ界にその存在を感じさせるようになった。一九二三年にドイツ体育祭がナチの誕生の地、ミュンヘンで催されたとき、ナチは激しい抗議デモを行った。ナチと、オーストリアとボヘミアの民族主義的《フエルキシュ》仲間は、その体育祭にユダヤ人とその他の「非ドイツ人」が参加を許されていることに憤慨したのである。ヒトラー自身、「ユダヤ人、フランス人、アメリカ人」を「民族解放の理念の心臓地帯」[63]に連れ込んだ催しの「挑戦的性格」に抗議する陳情書に署名した。この時は、ナチは自分たちの目的を達成することはできなかったが——ミュンヘンの町なかでの抗議行進は警察によって解散させられた——十年のうちに、ナチの人種差別主義はドイツのスポーツ界を支配するようになった。

　IOCは一九二四年のオリンピックに先立ってパリで開かれた恒例の総会で、二人のドイツ人、テーオドール・レーヴァルトとオスカル・ルペルティがIOC委員会に入ることを歓迎した。ところがフランスは、ドイツをパリ大会には参加させないことを決意していた。フランス政府はパリ大会を、フランスの独自の力と栄光を誇示する手段と見ていた[64]。ハイレベルのスポーツと軍事力は関連しているという、何度も繰り返された主張をすっかり信じていたフランスの情報機関、情報部《ドウジェーム・ビュロー》は、ドイツはすでにヴェルサイユ条約を無視し、軍隊を立て直す手立てに選手育成とスポーツ競技を使っていると警告した。情報部はさらに、ドイツのスポーツ界はフランスに対する「きわめて熾烈な憎悪に駆り立てられている」[65]と主張した。パリとベルリンの激しいライバル関係に巻き込まれたIOCは手を引き、一九二四年のパリ大会にどの国を招致するのかに関する決定を、フランスの政治家に任せることにした。[66]

ドイツと、そのかつての同盟国は、一九二四年の夏季オリンピックだけではなく、同年二月にフランスのシャモニーで初めて行われた冬季オリンピックにも参加できなかった。（冬季オリンピックを一九一六年にドイツのシュヴァルツヴァルトで開く計画があったが、計画だけに終わった夏季のベルリン大会同様、その催しは第一次世界大戦の犠牲になった。）当然ながら、冬季オリンピックには非オリンピック的なところがあった。古代ギリシア人はスキーとスケートの名手としては知られていなかったのである。そのうえ、参加選手の大半は、言わずもがな、山のある国、あるいは少なくとも冬が適度に寒い国の選手でなければならなかった。それは、オリンピックの普遍主義に合わない制約だった。そうした理由からクーベルタンは、別個に冬季オリンピックを開くという考えに乗り気ではなかった。[67]

スカンディナヴィア諸国は冬季オリンピックの導入を歓迎しただろうと思われるかもしれないが、スカンディナヴィア諸国にはすでにノルディック競技があり、冬季オリンピックはその価値を下げてしまうのではないかと恐れた。冬季オリンピック競技が実現したのは、もっぱら、フランス、スイス、イタリア、カナダのIOC代表が、その試みはオリンピック精神を次第に大きくなっていくウインタースポーツの世界にまで広げることになるだろうと、巧みに論じたためである。IOCが冬季オリンピックを試してみることに依然として疑念を抱いていたということは、同委員会が当初、シャモニーでの催しをオリンピックではなく、「国際スポーツ週間」と名付けた事実に反映している。シャモニーでの催しが一応成功したあとになって、同委員会はそれを第一回冬季オリンピアードと公式に命名した。IOCは一九二五年の総会で、そう改称することを決めたあと、今後は夏季オリンピックを主催した国が、その年の冬季オリンピックを主催する優先権を持つ、ただし、土地と気候がそれに合えばという条件で、と公表した。そのことはドイツ人にとっては、やがて一九三六年の夏季オリンピックを自分たちが主催すれば、その年の冬季オリンピックをも主催する最初のチャンスを手にするということを意味した。

ドイツ（ドイツのみではないが）のオリンピックの将来に関して言えば、一九二四年のパリ大会は、アメリカは依然として非常に強かったものの、陸上競技を含め、いくつかの種目で次第に弱くなっていたことを示した点で重要だった。英国代表のユダヤ人走者ハロルド・エイブラハムズは百メートル競走で優勝し、宗教上の理由で日曜日に走るのを拒否したスコットランドの福音主義者の宣教師、E・H・リデルは、四百メートルで優勝した（一九八一年に、二人を記念した映画『炎のランナー』が作られた）。走り幅跳びに出場したアメリカのウィリアム・ドハート・ハバードは、個人のオリンピック競技で優勝した初の黒人選手になった。一九二四年の大会に参加したもう一人の注目すべきアメリカの参加者は、漕艇のエイトで優勝したイェール大学のクルーの一人、ベンジャミン・スポックだった。周知のように、のちに小児科医になったスポックは、親のためのきわめて影響力のあった手引き『赤ん坊と子供の世話の常識』（邦訳名『スポック博士の育児書』）を書いた。そして同書のせいで、彼は世の保守派の嫌われ者になった。保守派は、子供を「寛大に」育てることを推奨しているため新しい世代を堕落させると同書を非難したのだ。一九二四年、アメリカからやってきた支援者は、スポックとその他のアメリカの選手を声を限りに喧嘩腰で応援したので、フランスの観衆は憤激した。あるフランス人は、米仏のラグビーの試合中、一人のアメリカ人のファンを鞭でこっぴどく叩いた。（ラグビーは一九二四年以後、オリンピックのスポーツとしては中止になった。）

アントワープの場合同様、フィンランド人はパリでも大活躍をした。パーヴォ・ヌルミは一九二〇年に獲得した三個の金メダルに加えて五個の金メダルを獲得した。彼のチームメートのヴィレ・リトラは四個の金メダルと二個の銀メダルを獲得した。フィンランド人は、合計十三個の金メダル、十三個の銀メダル、五個の銅メダルを手にした。フィンランド人の驚くべき卓越した能力は、その成功の秘密について盛んな憶測を呼んだ。何人かの理論家は、フィンランドの栄養価の高い干魚、固いパン、酸っぱい牛乳にその秘密があるとした。ほかの理論家は、現代のフィンランド人の祖先と思われる「荒々しいモンゴルの血」にあるとした。一方、サウナの習慣の効果を強調する者もいた。肌がピンクになるまで蒸し風呂に入ってから雪の中で転がるような民族は並外れた耐久力があるに決まっている、というのがその理由だった(68)。果ては、フィンランド人は比較的貧しく、厳しい田舎暮らしをしているので、裕福で軟弱で都会化した国より有利なのだという考えさえあった。

かつては運動の面でアメリカの指導を求めていたドイツ人は、いまやフィンランドを手本にすることにした。その手本を見習うのは容易に思われた。考えてみれば、ドイツにも田舎暮らしの根強い伝統、素朴だが栄養十分のたくさんの食べ物がある。新しい貧しい生活は、ドイツを、その逞しい民族的ルーツに戻すかもしれない——大昔、チュートン族を、文明化した世界にとっての脅威にした、あの無骨な生き方に。さらに古代の言葉を使えば、ドイツはアメリカの（そしてフランスの、英国の）アテネに対してスパルタの役を演じるようになるのではなかろうか?

ドイツは、オリンピックに最後に参加してから十六年後の一九二八年の大会で、再びスポーツにおける気概を世界に示すチャンスを与えられることになりそうだった。一九二六年五月二十六日、ドイツは一九二八年のアムステルダムの夏季オリンピックとスイスのサンモリッツの冬季オリンピックに代表選手を送るよう促された。ディームはその時のためにドイツ国民のあいだにオリンピック熱を掻き立てる準備をした。再び彼は、外国人嫌いの体操連盟とその土着文化保護主義の支持者による、オリンピックに対する消極的態度を克服することを期待して、明白な国家主義的な方針を打ち出した。「ドイツ人であることは、容易に満足することを、もはや意味してはならない」と彼は宣言した。「ドイツ人であることは、世界をドイツのために要求することでなければならない。戦後、文化、科学、芸術、産業の領域におけるわれらの主な目的は、太陽のもとのわれらの場所をできうる限り迅速に取り戻すことであった。同様に、ドイツの生活と文化の必要不可欠の部分であるドイツのスポーツは、こそこそと狭苦しい隅に隠れて、国際的競技場を避けてはならない」[69]

ディームの刺激的発言は功を奏し、オリンピック熱は再び国中に蔓延した。あるオリンピック献金運動で、ドイツ代表選手がサンモリッツとアムステルダムへ行くために、個人と法人が百万ライヒスマルク以上寄付した。ドイツ代表選手は、国中の学校で催された特別資格競争で選ばれた——それはフィンランドに倣って始めた新機軸だった。ディームは、アムステルダム大会ではドイツが参加することに対する体操連盟の反対を押し切ることはできなかったが、レーヴァルトと協力して、体操連盟を新たに結成されたドイツ・オリンピック協会に加盟させることはできた。それはDRAFOSの跡を継ぐもので、ドイツ組織委員会の親機関としての役を果たした。

アムステルダム大会では、準備をした甲斐が十分にあった。ドイツはメダルの数でアメリカの次で、十個の金メダル、七個の銀メダル、十四個の銅メダルを獲得した。それに劣らず重要だったのは、ドイツは広い範囲の種目で好成績を収めたことである——馬術、レスリング、水球、水泳——そして、そう、陸上競技においてさえも。

アメリカについて言えば、陸上競技が比較的振るわなかったことで、総合優勝はやや色褪せた。陸上競技でのアメリカのメダル数の合計は、スカンディナヴィア諸国のそれと同じだった。フィンランドのヌルミは、またもアメリカの中距離走者を置き去りにした。それを見たニューヨークのあるスポーツ記者は、「空気が自分の道であるかのように走る」[70]フィンランドの叙事詩『カレワラ』に出てくる韋駄天の英雄に譬えた。陸上競技では、競技の最後の日までアメリカは金メダルを取ることができなかった。四百メートル競走でレイモンド・バーバティが優勝したのというのも、カナダのジェイムズ・ボールが、バックストレッチで次のコーナーに向かってまっすぐに走る（それは規則に反しなかった）代わりに、自分のレーンをそのまま大回りして走るという間違いを犯したからに過ぎなかった。

一九二八年の大会は、アメリカ選手団にとっては二重に失望するものだった。なぜなら、その時、ダグラス・マッカーサー将軍がAOCの厳格な会長だったからだ。将軍は納得のいく勝利を収めることを約束していた。カール・ディーム同様、マッカーサーはオリンピックを一種の「武器なき戦争」[71]と考えていた。その戦争で勝利を収めるために、自らアムステルダムまでアメリカ選手団に同行し、その間ずっと、オリンピック選手の「軍隊」に、アメリカの卓越性を全面的に示すのが君たちの運命なのだということを想起させた。「私は彼らに言った」とマッカーサーは回顧録の中で回想している、「われわれは世界で最も偉大な国を代表しているのだ」。そして、こう言い添えた。「われわれが遥々やってきたのは、優雅に負けるためではなく、勝つためだ、有無を言わせず勝つためだ」[72]。アムステルダムに着くとマッカーサーは、選手団が競技以外で、ローズヴェルト大統領号を離れるのを許さなかった。そうすれば、悪名高き罪深い都市の芳しくない誘惑から彼らを守ることができ、競争相手に「スパイ」されるおそれもない、というわけだった。

マッカーサーは、アメリカ選手団がアムステルダムのスポーツの戦場で赫々《かくかく》たる戦果を挙げられずに帰国したが、オリンピックの指揮をしくじったという新聞の批判をものともしなかった。そして、いかにも彼らしい大仰な文句を使って、カルヴィン・クーリッジ大統領に言った。もし、「わがアメリカの国民性を最も特徴的に表わす生活の側面を指摘するよう求められたなら、私の指は過たず、われらのスポーツの楯を差すでありましょう[73]」

また、マッカーサーはいかにも彼らしく、二位の成績のドイツを含め、アメリカの競争相手の技を正当に評価しなかった。ドイツ人は、そんな間違いは犯さなかった。彼らがアムステルダムで驚くべき成績を収めたことは（それはサンモリッツでのぱっとしない成績を償って余りあるものだった）、国中にいっそうオリンピック熱を煽った。パウル・フォン・ヒンデンブルクは、ベルリンでの公式レセプションで自ら選手団を祝った。ディームは、選手団がよい成績を収めたのは、激しい練習と卓越した国民性が結びついた結果だとした。ドイツがオリンピックで勝利を収めたのは、造化の戯れではなく、「正常で、技倆に優れ、高度に訓練された、意志強固の闘士のおかげである――それは健全な国民の国家的成果である[74]」と彼は言った。

ディームとその他のドイツのオリンピックの熱心な支持者にとっては、アムステルダムでの成功は、さらに大きな褒美を手にするために必要な後押しになった――一九三六年のオリンピックで招致国の役を果たすという褒美を。一九一六年に戦争のせいで失った名誉が、オリンピックの美点と、平和を愛する世界の諸国でオリンピックが占めている立派な地位をドイツがはっきりと認めることで、いまや回復されるのは当然ではないか、とドイツ人は論じた。

原注

（1）Andreas Höfer, *Der Olympische Friede. Anspruch und Wirklichkeit einer Idee* (Sankt Augustin, 1994).

(2) John MacAloon, *This Great Symbol: Pierre de Coubertin and the Origins of the Modern Olympic Games* (Chicago, 1981), 5-6 ; Eugen Weber "Pierre de Coubertin and the Introduction of Organized Sport in France," *Journal of Contemporary History* 5 (1970) : 5.

(3) ヤーンとトゥルナー運動に関しては次のものを参照のこと。 Christiane Eisenberg, "Chaismatic National Leader: Turnvater Jahn," in Richard Holt, J. A. Mangan, and Pierre Lanfranchi, eds., *European Heroes: Myth, Identity, Sport* (London, 1996), 14-27.

(4) Karl Lennartz, *Die Geschichte des Deutschen Reichsausschusses für Olympische Spiele. Heft 1 : Die Beteiligung Deutschlands an die Olympischen Spielen 1896 in Athen* (Bonn, 1981), 54 に引用されている。

(5) 同書、71 に引用されている。

(6) Minas Dimitriou, "Athen 1896 — die ersten Olympischen Spiele der Neuzeit im Schatten des Griechisch-Türkischen Krieges," *SZS*, 10. Jg, Heft 2 (July 1996) : 7-13.

(7) James B. Connolly, "Fifteen Hundred Years Later," *Collier's*, 1.8.36, 24.

(8) Burton Holmes, *The Olympic Games in Athens, 1896: The First Modern Olympics* (New York, 1984), 64-65.

(9) George Horton, "The Recent Olympic Games," *The Bostonian* 4, no. 4 (July 1896) : 219.

(10) Guttmann, *The Olympics*, 18 に引用されている。

(11) Lennartz, *Geschichte des Reichsausschusses*, Heft 1, 119 に引用されている。

(12) MacAloon, *This Great Symbol*, 217 に引用されている。

(13) Horton, "Recent Olymprc Games," 223.

(14) MacAloon, *This Great Symbol*, 232 に引用されている。

(15) Guttmann, The Olympics, 19 に引用されている。

(16) Horton, "Recent Olympic Games," 228.

（17）Pierre de Coubertin, “The Meetmg of the Olympic Games,” *North American Review* 170（1900）: 802.
（18）André Drevon, *Les Jeux Olympiques oubliés*（Paris, 1900）, 87.
（19）David E. Martin and Roger W. H. Gynn, *The Olympic Marathon*（Champaign, IL, 2000）, 28-37. Karl Lennartz “Der Marathonlauf bei den Olympischen Spielen 1900 in Paris,” *Deutsche Gesellschaft für Leichtathletik-Dokumentation Bulletin* 5, no. 17（1987）: 37-56 も参照のこと。
（20）Manfred Blödhorn and Walter Niegman, “Zur Ehre unseres Vaterlandes und zum Ruhme des Sports,” M. Blödnorn, ed., *Sport und Olympische Sptele*（Rembek bei Hamburg, 1984）, 31.
（21）Pierre de Coubertin, *Une campagne de vingt-et-un ans*（Paris, 1908）, 150.
（22）John Lucas, “Early Olympic Antagonists: Pierre de Coubertin versus John E. Sullivan,” *Stadion* 3, 2（1997）: 267 に引用されている。
（23）David Wallechinsky, *The Complete Book of the Summer Olympics: Athens 2004 Edition*（Toronto, 2004）, 6.
（24）Robert Rydell, *All the World's a Fair*（Chicago, 1984）, 157; Lew Carlson “Giant Patagomans and Harry Ainu: Anthropology Days at the 1904 St. Louis Olympics,” *Journal ofAmerican Culture* 12（1989）: 19-26.
（25）S. W. Pope, *Patriotic Games: Sporting Traditions in the American Imagination 1876-1926*（New York, 1997）, 43 に引用されている。
（26）、（27） Bill Henry, *An Approved History of the Olympic Games*（New York, 1948）, 57 に引用されている。
（28）、（29） Guttmann, *The Olympics*, 28, 29 に引用されている。
（30）、（31） Pope, *Patriotic Games*, 47 に引用されている。
（32）F. A. M. Webster, *The Evolution of the Olympic Games 1829 B.C.-1914 A.D.*（London, 1914）, 214 に引用されている。
（33）Lord Killanin and John Rodda, eds., The Olympic Games（New York, 1 976）, 37 に引用されている。

(34) Lennartz, *Die Geschichte des Deutschen Reichsausschussesfur Olympische Spiele: Heft 3: Die Beteiligung Deutschlands an den Olympischen Spielen 1906 in Athen und 1908 in London* (Bonn, 1985), 139-40.
(35) Guttmann, *The Olympics*, 32.
(36) Harold E. Wilson, Jr., "A Legend in His Own Mind: The Olympic Experience of General George S. Patton, Jr.," *Olympika* 4 (1997): 99-110.
(37) Guttmann, *The Olympics*, 32に引用されている。
(38) Killanin and Rodda, *The Olympic Games*, 41に引用されている。
(39) John Lucas, *The Modern Olympic Games* (Cranbury, NJ, 1980), 93.
(40) Pope, *Pdtriotic Games*, 50に引用されている。
(41) Jack Newcomb, *The Best of the Athletic Boys: The White Man's Impact on Jim Thorpe* (New York, 1975), 210.
(42) Wolfgang Schivelbusch, *The Culture of Defeat* (New York, 2003), 174に引用されている。
(43) Volker Kluge, *Olympiastadion Berlin: Steine beginnen zu reden* (Berlin, 1999), 36-37に引用されている。
(44)´(45) Achim Laude and Wolfgang Bausch, *Der Sport-Führer. Die Legende um Carl Diem* (Göttingen, 2000), 15, 25-26に引用されている。
(46)´(47) Karl Lennartz, *Die VI. Olympischen Spiele Berlin 1916* (Cologne, 1 978), 62, 132に引用されている。
(48) Laude and Bausch, *Der Sport-Führer*, 28に引用されている。
(49) Arnd Krüger, *Theodor Lewald: Sportführer im Dritten Reich* (Berlin, 1975), 18.
(50)´(51) Lennartz, *Die VI. Olympischen Spiele*, 90, 95.
(52) Marin Polley "'No Business of Ours'? The Foreign Office and the Olympic Games 1896-1914," *IJHS* 13, no. 2 (Aug. 1996): 108-9.

（53）Höfer, *Der Olympische Friede*, 141 に引用されている。
（54）Otto Mayer, *A travers les anneaux olympiques* (Geneva, 1960), 81 に引用されている。
（55）Pierre de Coubertin, *Olympische Erinnerungen* (Berlin, 1936), 157.
（56）Alfred E. Senn, *Power, Politics, and the Olympic Games* (Urbana, IL, 1999), 37 に引用されている。
（57）Mark Dyreson "Selling Amencan Crvilization: The Olympic Games of 1920 and American Culture," *Olymplka* 8 (1999): 10-11.
（58）John Lucas, "American Preparations for the First Post-World War Olympic Games, 1919-1920," *JSH* 10, no. 2 (1983): 37.
（59）Dyreson, "Selling American Civilization," 40.
（60）Arnd Krüger, "Deutschland tind die Olympische Bewegung," Horst Ueberhorst, ed., *Geschichte der Leibesübungen, Band 3/2* (Berlin, 1981), 1029 に引用されている。
（61）Carl Diem, *Sport als Kampf* (Berlin, 1 920), 38-39.
（62）Laude and Bausch, *Der Sport-Führer*, 44 に引用されている。
（63）Aufruf an sämtliche Gliederungen der NSDAP, *VB*, 16.6.23.
（64）Didier Braun, "Le sport français entre les deux guerres et les Jeux Olympiques en France en 1924," *Relations Internationals* 38 (Summer 1984) : 193-211.
（65）Andrew Barros, "Les dangers du sport et de l'éducation physique: Une evaluation des forces allemandes par le Deuxième Bureau français (1919-1928)," *Guerres mondiales et conflicts contemporaines* 210 (2003): 115.
（66）Fabrice Auger, "Le Comrté International Olympique face aux rivalités franco-allemandes (1918-1928)," *Relations Internationales* 112 (Winter 2002): 427-46.
（67）Mayer, *A travers*, 113-14.

(68) Lucas, *Modern Olympic Games*, 104.

(69) Laude and Bausch, Der Sport-Füthrer, 46 に引用されている。

(70) Lucas, *Modern Olympic Games*, 115.

(71) John Lucas, "Architects of the Modernized American Olympic Commrttee 1921-1928: Gustavus Town Kirby, Robert Means Thompson, and General Douglas MacArthur," *JSH* 22, no. I (Spring 1995): 43.

(72) Douglas MacArthur, *Reminiscences* (New York, 1964), 86.

(73) Lucas, "Architects," 44 に引用されている。

(74) Laude and Bausch, *Der Sport-Führer*, 48 に引用されている。

第2章 ナチ登場

あの「救い難い十年間」である一九三〇年代は、大恐慌、ナチのドイツ支配、スターリンの残忍な粛清、スペインの内戦、第二次世界大戦の予兆と消え難く結びついているが、近代オリンピック運動の歴史において大きな意味を持つ時期でもあった。三〇年代の初め、IOCは一九三六年の夏季オリンピックの招致国にベルリンを選んだ。そして同委員会は、一九三二年にアメリカ主催の二度目のオリンピックを開く決意を固めた——レークプラシッドで冬季オリンピックを、ロサンゼルスでずっと大規模な夏季オリンピックを。ロサンゼルスの大会が終わって数ヵ月後、ヒトラーはドイツの首相になった。首相は一九三二年にもなって、オリンピックを、「フリーメーソンとユダヤ人の陰謀(1)」と非難した男だった。ヒトラーが率いるドイツが次のオリンピックの招致国になるかもしれぬというのは、まだ歴史の浅いオリンピック運動にとって、それまでで最大の危機だった。

ベルリンに有利な決定

ドイツはアムステルダム大会の前から、一九三六年のオリンピックの誘致運動を始めていた。テーオドール・レーヴァルトはドイツ・オリンピック協会とベルリン市を代表して、一九二七年四月二十七日にモナコで開かれたIOCの総会でベルリンを開催地として申請した。それは長いプロセスの第一歩だった。一九二五年にIOCの新しい会長になったバイエ＝ラトゥールは、一九三六年の開催地は一九三一年まで決定しないということを公表していた。レーヴァルトはベルリンを申請した際、ほかの二つの都市、ニュルンベルクとケルンも一九三六年のドイツの開催地として申請していて、厳密に言えば依然としてベルリンと競っていたという事実を勝手に無視した。その後間もなく、フランクフルトも名乗り出た。(2) レーヴァルトが傲慢にも、ベルリン以外の都市の申請を蔑《ないがし》ろにしたため、ほかの都市の関係者は憤慨し、その行為をベルリンの典型的な弱い者いじめと見た。ケルン市長コンラート・アデナウアーは委員会のベルリン贔屓に抗議したが、無駄だった。(3) 何年もあと、第二次世界大戦後の連邦共和国の初代首相になったアデナウアーは、当時、連合国の英米仏の管理区に分かれ、ソヴィエト支配のドイツ民主共和国の奥深くにあって孤立していたドイツの旧首都を冷遇することによって復讐をした。

ベルリンを推す際、レーヴァルトは当初、ベルリン市の行政当局から積極的な支持が得られなかった。ベルリンはすっかり破産していて、市議会はオリンピックを招致するのが望ましいかどうかを巡って真っ二つに割れていた。その催しに多額の費用がかかり、一九一六年の中止になった大会のために作られた古いドイチェス・シュターディオンをもっと大きくし、近代的なものにしなければならないのを誰もが知っていた。レーヴァルトは、大会がベルリンに大きな経済的利益をもたらすのは間違いないと反論し、一千万マルク儲かると推定した。ついに外務大臣のグスタフ・シュトレーゼマンの貴重な援助を得たレーヴァルトは、市議会とベルリン市長グスタフ・ベースを脅しつけ、難事業を引き受けさせた。シュトレーゼマンも、共和国政府はベルリンの申請の後押しをすると約束した。

一九三〇年、レーヴァルトは第九回オリンピック会議をドイツの首都で開くようIOCを説得し、成功した。それは見事な手腕だった。というのも、オリンピック運動の大物の誰もが出席する会議で、ドイツがベルリンを宣伝し、IOC代表のご機嫌を取る機会がたっぷりあったからだ。ヒンデンブルク大統領はベルリン大学の大講堂で催された開会式で自ら会議の開会を宣し、会議に大枚五万ライヒスマルクの補助金を出したドイツ政府は、ドイツでのオリンピック開催を全面的に支援すると強調した。レーヴァルト自身は、J・J・ヴィンケルマンとエルンスト・クルティウスがオリンピア学に偉大な貢献をしたことを、代表たちに思い起こさせた（クルティウスは十九世紀の末頃、ドイツ人によるオリンピア発掘を統轄した）。ベルリンはヒンデンブルクの金をいくらか遣い、代表者たちを招いて市庁舎で豪華な宴会を催した。ドイツのオリンピック関係の役員は自分たちの優れた組織力を誇示するため、二千艘の漕ぎ舟を集め、代表とその大勢の随行を、グリューナウの漕艇の予定コースに連れて行った。賓客たちはまた、ドイチェス・シュターディオンの改装計画書も見せられた。レーヴァルトは、こう言って会議を締め括った。「一九三六年、ベルリンでまたお会いしましょう《アウフ・ヴィーダーゼーエン》！」[4]

一九三〇年のオリンピック会議が開かれていたとき、一九三六年の夏季オリンピックの主催地をベルリンと競った主な相手はローマとバルセロナだった。もちろん、ローマは当時、ベニート・ムッソリーニの独裁体制のもとにあった。レーヴァルトによると、IOCはファシスト政権がイタリアのスポーツを牛耳っていることに「強く反撥」していた。もっとも同委員会は、ムッソリーニがオリンピックに「規律正しい」、「精力的な」支援をしてくれるのを信じてもいたが。[5]

大方のベルリン支持者の目には、バルセロナのほうが強敵だった。スペインには強固なスポーツの伝統があり、IOCの何人かのメンバーはカタルーニャの州都バルセロナを支持しているのがわかっていた。独裁者ミゲル・プリモ・デ・リベラは最近辞任し、亡命した。競争相手としてのバルセロナとローマの立場を弱めようと、レーヴァルトは密かにプロイセン気象台に調査を依頼し、その二つの都市では、オリンピックが開かれる八月が不快な気候であることを教えてもらった。ディームは、その結果をオランダの新聞に公表した。さらにレーヴァルトは、ＩＯＣの同僚たちに個人的な手紙を書くという、当時としては普通の手段をとり、開催地の決定がなされる、一九三一年四月のバルセロナでの委員会総会の前に、ベルリンを支持してくれるよう頼んだ。そして彼は、クーベルタン自身、ベルリンに肩入れしていることを指摘し、ドイツは近代オリンピック精神の伝統の優れた守り手だとクーベルタンは考えていることをも書いた。最後にレーヴァルトは、ベルリンを支持してはいるがバルセロナでの総会に出席しない代表たちに、自分たちの気持ちを書いた手紙をバイエ＝ラトゥールに送るように助言した。

一九三六年の招致国を決めるためにＩＯＣが四月二十四日から二十六日にかけてバルセロナで総会を開いたとき、代表たちは市街の混乱状態のせいで、当面の仕事にほとんど集中できなかった。ちょうどスペイン第二共和政が樹立されたことがマドリードで宣言されたところで、その結果アルフォンソ十三世は亡命した。一方バルセロナでは、カタルーニャの国家主義者たちがカタルーニャ共和国の独立宣言をした。そうした状況だったので、ＩＯＣの六十四人のメンバーのうち十九人しかバルセロナの総会にやってこられなかった。ローマには一九三六年のチャンスはないということを知っていたらしいイタリアは、第十一回のオリンピックの招致国候補の申請を取り下げ、ローマが一九四〇年に招致国になる希望を表明した。定足数が明らかに足りなかったので、ＩＯＣは一九三六年の開催地をバルセロナの総会で決定することはせず、郵送で投票し、その結果は五月にローザンヌで発表することにした。(6)

レーヴァルトはバルセロナの総会の直後の数日、ＩＯＣの同僚たちにいっそうの圧力をかけた。彼は東京駐在のドイツ大使に、ＩＯＣの二人の日本人メンバーを自ら訪ねさせた。結局、二人の日本人はベルリンに投票した。(二人がベルリンを後押ししてくれた返礼として、のちにドイツのＩＯＣのメンバーは、一九四〇年のオリンピックの招致国に東京が立候補した際に支持した。）レーヴァルトの呼びかけに応えて、IOCのチリ代表、アルフレド・エウイングはベルリンに投票するという電報をローザンヌに打ち、奇妙な説明を付け加えた――ドイツ帝国陸軍に訪問将校として二年間勤務できたのは「私の青春の最も幸福な思い出」(7)だ。

一九三一年五月十三日、バイエ＝ラトゥールは投票の結果を郵送で発表した。ベルリン四十三票、バルセロナ十六票だった。ベルリンに投票した代表の多くは、ドイツの民主的政府に対する支持を表明したかったのだと言った。その政府は、一九二九年のアメリカの株式市場の暴落に続いて経済的に苦しい時期を迎えていたうえ、またもや極左と極右に挟み撃ちに遭っていた。レーヴァルトが個人的に同僚に投票を依頼したことも大きな役割を果たしたらしい(8)。ドイツがオリンピックの招致を認められるには、まだ機が熟していないのではないかと恐れていたカール・ディームは、成果をレーヴァルト一人の功績に帰し、雅量のあるところを見せた(9)。（ディームはレーヴァルトに心服していて、二人の育ちが相当に違うにも関わらず、彼と密接に協力して仕事をしたことに注目しなければならない。）

もちろん今日では、オリンピック招致に関連してあらゆる種類の不正が行われることに、われわれは慣れっこになっているが、オリンピックの草創期には、こうした類いの裏の駆け引きは稀だった。ディームがベルリンをオリンピック開催地にするのにどの程度裏工作をしたのかは、当時はディームのような内部の人間のみしか知らなかった。ベルリンが勝者になったことが発表されたとき、ドイツの首都が一九三一年に獲得した権利をなんとか手放さずに済むように、のちにレーヴァルトがやはり尽力することになるとは、誰も知るよしもなかった。しかし、その重大な内幕が暴露される前に、オリンピック運動はもう一つの難題に直面したのである。世界中が深刻な不況に陥っている時に、新世界で二回目のオリンピックを開催するという難題に。

「新オリンピック精神にとっての故郷」——ロサンゼルス大会

もしロサンゼルスが思いを叶えることができたのなら、オリンピックは八年後ではなく早くも一九二四年に、その都市で催されていただろう。アントワープ大会の期間中、ロサンゼルスは一九二四年の大会に公式に主催者の名乗りを上げていただろう。ロサンゼルスの不動産業の大物で、のちにIOCのメンバーになったウィリアム・ガーランドは、クーベルタンに宛てた手紙の中で次のようなことを言った。アメリカはオリンピックを主催する「国際的に認められた資格があった」し、全米の都市の中でロサンゼルスは最も大きな権利があった、「なぜなら、オリンピックは西で行われたことはないし、また、ロサンゼルスは最大の利点のある開催地になりうるのだから[10]」。その利点の中には、素晴らしい気候と、七万五千人が収容できる新しいスタジアムを作る約束が入っていた。

クーベルタンは一九二一年、IOCは一九二四年のオリンピック開催地はパリにすでに内定しているが、万一、「ヨーロッパで政治的、社会的問題」が起こり、土壇場になって開催地をアメリカにせざるを得ない場合にそなえ、準備をしていたほうがよいとガーランドに助言した[11]。その老フランス人は、「黄金の州《ゴールデン・ステート》」(カリフォルニアの俗称)を以前訪れてカリフォルニア贔屓になっていたので、ロサンゼルスは「新オリンピック精神のための故郷[12]」にさえなるかもしれないと言った。

IOCは一九二三年のローマでの総会で投票し、一九三二年のオリンピック開催地をロサンゼルスに決定した。クーベルタンは、それを祝福した。ヨーロッパのオリンピック関係者の何人かの脳裏には、一九〇四年にセントルイスで開かれた、アメリカにおける最初のオリンピックの嫌な思い出が依然として残っていたが、IOCは、その選択を大いに歓迎した。東海岸の人間に占められていたアメリカ・オリンピック協会は大会がロサンゼルスに行くことをさして歓迎しなかった。エイヴェリー・ブランデージによると、東部の人間は「〝ああいう経験不足の田舎者〟が……果たしてこれだけ大規模のスポーツの催し物を手掛ける能力があるかどうかについて相当の疑念を抱いていた」[13]。ロサンゼルス組織委員会は、そんな悪口を叩かれても怯まずに、類を見ないほどに立派な大会を開くことを約束した。もちろん、アメリカと世界が、オリンピックの開かれる約三年前に深刻な不況に見舞われることを、ロサンゼルスの熱心な支持者の誰も予見することはできなかった。

ロサンゼルス組織委員会は、大恐慌が始まらないうちに、束の間ではあるが早くも自信喪失の危機に襲われた。アムステルダム大会が終わった直後、委員会のメンバーの一人、ザック・ファーマーが、カリフォルニアで競技をするためにヨーロッパの人間が果たして喜んで六千マイルの旅をする気があるかどうかについて、また、カリフォルニアが大会のための十分な資金を喜んで出すかどうかについて疑問を投げかける、悲観的な報告書を提出した。同委員会はガーランドが欠席していたとき、オリンピック計画を中止する決議をした。ところが、彼らを襲った臆病風は、『ロサンゼルス・タイムズ』の威勢のいい発行人、「連中に陽光を売れ《セル・エム・サンシャイン》」・ハリー・チャンドラー（彼は不動産投資家でもあった）が、その決議をひっくり返して大会の準備を続けるよう委員会を説得すると鎮まった。チャンドラーとその他のオリンピック支持者は、オリンピックは市に莫大な経済効果をもたらし、映画制作以外でも「ロサンゼルスを有名にする」ことを請け合った。

委員会は大恐慌が襲ってきたあとになってさえ、オリンピック開催の決定を守った。それはもっぱら、すでにその計画に厖大な時間、精力、金を注ぎ込んだからであり、また、一九二八年十一月、カリフォルニアの有権者が大会のために百万ドルの公債発行を認めたからでもある。一九三一年三月、カリフォルニアで百万人近い人間が失業し、スープ接待所がロサンゼルス中に次々に出来ていたとき、地元の有権者は、オリンピック・スタジアムを拡張改善する費用を賄うための、もう一つの資金調達手段を了承した――「競技ではなく食品を」[15]要求するデモ隊を、オリンピック反対抗議運動の支持者がサクラメントに送り込んだにもかかわらず。改装と拡張工事が施された巨大なロサンゼルス記念コロシアムは大会の建築上の呼び物で、十万五千人収容できた（約束の七万五千人どころではなく）。それは、その種の施設としては間違いなく最大のものだった。

だが、コロシアムが広いという、まさにそのことが、オリンピックがやがて開かれたとき、金を払ってくれる観客で果たして埋められるかどうかという、もっともな不安を生んだ。いっそう不安だったのは、外国のいくつかの国が選手を送ってくることがまったくできないのではないかということだった。そんな最悪の事態を避けるため、大会の組織委員は主な商船会社と交渉し、誰であれオリンピック参加者と役員が大西洋を渡る際、船賃を二割引きにするという革新的な手段をとった。それに加え組織委員は、アメリカ国内を鉄道で移動する際には汽車賃を四割引きにした。

組織委員は、選手を宿泊させるという段になると、さらに革新的だった。ロサンゼルスの標準的なホテルの宿泊代は一泊七ドルなのを考えると、宿泊費は来訪者の予算を喰い潰しかねなかった。そこで組織委員は宿泊費を切り詰めるため、誂え建築の「オリンピック村」を作るという斬新なアイディアを打ち出した。それは一日二ドルで泊まれる、贅沢ではないが一応ちゃんとしている宿泊施設だった。大会のちょうど二ヵ月前に完成したオリンピック村は、太平洋を見渡す広大なボールドウィン・ヒルズにあり、クリーム色の「コテージ」は快適な四人一部屋のもので、花の咲く植物に囲まれ、朝は靄で涼しかった。このミニ「逸楽の国《ロータス・ランド》」には、さまざまな民族向きのメニューが用意された食堂があった。ダグラス・フェアバンクス・ジュニアやウィル・ロジャーズのような有名人が敷地を散策し、サインに応じた。馬に乗った逞しそうなカウボーイが、オリンピック村を警護した。女子選手にとって不運なことに――男子選手にとっても――ボールドウィン・ヒルズの施設には男子選手しか入れなかった。女子は繁華街のチャップマン・パーク・ホテルに泊まらなければならなかった。そこでのメニューは完全にアメリカ風だった[16]。

こうした気前のよい受け入れ態勢に安心し、二十七のヨーロッパの国が、第十回夏季オリンピアードに参加するようにというロサンゼルスの招待に応じた（合計参加国は三十四）。日本は大会が始まる寸前に起こった満州事変にかかずらっていたにも関わらず、大編成の選手団を送った。東京は満州侵略を国際的に認めてもらおうと、満州のための追加のエントリーを申請したが、ロサンゼルス組織委員会は、ＩＯＣの後押しがあり、そのエントリーを拒否した。中国は満州が参加するのではないかという恐れから、初めてオリンピックに加わる気になった。たった一人の短距離選手が、人口四億のその国を代表した。（その短距離選手、劉長春は新しい傀儡国満州の旗のもとロサンゼルスのオリンピックに出るように日本から言われたが、劉は憤然として拒否し、「自分は中国民族で、黄帝の末裔であり、「牛馬のように他人に仕える」[17]ために自国を裏切りはしない、と言った。）

特別待遇をしてもらうにせよ、いくつかの選手団にとっては、ロサンゼルスに行くのは非常に困難だった。例えばブラジルは、六十九人の選手を貨物船で送った。その貨物船にはコーヒー豆の入った麻袋五万個が積んであった。選手たちはロサンゼルスの滞在費を支払うために、途中、港ごとでそれを売ることになっていた。残念ながら、誰もコーヒーを買う金を持っていず、結局、船がサン・ペドロの波止場に入ったとき、ブラジル代表の二十四人のメンバーしか下船することができなかった。あとの者はそのまま船で故郷に帰った[18]。

いくらかの選手は来られなかったものの、観客は大挙してやってきたので、組織委員たちは胸を撫で下ろした。競技場の選手だけではなくスタンドの映画スターも見られることを期待してであろう、大方はアメリカ人の何万もの人間が入場券を買った。十万人以上の者が開会式にやってきたが、観衆は競技が行われた十四日間、行儀よく振る舞った。かくしてロサンゼルス大会は利益を上げた（約十五万ドル）唯一の最初のオリンピックになった。しかし、アメリカのことなので、誰が法的にその利益を手にする資格があるかを巡って、直ちに訴訟事件が起こった。一九三五年、カリフォルニア最高裁判所は、第十回オリンピック委員会が利益を手にする資格があり、それを国、郡、市に寄付をする権利があるという裁定を下した[19]。

ロサンゼルス大会と成果の面で雲泥の差があったのは、アメリカ共産党の支援で開かれた「資本主義的オリピアード反対」という競技会だった。それは七月二十八日から八月一日にかけてシカゴ大学のスタッグ・フィールドで行われた。それは当時、ほとんど誰の注意も惹かなかったが、一九三六年の「別のオリンピック」と、その後のオリンピックに抗議する、さまざまな「向こうを張った催し物」の先駆と見ることができる。

ドイツ選手団は、ロサンゼルスに行くのに途中で特産品を売らなくて済んだが、緊縮財政ゆえに、最初に計画していたよりも、やや小規模の選手団を送らざるを得なかった。不況の真っ只中にあるのだから、国は選手団を送る必要などまったくないと言い張るドイツ人もいたが、レーヴァルトは、もしドイツがロサンゼルスに行かなければ、一九三六年に予定されているわれわれのオリンピックが危機に晒されるだろうと論じた。それは説得力があった。「もし、われわれがロサンゼルスに行かなければ、国際的評判、ドイツの国家的意志力に対する信頼の念、精神的、経済的信用の面で何を失うかについて、虚心に考えてみよう」と彼は警告した。「われわれは一九三六年の大会をベルリンで開く権利を危うくするだろう[20]」。レーヴァルトとディームはできるだけ倹約をすると約束し、十万ライヒスマルクという貧弱な国家補助を補う個人の寄付を掻き集めることに成功した。そのためドイツは、八十二人という恥ずかしからぬ数の選手をロサンゼルスに送ることができた。

ドイツがロサンゼルスの夏季オリンピックに送った選手団は、二月にレークプラシッドで開かれた第三回冬季オリンピックのドイツの小人数の選手団よりも、ずっといい成績を上げることが期待されていた。主にボブスレー選手、ホッケー選手、フィギュアスケート選手から成っていた、レークプラシッドの時のドイツ選手団は、たった二個のメダルしか母国に持って帰れなかった——四人乗り男子ボブスレーとホッケーの銅メダル。だが、全米体育協会のダニエル・フェリスは、ドイツが夏季オリンピックで収めるかもしれない成績について、こう予言した。ドイツでの練習施設とオリンピックのための準備を見ると、ドイツはロサンゼルス大会を独り占めするだろう。[21]

しかし、ドイツは独り占めなどしなかった。アメリカの選手が合計四十一個の金メダルを獲得したのに対し、ドイツの選手はわずか三個の金メダルと（レスリング、重量挙げ、漕艇）、ほんの少しの銀メダルと銅メダルしか獲得できなかった。ドイツはアメリカに抜かれただけではなく、イタリア、スウェーデン、フィンランド、日本、ハンガリー、フランスにも抜かれた。イタリアは特に活躍した。「ムッソリーニの若者たち」は驚くべきことにアメリカに次いで二位だった。日本も男子水泳で異例の活躍をし、その種目では、これまで首位だったアメリカより多くのメダルを獲得した。

ドイツの選手団はメダルの数では期待よりずっと少ない成績で終わったが、選手団に同行したドイツの役員は、一九三六年大会にとって貴重なものになる技術上の情報と観察結果を持って帰国した。カール・ディームは以前アメリカに「研究旅行」をした際と同様、アメリカの練習方法と練習施設を綿密に調査した。彼はスポーツの集合施設の設計、選手の輸送方法、宿舎、宣伝、放送に関して詳細なメモを作った。彼はオリンピック村で多くの時間を費やし、コテージを視察し、メニューについて料理人と話した。また、エスペラント語だけではなく、オリンピックにやってくる者が使うあらゆる国の言葉が喋れる店員を雇っているという繁華街の百貨店を訪ねた。コロシアムで彼は、大会中燃えていた巨大なオリンピック聖火に驚嘆した。アムステルダム大会で再導入されたオリンピック聖火は、オリンピックの派手な演出に欠かせないものになった。ディームがのちにベルリンで真似ることになるロサンゼルスでの新機軸は（それは、あとのすべてのオリンピックで踏襲されるのだが）、各種目の三位までの入賞者に段になった台の上でメダルを授与するというものだった――金メダル受賞者は、自国の国歌がスピーカーから流れてくると、それにふさわしい愛国的で謙虚な表情をする。

ディーム同様テーオドール・レーヴァルトも、ロサンゼルス大会に賞讃すべき多くのものを見た――けれども、ベルリンはもっとずっとうまくやる自信があった。考えてみれば、ベルリンとドイツは偉大な知的、文化的伝統の宝庫で、かつ（少なくともドイツ人の目には）、ベルリンとドイツはオリンピック競技の古代の創始者と深い繋がりを持っている。レーヴァルトはロサンゼルス大会の閉幕の辞で、ベルリンは古代オリンピックの遺産の「精神的内容」を強調する、「各民族の真の祝典」を行うと約束した。そして、こう言った。「芸術の都《みやこ》としてのベルリンと、知の要塞としてのドイツが、オリンピック祭典の最も重要な面を引き出すことを、わたしたちは期待することができます。……一九三六年のベルリンに向かって進もう！」[22]

ヒトラーとナチのスポーツマンシップ

ディームとレーヴァルトはアメリカ人に感心すると同時に、一九三六年には彼らを凌ぐ決心をしてロサンゼルスを去ったが、国内で強い影響力を持つ者たちはオリンピック運動全体、特にロサンゼルス大会に対する軽蔑の念を表明していた。

ロサンゼルス大会が始まった翌日、一九三二年七月三十一日、アドルフ・ヒトラーの率いるナチ党は、全国議会選挙で目覚しい勝利を収め、二百三十議席を獲得し（六百八議席のうち）、帝国議会で第一党になった。オリンピックを含めあらゆる事柄に対するナチの考えが、いまやきわめて真剣に考慮されねばならなくなった。

では、その考えとは何か？　一九二〇年代に多国籍のスポーツの祭典の代わりに「国家的オリンピアード」を開くことを求めた、土着文化保護主義のドイツの体操連盟同様、ナチは前々から国際的スポーツ競技に対する侮蔑の念を表明し、純粋にドイツ的な競技と体力向上計画のほうを好んでいた。ナチは二〇年代の初め、祖国にヴェルサイユ条約という「軛《くびき》」をかけた連合国の選手とドイツが競うのに反対した。また、「アーリア人」がスラヴ人、黒人、ユダヤ人のような「人種的劣等民族」と競うのにも反対した。

ナチが黒人と競うのに反対したのには、とりわけ意味があった。というのも、一九二〇年と二四年のオリンピックであまり目立たなかった黒人選手が、三二年のロサンゼルス大会では大活躍をしたからである。アメリカの新聞に「黒貂《てん》の旋風」と書かれた合衆国の走者エディー・トーランとラルフ・メトカーフは短距離で大活躍し、トーランは百メートル競走で世界記録を作り、二百メートル競走でオリンピック記録を作った。

黒人の活躍を評して、アメリカのコメディアン、ウィル・ロジャーズは言った。奴隷商人はオリンピックのことを頭に入れて商売をしたに違いない、「こうした〝セネガンビア人〟は白人を翻弄しているのだから[23]」。あるドイツの新聞記者は、百メートル競走でトーランとメトカーフに続いてゴールインしたドイツの短距離走者アルトゥル・ヨーナットを讃えて、世界で最速の白人だと言って黒人走者の優秀さを暗に認めた。だが、体操連盟とナチの新聞は、ヨーナットのような「アーリア人」はトーランやメトカーフのような輩《やから》と競争などすべきではないという厳しい見解を示した。体操関係の新聞は、白人が「唇の突き出た、縮れ毛のニガー」[24]と一緒に競技をするのは「恥辱」だと決めつけた。一九三六年のオリンピックを念頭に置きながら、ナチ党機関紙『フェルキシャー・ベオバハター（民族の観察者）』は社説にこう書いた。「黒人《ネーガー》がオリンピックに出る幕はない。……残念ながら、今日、自由の身の白人が勝利の栄誉を目指して黒人と競わねばならないのを、しばしば目にする。これは、オリンピックの理念の比類のない恥辱であり堕落であり、古代ギリシア人は近代人が聖なる国家的競技で何をしているのかを知れば、草葉の陰で嘆くだろう。……次のオリンピックはベルリンで行われる。その際、責任者がおのが義務を果たすことを望む。黒人は排除されねばならない。われらは、それを求める[25]」

こうした言葉、とりわけ、次のオリンピックを主催することになっている国を間もなく支配するであろう党の主な機関紙の侮辱的発言は、当然ながらIOCを不安に陥れた。IOCははっきりとは言わなかったものの、もしナチがドイツで権力を握り、一九三六年のオリンピックは黒人抜き（あるいはユダヤ人抜き）で開催するよう煽動しようとすれば、オリンピック関係者はドイツで大会を開くのが難しくなるのを知っていた。

バイエ＝ラトゥールはヒトラーがオリンピックに対してどんな見方をしているのかを知ろうと、ドイツのIOCメンバーに任命されたばかりのカール・リッター・フォン・ハルトに、その点に関しナチの指導者ヒトラーの考えを訊いてもらいたいと言った。ハルトは、その役にうってつけだった。彼は五回、十種競技の国内チャンピオンになり、影響力のある銀行の重役だった。そして、一九三三年に入ることになるナチ党とすでに親密な関係にあった[26]。彼はまた、一九三六年のオリンピック、とりわけガルミッシュ＝パルテンキルヒェンの冬季オリンピックの運営に尽力することになるのだった。一九三二年、ハルトは約束通り、バイエ＝ラトゥールの質問をヒトラーの事務局に伝えた。総統の事務局は、ヒトラーはオリンピックを主催するという問題に「非常な関心を抱いて(27)」いると答えた。オリンピックはフリーメーソンとユダヤ人の陰謀だと、最近非難した男の言葉としては、歓迎すべき変化だった——オリンピックを主催することはナチ指導の政府に、壮大な建物を作る口実だけではなく興味を唆《そそ》るプロパガンダの機会を与えるかもしれないことに、ヒトラーが気づき始めた事実を、その変化が反映しているのは間違いない。それにもかかわらず、バイエ＝ラトゥールの打診に対する簡単な答えが、いくつかの疑問を残しているのは明らかだった。事実、IOCと世界の国々は、ヒトラーがドイツの首相になってからでも一九三六年のオリンピックについてどんな考えを持っているのか、はっきりとはわからなかったのである。

アドルフ・ヒトラーは一九三三年一月三十日、ヒンデンブルク大統領によって首相に任命された。さまざまな問題に関する、その時点でのヒトラーの見解はかなりよく知られているが、スポーツに対する見方は知られていなかった。それまでのところ、彼の人生と政治家としての経歴において、スポーツの世界は重要な役割を果たしてこなかったからである。総統が大したスポーツマンではなかったのは間違いない。彼は泳げなかった。青年時代にスキーをしたと言っているが、それは怪しい。乗馬がひどく不得手で、馬が嫌いだった。『わが闘争』の中で、馬をユダヤ人に譬えている。「［ユダヤ人の］自己犠牲の意志は、自己保存の個人の剝き出しの本能を超えるものではない。……同じことが馬にも言える。馬は攻撃をしてくる敵に群れを作って身を守ろうとするが、危険が去るや否や、ばらばらになる(28)」。総統はダンスもせず（それがスポーツの一種と考えうるならば）ダンスは「政治家にとっては威厳を損ねる行為だ[29]」と言った。ヒトラーは、オーバーザルツベルクの山荘で規則正しく散歩をすることと、右腕を長時間挙げること――その技で自分は金メダルを貰う資格があると、のちに彼は冗談を言った――以外、あらゆる本格的な運動は避け、「支配者民族《ヘレンフォルク》」の指導者に期待される、すらりとして引き締まった体にはならない危険を冒しさえして、あらゆる競技は断固としてやらなかった。（もちろんヒトラーは、支配者民族の肉体的理想に遠かったという点で、ナチの上層部の例外ではなかった。ゲーリングはひどく肥え太り、ゲッベルスは内反足で、ヒムラーは牛乳瓶の底のように厚いレンズの眼鏡をかけていた。）ヒトラーが未遂に終わったビヤホール一揆（一九二三年）で逮捕されランツベルク刑務所に入っているあいだに数ポンドも太った際、ヒトラーの早い時期の信奉者の一人だったエルンスト・「プツィ」（バイエルンの方言で「おちびさん」の意）・ハンフシュテングルが、仲間の囚人と一緒になんであれ思いついた競技をしたほうがよいと忠告した。するとヒトラーは、「嫌だ、嫌だね！」と答えた。「問題外だ。規律によくない。指導者《フューラー》たる者は、体操も競技も含め、どんなことでも自分の信奉者に負ける危険を冒すことはできない[30]」。それに対してハンフシュテングルが、太っちょになるより一つか二つの競技で負けたほうがいいと言うと、ヒトラーは、刑務所を出たら余分な肉は話すことで簡単に取れると切り返した。

ヒトラーは実際、疲れを知らぬ話し手だった。長時間遊説して回ることが、体を使っての競技をするのを避ける口実だけではなく、競技を見ることから逃れる口実にもなった。のちに一九三六年のオリンピックによく顔を出したのは、スポーツ自体に対する興味からではなかった。というのも、その時の彼の関心は、ドイツ人の戦いぶりと、ドイツのメダル数にもっぱら向けられていて、競技の技術的な面に向けられていたのではなかったからだ。彼はその面には、終生無知だった。彼の興味を本当に掻き立てた唯一のスポーツは、ボクシングだったようである。

しかしヒトラーは、自分の信奉者とその他のドイツ国民のためのスポーツと体力向上の問題になると、相当に熱心になった。そして、ドイツの若者のための国家援助の体操とスポーツ計画に関する、一九二〇年のナチ党の綱領の条項を是《ぜ》としていた。また、自分のSAが、攻撃本能と肉体的強靭さを増すためにボクシングを習得することに固執した。[31] 彼は『わが闘争』の中で書いている。「青年は、午前一時間、午後一時間、肉体鍛練をせずに一日たりとも過ごしてはならない。その鍛練はあらゆる種類のスポーツ、体操に及ぶ」[32]。同書で彼は、古代ギリシア人を不滅の美の理想にしたのは、「最も輝かしい肉体の美と、才気煥発の精神と、最も高貴な魂の見事な結合」[33]だとも述べている。そして、意味深くも、こう付け加える。「衰弱した肉体は、いかな才気煥発の精神によっても少しも審美的にならない。事実、最高の知的訓練でさえ、もしその訓練を受けた者が肉体的に堕落し、不具で、意志薄弱で、逡巡し、臆病な者ならば役に立たない」[34]。ヒトラーがスポーツを、強固な精神と美しい肉体を作るものだと高く評価しているにもかかわらず、ナチ党はそのライバルである社会主義者や共産主義者とは異なり、独自のスポーツ団体を結成しなかった。SAが最初、「スポーツ協会」として警察に登録されたのは事実だが、それは第一にカモフラージュだった。そして、ときたま行われたボクシングの試合を除けば、そのグループがいささかでも真剣にやったのは通りでの喧嘩だけだった。

ヒトラーとそのナチの同僚たちは、ほかの好戦的国家主義者同様、武術愛好精神と武術の技倆を高める手段としての「国防スポーツ《ヴェーアシュポルト》」の価値を信じていたが、この種の活動――白兵戦の訓練、ロープ・クライミングその他――は、大方の従来の運動競技とは、ほとんど関係がなかった。すでに見たように、一九二〇年代の初めは、ナチも体操連盟も伝統的なチーム・スポーツを軽蔑していた。とりわけ、国際的なレベルで行われるチーム・スポーツを。彼らは近代オリンピックを、その分野の最悪の犯罪的存在と見なしていた。なぜならオリンピックは、宗教、人種、民族上の配慮とは無関係に、世界の国民の平和的競争に貢献することを標榜しているのだから。一九二三年、『フェルキシャー・ベオバハター』は、「北方人種のオリンピアード」[35]がオリンピックに取って代わるべきであると論じた。もう一つのナチ党機関雑誌『月刊国家社会主義《ナツィオナールゾシアリスティシェ・モーナツヘフテ》』は、オリンピックは次のようなものだと罵倒した。「人工的で機械的……内的必然性はなく、文化的に非生産的で、白人種に対するボルシェヴィズムの戦いを煽る結果になる企てである」[36]。一九二八年、アルフレート・ローゼンベルクは、オリンピックは人種的基盤を欠いていると非難し、オリンピックを国際連盟に譬えて軽蔑した。

何人かのナチのスポーツ関係の役員は、スポーツは政治と無関係であるべきだという考えに激しく反対した――その理念は、近代オリンピック運動が、必ずしも現実にではないにせよ原則としていたものだった。ベルリンのSAのスポーツの権威であるブルーノ・マリッツは、断定的な調子でこう書いた。「われわれ国家社会主義者にとっては、政治はスポーツの部類に入る――第一に、政治はあらゆるものを導くからであり、第二に、政治はすでにスポーツに内在しているからである」。マリッツはまた、オリンピックによって奨励されている個人の成果の礼讃は、民族共同体《フォルクスゲマインシャフト》というナチの理念に反するものであるとも論じた。「国家社会主義者は、民族共同体の見地のみからスポーツを見る。この見地に立つと、国家社会主義者は、記録を追い求める自由主義的個人主義はスポーツの堕落と、運動における共同体の道徳体系の破壊に至ることを理解する」[37]。事実、マリッツのようなナチズム狂信者にとっては、高度の技を持つエリート選手を養成することは、真の国家社会主義的集団主義とは永遠に相容れないものだった。

しかし一九二〇年代の終わりには、ナチ運動は、オリンピックの理念が支持する（あるいは少なくとも支持すると標榜している）ものの大半を依然として拒否しながらも、ドイツがオリンピックに参加することに断固として反対する態度を変え始めていた。その姿勢の微妙な変化の主な理由は、ドイツ代表がアムステルダム大会で収めた成績に、ナチもやはり興奮したことである。ドイツの選手が、ヨーロッパの近隣の選手をさんざんにやっつけるのを見るのは愉快だった。そうした勝利が戦場での勝利を想像させたからである。そういうわけで、一九二九年、『フェルキシャー・ベオバハター』は、ドイツが今後国際競技に参加することに真っ向から反対する代わりに、ドイツ人は、自国が「すべての権利を取り戻し、世界のほかの国から十分に尊敬されるようになるまで」、そうした競技に参加すべきではないと宣言した。[38] ロサンゼルス大会の直後、『フェルキシャー・ベオバハター』は、ドイツがオリンピックに参加すべきか否かではなく、大会でどんな活躍をしたかに焦点を合わせた。同紙は、ロサンゼルスでドイツが全体的に不振だったのは、ドイツのブルジョワのスポーツ関係の役員が、正しい「戦闘精神」を選手に叩き込むことに失敗したからだとした。「『おとなしい』〝詩人と思想家〟の国民は過去のものである」と同紙は言った。「二十世紀のモットーは、あらゆることにおける、特にスポーツ界における闘争である」[39]。ドイツのオリンピックの将来は、血の味を知らぬ「立派な紳士」の手に委ねてはならないと論じ、別のナチの新聞『デア・アングリフ（攻撃）』は、レーヴァルトとディームの辞任を求めた。[40] また、『フェルキシャー・ベオバハター』がロサンゼルス大会のあとで載せた、一九三六年のベルリン大会の適切な運営に関する社説が、ドイツは大会を主催すべきではないとは論じていず、黒人の参加は許されるべきではないと論じていることも想起しなければならない。その要求が世界の、とりわけアメリカの新聞に激しい論議を巻き起こした。ヒトラー自身、急いでそのダメージをなんとか少なくしようとし、ナチ党はドイツ主催のオリンピックに「なんの異論もない」、噂とは逆に、ナチは黒人が競技をするためにドイツに来ることに反対はしないということを公表した。[41] リッター・フォン・ハルトも、そう請け合ったナチの言葉をＩＯＣに伝えた。

ヒトラーとナチ党がオリンピックに対してどういう見方をしているのかを、ヒトラーが権力を握る前に知るのはＩＯＣにとって役に立ったが、彼が一九三三年初めに首相になると、その問題に関する彼の考えは、まったく新しい重要性を帯びてきた。ヒトラーが一九三六年に依然として権力の座にあるかどうかは誰にも確実にはわからなかったが、彼の政府が大会の準備が行われる重要な期間のあいだドイツを支配しているのは疑いなかった。その結果、準備期間中の政治的雰囲気をヒトラー体制が決定づけることになるわけだった。ナチ運動がスポーツを含め、生活のあらゆる面で人種差別主義を公然と表明していたので、公明正大というオリンピックの理念を支持している誰もが、ドイツでオリンピックを開くというのは何を意味するのか、心配せざるを得なかった。

新ナチ国家でのオリンピックの運命に、心底から心配していた一人の人物は、テーオドール・レーヴァルトだった。彼はドイツでのオリンピックの準備が、人種差別主義を厳密に守ることを要求するナチ運動の信奉者に邪魔されないことを期待し、ヒトラーが権力を握るわずか六日前、第十一回オリンピックのために新しいドイツ組織委員会を作り、伝統的なスポーツ観を持つ、非ナチ擁護者を委員にした。

ヒトラーがいったん権力を握ると、レーヴァルトは総統に個人的支持を直接求めることによってオリンピックの地位を確保し、その準備を好ましくない影響から守るという、さらに大胆な挙に出た。[42] レーヴァルトは最近行われた国会選挙（三月五日）でのヒトラーの「力強い勝利」を「心から祝し」、一九三六年のオリンピックのための準備について話し合うために面会を願い出た。一九三三年三月十六日、彼はヒトラー、ゲッベルス、内相ヴィルヘルム・フリックに会い、オリンピック開催の計画と資金について話し合うことができた。彼は意味深長にも、ヒトラーにドイツ組織委員会の「名誉会長」になってくれるように頼んだ。オリンピック開催に対する総統のお墨付きを効果的に使おうと思ったのだ。さらに、ヒトラー自らがオリンピックの重要性についてドイツの青少年を啓発し、直ちにドイツの学校とスポーツ団体に、国の将来のオリンピック戦士を捜させることを提案した。「ロサンゼルスにおけるオリンピックは、ムッソリーニがイタリアの若者をオリンピックに送る準備に費やした莫大なエネルギーが大きな成果を上げたことを示した[43]」と、レーヴァルトはヒトラーに話した。レーヴァルトはベルリンの指定されたオリンピック施設を改装し拡張する費用を約五百万ライヒスマルクと見積もり、六百万ライヒスマルクを政府が保証することを要求した。オリンピックは五百万から六百万ライヒスマルクの収益をもたらすのは確実で、国は財政上の保証をしてもなんの危険もないというのが理由だった。最後にレーヴァルトは、オリンピックを主催することによって生ずる「莫大な宣伝効果」を強調した。少なくとも、世界中から千人の新聞記者がベルリン大会を取材するためにやってくるだろう、「どんな催しも宣伝価値において、オリンピックに遠く及ばない[44]」と彼は言った。

矢継ぎ早のレーヴァルトの要求に対して、ヒトラーはドイツ組織委員会の名誉会長就任の話は素っ気なく断った。(一九三四年に死ぬことになるヒンデンブルク大統領は、すでにベルリン大会のパトロンを引き受けていた。)その一方、ヒトラーは一九三六年のオリンピックを以前支持したことを強調し、新聞記者たちに言った。「可能なあらゆる方法で、オリンピックとすべてのスポーツに対する関心を強めよう[45]」。内相は国家の支出を「適正な限度以内[46]」に保つことに固執したが、オリンピックに対する財政上の援助を申し出た。

レーヴァルトはその会合で、望んだすべてのものは手にできなかったが、いまやベルリン大会はヒトラーに公式に祝福された。もちろん、そのことはきわめて重要なことだった。総統が支持してくれることにいたく感謝したレーヴァルトは、へつらった礼状をヒトラーに出した。その中で彼は、自分の大会計画スタッフが新秩序に忠誠を誓っていると書いた。「[ドイツ・オリンピック運動は]過去に忠実であり、国家復興の力強い流れが、ドイツ青年の力を維持し、国家的感情を強め、闘う民族を育てるために、われらの偉大なる体操とスポーツ界のすべての河、小川、泉に必ず流れ込むように致す所存であります[47]」

レーヴァルトはまた、ベルリン大会を広く知らせるため、宣伝相のゲッベルスの助力を求めた。ベルリン大会を支持するとヒトラーが新聞で発表したあと、ゲッベルスはレーヴァルトとディームを自分の執務室に招き、自分が自らオリンピックの宣伝運動の指揮をするつもりだと二人に告げた。そして、夏には始められるだろうと言った[48]。ゲッベルスは間もなく、オリンピックの宣伝を引き受けるため、宣伝省の中に特別委員会を作った。ゲッベルスがベルリン大会から外されたくなかったのは明らかである。

ヒトラーとゲッベルスは遅まきながらドイツのオリンピックに便乗したとき、自分たちの決断が、権力を強化し、ドイツから「内部の敵」を取り除くという本来の仕事に影響を与えることを意図していなかったのは間違いない。一九三三年三月二十三日、国会議事堂の放火事件（それは気の触れた共産主義者の仕業だと政府は考えた）のあと、議会はナチにすっかり威嚇され、全権委任法が成立した。それは、ヒトラーに独裁的権力を付与した。四月一日、ヒトラー政府は公式に反ユダヤ人運動を開始し、国家主導でユダヤ人商店、ユダヤ人開業医、弁護士がボイコットされた。どの商店、医院、事務所をボイコットすべきかを市民に知らしめるため、SAの隊員は目標になった商店や事務所に反ユダヤ的スローガンをペンキで書き、その前で見張りをした。一週間後の四月七日、政府は「職業官吏再建に関する法律」を導入した。それはナチが政治的、人種的に好ましくないと判断した者を官庁から追放することを目論んだものだった――それらはのほとんどは左翼とユダヤ人だった。その法律の第三条項――いわゆる「アーリア人条項」――は、「非アーリア人」と認定された官吏は直ちに辞職することを求めていた。同法律の補足法令は、「非アーリア人」を、「非アーリア人、特にユダヤ人の両親、祖父母を持つ者」と規定していた。「親の片方、祖父母の片方が非アーリア人であれば十分である」[49]

ドイツのスポーツの「調整」

ヒトラー政府のユダヤ人排斥計画には、当初からスポーツ界も含まれていた。スポーツ界は公的生活のほかの大部分の面と同じように、ナチのドグマに「調整」された――順応させられた。ブルーノ・マリツはドイツ・スポーツ界の完全粛清を命令し、ユダヤ人、平和主義者、汎ヨーロッパ主義者は、「コレラ、結核、梅毒より悪く、他民族の財産を焼き払ったカルムイク人（西モンゴルの一部族）の大群より悪く、火の熱、飢えの苦痛、洪水、大旱魃、毒ガスより悪い」[50]と喚き立てた。したがって、早くも一九三三年四月、ドイツ水泳協会は「アーリア人条項」を適用し、ユダヤ人をそのクラブから追放した。ドイツのデビスカップ・チームは、そのトップスターの一人、ダニエル・プレン博士を除名した。ユダヤ人だったからである。ドイツ・ボクシング連盟は、国内のチャンピオン戦でユダヤ人が闘ったり、審判を務めたりするのを禁じた。

一方、新しい国家の中でレーヴァルトとディームが占めるドイツのスポーツ官僚のトップの座は、二人が国際スポーツ界で著名であり、新体制に対する忠誠を表明したにもかかわらず危うくなった。すでに見たように、ナチが権力を握る前からも、二人を馘首せよという声がナチ運動の中からいくつも上がっていたが、一九三三年四月初旬、二人に対する新聞の攻撃は苛烈さを増した。『フェルキシャー・ベオバハター』は、レーヴァルトの場合、非アーリア人がドイツのオリンピック委員会と、ドイツ最大の国家的スポーツ組織、DRLの指導者であるのは論外だ、と文句をつけた。さらに同紙は苦情をつらねた。レーヴァルトとディームは民族主義的運動の代表をオリンピック活動に入れるのを意図的に避けていて、「スポーツ愛好家のドイツ青年は新しい指導者を必要としている！[51]」と宣言した。ゲッベルスの代弁者『デア・アングリフ』は断言した。「レーヴァルト＋《プラス》ディーム＝《イコール》ウルシュタイン［ユダヤ系新聞・雑誌・書籍出版社[52]］」

レーヴァルトは自分に対するナチの新聞の攻撃に憤然とした。彼は帝国官房長官ハンス・ランメルスに宛てた手紙の中で、こうした中傷は、自分が最近、ヒトラー、ゲッベルス、フリックから暖かく迎えられた事実と大きくかけ離れていると述べた。そして、自分の確信を繰り返した。「ドイツのスポーツをいっそう振興するという大仕事は、国家主義的教育、民族の能力向上、軍備充実と平行してのみ達成できる」。レーヴァルトはドイツがオリンピック招致国になるにはＩＯＣの承認が必要なのを知っていたので、ローザンヌは、オリンピック関係者以外の勢力がドイツ組織委員会のメンバーの構成を勝手に決めようとしたなら快くは思わないだろうと、ランメルスに（そして、彼を通してヒトラーに）はっきりと警告した。「もし［政府が］オリンピックをベルリンで開きたいのなら、あらゆる攻撃にもかかわらず、政府は私を指導者の立場に置いておくでしょう[53]」。だがレーヴァルトは、その手紙の裏に走り書きした追伸の中で、自分がユダヤ人の血を引いているという微妙な問題に関して、いかに言い訳がましく、傷つきやすかったかを示している。「私がユダヤ系であるという非難に関しては、母はリッペ＝デトモルトのプロテスタント管区総監督、［フリードリヒ・ゲオルク］アルタウスの娘で、ウェストファリアの数世紀に及ぶルター派の牧師の一族の出であることを指摘したい。父は少年の頃、洗礼を受けました[54]」

最初ヒトラー政府は、レーヴァルトの抗議と脅迫にほとんど注意を払わなかった。彼に対する新聞の攻撃はやんだが、彼はドイツ組織委員会の会長から、単なるアドヴァイザー役に格下げになった。

そのやり方は、レーヴァルトが予言した通り、ＩＯＣと国際社会から批判を浴びた。ＩＯＣは、ドイツのオリンピック役員はドイツの政治家に対してではなく、国際的な各オリンピック当局に対して責任を負うということを、ヒトラー政府に厳しく指摘した。もし、ドイツ首相がこの事実を受け入れることができないならば、「ベルリンは一九三六年の大会の招致国として予定されている役割を辞退したほうがよいだろう」(55)。国内紙の『ドイチェ・アルゲマイネ・ツァイトゥング（ドイツ一般新聞）』でさえ、レーヴァルト（およびディーム）は非常に有利な縁故があり、ドイツのオリンピック計画について知悉しているので、手放さないほうがよいと忠告した。こうした圧力があった結果、レーヴァルトは間もなくドイツ組織委員会の会長に返り咲いた。だが、ナチの狂信者のご機嫌をとり、ＤＲＬの会長は辞任せざるを得なかった。さらに重要なのは、ドイツ組織委員会はＩＯＣと直接交渉する権限をそのまま持つが、ドイツのオリンピックの関係者は、「方針のすべての重要な事柄において」(56)、国家の役人に従わねばならないという、内務省の秘密文書に彼が署名したことだった。したがってドイツ組織委員会の「独立性」は、まったくの見せかけになった。

カール・ディームはナチ当局との関係で、レーヴァルトよりも強い立場にあったように見えたかもしれない。彼はユダヤ人ではなかったし、どちらかというとレーヴァルトよりも過激な国家主義者だったからだ。しかし、彼もユダヤ人との関係で言えば「汚れて」いた。妻のリーゼロッテが四分の一だけユダヤ人の血を引いていて、彼自身、独逸体育大学《ドイチエ・ホーホシューレ・フユール・ライベスユーブンゲン》で副校長をしていたとき、ユダヤ人と接触していた。その大学は、二〇年代の初めに設立された高度のスポーツ研究センターで、彼はその設立に力を貸した。ナチの狂信者は、ディームに「白ユダヤ人」という烙印を押した。

一九三三年四月、オリンピック計画を進めるのにディームあまり熱心ではないという『フェルキシャー・ベオバハター』の非難に対し、彼は強い調子で自己弁護をした。彼はナチのスポーツ関係の役員の一人に宛てた喧嘩腰の手紙の中で、誰かがドイツのスポーツの組織者としての自分の三十年にわたる記録を詳細に調べても、「わが民族の国家的再興に反対する、ただの一行も」見出せないだろうと断言した。そして、極右の批判者に対し、自分は彼らと同じくらい社会主義者を憎んでいると言い、社会主義者は常に自分を「主戦論者、国家主義者」と非難してきたと述べた。[57] 四月十一日のDRLの会合で、新秩序に対する忠誠心を証明するかのように、同会が直ちに、自発的に、ナチ体制に服従することを強く求めた。そして、レーヴァルト同様、一九三六年の大会の運営を新体制が裏で管理することを受け入れた。しかしディームでさえ、ユダヤ人と繋がりがあったという「染み」を完全に拭い去ることはできなかった。彼はレーヴァルト同様、ドイツ組織委員会での地位にそのままとどまることを許されたが、ドイツ体育大学の職からは即座に追われた。

　非現実的な話だが、ディームはナチの新しいスポーツ官僚である帝国スポーツ指導者《ライヒスシュポルトフューラー》に応募した。その地位はディームにではなく、ザクセンのデッサウ出身のSAの乱暴な指導者ハンス・フォン・チャンマー・ウント・オステンに与えられた。その地位にふさわしい彼の主な資格は、外国語に堪能だったことと（フランス語と英語の通訳の免状を持っていた）、暴力を使うことに神経質ではなかったことと（配下のSAはデッサウのギムナジウムで三人の労働者階級のアスリートと、一人の十三歳の少年を殴り殺した）、ナチ体制に絶対的な忠誠心を持っていたことだった。チャンマーは乗馬はうまかったものの、その他の点では大したスポーツマンではなく、スポーツに非常に詳しいわけでもなかった。彼を知っている者は、ナチ体制側は彼に帝国スポーツ指導者の地位を与える際、スポーツについて実際に少し知っていた兄と間違えたに違いないと冗談を飛ばした。[58] しかし何年か経つうち、チャンマーを擁護する者が出た。彼らは、チャンマーはナチが自分の領域に侵入してくるのを「守る」のに全力を尽くそうとしたと論じた。しかし、もちろんチャンマー自身、ナチの心酔者で、のちに見るように、ナチの根本方針をスポーツに適用する用意が十分にあったのである。

チャンマーはスポーツ指導者の立場にあったので、オリンピックの計画と運営に相当の影響力を持っていた。自分の存在を認めさせるのにいくらか時間がかかりはしたが。彼はベルリン大会のための組織委員会に出席することができた。そして、ドイツのオリンピック関係者の公的な理事会である、全国オリンピック委員会の会長に就任した。

しかしヒトラー体制は、一九三六年の大会の運営を管理するのに、チャンマーにのみ頼っていたのではは決してなかった。やがて、ゲッベルスの宣伝省、帝国内務省、国防軍、さらには親衛隊《シユッツシユタッフェル》（SS）が、オリンピックの運営の重要なポストを自分たちのものにしてしまった。ヒトラーは戦時中、戦場での戦闘を将軍たちに任せてはおけないほど重視するようになったが、それと同じように、国家が関与するようになると、オリンピックの「平和な」競技も、選手自身にはもちろん、スポーツ官僚にも委ねておけないほど重要なものになった。

原注

（1）Hart-Davis, *Hitler's Games*, 45 に引用されている。

（2）Neben Berlin und Nürnberg, auch Köln und Frankfurt als olympische Anwärter, R8077, 46/170/503, BAB. 次のものも参照のこと。Hajo Bernett, "Die Bewerbung deutscher Städte um die Olympischen Spiele des Jahres 1936," *Stadion* 2 1/22（1995-96）: 210-27.

（3）ケルンの申請も同じように考慮されることをレーヴァルトはアデナウアーに請け合った。次のものの参照のこと。Lewald to Adenauer, 7.2.30, Mappe 590, Nachlass Diem, CDA.

(4) Bernett "Die Bewerbung," 220.
(5) Neben Berlin, R8077, 46/170/503, BAB.
(6) Procès-verbal de la Séance du dimanche 26 Avril 1931 , IOC Meetings File, IOCA.
(7)´(8) Bernett, "Die Bewerbung," 222.
(9) Carl Diem, *Ein Leben für Sport* (Ratingen, 1974), 115.
(10) Garland to Coubertin, 24.3.21, Garland Correspondence, AAF.
(11) Coubertin to Garland, 6.2.22, 同.
(12) Robert K. Barney, "Resistance, Persistence, Providence: The 1932 Olympic Games in Perspective," *Resarch Quarterly for Exercise and Sport* 67 no. 2 (June 1996): 152.
(13) Avery Brundage, "The Olympic Story," Manuscript, Boxes 330-331, ABC.
(14) John Lucas, "Prelude to the Games of the Tenth Olympiad in Los Angeles, 1932," *Southern California Quarterly* 64, no. 4 (Winter 1982): 313-18.
(15) Barney, "Resistance," 154.
(16) Mark Dyreson, "Marketing National Identity: The Olympic Games of 1932 and American Culture," *Olympika* 4 (1995): 23-25; Jeremy White "'The Los Angeles Way of Doing Things、: The Olympic Village and the Practice of Boosterism in 1932," Olympika 11 (2002): 79-116; *The Games of the Xth Olympiad. Official Report* (LosAngeles, 1932), 225-96.
(17) Andrew Morris, "'I Can Compete'! China in the Olympic Games, 1932 and 1936," *JSH* 26, no. 3 (Fall 1999): 548.
(18) Klaus Ulrich, "80 Jahre Olympische Spiele," Hans-Jürgen Schulke, ed., *Die Zukunft der Olympischen Spiele* (Cologne, 1976), 29.

(19) City Attorney Report, 29.4.35, Olympic Funds Court Case, AAF.
(20) Krüger, *Theodor Lewald*, 37 Lewald to Curtius, 15.5.31, R8077, 46/170/503, BAB. 次のものも参照のこと。
(21) "D. J. Ferns Predicts German Vrctory," *NYT* 15.6.30.
(22) "*Auf nach Berlin!*" R8077, 46/170/503, BAB.
(23) David B. Welky, "Viking Girls, Mermaids, and Little Brown Men: U. S. Journalism and the 1932 Olympics," *JSH* 24, no. 1 (Spring 1997): 37 に引用されている。
(24) Haio Bernett, "Deutsches Sport im Jahre 1933," *Stadion* 2 (1981): 267 に引用されている。
(25) "Neger haben auf der Olympiade nichts zu suchen," *VB*, 19.8.32.
(26) ハルトについては次のものを参照のこと。 Peter Hermerzheim, *Karl Ritter von Halt — Leben zwischen Sport und Politik* (Sankt Augustin, 1999).
(27) Pressenotiz, 16.3.33, R43, 11/729 (film), BAB.
(28) Adolf Hitler, *Mein Kampf* (Boston, 1943), 301.
(29) Ulrich Popplow, "Adolf Hitler — der Nichtsportler und der Sport," Heinz Nattkämper, ed., *Sportwlssenschaft im Aufriss* (Saarbrückenm1974), 41 に引用されている。
(30) Ernst Hanfstaengl, *Unheard Witness* (Philadelphia, 1957), 119-20.
(31) Hans-Joachim Teichler, *Internationale Sponpolitik im Dritten Reich* (Schorndorf, 1991), 21-31.
(32) Hitler, *Mein Kampf*, 409.
(33)´(34) Ibid., 408.
(35) *VB*, 1.10.23.
(36) Georg Haller, "Der Olympische Gedanke," *Nationalsozialistische Monatshefte* 3 (1933): 392.

(37) Bruno Malitz, *Die Leibesübungen in der nationalsozialistischen Idee* (Munich, 1933), 3.
(38)、(39) Teichler, *Internationale Sportpolitik*, 45-47.
(40) "Die schuldigen Sportführer verteidigen sich," *Der Angriff*, 7.9.32; Teichler, *Internationale Sportpolitik*, 47.
(41) Reichskanzlei to Küfner, 29.9.32, Question juive, IOCA.
(42) Lewald to Lammers, 16.3.33, R 43II/729, BAB.
(43) Lewald to Lammers, 16.3.33, R8077, 46/173/612, BAB.
(44) Lewald to Lammers, 16.3.33, R8077, 46/173/612, BAB.
(45)、(46) "Httler Promises Full Support," *NYT*, 17.3.33.
(47) Lewald to Hitler, 25.3.33, R 43II/729, BAB.
(48) Lewald to Lammers 29.3.33, R 43II/729, BAB.
(49) Saul Friedländer, *Nazi Germany and the Jews. The Years of Persecution, 1933-1939* (New York, 1997), 27.
(50) *Der gelbe Fleck: Die Ausrottung von 500,000 Deutschen Juden* (Paris, 1936), 187-88.
(51) "Neue Männer an die Spitze," *VB*, 1.4.33.
(52) "Es wird gesprungen: Lewald+Diem=Ullstein," *Der Angriff*, 3.4.33.
(53)、(54) Lewald to Lammers, 3.4.33, R 43II/729, BAB.
(55) IOC to GOC, 3.8.33, ibid.
(56) Pfeiffer and Krüger, "Theodor Lewald: Eine Karriere," 254.
(57) Diem to Breitmeyer, 5.4.33, Mappe 28, Nachlass Diem, CDA.
(58) Dieter Steinhöfer, *Hans von Tschammer und Osten* (Berlin, 1973), 15.

第3章 ベルリンをボイコットせよ！

一九三六年、近代オリンピック史上初めて、招致国に指定された都市、ベルリンに対する大規模な抗議運動が起こった。もちろん、抗議運動はベルリンがナチ帝国の首都になるまで具体的なものにならなかったが、いったんそうなると、世界中のさまざまな反ナチ・グループや個人が、オリンピック開催地を別の場所に移すようIOCに訴えた。さらに彼らはベルリン・オリンピックのボイコットを呼びかけた。

国際的なボイコット運動はアメリカに生まれ、そこで最大の反響があった。スポーツにおける機会均等というアメリカの建前は、実際に行われている差別によっても崩れるようなことはなかった。偽善的要素があったにせよ、アメリカでのボイコット運動は、もう少しで成功するところだった。そして、もしアメリカがベルリンに行かない決断をすれば、ほかの西欧の民主主義国、とりわけ英国とフランスがそれに倣った可能性はあった。英仏が不参加の決定をしたなら、ほかの多くの国も九分九厘、参加しなかったろうし、その結果、ベルリン大会はたとえ開かれたにせよ、一九二〇年代の純粋にドイツ風の格闘的団体競技《カンプフシュピーレ》の規模を、ほんのわずか拡大したものにしか見えなかったことだろう。

オリンピックの招致国にふさわしくない

アメリカのユダヤ人社会は、ヒトラー政府が反ユダヤ主義を表明し、そのための手段を講じたことに動揺した。一九三三年四月一日、政府主導によってドイツ中のユダヤ人商店、専門職の者に対する排斥が行われたあと、アメリカ在住のユダヤ人の代表者は、一九三六年の夏季オリンピックをベルリン以外の場所に移すよう、アメリカのオリンピック運動の指導者に訴え始めた。

一九三三年四月中旬、『バルティモア・ユダヤ・タイムズ』の編集長K・A・ミラーは、AOC会長エイヴェリー・ブランデージに、ドイツの首都で大会を開くのに反対するよう要請した。ブランデージは回答の中でその問題に直接触れず、開催地を決めるのはIOCの権限で、IOCは一九三三年六月にウィーンで開く次の年次総会でその問題を検討することになっていると伝えた。しかし同時にブランデージは、個人的意見としてこう述べた。「大会は、すべての人種は平等であるというオリンピックの基本理念に干渉する国では開かれない。オリンピック規約は、階級、肌の色、信条ゆえに競技への参加を規制してはならないと定めている[1]」。ミラーは、ブランデージの回答が早くも「ナチ競技《ゲームズ》」と呼ばれるようになった一九三六年のオリンピックに反対の立場をはっきりと表明したものと思って感謝し、それを公表した。

ブランデージに抗議をした時にはミラーが知らなかったのは、ブランデージがオリンピックの原則に従うことに同意していたにもかかわらず、オリンピックをドイツ以外の場所に移すのに断固として反対していたということ、さらに、オリンピックがドイツで開かれるとしてもボイコット運動をするのに断固として反対していたということだった。彼は「政治」と「スポーツ」はそれぞれ別の領域に属する、また、とりわけオリンピック運動は政治を入り込ませないことによってのみ存続する、と言って自分の立場を何度も正当化した。

その議論はなんとも不誠実なものに思えるし、実際ブランデージはそうは信じていなかったのに違いないと思いたくなる。しかし、どうやらそう信じていたらしいのだ。オリンピック運動についてのロマンチックで、紛れもなく単純素朴な考えは、奇妙な話だが、極度に堕落していて「非政治的」どころではない、シカゴの建築業界における彼の経歴から生まれたと推察できる。生まれが卑しく、貧乏だがなんとか世間体を繕うような家で育ったブランデージは、苦労しながらイリノイ大学で工学の学位を取得し、その後、キックバックと賄賂が、選挙の投票所に「早く行って何度も」不正に投票する悪習と同じくらい普通のことになっていた業界で百万長者になった。彼の伝記作者の一人、アレン・ガトマンは、ブランデージはそうした不正行為が蔓延《はびこ》っていることに衝撃を受け、能力と努力がすべての別の世界をスポーツに求めたと書いている(2)。それはありうることだ。彼自身スポーツに非常に積極的に関わった経験、とりわけ、一九一二年にストックホルムで開かれた大会でアメリカのオリンピック代表の一員だった経験が、アマチュア・スポーツとオリンピック運動を理想化するのに与《あずか》って力があったらしい。

ブランデージはオリンピックの理念に心酔していたので、自分への反対を、オリンピック自体に対する攻撃、また、歪んだ性格の産物と解釈した。ヒトラーのもとのオリンピックに対する主たる反対がユダヤ人からのものであるという事実は、重要な意味を持つことになった。というのも、ブランデージはすぐさまそうした反対を、オリンピックという企て全体を覆《くつがえ》そうとするユダヤ人の悪魔的な陰謀と思い始めたからである。

一九三三年四月、ドイツ人はエイヴェリー・ブランデージが自分たちの味方だということを、まだ悟っていなかった。そして、オリンピックにおける人種の平等という原則に関するブランデージの声明を、AOCが大会をベルリンからほかに移すよう圧力をかけるかもしれない徴候ととった。ドイツの新聞界は憤激した。ある新聞は、こう激しく非難した。「ブランデージは公表されたような意見を述べる理由を何一つ持っていない。新生ドイツにおいては、当局者の誰も、オリンピックの形を変えようとしたことはない(3)」

アメリカの姿勢にひどく不安になったテーオドール・レーヴァルトはヒトラー政府を説得し、オリンピック憲章を尊重し「あらゆる人種」の選手がドイツに来ることを歓迎するという声明を、四月二十日に出させた。だがヒトラー体制は、重要な警告を付け加えた——ドイツ選手団の構成は、ドイツ人のみの問題である。そういう「譲歩」をしたあと、ドイツはIOCが大会をベルリンからほかに移すという話に、すぐさまピリオドを打ってくれるのを願うのみだった。

IOC会長のアンリ・バイエ＝ラトゥールは、オリンピック運動と政治の関係について、ブラデージと似たような考えを持っていた。共産主義がオリンピック運動に浸透してくる場合以外、IOCはいかなるものであれ「政治的」立場に立つのを避けるべきであると信じていた。共産主義の浸透は、どんなことがあっても防ぐべきであると思っていたのだ(4)。彼は共産主義を蔑《さげす》んでいた一方、ナチにはある種の尊敬の念を抱いていて、前任者のクーベルタン男爵に宛てた親展書状に、こう書いた。「凡人、成り上がり者、暴利を貪《むさぼ》る者」による統治のせいでヨーロッパの何もかもが「分解」している時にあって、少なくともナチは実効性のある「計画と方法」を持っている(5)。バイエ＝ラトゥールは、ナチ体制のあからさまな人種差別主義の中にオリンピックの原則に対する脅威を見抜くほどに犀利だったが、IOCは干渉する権限を持っていなかった。

そのため、四月下旬、IOC会長は次のようなおおやけの声明を発表した。当機関は一九三六年夏季オリンピックをベルリンで開くという一九三一年の決定を守る。ただし、「あらゆる国民、あらゆる人種が完全に平等に参加するのを許される」[6]という条件で。そして、急いで言い添えた。平等という必要条件は、IOCがドイツの内政問題に干渉できるということを意味しない。

バイエ＝ラトゥールがオリンピックでの宗教上、人種上の平等をいくら力説しても、ドイツのオリンピック役員が、すべての外国の選手と観客はベルリンで「心から歓迎される」[7]と繰り返し約束しても、アメリカのユダヤ人団体は安心しなかった。ナチがドイツ系ユダヤ人を迫害し、スポーツでも人種差別をしているのだから、ドイツはオリンピック招致国としてふさわしくないと主張した。アメリカ・ユダヤ人会議は、もしベルリンが依然として一九三六年の主催国ならばという仮定に立って、IOCの三人のアメリカ人メンバー――ウィリアム・メイ・ガーランド、チャールズ・シェリル、アーネスト・ヤーンケ――に、「現在の状況および条件のもとでは、アメリカが参加することに断固として反対する立場をとる」[8]よう、おおやけに求めた。

おおやけに圧力をかけられたアメリカのIOCメンバーは、微妙な立場に置かれた。彼らはIOCがこのままベルリンで大会を開きたがっているのを知っていた。同時に、もしドイツがこれまで通り、ドイツ系ユダヤ人も平等に第三帝国のオリンピックに参加するのを拒むなら、アメリカ系ユダヤ人の圧力団体がボイコット運動を推し進めるよう、激しいロビー活動をするのではないかと心配した。

ウィリアム・メイ・ガーランドは、AOCの影響力のある出納係ガス・カービーに助言を求めた（この時にはカービーはAOCの会長を辞めていた）。ブランデージに宛てた手紙の中でカービーは、こう書いた。競技は「人種、信条、肌の色に関係なくすべてのアマチュアが参加できるもの」であるべきだと主張するよう、また、ベルリンは「ドイツ系ユダヤ人に対して不利な条件を押しつける権利はない、アメリカ、フランスその他のすべての国のユダヤ人に対しても」[9]と主張するよう、ガーランドに助言するつもりだ。しかしカービーは、ヒトラーがユダヤ人問題で「軟化」し始めているので、IOCからの圧力は「ドイツがオリンピックに対してだけではなく、世界に対しても態度を変えるのに非常に」役立つだろうとも思っていた。

ガーランド同様、一九二二年以来IOCメンバーだったチャールズ・シェリルは、ベルリンに対して強硬な姿勢をとるようアメリカ・ユダヤ人会議から要求された。空威張り屋で口ひげを生やしたシェリルは、元駐トルコおよび駐アルゼンチン米国大使で、アメリカのスポーツ界では有名な人物だった。イェール大学のトップの短距離選手として、クラウチング・スタートを使った先駆者で、一九〇〇年のパリ・オリンピックの時には、アメリカの陸上競技チームのキャプテンだった[11]。彼の政治観は、「友人」のベニート・ムッソリーニをしきりに褒めたことに最もよく現われていたと言ってよかろう。彼はムッソリーニを、「日和見主義者の世にあって勇気のある男[12]」と評した。シェリルはヒトラーをも讃美するようになり、やがて、アメリカは人種問題についてドイツに講釈する権利はないと言うのだが、どうやらその時点では、間もなくウィーンで始まるIOCの総会でドイツをぎゅうぎゅう言わせるのを楽しみにしていたらしい。したがって彼は、アメリカ・ユダヤ会議の議長バーナード・ドイッチに、諸君は「すべての市民は法のもとでは平等であるというアメリカの原則を私が堂々と主張することを確信して[13]」よいと言った。

一方、バイエ＝ラトゥールは、ドイツのスポーツ界のさまざまな人物が、人種差別原則をスポーツにも適用することを相変わらず広言していたので、果たしてオリンピックがベルリンで開かれるかどうか疑問に思い始めた。そして、その問題を個人的に解決しようとして、オリンピック運動は「ドイツの競技」、すなわちナチの人種差別の原則に沿って行われる競技を認めることができないだろうと、レーヴァルトとリッター・フォン・ハルトに警告した[14]。

レーヴァルトは言われた通りバイエ＝ラトゥールの手紙をヒトラーに転送し、好意的な反応が引き出せることを期待した。というのも、ＩＯＣは実際には、さまざまなドイツのオリンピック関係者がすでにしていた、無法な真似はしないという約束を実質的に越えるものではない、単なる方針宣言を頼んでいただけだったからだ。ところがヒトラーは、そのように圧力をかけられることに激怒し、レーヴァルトはバイエ＝ラトゥールの「無礼な」手紙を自分に転送などせず即座に拒否すべきだったとレーヴァルトに伝えた。レーヴァルトは、バイエ＝ラトゥールの「不適切な」手紙をまるで自分が書いたかのように、卑屈な調子でヒトラーに詫びた。

それでも、レーヴァルト、リッター・フォン・ハルトその他のベルリン・オリンピック推進派は、もしドイツがオリンピックのために人種問題で、少なくとも建前はドイツ系ユダヤ人選手にも参加の機会を認めることも含め、なんらかの目に見える譲歩をしなければ、ＩＯＣはオリンピックをベルリンから移さざるを得なくなるのを十分に承知していた。

そんなことになるのをヒトラーは望んでいないと思ったレーヴァルトとハルトは、内務省（同省が舞台裏からドイツのオリンピック計画を操っていた）の役人と一緒に、総統をオリンピックの中枢グループから外してしまうという大胆な挙に出た。レーヴァルトと内務省のハンス・プフントナーは、国際的圧力に終止符を打つことを目論んだ声明文を、ウィーンのＩＯＣ総会に提出することに同意した。ドイツ代表によってウィーンで予定通り提出されたその声明文は、レーヴァルトがドイツ組織委員会の会長を続け、オリンピック競技に関するすべての規定は遵守されるであろうと宣言していた。さらにドイツ側は、一つの重要な譲歩だったが、ユダヤ人が「ドイツ代表のメンバーから除外されることはない」ことも約束していた。(15)

ところが、この約束がされるや否や、帝国スポーツ指導者チャンマーはベルリンでナチの聴衆に向けた演説で、ドイツはこれまでの方針を変える意図はないと宣言して、その約束を反故にしてしまった。「われわれは、国民生活と外国との関係および競争の双方において、なんらの異議も出ないドイツ人のみが国家を代表するのを許すだろう」(16)

チャンマーが後戻りしたにもかかわらず、ドイツのIOC代表がウィーンの総会で時宜を得た譲歩をしたことは、オリンピックを予定通りベルリンで開くようドイツが努力した画期的事件だった。IOCはドイツが無法なことはしないと約束したため、一九三六年の夏季オリンピックをベルリンで開催するという一九三一年の決定を、投票により全員一致で再確認した。同時にIOCは、一九三六年の冬季オリンピックを、ドイツ・オリンピック委員会が提案したバイエルン州のアルプスにあるガルミッシュ＝パルテンキルヒェンで開くことも発表した。

「ベルリンでは、ユダヤ人に対するなんの差別もないだろう」

ベルリン・オリンピックに反対するユダヤ人団体のあいだでは、ドイツがドイツ系ユダヤ人の迫害をやめることなくオリンピックを開催することが認められた場合の最後の頼みの綱は、常にアメリカ主導のオリンピック・ボイコット運動の成り行きだった。ウィーンでのIOC総会のあとの数ヵ月、ナチが約束を守らなかったため差し迫ったボイコットが最大の関心事になり、一九三三年十一月末の全米体育協会とAOCの年次例会の直前、事態は危機的なものになった。

オリンピックの陸上競技の選手を決める権限を持つ重要な立場にあった全米体育協会は、AOCよりもナチ・ドイツに対してかなり批判的であることが知られていた。その二つの組織の会合で、ドイツに対して率直な警告を発する計画を立てていたガス・カービーは、ブランデージとAOCの事務局長フレデリック・ルビーンに、自分と同じく事態に対処するよう、懸命に説得した。十一月初旬、カービーは、ドイツに厳しい警告を発するという件に対するブランデージの態度は「理解できない」と苦情を言った。なぜなら、誰から聞いても、ドイツはドイツ系ユダヤ人の置かれた状況を改善しようとはしていないのだから。一般的には、「眠っている犬は起こさない」ほうが賢明だが、今の場合は、「犬は眠っているのではなく、嚙みついてはいないものの、唸り、歯を剝き出し、歯をカチカチ言わせている」(17)と彼は言った。

けれどもブランデージは、当分はドイツの状況に対して公式な立場から発言するのに反対した。「私見では」と彼はカービーに言った、「オリンピックは一九三六年まで始まらないし、今後の三年間で、おそらく多くの変化があるだろうから、今すぐ行動を起こす必要はない」(18)。しかもその時点までには、ＡＯＣの会長はドイツの人種差別主義に反対するようにというユダヤ人からの圧力にひどく苛立つようになっていた。彼は十一月五日、ルビーンに言った、アメリカ・ユダヤ人会議のドイッチは、政治家として出世するための手段にオリンピック問題を利用している（ドイッチはニューヨーク市の市会議員に立候補していた）。ドイッチが選挙で市会議員に当選したあと、ルビーンはブランデージの読みに賛成し、こう言った。「ユダヤ人団体の代表は、われわれの仕事をたっぷり利用し、自分たちを大いに宣伝した。もう選挙が終わったので、おそらく連中は事を荒立てるようなことはあまりしないだろう」(19)

ユダヤ人の抗議に苛立ち、厳しくおおやけに非難することによってドイツを孤立させかねないことを心配していたのは、ブランデージとルビーンだけではなかった。ＩＯＣはウィーンでの総会で、無法な真似はしないという約束をドイツにさせていたので、その問題を打ち切ることで満足していた。バイエ＝ラトゥールは独特の英語でブランデージに手紙を書き、ドイツ人の振る舞いとユダヤ人の抗議について自分の見解を細かく説明した。

私たちがこの難問を扱っているあいだ、一緒に手を繋いで仕事をするのが大変重要だとあなた同様、私も思います。ドイツが去る六月にＩＯＣにした約束を果たすことを人は期待するかもしれませんが、相手が言っていることをすべて信じるのは賢明ではないでしょう。……「ユダヤ人が」なんの理由もなく騒ぎ立てるのを私は知っていますし、例えば、ドイツで起こったどんなことよりずっと野蛮な、ロシアで起こったすべての恐ろしいことが、同じようにして世論を刺激しなかった事実に、いつも強い印象を受けています。なぜか？ プロパガンダが巧みになされなかったからです。[20]

オリンピック論争を取材したアメリカの記者たちは、全米体育協会の内部で反ドイツ感情が強まっていくのに気づいていたが、カービーが十一月の全米体育協会の会合で厳しい調子の決議案を提出し、棄権わずか三票で採択されると、かなりの者が驚いた。その新しい決議案によると、全米体育協会は、「ドイツ・オリンピック委員会の立場が……ユダヤ教を信じる選手、ユダヤ人の血を引く選手が一九三六年のオリンピックのために練習し、準備し、それに参加することを事実においても理念においても認め、奨励するほどに変わるまで、また、変わらなければ」、誰であれアメリカ人選手を送ることを許可しないであろう。[21] それを報じた『ニューヨーク・タイムズ』の記事の見出しは、「全米体育協会、ナチのユダヤ人出場禁止ゆえに一九三六年のオリンピック、ボイコット」というものだった。まるで、ボイコットが差し迫ったものではなく、すでに現実のものであるかのようだった。実際には、ドイツが要求に従う期限を一九三四年一月一日とする提案は、それではドイツに十分な時間がないという理由で否決された。それにもかかわらず、全米体育協会の決議は、ドイツに対する厳しい警告だったのは確かだった——その問題についてそれまでなんの立場も表明しなかった英国オリンピック協会が、全米体育協会の例に倣うのを考慮したほどに。一方、AOCで強い発言力を持っていた全米体育協会は、同委員会に対し、同じような断固たる決議をするように促した。

十一月のAOC実行委員会で、シェリルはブランデージの支持を得て、カービーが提議した声明文の調子を弱めることができた。その結果、その声明文は単なる軽い叱責になった。その中でAOCは、ドイツの状況に対する「遺憾の意」と、「ユダヤ人がドイツのスポーツのために練習し、競い、代表チームに加わる際、ユダヤ人の権利と特権に影響するような一切の障害」を「レーヴァルト博士とその仲間」が取り除くことができることを「心から希望する」旨を表明していた。[22] シェリルは自分の役割を弁護し、ニューヨークのブネイ・イェシュルン信心会（一八八四年創設のユダヤ人の宗教団体）において、ユダヤ人に対するナチの扱いは「言語道断でおぞましい」と考えるが、オリンピックをボイコットすることはドイツにいるユダヤ人を助けないのみならず、「合衆国において反ユダヤ感情」を引き起こすことにもなるのは、まず間違いないと言った。[23]

IOCの多くのメンバーは、アメリカにおけるボイコット運動の執拗さと激しさに虚を突かれた。彼らはウィーンですべて解決したと思っていたのだ。影響力のあるスウェーデン代表で、一九四六年にIOC会長になるジークフリード・エドストレムは、「そっちで起こっていること」を知らせてもらいたいと、友人のエイヴェリー・ブランデージに頼み、こう苦情を言った。

アメリカ系ユダヤ人がいくらか煽動しているようだ。……その煽動の理由が私にはわからない。ユダヤ人が迫害されているためだとは思うが、スポーツに関しては、そうした煽動は許されない。国際オリンピック委員会は昨年六月のウィーン総会で、ドイツ当局の高官から、オリンピックに関してはユダヤ人選手に対するなんの問題もないと、すでに請け合ってもらった。ドイツ系ユダヤ人でさえ、ドイツ代表に加わることを認められている。……

アメリカ系ユダヤ人が大騒ぎをして、われわれに非常な迷惑をかけているのはまことに遺憾だ。もし、こうした騒動が拡大するなら、ドイツの友人たちは、オリンピックのための莫大な費用のかかる準備を続けることが不可能になる。……

ドイツにいるユダヤ人の迫害に関しては、私はまったく賛成していないが、変革がなされねばならなかったことは十分に理解できる。ドイツでは国の大部分がドイツ人自身にではなくユダヤ人に牛耳られていたのだ。アメリカ合衆国においてさえ、君たちがユダヤ人の活動を止めねばならならぬ日が来るだろう。私の友人の多くはユダヤ人なので、私がユダヤ人に反感を抱いていると君は思ってはいけないが、ユダヤ人は一定の限度内にとどめられねばならない(24)。

ドイツ側は、アメリカでの事態の進展を見守っていて、AOCの日和見主義的態度にいささか安心したものの、全米体育協会の強硬な姿勢には動揺した。レーヴァルトは忌まわしい現実を肯定的な修辞で誤魔化そうと、ドイツはウィーンでした約束をすべて守っているという電報を急遽、全米体育協会に打った。しかしレーヴァルトはプフントナーに宛てた手紙では、もしアメリカがボイコット運動を続ければ、IOCはオリンピックをドイツから奪ってしまうかもしれないと警告した。イタリアと日本は、もしIOCが別の開催地を必要とした場合、立候補しようと待ち構えていると書いた。

一方、ドイツ組織委員会は、問題は以前にした約束ですでに解決したかのように、一九三三年十二月二十日、ベルリンでの第十一回オリンピックへの正式な招待状を五十三ヵ国に送った。その中にはアメリカが入っていた。ワシントン駐在ドイツ大使は国務長官コーデル・ハルに手紙を送り、政府はアメリカの参加を「特に歓迎する」、参加してくれれば、ドイツは一九三二年にアメリカから受けた歓待に恩返しができるだろうと書いた。[25]

いまやドイツからの招待を正式に受けるべきか拒絶すべきかの選択を迫られたAOCは例によって優柔不断で、その問題を回避し実行委員会に委ね、そのメンバーの一人（おそらくエイヴェリー・ブランデージ自身）がドイツに行って自分で状況を判断する機会を得たあとで最終的決断をするだろうと言った。

AOCが躊躇している間に、アメリカがベルリン大会に参加するのを阻止しようという、ごく初期の頃はユダヤ人にのみ関わるものだった運動は、幅広くさまざまな団体と個人に及ぶものになっていった。一九三四年三月七日、オリンピックに出ることに反対する反ナチ大集会が、ニューヨークのマディソン・スクエア・ガーデンで開かれたが、それはナチの政治および人種政策に反対する多様な抗議運動と連携したものだった。衣料労働者組合連合、米国自由人権協会、米国労働総同盟、ドイツ・ファシズム犠牲者救援国民委員会を含む約二十の団体に支援されたマディソン・スクエア・ガーデン集会では、メリーランド州選出の上院議員ミラード・タイディングズ、前ニューヨーク州知事アル・スミス、ニューヨーク市長フィオレロ・H・ラガーディア、AOCのガス・カービーが演説をした。カービーはナチ・ドイツがユダヤ人選手を人種差別していることについて話した。『ニューヨーク・タイムズ』によると、競技場の上にナチの鉤十字の旗が翻っているとカービーが言うとブーイングが起こった。そして、ユダヤ人がドイツのオリンピック代表の選抜試合に出るのを認められなければ、アメリカはベルリン大会をボイコットしようと呼びかけると、拍手が湧いた。[26]

ブランデージは、いかにも彼らしいやり口だが、カービーをマディソン・スクエア・ガーデンの集会で話すのをなんとかやめさせようとした。ＡＯＣの出納係が「ドイツの状況に抗議するためにニューヨークのユダヤ人によって組織された大集会で話す」つもりだということを知った彼は、カービーに警告した。「われわれはＡＯＣを、この論争に巻き込まないよう注意しなければならない[27]」。あとで集会について新聞報道で知ったブランデージは、政治的中立についてのいつもの呪文を繰り返し、こう付け加えた。「われわれは、彼ら［ドイツ人］が約束を実行していないと抗議した。そして彼らは、実行することを請け合った。立証責任はわれわれにあるように思える。そして私は、彼らが誓約通りに行動していないという直接証拠を目にしていない[28]」。もちろん、そうした直接証拠はＡＯＣが提案した視察旅行で得られたであろうが、ブランデージはその提案に反対した。彼はカービーに話した。「あの国を短期間訪れ、［ドイツにおける］状況を徹底的に視察するのは、誰にとっても不可能なのは……明らかだろう。……もしＩＯＣが、誓約の条件が実行されつつあると満足しているなら、ＡＯＣがすることはほとんどない[29]」

だが、ＩＯＣは満足していたかもしれないが、アメリカの多くの分野では不満が強く残っていた。米国ユダヤ人会議のドイッチは、約束を実行しているというドイツ側の保証に異議を唱え、ＡＯＣに対し、「ドイツの状況に関して不偏不党の調査をしてもらいたい、その状況がオリンピックに出場するかもしれないユダヤ人に影響を与える可能性が高いから[30]」と要請した。カービーは個人的にブランデージに、ヒトラーに会うことも含め、ドイツに視察旅行をしてもらいたい、その結果ＡＯＣは「直接体験」による証拠を得て、それをもとに行動できる、と言った。「現状では」とカービーは警告した、「われわれの選手団を構成するユダヤ人がドイツに喜んで行くかどうか疑わしい[31]」。全米体育協会は、もしＡＯＣ会長が自ら事実調査の旅行をした結果にもとづいて「適格証明」を出さなければ、いかなるアメリカの選手もオリンピックに参加させないということを明確にした。

一九三四年六月四日のＡＯＣの会合でブランデージは、八月にストックホルムで開かれる国際陸上競技連盟（ＩＡＡＦ）の会議に出席したあと、提案されたドイツ視察旅行をすることに同意した。その決断はブランデージの支持者からは大いに歓迎されたが、彼を批判する者は、彼はすでにドイツについての考えを決めてしまっているのではないかと恐れた。なぜなら彼はヨーロッパに発つ前に、『オリンピック・ニュース』に、アメリカの選手は一九三六年のオリンピックに向けて直ちに準備を始めるよう促し、ベルリンでアメリカ人は、「スポーツの民主主義に馴染んだ、自由で独立した考え方をする人種の先祖」に出会うだろうという記事を書いていたからである。無宗派反ナチ同盟のサミュエル・アンターマイヤーは憤然とし、ブランデージとその同僚たちを、「人種差別問題をうまく言い抜けている」と非難した。[32] 一方、ブルックリンの第一〇区選出の下院議員エマニュエル・セラーは、あらかじめ決められた判断は受け入れ難いとブランデージに警告した。「アメリカの公衆はすべての事実を知るまで、あなたが少なくとも判断を差し控えることを求めている」[33]

結果的に、ブランデージの事実調査の旅行は、彼の不偏不党性に対する疑念を十分に裏付けるものになった。彼が集めた「事実」は、ドイツの同僚から貰ったものだけだった。六日間の旅行中、古い飲み友達のリッター・フォン・ハルトが話の相手をすべて自分で選び、彼に同行した。彼が質問した者の一人は、ナチのスポーツ界のボス、チャンマーだった。チャンマーは「大いに気に入った」とブランデージは言った。[34] ブランデージはドイツ語をほとんど知らなかったので、ブランデージがドイツの役員に話を聞いた際は、ハルトが通訳した。ブランデージは、ベルリンのカイザーホーフ・ホテルで予定通りユダヤ人のスポーツ指導者たちに会ったが、帝国スポーツ指導者代理のアルノ・ブライトマイヤーが同席するのに異議を唱えなかった。ブライトマイヤーはＳＳの正装をして現われた。ブランデージはナチのホストたちの気を楽にさせようとするかのように、自分が属しているシカゴのメンズクラブではユダヤ人を締め出しているということを明かした。そして、そうしたやり方は、「分かれているけれども平等な取り扱い」が良いというアメリカ人の信念の産物だと言い添えた。そして、そうしたやり方は、オリンピックの理念に適っている方法だと自分は信じていると言った。[35] 彼は駆け足の事実調査の旅の効果について、前は消極的だったのをすっかり忘れたらしく、アメリカに戻ると、ドイツ人がオリンピック計画で非排他的であろうと努力しているのを褒め上げた報告書を、AOCの実行委員会に提出した。それから記者に対し、ドイツの役員は、「ベルリンではユダヤ人に対する差別はないようにする」と約束してくれたと言った。[36]「誰であれ、それ以上は求めることはできないし、その保証は果たされるものと私は思う」

一九三四年九月二十六日、ブラデージが帰国した翌日、AOCは投票の結果、ベルリン大会に参加するようにというドイツの招待に応ずることを、全員一致で決定した。記者に対してAOCは、この決定は、「ドイツにおけるスポーツ以外の反ユダヤ状況に属する一切の事柄を議論から完全に切り離す」[37]ことに全員が同意したあとでなされたと説明した。

ドイツはAOCの決定にすぐさま拍手を送った。ドイツの数紙は「ユダヤ人の敗北」を大いに喜んだ。この件でブランデージがきわめて重要な役割を果たしたことを知っていたレーヴァルトは、彼に祝電を打った。ブランデージはハルトに宛てた手紙の中で祝電を貰ったことを認めたが、「急進的なユダヤ人の団体」が「一九三六年に「アメリカが」参加するのに反対する煽動運動を続ける」と相変わらず脅していると警告した。したがって、「事態を攪乱するような困ったこと」が起きないようにしてもらいたいと懇願している。[38]

AOCがドイツの招待に正式に応じたので、オリンピックにアメリカが参加することに反対している団体は、今度は全米体育協会に、それとは反対の宣言をするように迫った。とりわけワイズとドイッチは、もうすぐ始まるマイアミでの総会でベルリン大会にアメリカの選手を送ることをきっぱりと拒否するように全米体育協会に訴えかけた。ところが総会の前に、チャールズ・シェリルがドイツへの個人的な実情調査の旅行から帰ってきた。彼はドイツで、外務大臣コンスタンティン・フォン・ノイラートを含む、ドイツのオリンピック関係の役員と政府関係者に会い、こう報告した。ドイツは、十七人のユダヤ人選手に招待状を出し、オリンピック予選に出るための練習を始めるよう促したことを自分に請け合った[39]。

ブランデージとシェリルが世に広く喧伝された形でボイコット問題に介入してきた結果、一九三四年十二月の全米体育協会の総会で、ボイコット賛成派が投票で勝つことは考えられないと信じた協会のユダヤ人メンバーは、とりわけ、ユダヤ人福祉連盟の代表のチャールズ・オーンスタインは、正式な決議をあえて求めないことにした。全米体育協会は、その十三人のユダヤ人代表の同意を得て、先にドイツに出した最後通牒を再び出すのをやめた。ましてや、その調子を強めるのは。しかし、オーンスタインと全米体育協会のユダヤ人の同僚たちは、ドイツの状況をさらに綿密に調べた結果、事態はブランデージやシェリルや、ドイツ人自身が言っているほど薔薇色ではないことがわかった場合、新しいボイコット運動の可能性を残しておくように気を配った。そのうえ、全米体育協会は新しい会長に（ブランデージに代わり）、元オリンピック選手でニューヨーク州最高裁判所判事のジェレマイア・T・マホーニーを選んだ。彼はオーンスタインと同じ見方をするようになっていた。やがてマホーニーはアメリカのスポーツ界において、ブランデージのオリンピック参加推進運動にとって最も深刻な脅威になるのだが、マホーニーの挑戦は一九三五年の夏と秋になるまで十分には具体的なものにならなかった。その間、ボイコット運動は下火になり、大方の者には、ヤンキーはベルリンに向かっている途中なのも同然に見えた。

頂点に達したアメリカのボイコット運動

ドイツのオリンピック組織委員たちが一九三六年の大会で人種平等を守る意図を言明し続けているあいだ、ヒトラー政府は一九三五年、反ユダヤ政策を強めて拡大した結果、アメリカでのオリンピック・ボイコット運動は、同年後半、再び勢いを増した。

ナチ誕生の地であり、「ナチ運動の首都」と自称していたミュンヘンで、一九三五年の春、一連のおぞましいユダヤ人迫害が行われた。SAの暴漢たちはユダヤ人の商店にスプレーで酸を撒き、人種差別主義の落書きをし、ショーウインドーを粉々に割り、白昼、通りでユダヤ人を襲った。居心地の良さ《ゲミュートリヒカイト》で有名なミュンヘンは、近くのガルミッシュ＝パルテンキルヒェンで行われる冬季オリンピックでの大規模な社交的、文化的役割の大半を担うことになっていたが、地元の狂信的なナチ党員の暴挙を防ぐことができなかった。レーヴァルトとハルトは、そうした愚かな振る舞いがオリンピック計画にとって脅威になるのは自明なので、反ユダヤ活動をやめさせるよう、帝国官房長官ランメルスに懇請した。[40]

ナチ主催のオリンピックにとってさらに厄介な意味を持っていたのは、反ユダヤ主義者がベルリンのクーアフュルステンダム通り——ドイツの首都の「シャンゼリゼ」——で乱暴狼藉を働いたことだった。一九三五年の六月十三日から十九日にかけナチの暴漢は、その優雅な通りのあちこちでユダヤ人と「ユダヤ人に見える」人々を襲った。女の顔を骨が折れるほど殴りつけさえした。憤激したある目撃者は、その行為に、ベルリンからユダヤ人を追放する「民族浄化[41]」の始まりを見、こう言った。「誰も彼らを助けに来なかった、逮捕されるのを、みな恐れていたので」

クーアフュルステンダムでの蛮行に対して、米国ユダヤ人会議と米国ユダヤ人労働委員会は緊急集会を開き、再びオリンピックのボイコットを呼びかけた。ニューヨークで反ナチ感情が高まった証拠に、約五千人のデモ参加者が港に停泊していたドイツ船に乗り込み、鉤十字の旗を引き下ろし、ハドソン川に投げ込んだ。

ドイツにおける反ユダヤ主義の暴力事件が急増したことがもたらした最も重要な結果は、全米体育協会の新しい会長ジェレマイア・マホーニーが、オリンピックにアメリカが参加することに積極的に反対するようになったことだった。それはアメリカのオリンピック・ボイコット運動に大きな意味を持っていた。それまではマホーニーはボイコット運動をおおやけに支持したことはなかったが、クーアフュルステンダムで暴力沙汰があってから数日も経たぬ頃、アメリカがベルリン大会に参加することに個人的には反対であることを、おおやけにした。しかし、自分は全米体育協会の全員の代弁をすることはできないと言い添えた。全米体育協会は一九三五年十二月までは会合を開かないが、それまでには、その問題は「友好的に解決」するかもしれない、とも言った(42)。

マホーニーの声明は公式のものではなく仮のものだったが、ブランデージとその支持者を激怒させた。彼らは裏切られたと思ったのだ。(ドイツ人も憤慨した。ドイツ組織委員会の広報係幹事で帝国体育協会《ライヒスブント・フユール・ライベスユーブンゲン》の事務局長グィード・フォン・メングデンは、アイルランド系のカトリック教徒の判事を「権勢を振るうユダヤ人財政家(43)」だと弾劾した。)ブランデージはマホーニーの介入を個人的野心に帰し、マホーニーは次のニューヨーク市長になるためにユダヤ人のご機嫌をとろうとしていると仄めかした(44)。

ブランデージが見落としたのは、マホーニー、ラガーディア、アル・スミス、マサチューセッツ州知事ジェイムズ・カーリーのような人物を巻き込むことによって、ボイコット運動が、その中心になっているユダヤ人に加え、カトリック教徒も相当に引き入れたことだった。そのことは、アメリカで最も影響力のあるカトリックの隔週刊行雑誌『公共の福祉《コモンウィール》』が、アメリカがドイツのオリンピックに参加することに断固として反対した時にはっきりとした。ヒトラーの政府が一九三三年にヴァティカンと結んだ政教条約（ドイツ市民の信仰の自由、ドイツ教会の自治権を保証した条約）を無視し、カトリックの青少年組織を解散させたことに触れ、『コモンウィール』は、ナチを「単に反ユダヤ主義者であるばかりではなく、骨の髄まで異教的でもある」と弾劾した。この現実を考えると、と同誌は宣言した、「われわれは正義と公平のために、いかなるカトリック教徒も、カトリック機関のスポーツ活動のいかなる友も、ベルリンに行くべきではないと考える[45]」。

いまや進歩的なアメリカのプロテスタント教徒も、ボイコット賛成の大合唱に加わった。ラインホールド・ニーバー、ハリー・エマソン・フォズディックのようなプロテスタント教徒の知識人も、その問題について発言した。一番重要だったのは、アメリカの自由主義的プロテスタントの主要新聞『クリスチャン・センチュリー』が、「ナチのオリンピック」を鋭く批判する一連の社説を載せたことである。同紙の発行人、チャールズ・クレイトン・モリソンは、ボイコットによって人種政策は許し難いというメッセージをナチに送ることになろうと論じた[46]。

非宗教的左翼も、『ネーション』の社説と、有名なスポーツ記者で社会活動家のヘイウッド・ブルーンの鋭い舌鋒のコラムを通してボイコット運動に加わった。ブルーンは、ドイツが無法なことはしないという誓約をブランデージがしつこく求めたことを引き合いに出し、「ドイツの誓約は世界で最良の通貨ではない」と書き、AOC会長はアメリカの世論を無視していると難じた。そして、アメリカの世論は「選手団を「ドイツに」送ることに圧倒的に反対」だと主張した[47]。

アメリカの世論は、この問題に関して真っ二つに割れていたと言うほうが正確だったろう。

一九三五年に行われたギャロップ調査では、ボイコットに四三パーセントが賛成で、五七パーセントが反対だった。[48] アメリカ全土の主要新聞のスポーツ編集者と政治編集者に対する調査結果も、やはり真っ二つに割れていた。アメリカのスポーツ界の何人かの指導的人物も、ボイコットに反対した。その中にハーヴァード大学の体育監督ウィリアム・J・ビンガムが入っていた。ボストンにいたドイツ領事は、ビンガムのとった態度に非常に感謝し、それを「ハーヴァード大学の公式の立場」[49]と解釈した。

アメリカの大衆はオリンピック選手をベルリンに行かせないことにはっきりと賛成はしていなかったが、ブランデージを慌てさせるだけのボイコット運動の盛り上がりは確かにあった。一九三五年八月末、彼はスウェーデンの友人のエドストレムに宛てた手紙の中で、「ユダヤ人が牛耳っているニューヨーク市」の「反ナチ傾向」のせいで、アメリカ人がユダヤ人の「巧妙な」反オリンピック・プロパガンダに次第に影響されつつあるという不安を伝えた。そのうえ、と彼は書いた、カトリック教徒はマホーニー判事に「刺激されて」いる、マホーニーはニューヨーク市の市長選挙戦で、「合衆国の代表団をドイツに送らぬために全力を尽くす」と公言し、「きわめて不当なやり方で全米体育協会を政治に引きずり込んでいる」[50]。もしマホーニーが全米体育協会を説得して、アメリカの選手をオリンピックに送るのを認可しないようにしたなら、AOCのみからの認可を受諾するよう、IOCと国際陸上競技連盟に頼むつもりだとブランデージはエドストレムに話した。

もちろんエドストレムは、ニューヨークのユダヤ人と戦っているアメリカ人の同僚、ブランデージに芯から同情していた。エドストレムは以前に出した手紙の中で、自分自身、「スウェーデンのユダヤ人に悪口を言われている」と打ち明け、ドイツ系ユダヤ人は、「ドイツ社会のいくつかの分野であまりにも目立つ地位に就き、その地位を悪用しているせいで」思い上がり始めていると文句を言った。しかし、こう言い添えた。「われわれの共通の友人、カール・フォン・ハルト博士は、ユダヤ人選手もほかのドイツ人選手と同じ扱いを受けるだろうと私に言った」[51]

しかしユダヤ人選手も平等の扱いを受けるというドイツの保証は、次第に怪しいものになった。ユダヤ人は最高の練習施設を使うことも、最高のコーチにつくことも認められず、「アーリア人」の選手と一緒に練習することも競争することも許されていないという報告が第三帝国から次々にもたらされたからだ。グレーテル・ベルクマンのケースが多くの注目を集めた。彼女は国際的な実力を持つ走り高跳びの選手だったが、ユダヤ人の血を引いていたのでウルムのスポーツ・クラブから除名され、ベルリンのドイツ体育大学に入ることを拒否され、一九三五年のドイツ陸上競技選手権大会への出場を禁じられた。彼女を競技から締め出した公式の理由は、彼女が新たに入ったスポーツ・クラブ、ユダヤ系の〈楯《シルト》〉がドイツ陸上競技協会に加入していないというものだった[52]。

一九三三年以来行われていた、ユダヤ人市民に対するナチ・ドイツの不平等な扱いは、一九三五年九月、悪名高いニュルンベルク法によって成文化された。その法律によってドイツ系ユダヤ人は市民ではなく従属的な「第二級の国民」に公式に再分類され、基本的な政治上の権利を奪われ――「ドイツ民族の血統と名誉を守る」ために――アーリア人と結婚すること、さらにはアーリア人と性的関係を持つことすら禁止された。

有名な「見猿聞か猿」のように、第三帝国における人種的不正を見て見ぬふりをしようと全力を尽くしていたIOCでさえ、ニュルンベルク法がナチ主催のオリンピック大会のボイコットを呼びかけている者に、いっそうの攻撃材料を与えたことを理解した。その反響は、またもアメリカで最もダメージの大きいものになりそうだった。どのボイコット団体も新聞も、アメリカが一九三六年になぜドイツを避けるべきかの数を増してゆく理由に、ニュルンベルク法を加えていた。

チャールズ・シェリルも、一九三六年にアメリカの選手団をドイツに送る責任を個人的に感じていた。しかし、同国人のブランデージとは異なり、ボイコット運動を下火にするため、ドイツはかなり劇的な手を打つべきであるということを、ニュルンベルク法に対するアメリカ人の怒りを利用して、ドイツ人に納得させることがなんとかできた。

　シェリルは一九三五年のニュルンベルクの党大会の直前にドイツに行った。彼は、第三帝国の当局者を説得し、ベルリン・オリンピックのドイツ代表に、少なくとも一人のユダヤ人を指名させることを願っていた――それは、一種のイチジクの葉だった。八月二十四日、彼はミュンヘンでヒトラーとその問題について個人的に話し合い、ベルリン大会のチームに一人のユダヤ人選手を加えるようにと申し入れた。それは、彼がアメリカの伝統である「お飾り《トークン》のニグロ」[53]に譬えた、象徴的ジェスチャーだった。そして、もしドイツがそうしなければ、アメリカはベルリン大会をボイコットするかもしれないと警告した。彼はその点を強調するため、ユダヤ人に対するヒトラーの扱い方は、アメリカで、特にニューヨーク市で大変な物議を醸していて、同市では「ユダヤ人のラガーディア（ラガーディアの母はユダヤ人だった）」が自分の政治的立場を強めるために「反ナチ感情」を煽っている、と言った[54]。だがヒトラーは、そうした「見せかけの人種差別撤廃《トークニズム》」をにべもなく拒否し、ドイツ代表にユダヤ人を入れることは、どうあってもできないと言い張った。もしIOCがドイツをユダヤ人で汚すことに固執するなら、くだらない大会はご破算にし、国際的祭典の代わりに「純粋にドイツ的なオリンピック」を開くとヒトラーは言った[55]。

　だが、ヒトラーは本当にそうしただろうか？　ドイツ人のみでのオリンピックはプロパガンダの点では役に立たないだろうし、自分が思い描いていた壮大な建築物を見せる世界的舞台を提供することもなくなるのを、彼は知っていた。自分は「ドイツの国家社会主義の友」だとヒトラーに向かって言ったシェリルは、総統は結局は折れるだろうという自信を抱いて話し合いの場を去った。シェリルはホテルに戻ると、第一次世界大戦から一九三〇年代にかなり入るまで大統領顧問官だった友人のエドワード・M・ハウス大佐に宛て、もったいぶった手紙を書いた。「ヒトラーの私的な客として過ごした時間は素晴らしかった。自分がいささか役に立ったことを望み、かつ信じる。そして、そのことをハイド・パーク（ニューヨーク州のハドソン川に臨む町）にいるローズヴェルトに報告した」(56)

その後ヒトラーは、やがて始まるニュルンベルク党大会にシェリルを自分の私的な賓客として招いた。シェリルは大喜びで応じた。そして党大会に出席する直前、ローズヴェルトの秘書に手紙を書き、ビスマルクだったらオリンピック問題をどう扱っただろうかという質問をしてヒトラーを味方に引き入れたと自慢した。「ミュンヘンの自宅で彼と渡り合った私は、ひどく大胆だった」と書いた。「しかし私は一介の市民であり、彼は私に喰ってかかることはできない」(57)。シェリルは私家版で出した自叙伝に、ニュルンベルクでヒトラーと過ごした時間について、こう書いている。「私は一九三五年九月中旬、四日間、ヒトラーの私的な客だった。……素晴らしかった！［ナチの］各部隊がきっかり時間通りに整列すると、まるでカチッという音が聞こえるようだった」(58)

大会のあとシェリルは、ユダヤ人選手を一人入れるという案をチャンマーと話し合った。そして特に、ドイツ代表に入るのにふさわしい優秀な走り高跳びの選手、グレーテル・ベルクマンに言及した。アメリカの新聞は彼女が以前オリンピックの代表選手の選抜の対象から除外されたということをちゃんと伝え、遺憾の意を表明した。シェリルが考えていることはちょっとした戦略的粉飾なのを見抜いたチャンマーは、部分的譲歩に同意した。ベルクマンはドイツのオリンピックの練習チームのメンバーに指名され、正規の選抜試合に出ることを許された。ベルクマンを亡命先の英国から呼び戻したあと、チャンマーはシェリルに、「あのユダヤ女がすべてのドイツのオリンピック候補とまったく同じように扱われる」[59]ことを保証した。

ところがドイツは、ニュルンベルク法によれば完全なユダヤ人であるベルクマンに、オリンピックで公平なチャンスを与えるつもりなど、まるでないことが間もなくわかった。彼女は一九三六年六月二十七日のヴュルテンベルクの選手権大会で一・六〇メートルを跳んだが、一九三六年六月、ベルリン大会の選抜試合である、ドイツ陸上競技選手権大会に出場することは許されなかった。選抜試合に出られないということは、彼女がドイツ代表のメンバーに指名されないことを意味した。

ベルクマンは、アメリカの選手がベルリンに向け出発する用意が出来るまで、ドイツ代表のメンバーに指名されないことを公式には知らされなかった。その時点でリッター・フォン・ハルトは、「不十分な成績」[60]なのでベルリン大会には出られないと彼女に告げた。その償いとしてハルトは、ベルリン大会の陸上競技が観戦できる優待券をやろうと言った。

ベルクマンは、その申し出を受けなかった。その代わり、直ちにアメリカに移住し、一九三七年と三八年、アメリカの女子走り高跳びのチャンピオンの座を獲得した。もちろん、彼女はベルリン大会に出ることを認められたなら、やはり優勝したであろう。ベルリン大会での走り高跳びの優勝者の成績は一・六二メートルだった。ベルクマンが容易に跳べた高さだった。（五十年後、七十二歳になったベルクマンは、ドイツからのもう一つの償いを拒否した。一九八六年に行われた、ベルリン大会五十周年祝典への招待である。彼女は答えた。「私がベルリンでドイツのオリンピック代表から除外されてから五十年経ちますが、私の失望感と恨みは、ほとんど減っていません」[61]）

シェリルはドイツのオリンピック関係の役員と話した際、ベルクマンが駄目な場合、もう一人のユダヤ人選手について検討したらどうかと言った。それは、ヘレーネ・マイヤーだった。彼女は一九二八年のアムステルダム大会でドイツ代表として金メダルを獲得したフェンシングの選手だった。さらに、一九三二年、ドイツ代表としてロサンゼルス大会に出場し、五位になった。ロサンゼルス大会のあと、スクリップス・カレッジで勉強するためと、カリフォルニアのオークランドにあるミルズ・カレッジでドイツ語を教えるため、アメリカに残った。アメリカにいるあいだに、一九三三年、三四年、三五年にアメリカのフェンシング選手権大会で優勝した。

ドイツの目的にとっては、マイヤーがベルクマンとは異なり、母が「アーリア人」だったので、半分しかユダヤ人ではなかったことは重要だった。ニュルンベルク法によると、マイヤーは依然としてドイツ人と見なすことができた。そのうえ、彼女が属していた、オフェンバッハにあるフェンシング・クラブは、一九三三年に会員名簿から彼女の名前を外したが、彼女は相変わらず、新生ドイツについて肯定的に話し、迫ってきたベルリン・オリンピックで、もう一度第三帝国のために戦いたいという願いを表明した。サンフランシスコにいたドイツ総領事によると、彼女はベルリン大会反対の地元の集会への参加の誘いを断った。また、自分はユダヤ教を信じていないし、ユダヤ人団体と関わりを持っていないし、事実、自分をユダヤ人と考えたことはまったくないということを明言していた。(62)

マイヤーが第三帝国にとって具合の悪い人物ではないのを知ったチャンマーは、一九三五年九月二十一日、ドイツに戻ってフェンシング代表チームに加わるようにと誘った。同時に彼は、この緑眼金髪のワルキューレを「名誉アーリア人」だと公認した。ドイツの市民権はそのままだとチャンマーに言われて安心したマイヤーは、誘いを受け入れた。ドイツに船で戻る前、彼女はブランデージに宛てて賞讃の手紙を書いた。「あなたにベルリンでお会いするのを大変楽しみにしております」(63)

ドイツはのちに、ルーディ・バルという名の半分ユダヤ人のアイスホッケー選手を、ガルミッシュ=パルテンキルヒェンの冬季オリンピック選手団に加えたが、その決定はアメリカやＩＯＣを宥《なだ》めるためではなく、ドイツのホッケー・チームを補強するためだった。チームはレークプラシッドでと同様、ガルミッシュでもメダルを取ることを願っていたのだ。レークプラシッドでドイツが銅メダルを獲得するのに貢献したバルは非常に貴重な存在だったので、ドイツは彼の「汚れた」民族性を無視するのが得策だと考えた。彼は亡命先のスイスから呼び戻され、一九三六年一月十五日、ドイツのホッケー・チームに加えられた。その日は、冬季オリンピックのチーム名簿を作る最後の日だった。

シェリルはマイヤーの件で相手を譲歩させたことで、ボイコット運動に致命的打撃を与えたと確信してアメリカに戻った。彼は記者会見の席で言った。「私は少なくとも一人のユダヤ人をドイツのオリンピック代表に加えさせる目的でドイツに行きました。そして、自分の仕事は終わったと感じています。ユダヤ人選手であれ、ほかの選手であれ、オリンピックに出るだけの能力に達しようとするのを妨げる事柄に関し、ドイツの場合について論ずるのは私の及ぶところではありません。ちょうど、ドイツが、アメリカ南部におけるニグロの状況や、カリフォルニアにおける日本人に対する扱いを論じようとするのはお門違いであるように[64]」

シェリルが「アメリカ南部のニグロの状況」に言及したのは、アメリカにおける反黒人人種差別主義が、アメリカはベルリン・オリンピックに参加すべきか否か、また、アメリカが参加するとなれば、アフリカ系アメリカ人は合衆国のチームに入れるべきか否かという論議において急速に問題になりつつあった事実に照らすと興味深い。

アメリカの黒人社会は、アメリカがベルリンに送る代表、特に陸上競技の代表で黒人が重要な存在になりそうなことがはっきりすると、その問題を取り上げた。ドイツがユダヤ人に対すると同様、黒人に対しても人種差別主義的であるのは否定のしようもないので、問題は、アフリカ系アメリカ人社会も、アメリカ系ユダヤ人社会と一緒にベルリン大会をボイコットすべきか、というものだった。

黒人系の多くの新聞は、アメリカのスポーツ関係の役員が、自国で黒人選手に対する差別を許容し、実行しているのに、ドイツ系ユダヤ人に対する平等な扱いを要求しているのは偽善的だと指摘した。しかし同時に黒人系新聞は、全国黒人地位向上協会（ＮＡＡＣＰ）とともにナチの人種差別政策に強く反対していて、ナチの新聞に黒人に対する敵意が公然と表われていることを考えると、黒人選手がドイツで競技するとなると、どんなふうに扱われるのか心配した。[65]

一九三三年十月、全国黒人地位向上協会の書記補佐ロイ・ウィルキンズはＩＯＣの三人のアメリカ人メンバーに宛て手紙を書き、ドイツにおいて「肌の色と人種が繰り返し強調されていることへの募る懸念」を表明した。「われわれはとりわけ気にかけているのです」と彼は続けた、「アメリカ合衆国やその他の国を代表する有色の選手が差別されることを」。そして、その点に関してＩＯＣのアメリカ人メンバーに調査するように依頼し、こう警告した。「もしドイツが、有色の選手を公正に扱うということを、無条件に、明確に保証してくれなければ、われわれはアメリカ人がベルリンで競技するのを許可しないよう、国際オリンピック委員会のアメリカ人メンバーにお願い致したい[66]」

アメリカでのボイコット論議が続き、ユダヤ人団体が、ベルリン大会にアメリカが参加するのに断固反対してもらいたいと黒人社会に相当の圧力をかけていた中で、黒人系新聞は、その問題で二つに割れていた。数紙はボイコットを支持したが、多くの新聞はそれに反対した。ボイコットを支持した一つの有力な黒人系新聞は『ニューヨーク・アムステルダム・ニュース』だった。同紙は一九三五年八月、アメリカ代表の陸上競技のスター、ジェシー・オーエンスとその他の有望な黒人選手に公開書簡を書き、ベルリンに行かぬよう求めた。「ナチが率先して迫害しているマイノリティー・グループの一員として」と同紙の社説は書いた、「また、すべての自由がまだ失われていない国の市民として、諸君が守るために闘ってきたすべてのものを究極的に破壊することを目指す哲学に、諸君は精神的、財政的支援を与えるわけにはいかない[67]」

一九三五年十一月、全国黒人地位向上協会は、「ドイツにおける現在の状況下では……一九三六年のオリンピックに参加しない」ように黒人選手に公式に呼びかけた。しかし、ロイ・ウィルキンズは、この決議の知らせを米国ユダヤ人委員会に伝えた際、その決定には一種の両面価値があることを認めた。というのも、アメリカの黒人選手が競技場で、アーリア人は人種的に優秀だというナチの説の嘘を立証することに利点があるのを、彼も知っていたからだ。「合衆国のオリンピック選手団が、圧倒的にブルネット（肌の浅黒い者）から成るという事実は、ヒトラーが支持しているすべてのものに打撃を加え、高いレベルでのスポーツマンシップにおいても打撃を加えるまたとないチャンスとなる[68]」

驚くには当たらないが、オリンピックに参加するのを拒否したらどうかという提案には、大部分の黒人選手は、まったく消極的だった。彼らはオリンピックに出るために熱心に練習していたので、できるだけ大勢の観客に自分の技を披露したがっていた。そのうえ、何人かのアメリカ人選手はドイツで行われた競技大会に参加したことがあったが、どんな人種差別も受けなかった。マーケット大学の短距離選手ラルフ・メトカーフは、自分とほかのアメリカの黒人選手は、一九三三年の陸上競技会で「王族のように扱われた[69]」と公言した。

もちろん、ドイツでの「王族扱い」は、黒人選手が母国でよく受けた扱いと際立った対照を成していた。ジェシー・オーエンスも、同じくオハイオ州立大学に通った走り高跳びの黒人選手、ディヴィッド・アルブリトンも、キャンパス内の宿舎で暮らすことは許されなかった。黒人選手は南部では、大学レベルの競技で白人と一緒に競うことはできなかった。そして、オリンピック代表選抜試合は南部では開くことができなかった。人種混合の競技は禁止されていたからである。

アメリカにも存在している不法行為でドイツを非難することに黒人社会は総じて消極的だったにも

かかわらず、黒人陸上競技選手の中で飛び抜けて傑出していたジェシー・オーエンスは、最初はベルリン大会ボイコットに賛成していた。オーエンスは、一九三五年、ミシガン州アナーバーで開かれたビッグ・テン（米国の十大学の競技連盟）主催の陸上競技大会で、一時間のうちに三つの世界記録を破り、一つのタイ記録を作った。アメリカのオリンピック代表のメンバーに選ばれることが確実視されていた彼は、ベルリン大会に対してどう考えているのか、発言せざるを得ない状況に追い込まれた。一九三五年十一月のラジオのインタヴューで、オーエンスは言明した。「もしドイツに少数民族に対する差別があるなら、われわれはオリンピックに参加してはならない」(70)

オーエンスがそう言明した直後、全国黒人地位向上協会の幹事、ウォルター・ホワイトから感謝の手紙が彼のもとに届いた。しかしホワイトは、オーエンスの考えを讃えながらも、ウィルキンズ同様、ボイコット問題について「やや分裂」していることを告白した。彼はナチの人種政策を、「われわれ黒人がアメリカで三世紀にわたって蒙ってきたものの繰り返し」と見て、アメリカの黒人はベルリン大会に出るべきではないと信じていた一方、オーエンスにはこう語った。「君や、ユーレイス・ピーコック、「ラルフ」メトカーフ、「コーニーリャス」ジョンソンその他の卓越した選手がいるので、来年のアメリカ選手団は断然、肌がブルネットになるだろう。ブロンドのナチが君たちに翻弄されるのは、一種の心理的価値を生むのではないかと感じたことが何度もある」。しかし結局は、ホワイトはオーエンスがとった立場は「ずっと立派な」ものだと思い、この問題についてどう感じているのか、もっと話してくれとオーエンスに頼んだ。(71)

オーエンスは答えなかった。それも、もっともだった。彼は決心を変えつつあったのである。オハイオ州立大学のオーエンスのコーチ、ラリー・スナイダーは、秘蔵っ子のボイコット宣言にびっくり仰天し、すぐさま決心を翻させようとし始めた。それは、さほど難しいことではなかった。スナイダーはオーエンスに強い影響力を持っていたし、オーエンス自身、ラジオではああ言ったものの、ボイコット運動を芯から支持してはいなかったからだ。

オーエンスは仲間たちと同じように、ベルリンに行くことを本当は待ち望んでいた。優勝できるという確信を持っていたのだ。彼はとりわけ国際舞台で脚光を浴びたかった。というのも、最近自国で屈辱的な目に遭ったからである。オハイオ州立大学の熱心な後援者の口利きで、夏のあいだ、怪しげな名の「名誉ページ・ボーイ」としてオハイオ州議会で働いたあと、彼の名前は、その年の最高のアマチュア選手の名誉を讃えるサリヴァン記念賞の最終候補リストから外された。さらに、ほかの黒人選手同様、厳格な人種隔離政策が実施されていたニューオーリーンズでのシュガーボウル陸上競技大会に招かれなかった。コーチのスナイダーは、その問題についてこう言った。「われわれがまさに自国で行っていることと同じことが行われているという理由で、なぜドイツに反対すべきなのか？」[72]

一九三五年十二月、オーエンスはほかの五人の一流黒人選手と一緒に、もしアメリカ代表に選ばれればベルリンに行くつもりだと公表した。『ニューヨーク・ワールド』の黒人記者はその決断を支持し、アメリカにおける二重基準の問題を激しく攻撃した。「たまたま次のオリンピックがアトランタ、ジョージアあるいはメーソン＝ディクソン線の下の州のいずれかで開かれるとしたら、〝その筋〟は、『白人はこちら側、有色人種はあちら側』という鉄道駅の表示を取り外すだろうか？ 立派なホテルは、オリンピック観戦の客のために特に建てられたいくつかのホテルは、人種に関係なくすべての客を迎えるだろうか？」[73]

一九三五年十月五日、アメリカにおけるボイコット運動が激しくなるのを深く憂慮したバイエ＝ラトゥールは、ＩＯＣのアメリカ人の同僚三人に個人的に訴えかけ、最善を尽くして反ベルリン煽動者に逆襲してもらいたいと頼んだ。バイエ＝ラトゥールは、シェリル、ガーランド、ヤーンケの「オリンピックの理念に対する献身的態度」に訴えかけ、「IOCは、関係者全員の権利を支持してきたということ、［ベルリンで予定通りオリンピックを開くということについての］全員一致の決定のみが唯一の賢明な決定であることを貴国の国民に納得させるのは」諸君の仕事だと言った。(74)

シェリルとガーランドは、アメリカ人選手をベルリンに送るのに全力を尽くそうと答えたが、IOCの三人目のアメリカ人メンバー、アーネスト・ヤーンケはまったく違った返事をした——ベルリン大会をきっぱりと否定し、IOCがベルリン大会を是認していることを痛烈に非難した。反対したこの男は何者なのか、また、反対した動機は何か？

アーネスト・リー・ヤーンケはニューオーリーンズの名門の出だった。父は造船業で財を成し、ヤーンケは父の事業を引き継ぎ、南部でその種の事業としては有数の会社にした。漕艇とヨット・レースに情熱を燃やし、スポーツ好きの紳士という名声を得た。そして一九二七年、チャールズ・シェリルとカルヴィン・クーリッジ大統領の推薦で、AOCとIOCの委員に任命された。しかし、ハーバート・フーヴァー大統領のもとで海軍の書記官補をしていたのでオリンピック運動にはあまり積極的に関わることができず、IOCの会合にはめったに出なかった。

ドイツ系アメリカ人だったヤーンケは、ヒトラーが権力を握ったあと、先祖の国で起こっている事柄に対する関心が深まった。そして、ニュルンベルク法が出来たことと、ナチがユダヤ人の選手に、ドイツのオリンピック大会に出るしかるべき機会を与えていないという報告が次第に増えてきたことに、とりわけ衝撃を受けた。それは、彼のフェアプレーの精神と騎士道精神に反していた。そのうえ南部人として、アメリカの「私的」人種差別主義（それを彼は嘆きはしたが）と、国家が後ろ楯になっているナチのユダヤ人迫害が比較されることに苛立った。(75)思っていることをずけずけ言うことに慣れていた彼は、バイエ＝ラトゥールに辛辣な手紙を書き、同時に、レーヴァルトに、やはり無遠慮な返事を出した。

IOCの公文書保管所にあるバイエ＝ラトゥールの書簡ファイルから判断すると、ヤーンケの手紙は、そのベルギーの貴族がそれまでに受け取った手紙の中で最も恭《うやうや》しさに欠けたものだったろう。ヤーンケはバイエ＝ラトゥールが「オリンピックの理念」を引き合いに出したことを引用し、「まさにオリンピックの理念に対する［自分の］献身的態度」ゆえに、「あなたが非常な自信をもって私に頼んだのと正反対のこと」をする気になった、と言った。そして、「もしオリンピックがナチ・ドイツで開催されたら参加すべきではないと、私のアメリカ人の仲間を全力で説得する」つもりだとも言った。ナチは「スポーツにおいてフェアプレーの必要条件をことごとく無視し、今でも無視し続けている」と彼は論じ、いかなる外国も、ナチのオリンピックに参加すれば「ナチがフェアプレーを蔑ろにし、オリンピックをさもしく利用している事実に黙従すること」になる、と主張した。ヤーンケは、IOC会長を個人的に非難するのも辞さなかった。「あなたはIOCのメンバーとしての義務を思い起こすようにと私に言っています。ですから、私があなたに、IOC会長としての義務を思い起こすようにと言っても、生意気だとはお考えにならないのは確かだと思います。ナチのスポーツ関係の当局に誓約を破った責任を取らせるのが、あなたの義務なのです。なぜあなたはそうする代わりに、オリンピックの理念を依然として信じている者もナチ・ドイツのオリンピックに参加すべきだという〝議論〟をし、広めているのか、まったく理解に苦しみます」。彼は、「道徳的高貴さと純粋さの学校」（クーベルタンの言葉）としてのオリンピックを維持するのは、まだ手遅れではないと主張し、バイエ＝ラトゥールに、オリンピックの開催地をドイツから移すように促した。「あなたが偉大な才能を、残忍さと暴力と権力ではなく、フェアプレーと騎士道に奉仕させるよう要請したい。あなたがオリンピックの歴史において、正しくも、ヒトラーではなくクーベルタンと同じ立場に立つ機会を摑むようお願いしたい(76)」

ヤーンケの雄弁はバイエ＝ラトゥールには効果がなかった。バイエ＝ラトゥールはヤーンケが「実情に対する故意の無知」にもとづいて行動したと返答し、彼を非難した。実情とは、IOCがドイツでオリンピックを開くことを認めたのはナチ当局の言葉に拠っているのではなく、外部の調査機関と第三帝国のユダヤ人団体の信頼できる連絡相手の「証拠」に拠っている、というものだった。バイエ＝ラトゥールは、ヤーンケが公衆に誤った考えを植え付けていると非難した。「公衆は、あなたがオリンピックに関する事柄をごく少ししか知らないということ、あなたはどんな評議会の会合にも出席しないので、第十一回オリンピック大会に関しては何も知らないということに気づいていません」。ヤーンケがクーベルタンの言葉を持ち出したことは、とりわけバイエ＝ラトゥールの癇に障った。なぜなら偉大なフランス人は、この重要な問題に関し、「IOCのメンバー全員と同じ意見」を持っていたからである。そして彼は結論づけた。「あなたの手紙にある「IOCに対する」非難はあまりに厳しく、あまりに不当なので、あなたは辞任する以外にはないと思います(77)」

もちろん、IOCの頭痛の種はヤーンケだけではなかった。一九三五年十月二十日、ドイツのオリンピックに対してすでに反対意見を表明していたマホーニー判事は、レーヴァルトに公開書簡を送り、ドイツ系ユダヤ人に対してオリンピックに参加する平等の機会を与えるという約束をドイツは果たしている、というレーヴァルトの主張に疑問を投げかけた。彼はドイツがオリンピック規約に違反しているすべての事例をリストにした。その書簡は痛烈な個人攻撃の趣《おもむき》があった。マホーニーはレーヴァルトに、「非アーリア人」の役人であるあなたは「いかなる本当の権威」もなく、恥ずべきことに、「あなたの政府がフェアプレーというオリンピックの理念をあからさまに踏み躙っているのを隠すための目隠しに使われる」ままになっているのではないかと言った。(78) マホーニーは、ドイツ組織委員会とIOCの委員を辞めることをレーヴァルトに求めた。同時に、オリンピックをベルリンから移すことをバイエ＝ラトゥールに求めた。もしIOCがそうしなければ、アメリカにおけるオリンピック・ボイコット運動を促進するつもりだと警告した。

バイエ＝ラトゥールはマホーニーに直接返事はせず、ブランデージに、攻勢に出て、ドイツの「本当の状況」について大衆の蒙を啓《ひら》く運動を続けるよう促した。それにもかかわらず全米体育協会の全国の支部がオリンピック代表選手を認定を拒否するなら、「IOCは例外的措置として、ナショナル・オリンピック協会の署名だけで十分とするということを国際陸上競技連盟に通告する」とバイエ＝ラトゥールはブランデージに約束した。(79) ブランデージはすでに見た通り、その見解を表明していた。そしてバイエ＝ラトゥールは彼の意に沿うことによって、ドイツのオリンピックにアメリカが間違いなく参加するためには、IOCは自らの規則を喜んで一時棚上げにすることを示した。

ブランデージは、攻勢に出るようにというバイエ＝ラトゥールの助言に従った。一九三五年十月の末、広報担当のクラレンス・ブッシュの助けを借り、『アメリカの選手のためにフェアプレーを』と題した長いパンフレットを作成した。AOCは約一万部を全国のスポーツ団体と市民団体に配布した。ブランデージはパンフレットの冒頭の声明で、言わんとすることを明らかにした。それは、ボイコット派を十把ひとからげに赤で塗ることだった。「一九三二年、わが国および外国において、ロサンゼルス大会を潰そうという、共産主義者による一致協力した企みがあった。現在のオリンピック・ボイコット運動において活動している個人と団体の多くは、共産主義者の前歴がある。急進主義者と共産主義者はアメリカのスポーツに手を触れてはならない」。「アメリカの選手は、自分とは無関係の大義のための殉教者にされてよいのか?」と、そのパンフレットは訊き、ボイコット運動はわれわれとは異質の、非アメリカ的なもの、反逆罪に等しいものだというメッセージを強調した。また、ドイツでのオリンピックに反対するユダヤ人に警告を発した。「ある種のユダヤ人は、ナチに対するボイコット運動にオリンピックを武器として使うことはできないのを理解したほうがよい」。さらにパンフレットでは、ドイツに行くアメリカの選手の権利に干渉しないよう、合衆国政府に忠告した。「スポーツに無関係の議論にわれわれを忘れ、世界のスポーツ界で冠たるアメリカの連綿たる伝統を継ぐために闘う特権をスポーツ選手から奪う指導者に、わが国の選手の誰が感謝するだろうか？」パンフレットはジョージ・ワシントンを引き合いに出し、アメリカはヨーロッパの事柄に「干渉する」のはやめるべきだという彼の忠告を引用した。「合衆国の全歴史において一度だけわれわれはその忠告を無視したが――［第一次世界大戦に参戦することによって］世界を民主主義のために安全なものにしようと――その後遺症から立ち直っていない」(80)

『アメリカの選手のためにフェアプレーを』を刊行したブランデージとAOCは、先住民保護主義、愛国心、反共産主義、そして、もちろん、反ユダヤ主義というお馴染みの心情に訴えかけることによって大衆の支持を得ようとした。そのキャンペーンがどの程度効果があったのかを知ることは不可能だが（その問題についての世論調査は二度と行われなかった）、夥しい数の賛成の手紙がブランデージのもとに来たのは確かである。それらの手紙は、アメリカのスポーツを共産主義者とユダヤ人から「守ってくれた」ことで彼に感謝するものだった。

異様な沈黙――ローズヴェルト政権とボイコット運動

オリンピック・ボイコット運動を巡る争いは、当然ながら、両派がワシントンの政府、とりわけ大統領を味方につけようという動きも含まれていた。政府はオリンピック参加問題について公式の決定を下さなかったが——決定権はAOCと全米体育協会にあった——もしワシントンがどちらかの側をはっきりと支持すれば、たぶん、それで事は決着するのを誰もが知っていた。ボイコット賛成派は、ローズヴェルト大統領が介入してくれるのを特に望んでいた。そして、彼ほどの誠実さと自由主義的良心の持ち主ならば、問題を自分たちと同じように見てくれるだろうと信じていた。

もし、その問題がベルリン駐在のワシントン大使館員に任されていたなら、合衆国がベルリン・オリンピックに参加しなかったのは間違いなかろう。ボイコットを巡る論議の初期から、ベルリンの二人の重要なアメリカ総領事ジョージ・メサースミスと副領事レイモンド・ガイストは、ユダヤ人とスポーツに関するドイツのゆゆしき状況について、国務省とホワイトハウスに絶えず報告していた(81)。

二人の報告は率直で仮借のないものだった。一九三三年十一月下旬、メサースミスはユダヤ人がスポーツ・クラブとハイレベルの競技大会から徹底的に締め出されていることを報告した。先見の明のあった彼は、こう言った。ヒトラー政府はオリンピックにユダヤ人が加わることにいくらかの譲歩をするかもしれないが、それは、現在行われている不法行為を隠すためのカモフラージュに過ぎない。「わずかな数のユダヤ人が練習し、チームに入ることを許されるのは……不可能ではない。しかし、それは現実に行われている本当の差別の単なる目隠しに過ぎないだろう」。メサースミスは、自分たちは非難されるいわれはないとテーオドール・レーヴァルトが言ったことに触れ、ドイツの役人である彼は信用できない、なぜなら、ナチの言いなりになることによってのみ地位にとどまるのを許されるのであって、「自由な行為者」ではないから、と主張した。彼はAOCが「目をくらませられる」ことがないのが肝要だと信じ、自分の批判的な報告を同委員会に転送するよう、ワシントンの上司に促した。なかんずく、ドイツがオリンピック予選競技にユダヤ人を参加させるように政策を変更しつつあるという信頼できる情報がもたらされるまで、アメリカの参加を認めないよう、AOCに忠告すべきである、と彼は言った。それに加え彼は、「アメリカの選手が一九三六年のオリンピック大会に出場するなら、アメリカのスポーツの伝統」に悖《もと》るという個人的見解を述べた。(82)

一九三三年十二月十五日、同様にレイモンド・ガイストも国務省に報告した。「スポーツの分野においても……ユダヤ人に対する差別は続いている」。ユダヤ人の青少年は、公認のスポーツ団体に所属しているすべての選手が着用を義務づけられている特別のボタンを付けることが禁じられた。メサースミス同様、ガイストも、ナチは外国からの圧力と、オリンピック招致国の権利を失うのではないかという危惧《きぐ》のせいで「ユダヤ人に対してとられているいくつかの制限措置をやめる」かもしれないが、そうしたジェスチャーが長続きしないのは疑いないという意見を述べた。(83)

やがて二人の米国領事、特にメサースミスは、自分たちの批判的分析が、ブランデージとシェリルの画策によって終始無効のものになっていることに、ひどく苛立つようになった。ブランデージとシェリルがドイツを訪問して行った「事実調査」の結果は、いつも、ドイツ人は何も悪いことはしていない、というものだった。メサースミスの考えでは、シェリルは自己愛の強いほら吹きで、なんであれ自分が中心にいたいという欲望ゆえに、批判的能力が曇ってしまった人物だった。メサースミスは一人の同僚に、シェリルは「自分たちが参加することに熱心になっているあまり」、ドイツの不正行為をいそいそと「糊塗」していると文句を言った。

メサースミスはシェリルの「糊塗」に土壇場の反撃を加えようと、一九三五年十二月、国務長官コーデル・ハルに長文の電報を打ち、オリンピックにアメリカが参加するのに断固反対するよう促した。その時にはメサースミスはウィーンに駐在していたが、ドイツの状況を依然として注意深く見守っていた。彼は二年前にアメリカの参加について自分が消極的だったことをハルに思い出させ、きっぱりと言った。「あれ以来」起こったすべての出来事は、アメリカの参加は望ましくないことを示す方向に進んでいる」。公的生活のあらゆる面に対するナチの統制は強まっていた。弾圧の対象の主な対象は依然としてユダヤ人だったが、反体制のカトリック教徒、プロテスタント教徒、教授、芸術家、知識人も標的にされていた。スポーツは、ほかのすべての公的活動同様、徹底的に「統合」されていた。「今日、一切のドイツのスポーツは政府によって統制され、若者を国家社会主義のイデオロギーの鋳型に嵌めるための党の道具に公然となっている」。オリンピックについて言えば、「ドイツの若者に向けて党の地位を確固とする」ための有用な道具だと、体制側は理解していた。体制側はまた、「アメリカ・オリンピック委員会の決定が、どの程度外国がオリンピックに参加するかを決定するうえで主要な役割を演ずる」ことも認識していた。そのためドイツは、「［ドイツのスポーツにおいては］ユダヤ人に対する差別はないことをアメリカ・オリンピック委員会に納得させる」ために全力を尽くしていた。彼らの偽装工作には、非常に尊敬されている半分ユダヤ人のテーオドール・レーヴァルトをＡＯＣのパイプ役にすることが含まれていた。ＡＯＣはレーヴァルトの甘言を鵜呑みにする傾向があった。メサースミスは、自分は個人的に「レーヴァルトのアメリカの友人たちが彼に抱いている信頼の念を悪用して［レーヴァルトを］非難した」と語った。それに対しレーヴァルトは、体制に順応する以外に選択の余地はなかったと答えた。「そのことについて私は、自尊心と友人の信頼を保つために、人は正しいと思うことをして生ずる結果を甘受しなければならない時があると言っただけだった」[84]とメサースミスはハルへの報告書に記した。

メサースミスはさらに、ハルに送った報告書は次のことを明確にしたと信じた。オリンピックを後援するのは、ナチにとってこの二年できわめて重要なことになった、なぜなら党はドイツの若者の支持に依存することが次第に増えてきたからだ。そしてナチには、国家社会主義の名声がドイツ以外で

イツの若者に示す最も効果的な方法の一つになるだろう」[85]

も定着しつつあるのを若者に確信させる必要があった。「党とドイツの若者にとって、ベルリンでオリンピック大会を催すことは、国家社会主義の教義によって世界が征服された象徴なのである。もしオリンピックがベルリンで催されなければ、それは新生ドイツの国内で国家社会主義の名声が蒙る最も深刻な打撃の一つになるし、外部の世界が国家社会主義の教義についてどう考えているのかを、ドイツの若者に示す最も効果的な方法の一つになるだろう」[85]

ユダヤ人差別が続いていることを示す「十分なデータ」があり、ナチ・ドイツにおけるスポーツが徹底的に政治化されたことを考えると、メサースミスにとっては、アメリカがベルリン大会を忌避するなんの理由もないとAOCが相変わらず主張し続けているのは「信じ難い」ことだった。しかし、もしアメリカが参加することに固執すれば、「合衆国からの明確なシグナルを待っている」他の国々も参加するのは疑いない、なぜなら、アメリカが参加するというのはドイツが成功することを予告するから、と彼は論じた。この分野でナチ・ドイツが成功することは、ヒトラー体制の内部の力にとってだけではなく、ヨーロッパ全体の政治的未来にとっても大きな意味を持っていると、メサースミスは考えた。「一九三六年にオリンピック大会をベルリンで開くか開かないかは、ヨーロッパにおける政治の動向を決定づけるうえで重要な役割を演ずるだろうと信じている、多くの賢明で博識の観察者がヨーロッパにはいる。オリンピック大会の重要性についてのこの見方は誇張されているとは思わない」[86]

メサースミスとガイスト同様、一九三三年以来ベルリンに駐在していたワシントン大使ウィリアム・E・ドッドも、「ナチ・オリンピック急行」を脱線させたいと思っていた——少なくとも、アメリカの選手が乗客名簿に加わるのを妨げたいと思っていた。一九三五年十一月にアメリカはオリンピックに参加すべきかすべきでないかという問題についてドッドがハルに送った報告書には、ドイツ人は無法な振る舞いはしていないという、テーオドール・レーヴァルトが繰り返し公言していることに対する反証として、ドッドが大使館で密かに会った、スポーツの当局者であるドイツ系ユダヤ人（名前は伏せてある）の証言を伝えていた。ドッドによると、その役人は、ユダヤ人が公開競技やスポーツ施設から締め出されていることも含め、ユダヤ人選手に対する「目に余る差別」[87]があると話した。わずかな数のユダヤ人がオリンピックの練習施設に入ることが認められたのは、国際的な圧力を躱《かわ》すための姑息な手段に過ぎず、ユダヤ人選手はいったん練習施設に入ると、よい成績が出せないように心理的圧力をかけられると、その役人は言った。そして、自分たちがどんな状況で練習させられているのかの真相におおやけに人の注意を惹いた者は、新たに作られた強制収容所に投げ込まれると付け加えた。明らかにドッドは、メサースミスと同様そのような情報がアメリカのオリンピック関係者に伝えられ、アメリカがドイツでのオリンピックに参加すべきかどうかについての最終的決断に影響を与えることを望んでいた。

けれども、そうしたことが起こる見込みは、ごく少なかった。メサースミスは、彼の報告書を受け取ったという国務省内部からの連絡は一件しか受け取らなかった。また、国務省が領事の報告書をAOCか全米体育協会かに送ったという徴候もなかった。AOCは、その体質からすると、冷水を浴びせたベルリンからの報告書に、いずれにしろあまり左右されなかったかもしれないが、全米体育協会は、それに強い影響を受けたということは考えられた。全米体育協会は、選手団をドイツのオリンピックに送る問題に関して真っ二つに割れていた。ドッドはと言えば、ハルに影響を与えるチャンスは、ほとんどなかった。大使は複雑な米独関係や、大統領が仕事上受けている国内の政治的圧力をまるで理解していないとハルは思っていた。いずれにしろハルは、国務省をボイコット論議に巻き込むまいと決心していた。

だが、ハルは沈黙を守ろうとしていたにせよ、大統領はどうだったのか？　ローズヴェルトは、ドイツ系ユダヤ人の置かれていた窮境に同情していることが知られていたし、自国の選手団をベルリンに送ることに個人的には消極的だったようだ。ボイコット賛成派も反対派も、ローズヴェルトがその問題について旗幟《きし》を鮮明にすることを望んでいたが、実際には、その可能性は国務省が介入する可能性同様、低かった。

老練な政治家だったローズヴェルトは、どちらかに肩入れするのは、どっちの立場にも立たないよりも危険だということを十分に理解していた。個人的感情は別にして、ボイコット賛成の姿勢を示せば、とりわけ損失が大きいのを知っていた。なぜなら、彼の政府は国内の右翼分子のあいだで、あまりに「ユダヤ人贔屓」だという評判がすでにあったからだ。右翼分子は、ドイツ人を動揺させるようなことにはなんであれ反対した。彼が信頼しているユダヤ人の顧問の一人、サミュエル・I・ローゼンマン判事でさえ、ボイコットを支持するのは「重大な誤り(88)」だと言い張っていたシェリルと相談したあと、ボイコットを支持しないようにと彼に助言した。

ローズヴェルトはまた、オリンピック参加賛成派とおおやけに見られることにも抗った。独米オリンピック資金委員会が、選手団を送るための寄付を募る手紙の発起人欄に彼の名前を載せると、ホワイトハウスはAOCに強く抗議した。独米オリンピック資金委員会は、AOCの下で活動していたからだ。ホワイトハウスを特に狼狽させたのは、寄付依頼の手紙に次の一行があったことだ。「アメリカの選手はベルリンのオリンピックで戦ったあと、真実と正義の使徒として、および二つの大国間の友情を育《はぐく》むための主唱者として帰国することができるであろう(89)」。ローズヴェルトはヒトラー政府を怒らせるのはためらったものの、なんであれ親ナチ感情を表わすようなものとは同一視されたくはなかった。独米オリンピックを推進する運動は、まさに親ナチ感情を表わしていた。

しかし結局、ボイコット問題に関する大統領の異様な沈黙によって、ボイコット賛成派と反対派の両者は等しい損害を受けたわけではなかった。賛成派のほうが、大統領の支持が得られなかったために、反対派よりも大きな損失を蒙ったのだ。なぜなら賛成派は、ブランデージと常に不利な戦いを強いられていたし、ローズヴェルトの支持があれば大変な弾みがついたであろうから。

きわどい敗北

ボイコットを巡る戦いは、一九三五年十二月六日から八日にかけてニューヨーク市のコモドア・ホテルで開かれた全米体育協会の代表者会議で頂点に達した。最後の対決は熾烈で、個人的憎悪に満ちたものだった。主な敵対者、ブランデージとマホーニーが互いに芯から軽蔑し合っていたからである。またもやブランデージは、反対側を威嚇する怪しげな手を使った。彼は新聞に載せた文章の中で、マホーニーが勝てば、合衆国における反ユダヤ主義を刺激するだろうと仄めかした。「たぶん人口の五パーセントがユダヤ人であろう。これまでのオリンピックの記録を調べると、選手の約一パーセントから一・五パーセントがユダヤ人であるのがわかる。今度の選手団のユダヤ人の割合は、それよりも大きい。正しかろうと誤りであろうと、この種の活動の責任はユダヤ人にあると私は思う[90]」

結局ブランデージは、非常にきわどいところであったが、この対決でなんとか勝利を収めた。全米体育協会は投票の結果、ドイツの実情を現地でもう一度調査することを要求する決議案を五八・二五票対五五・七五票で否決した（一票の何分の一しか投票権のない会員もいた）。その修正案が否決されたことは、アメリカがベルリン大会への参加を全米体育協会が許可することを認めるという、カービーの出した決議が採択される道を開いた。それには、この行動はナチを支持するものと解釈されてはならないという、申し訳程度の但し書きが付いていた。ブランデージの支持者は会議の最後に、マホーニーに替えて彼を全米体育協会の会長に選出した。その結果、彼はアメリカのアマチュア・スポーツをがっちりと支配することになったのである。

全米体育協会の会議の直後、IOCでのブランデージのスウェーデン人の同僚、ジーグフリード・エドストレムは、「穢《けが》らわしいユダヤ人と政治家」に勝ったことについてアメリカの友人に祝電を打った。エドストレムはこう付け加えた。「今年の夏、CIO［コミテ・アンテルナショナル・オランピック、すなわちIOC］の同僚として君に会うことを望んでいる[91]」。まさにその通り、一九三六年七月、ブランデージはIOCのメンバーになった――それは一つには、アメリカのボイコット運動を潰すのに与《あずか》って力があったことに対する報酬だった。（一九三八年、ブランデージはボイコット運動を失敗させたことに対する、もう一つの感謝の印を受け取った。それは、彼の建設会社がワシントンに新しいドイツ大使館を建てる契約だった。第二次世界大戦が勃発し、結局大使館は建てられなかったけれども。）

もちろん、ブランデージが勝ったことは、バイエ＝ラトゥールにとっては大変な朗報だった。彼はブランデージに、「マホーニー一派との闘い」について祝いの手紙を書いた。「あなたはライオンのように闘いましたが、その偉業は大いに賞讃されるに値します[92]」。チャールズ・シェリルはバイエ＝ラトゥールに手紙を書き、ブランデージが「昨年マホーニーに負けた復讐を成し遂げたうえに、高い地位をも獲得した[93]」ことに喜びを表明した。

ブランデージは勝っても度量の大きいところをまったく見せなかった。彼はボイコット賛成派の全米体育協会の会員に、直ちに退会するように求めた。マホーニーはそうしたが、チャールズ・オーンスタインは拒んだ。そのためブランデージは、続けて二回会議を欠席したという瑣末なことを理由に、彼を退会させた。ブランデージは会議のあと、全米体育協会のとった行動を評価し、「わが国のこれまでのスポーツ行政において前例のないほどの圧力に抗した力と不屈の精神」のゆえに協会を賞讃した。しかし彼は、協会が「組織化された少数派」に再び圧力をかけられるのを避けるため、今後すべての会員候補について、「全米体育協会の理念」と一致する考えの持ち主かどうか入念に調べることを提案した。[94]

ブランデージが全米体育協会の会議で勝ったことは、優れた選手団をベルリンに送ることについての彼の懸念がなくなったのを意味しはしなかった。いまや彼にとって大きな問題はオリンピック参加のための資金を調達することだった。それはボイコット論議で頓挫していた。資金調達運動に新しい命を吹き込みたいというブランデージの望みは、ドイツによってたちまち潰されてしまった。ドイツは全米体育協会の投票のあと、オリンピックが開催されている期間中、ナチ体制を鼓吹する展示会を開く計画を発表したのだ。それに加え、レニ・リーフェンシュタールが監督するオリンピック映画を撮ることにしたのだ。彼女は一九三四年のニュルンベルク党大会を祝うドキュメンタリー映画『意志の勝利』を制作したばかりだった。ひどく苛立ったブランデージは、全米体育協会の広報担当クラレンス・ブッシュを通し、「［ブランデージの］成功をナチのプロパガンダのために利用する」のはやめるよう、ドイツのオリンピックの組織委員に申し入れた。[95]

ところがブランデージ自身は自分の勝利を利用し、ユダヤ系アメリカ人の実業界から寄付金を搾り取ろうとしていた。その理由は、いまやドイツのオリンピックを妨害しようというユダヤ人の試みは失敗したのだから、ユダヤ人は気前よく振る舞うほうがよい、というものだった。一九三六年三月、彼は広告業界の大物アルバート・ラスカーに高圧的な手紙を書き、ユダヤ人が自らの罪を贖い、国内における反ユダヤ主義と闘う最上の手段は、選手がベルリンに行くのに財政的に手を貸すことだと助言した。「ある種のユダヤ人の個人と団体が今年の夏のオリンピックにアメリカが参加するのを妨げようとしているせいで、わが国のスポーツ界で次第に募っているユダヤ人に対する強い反感は、あなたの民族の著名な団体あるいは個人の行動によって相殺されねばなりません。……私の提案は……いくつかのユダヤ人の団体あるいは委員会が、選手団の資金を調達する運動でアメリカ・オリンピック委員会を助ける、というものです。もしユダヤ人からの寄付金が五万ドルから七万ドルになれば、それは将来役に立つかもしれません」[96]

あっぱれな話だが、ラスカーは脅迫に屈せず、こう答えた。「一人のアメリカ人として、私はあなたの手紙と、ユダヤ人に対する報復を微妙に仄めかしていることに怒りを覚えます。あなたはなんの根拠もなく、ユダヤ人ばかりではなく、アメリカの何百万の愛国的なキリスト教徒をも侮辱しているのです。あなたはなんの正当な理由もなく勝手に彼らを代弁し、なんとも悲惨なほどに曲解しているのです」[97]

英仏におけるボイコット運動

もし一九三六年のオリンピックをアメリカがボイコットするかもしれぬことがナチのオリンピックにとっての最も深刻な脅威だったなら、英国によるボイコットはそれに劣らぬくらい致命的なものだったろう。というのも、英国は（『マンチェスター・ガーディアン』の言葉を借りれば）、「スポーツの母であり、スポーツマンシップの最終的裁定者[98]」だったからだ。

英国でのボイコット運動は、アメリカで起こっているボイコット運動と最初から軌を一にしていた。ベルリン大会にアメリカの選手を送るのを承認する決定を一九三三年十一月に全米体育協会が延期したあと、英国オリンピック協会は、ドイツに選手を送ることについて自分たちも疑念を抱いていることを表明した。英国オリンピック協会は全米体育協会に電報を打ち、同協会の方針の詳細について説明を求め、自分たちは「人種あるいは宗教上の理由で選手に練習をするのを」禁じるのは「〔そうした選手が〕競技に出るのを妨害しているだけではなく、オリンピック規約にも反する」[99]と見なすと付け加えた。しかし数日後、英国オリンピック協会はボイコット問題に関して議論した際、ドイツでの事態の進展を待ち、行動を起こすのを延期することに決めた。ベルリンの英国大使館もアメリカでのボイコット論議を仔細に追い、外務省宛の報告書の中で、アメリカが参加を取り止めるかもしれないということにヒトラー政府はひどく怯えていると書いた。「ドイツ政府は、ユダヤ人の圧力によって米国政府が選手団を送らずオリンピックを台無しにするかもしれないのを、ただもう恐れている。ドイツ政府はオリンピックの物質的価値、宣伝上の価値は計り知れないと考えている」[100]

アメリカ同様英国でも、ユダヤ人団体と主な労働組合がオリンピックのボイコットを呼びかけた。労働組合会議の議長ウォルター・シトリーンは、ナチがすべてのドイツのスポーツを「ヒトラーの支配下」に置くことに成功したこと、オリンピック精神とまったく相容れないやり方でスポーツを政治化し、軍事化したことを非難した。[101]

ドイツがウィーンで約束したことを守っていないことを懸念したのは間違いない、英国オリンピック協会会長アバーデア卿は、一九三四年の初め、レーヴァルトに手紙を送り、伝えられるところでは、ユダヤ人種ゆえに、あるいは左翼的政治思想のゆえに解雇された三人のスポーツ関係の役人のその後の運命について問い合わせた。アバーデアは、「ユダヤ人の血を引くドイツの自転車競技選手」が競技への参加を禁止されたかどうか、また、ドイツ・ボクシング連盟がユダヤ人ボクサーを追放したかどうかも知りたがった。最後に彼は、著名なドイツ系ユダヤ人のテニス選手、ダーニエル・プレンが「ユダヤ人の血を引くという理由で締め出された」[102]というのは本当かどうか尋ねた。それに答えレーヴァルトは、ドイツはオリンピックの規約を遵守しているという、これまでの大まかな返事を繰り返し、アバーデアが述べている特定のケースは、人種差別も政治上の差別も関係していないと主張した。さらに、ドイツの多くのスポーツ・クラブは五十年以上もユダヤ人の入会を禁じているが、それはドイツに限ったことではない、と言った。そして、「この問題は英国でも同じやり方で扱われてきていると思う」[103]と言い添えた。

アバーデアをドイツの見方に同意させるのに、さほど説得の努力をする必要はなかった。彼はドイツの主張を英国人に納得させるのに役立つ、ドイツ側のいっそうの意思表示を要求し続けはしたけれども。一九三四年二月に彼は「万事うまくいくという大きな期待を抱いている」と、レーヴァルトに宛てて書いた。「わが国のユダヤ人のスポーツ・ファンとオリンピック選手も、安全に貴国に行き楽しく競技を観ることができると確信するようになるのを私は望んでいます」[104]。のちにアバーデアは、英国には、ドイツにおける「精神の変化」の徴候が見たいという「根強い多くの意見」が依然としてあると警告し、ドイツのスポーツ界から追われた「ある著名なユダヤ人」が復職したとか、何人かの若いユダヤ人が「他の若者と一緒に一九三六年のオリンピック大会に参加する」とかいったことを知らせてくれたら、それは「素晴らしいことだろう」と言い添えた。[105]

もし英国オリンピック協会が選手団を疚《やま》しさを覚えずにドイツに送る理由を探していたとしたなら、英国政府も、オリンピックを含めスポーツを巡る意見の相違で、ナチの第三帝国との関係を安定させようという英国の努力を危うくするようなことがないのを望んでいた。英国は、ドイツ政府との友好関係を促進しようとして一九三五年に英独海軍協定を結び、自国の同盟国、なかんずくフランスを敵に回す危険を冒した。そのうえ英国の指導者は、スポーツを政治的武器に使うことに反対だった。そんなことすれば、スポーツの独立という自国の神聖な伝統に悖《もと》ることになると考えていた。この場合英国の几帳面さは、ドイツの有利に働いた。もちろんドイツは、スポーツの尊厳に関する例の月並みな文句を口にしているあいだでさえ、スポーツと政治をまぜこぜにするのになんの疚しさも覚えなかった。

ドイツは英国の支持を得ようとした際にスポーツをその武器として喜んで使おうとしたが、それは、英国オリンピック協会がオリンピックをボイコットするという考えを依然として漠然と持っていた時の一九三五年十二月に、ドイツと英国のあいだで盛んに宣伝されたサッカー試合の期間中に表面化した。英国フットボール協会が、ロンドンに来て英国のチームと戦うようドイツ代表のサッカー・チームに招待状を出すと、チャンマーはドイツを代表して即座に受諾した。その試合は独英関係を強める理想的な機会だと考えたのだ。ドイツは「サッカーを考え出した国に敬意を表するために」訪れると彼は英国に告げた。チームと一緒に、一万人のドイツ人サポーターが「親善大使」として訪英することになった(106)。

だが言うまでもなく、英国の反ナチ団体は、間もなく行われるこの試合に対し強い懸念を表明した。反ナチ団体は、スローガンを喚きながら鉤十字の旗を振り回す暴漢が侵入してくるものと思ったのだ。それに加えて英国の新聞は、最近オーバーシュレージエンでドイツ対ポーランドのサッカー試合が行われた際、一人のポーランド系ユダヤ人の選手がナチのファンに殴り殺されたという記事で満ちていた(107)。(ドイツ政府はその話を懸命に否定した。それは虚報であることがわかった。)試合をロンドンのトテナム・ホットスパー・サッカー・クラブの本拠地、ホワイト・ハート・レーン・スタジアムで催すという計画が発表されると、英国人の不安は高まった。同クラブのサポーターの多くが、その界隈に住んでいるユダヤ人だったからだ。その試合に反対する者は、住民と、英国にやってくるドイツ人が激しく衝突すると警告した。ドイツ人は試合場に行く際、ユダヤ人居住区を行進する計画だと報じられた。全国鉄道員連合の指導者は、暴力沙汰が起こるおそれがあると指摘し、「その試合を政治的プロパガンダに利用する」ナチの意図を公然と非難し、外務大臣が介入してその試合を中止させることを求めた(108)。

外務省は暴力事件が起こる危険は認めていたものの介入するのを拒否し、これは「内務省が取り扱うべき問題」だと主張した(109)。そうした責任転嫁は、非常に微妙な時期に英独関係を損なうような立場はとりたくないという外務省の気持ちを隠すものだった。一方、内務省は、しばらくその問題についてあれこれ検討してから、試合中止に伴う「政治的トラブル(110)」の危険を冒すべきではないという決断を下した。

たまたま試合は、ドイツがまさに意図していた結果になった。ドイツのファンがきわめて礼儀正しく振る舞ったからである。ドイツの選手も騎士道精神を発揮して3対0で敗れた。タックルはことごとくミスし、シュートは外れた。それは、第三帝国のためには非常によいことだった。英国の選手はドイツの選手の「フェアプレー」精神の発揮に感心し、試合はやたらに握手をし合い、互いに讃え合う、一種の「愛の祝典《ラヴ・フェスト》」になった。

チャンマーは試合後の祝宴で、「二つの北方人種のあいだの友情の青空(111)」について話した。その友情は、熱烈なほどに親独的な団体、英独協会《アングロ・ジャーマン・フェローシップ》（一九三五年九月に設立された）の翌晩開かれた第一回晩餐会で、もっとはっきりと言葉で祝われた。同団体のスポークスマンだったマウント・テンプル卿はその機会を利用し、英独サッカー試合を妨害しようとした者に対して英国政府があまりに甘いことを批判した。「私なら余計な口出しはするなと言ったでありましょう。……ドイツは常にわれわれの良き友なのです。彼らは戦争でフェアに戦いました、われわれもそうだったことを望みます。もし、また戦争が起こるなら……さよう、相手が変わることを望みます[112]」

英独サッカー試合は、ロシア、フランス、アメリカに対抗する独英同盟が結成される契機にはならなかったが、英国で行われていたベルリン大会ボイコット運動に水を差す一助にはなった。ドイツを怒らせるようなことはしたくないという英国政府の一貫した方針によって、ボイコット運動はさらに妨げられた。また、外務省の役人も、ボイコット運動がドイツ系ユダヤ人に大いに役立つかどうかは、個人的には懐疑的だった[113]。ボイコット運動の展開についてやきもきしていたバイエ＝ラトゥールは、早くも一九三五年十月に、冬季オリンピック組織委員会の事務局長ペーター・ル・フォルト男爵に宛てて、こう書くことができた。「ボイコットに対する英国のユダヤ人の運動の影響は衰えた[114]」

英国におけるドイツに対する有和感情の増大が、英国の反ナチ・ボイコット運動にとって不利に働いたが、フランスは東の隣国にもっと断固とした態度をとり、オリンピック・ボイコット運動でヨーロッパ各国の先頭に立つものと期待されたかもしれない。考えてみれば、パリは一九二〇年と二四年のオリンピックでドイツを除外する運動の先頭に立ったのだ。一九三〇年代の今、フランスは新たに誕生したナチ帝国からの脅威に、じかに晒されているのだ。ナチ帝国は、ヴェルサイユ条約を撤回することを公然と要求していた[115]。だが結局、パリはベルリン大会をボイコットすることによってナチの威信に深刻な打撃を与えるだろうと期待していたすべての者を、ひどく失望させた。

ベルリン大会への反対は、ヒトラーが首相になった直後から表面化したが、その運動を組織としてまとまったものにしようという努力は、フランスのスポーツ界内部のブルジョワと労働者の昔からの分裂によって失敗した。近代オリンピック運動は大部分のブルジョワのスポーツ・クラブによって暖かく歓迎されたが、一九二五年以来、自分たちの「労働者のオリンピック」を後援していた社会主義者と共産主義者のスポーツ・クラブによって、もっぱら拒否されていた。いくつかのブルジョワのクラブは一九三六年のオリンピックに消極的だったが、ボイコット運動において労働者の団体と組むのは気が進まなかった。総じて彼らは、オリンピックは「政治を超えて」いなければならないという、昔ながらの主張を拠り所にしていた[116]。

ナチによるオリンピックに反対している労働者と団結すると思われていたフランスのユダヤ人のかなりの数の者が、そうしなかった。なぜなら、その大方は自分はブルジョワだと思っていて、左翼と一緒くたにされるのを恐れていたからだ。少数の著名なユダヤ人のスポーツ関係の役員がベルリン大会に反対を表明したのは事実だが――最も注目すべきなのはラシン・クルブ・ド・パリ（フランスの総合スポーツ・クラブ）の会長I・P・レヴィと、スポーツ全国委員会会長ジュール・リメである――彼らは個人としてそうしたのであり、自分たちの団体を代表したわけではない。

フランスの最も影響力のあるスポーツ紙『ロート』は、自分たちはオリンピック規約に従っているというドイツ組織委員会の主張を受け入れ、大会準備の進み具合を賞讃さえした。フランス国内でのベルリン大会に対する熱意は、一九三五年十一月、二人のフランスのボブスレーのチャンピオン、ともにユダヤ人のフィリップ・ド・ロートシールドとジャン・ランズが、ドイツの人種差別政策ゆえに冬季オリンピックに参加しない旨を表明しても、目立って下火になることはなかった。

いくつかのブルジョワのスポーツ団体が支持したにせよ、フランスがベルリン大会に向けての準備ができるには、政府から追加資金が出なければならなかった。一九三四年六月にフランスの下院は、最初、準備資金として雀の涙ほどの支出を認めたが、その後、仏オリンピック委員会からの、遥かに多額の九十万フランの追加要求を数ヵ月間承認しなかった。

下院では一九三五年十二月中旬にその要求を採決することになっていたが、その直前、フランスにおけるボイコットの機運は頂点に達し、抗議行進とデモが国中で行われた。一九三五年十一月七日、社会主義寄りの新聞『スポール』は、「ヒトラーのオリンピック大会」に反対する社説の中で、その「抗議の波」に読者の注意を惹いた。その少しあと、ドイツでカトリック系とプロテスタント系の青少年団体が強制的に解散させられ、ドイツ在住のユダヤ人が依然として迫害されていることに注目した『スポール』は、「ベルリンのために一銭も出すな、一人も送るな！《パ・ザン・スー・パ・ザン・ノム・プール・ベルリン》[117]」というスローガンを掲げた。十二月初旬、約三百人の元選手が「ヒトラー・オリンピック反対委員会」を結成し、ガルミッシュとベルリンのオリンピックをボイコットするよう世界中の選手に呼びかけた。ナチ後援の競技に対する抗議運動の反対理由の大方は、社会党の代議士ジュール・ロンゲが、フランスの選手団に九十万フランの補助金を出す案を否決するよう求めた下院での演説に要約されている。ロンゲは、これまでオリンピックは「国際的同胞愛の表明」だったと論じ、「世界のスポーツを愛好する男女を、以前の伝統とはなんの共通点もない派手な催しにおいて、自分たちの鉤十字の旗のもとに整列させようとする」ナチの意図を公然と非難した。そしてロンゲは、「われわれは常に、ゲーテ、シラー、ベートーヴェン、カント、マルクス、リープクネヒトのドイツに惹かれてきた」と論じ、「人権、［ジュール］ミシュレ、ヴィクトル・ユゴー、［ジャン］ジョレスのフランス」は、「蔑《さげす》むべき理念をスポーツに持ち込んだ」ヒトラーのドイツとなんの関係も持ち得ない」と主張した。[118]

　ミシュレとユゴーの遺産があるにもかかわらず、ロンゲの決議案は四一〇対一六一で否決された。賛成したのは、もっぱら左翼だった。二ヵ月後、フランスはガルミッシュ＝パルテンキルヒェンに、ちゃんと選手団を送った。それは、フランスのスポーツ界の実力を示したという意味でよりも（惨めな成績だった）、フランスがベルリン大会におそらく参加するだろうという信号を世界に送ったという意味で重要だった。

伝統的にオリンピックは、束の間であれ栄光を楽しむ機会を小国に与えてきたので、小国はボイコット運動に熱意をほとんど示さなかったというのも驚くには当たらない。それにもかかわらず、ヒトラーの派手な催しに参加することへ反対する機運は、カナダやオーストラリアのようなスポーツに熱狂している国だけではなく、スイスを含めいくつかの小国でも表面化した。遥か彼方のインドでは、ユダヤ人に対するナチの迫害と、英国は「インド人に歩き方を教えねばならなかった」[119]というヒトラーの人種差別的中傷に対して抗議するため、インドがベルリン大会に参加しないことをボンベイの学生団体が要求した。結局、イタリアと日本は目立った例外だったが、一九三六年のオリンピックに参加したほとんどの国でも、国内である程度の抗議運動があった。

個人的ボイコット

一九三六年のオリンピックに招かれたすべての国（スペイン以外。スペインについては後述する）が、ヒトラーの催し物に参加することについての良心の咎めをなんとか克服したけれども、何人かの著名な選手（その大方はユダヤ人）は、自国のオリンピック代表選手選抜試合に出ないことによって、あるいは全国代表から脱けることによって、ナチのオリンピックに反対であることを個人的に表明した。[120]

だが、そうした行動が大きな流れになることはなかった事実を強調しておかねばならない。マッカビ・ユニオン（ユダヤ人の世界的スポーツ団体）がドイツに行かぬよう世界中の全ユダヤ人選手に呼びかけたにもかかわらず、ユダヤ人による大規模なボイコット運動は起こらなかった。ポーランド、英国、チェコスロヴァキア、ハンガリー、アメリカを含む多くの国の選手団にはユダヤ人選手が入っていた。一九二四年のオリンピックの百メートル競走で優勝したユダヤ人の有名な短距離選手、ハロルド・M・エイブラハムズは、ボイコット運動に参加しないよう英国のユダヤ人に呼びかけて成果を挙げた。米国ユダヤ人会議やその他のユダヤ人団体が猛反対したにもかかわらず、六人のユダヤ人がアメリカ代表に加わった。ハーヴァード大学の陸上競技のスター、ミルトン・グリーンとノーマン・カーナーズが、ナチの人種差別政策について、ボストン在住の宗教上の指導者であるラビと話し合ったあと、ニューヨーク市のランダルズ島で開かれた陸上競技の代表選手選抜試合に参加しなかったなら、その数はもっと増えていたかもしれない[121]。アメリカ代表の有力な候補と目されていたチューレイン大学の短距離選手ハーマン・ニューグラスは、ニュルンベルク法のことを知ってからは、代表選手選抜会に出るのを、信念にもとづき拒否した。彼は『ニューオーリーンズ・タイムズ゠ピカユーン』に語った。「もしオリンピックがドイツで開催されたなら、わが国は参加すべきではないという明確な意見を発表するのが自分の義務だ[122]」

ガルミッシュ大会に参加しなかった上述のフランス人ボブスレー選手に加え、非常に尊敬されていたフランスのフェンシング選手アルベール・ヴォールフも、代表選手を断った。民主主義の西欧でボイコットをした、もう一人の傑出した選手は、カナダのトップクラスのライト級のボクシング選手イスラーエル・「サミー」・ラフトスプリングだった。彼は、「ユダヤ人を殲滅したいと思っている」国で競技をするのは自分の良心が許さないだろうと『トロント・グローブ』に語った[123]。

おそらく、一九三六年の最も有名なボイコット実行者は、オーストリアの三人のユダヤ人水泳選手だろう。ユーディット・ドイチュ、ルート・ランガー、ルーシー・ゴルトナーである。反ユダヤ主義が自国で次第に蔓延《はびこ》るようになったにもかかわらず、三人はオーストリア全国選手権大会で見事な成果を挙げたのでオーストリア代表選手の一員に指名された。だが三人とも、ドイツでユダヤ人が迫害されていることに抗議して辞退した。[124] ユーディット・ドイチュはそのことについて、一九三六年七月にオーストリア水泳クラブ連盟に宛てた手紙の中で書いている。

私は次の理由によって辞退したことをお許し頂きたく存じます。私にとっては、オリンピックのための練習を始めるに当たり、義務である宣誓をした際に受け入れた原則は、今でも生きているのです。私は良心が禁じるので、ユダヤ人としてベルリンのオリンピック大会に参加することはできません。決断は何にも拘束されずにしたものであり、変わることがないことを宣言致します。私はこの決断の重大さを十分理解しております。

なぜなら、そうすることによって最高のスポーツの栄誉を捨てることになるのを知っているからです――オリンピック大会で競技をする機会を。私の立場をご理解頂き、私が良心に反して行動するよう強いられないことをお願い申し上げます。[125]

オーストリア当局は三人の水泳選手の立場になんの理解も示さなかった。三人は「オーストリアのスポーツ界に甚大な損害を与え」、「オリンピック精神をまったく無視した」という理由で、国内でその後競技に参加するのを禁じられ、三人の記録は抹消された。[126]

言及に値する、良心ゆえに抵抗した最後の人物は、グスタフ・フェリックス・フラトフである。彼は一八九六年にアテネで催された最初の近代オリンピック大会で、いとこのアルフレートと一緒にドイツのために体操で五つの金メダルを獲得した。驚くべきことにグスタフ・フラトフはドイツ組織委員会の賓客としてベルリン大会にカール・ディームから招かれた。彼は招待を断った。八年後、占領下のロッテルダムでドイツ軍に逮捕され、テレジーエン強制収容所に入れられ、そこで餓死した。兄も二年前に、やはりその強制収容所で死んだ。

一九三六年のオリンピックを個人でボイコットした者も、全国的規模のボイコットにしようと熱心に闘った者も、そうした行動は道徳的な義務だと確信していた。だが、大規模なボイコット運動は、ヒトラーの党にダメージを与える以外、招致国ドイツにどんな意味を持っていたのだろうか？ もちろん、推測するほかはないのだが、それはヒトラー体制に痛烈な打撃を加え、のけ者国家という烙印を押したのは間違いないようだ。そうした展開は、最初の数年は、外交政策で成功することによって国内での権力を確固としたものにしようとしていたヒトラー体制にとって、少なからぬ妨げになったことだろう。

一九三三年から三六年にかけてのナチ独裁は、全権委任法が可決され、政敵が粛清されたにもかかわらず、いまだ完全なものではなかったことを忘れてはならない。一九三三年三月五日に行われた、ヒトラーが許した最後の国会選挙で、ナチは投票者を盛んに威嚇してさえ絶対多数の票は取れず、全国の票の四三・九パーセント、ベルリンの票の三四・六パーセントを獲得しただけだった。大恐慌の影響はいまだに歴然としていて、失業率は高かった。ナチ党と地方警察がまとめた秘密報告書には、失業、消費財の欠乏に対するかなりの不満がドイツ国民のあいだにあることが記されていた。多くの普通のドイツ人は、ヒトラーの再武装計画が国を新たな戦争に引きずり込むのを心配してもいた。[127] オリンピックがナチにとって重要だったのは、オリンピックを主催して成功することによって、第三帝国は、国内では経済的に発展しつつあり、国外では尊敬の念を勝ち取りつつある平和国家という印象を与えることができるからだった。世界の民主主義諸国は、ヒトラーの政策には疑念を抱きながらもベルリンに行く決断をすることによって、世界の目からのみではなく——究極的にはもっと重大なのだが——ドイツ国民自身の目から見ても、ヒトラー体制の評判が下がったことを示す、またとない貴重な機会を逃してしまったのである。

原注

（1）"Berlin Faces Loss of Olympic Games," *NYT*, 18.4.33.
（2）Allen Guttmann, *The Games Must Go On. Avery Brundage and the Olympic Movement* (New York, 1984), 10-11.
（3）"Brundage's Views Stir Berlin Press," *NYT*, 20.4.33.
（4）Karl Lennartz "Difficult Times: Baillet-Latour and Germany, 1931-1942," *Olympika* 3 (1994), 101.
（5）Baillet-Latour to Coubertin, 27.3.35, Baillet-Latour Correspondence, IOCA.
（6）Hans-Joachim Teichler, "Zum Ausschluss der deutschen Juden von den Olympischen Spielen 1936," *Stadion* 15, 1 (1989), 47-48 に引用されている。
（7）、（8）"Germans Reiterate Stand on Olympics," *NYT*, 23.4.33.
（9）、（10）Kirby to Brundage, 19.5.33, Box 28, ABC.
（11）シェリルについては次のものを参照のこと。John Lucas, "An Analysis of an Over-Crowded Life: General Charles Hitchcock Sherrill's Tenure on the International Olympic Committee, 1922-1936," *Olympika* 11 (2002): 144.
（12）*The Nation*, 11.12.35, 666 に引用されている。
（13）"Olympic Policy Stated," *NYT*, 2.6.33.
（14）Baillet-Latour to Halt, 26.5.33, Question juive, IOCA.

（15）Teichler, "Zum Ausschluss," 50.
（16）"German Jews Face Exclusion from Olympics Despite Pact," WP, 6.8.33.
（17）Kirby to Brundage, 2.11.33, Box 28, ABC.
（18）Brundange to Kirby, 11.11.33, ibid.
（19）Brundage to Rubien, 5.11.33; Rubien to Brundage, 10.11.33, Box 35, ibid.
（20）Baillet-Latour to Brundage, n.d., Box 42, ibid.
（21）"AAU Boycotts 1936 Olympics," *NYT*, 21.11.33.
（22）"Berlin Asked to Respect Pledge," *WP*, 23.11.33.
（23）"Sherrill Explains Views on Olympics," *NYT*, 1.12.33.
（24）Edstrøm to Brundage, 4.12.33, Box 42, ABC.
（25）Luther to Hull, 30.1.34, Olympic Games, 862.4063, NA.
（26）"Nazis 'Convicted' of World 'Crime' by 20,000 in Rally," *NYT*, 8.3.34.
（27）Brundage to Kirby, 3.3.34, Box 28, ABC.
（28）Hulbert to Brundage, 12.3.34, Box 27, ibid.
（29）Brundage to Kirby, 3.3.34, Box 28, ibid.
（30）"Deutsch Asks for Olympic Inquiry," *NYT*, 10.3.34.
（31）Kirby to Brundage, 21.4.34, Box 28, ABC.
（32）"Brundage's Approval of Berlin's Conduct," *NYT*, 11.8.34.
（33）Krüger, *Die Olympischen Spiele 1936 und die Weltmeinung*, 52に引用されている。
（34）Brundage to Halt, 22.10.34, Box 57, ABC.
（35）Krüger, *Die Olympischen Spiele 1936 und die Weltmeinung*, 52.

（36）´（37）“U.S. Will Compete in 1936 Olympics,” *NYT*, 27. 11.34.
（38）Brundage to Halt, 22.10.34, Box 57, ABC.
（39）“Sherrill Returns from Berlin Visit,” *NYT*, 17.11.34.
（40）Volker Bloch, *Berlin 1936: Die Olympischen Spiele unter Berücksichtigung des jüdischen Sports*（Constance, 2002）, 74.
（41）Friedländer, *Nazi Germany and the Jews*, 138 に引用されている。
（42）“Olympic Committee Members Are Alarmed,” *NYT*, 26.7.35.
（43）Haio Bernett, *Guido von Mengden. Generalstabschef des deutschen Sports*（Berlin, 1976）, 47 に引用されている。
（44）Brundage to Baillet-Latour, 24.9.35, Box 42, ABC.
（45）*Commonweal*, 9.8.35, 353-55.
（46）Richard A. Swanson, “‘Move the Olympics! Germany Must Be Told!’ Charles Clayton Morrison and Liberal Protestant Christianity’s Support of the 1936 Olympic Boycott Effort,” *Olympika* 12（2003）: 39-49.
（47）“Boycott the Olympics!” *The Nation*, 21.8.35, 201; ブルーンの文は *New York World-Telegram*, 5.8.35 に載った。
（48）H. Cantril, ed., *Public Opinion 1935-1946*（Princeton, 1951）, 810-11.
（49）German Consultate, Boston, to German Embassy, 7.9.35, 4555, PAAA.
（50）Brundage to Edstrøm, 29.8.35, Box 42, ABC.
（51）Edstrøm to Brundage 12.9.35, ibid.
（52）ベルクマンについては次のものを参照のこと。Bloch, *Berlin 1936*, 76-78; Bergmann “Je wüttender ich war, desto besser sprang ich,” *Die Zeit*, 19.7.96; “Der Fall Bergmann,” *Die Zeit*, 24.7.61.

(53)、(54) Aufzeichnung über den Empfang am 24.8.34, 4508, PAAA. レーヴァルトはヒトラーの非妥協的態度についてバイエ=ラトゥールに、ちゃんと伝えた。次のものも参照のこと。Lewald to Baillet-Latour, 7.9.35, Cojo-Comité d'Organisation des J.O. Correspondence 1935-37, IOCA. 次のものを参照のこと。Arnd Krüger "Once the Olympics Are Through We'll Beat Up the Jew: German-Jewish Sport and Anti-Semitic Discourse," *JSH* 26, no. 2 (Summer 1999) : 359.

(55) Arnd Krüger, "'Dann veranstalten Wir eben rein deutsche Olympische Spiele': Die Olympischen Spiele 1936 als deutsches Nationalfest," H. Breuer and R. Naul, eds., *Schwimmsport und Sportgeschichte: Zwischen Politik und Wissenschaft* (St. Augustin, 1994), 127-49.

(56) Sherrill to House, postcard, August 1935. E. M. House Papers, Stirling Library, Yale University; John Lucas, "An Analysis," 145 に引用されている。

(57) Stephen R. Wenn, "A Tale of Two Diplomats: George S. Messersmith and Charles H. Sherrill on Proposed American Participation in the 1936 Berlin Olympics," *JSH* 16 (Spring 1989) : 38-39 に引用されている。シェリルはまた、ヒトラーと会った時のことをバイエ=ラトゥールに報告した。Sherrill to Baillet-Latour, 30.8.35, Question juive, IOCA.

(58) Lucas, "An Analysis," 153 に引用されている。

(59) Tschammer to Sherrill, 21.9.35, 4519, PAAA.

(60) Bloch, *Berlin 1936*, 77-78.

(61) 同書 78 に引用されている。

(62) German Consulate, San Francisco, to German Embassy; 18.11.35, 4520, PAAA.

(63) Rürup, *1936: Die Olympischen Spiele und der Nationalsozialismus*, 57 に引用されている。

(64) "Sherrill Rebuffs Olympic Ban Plea," *NYT*, 22.10.35.

(65) David K Wiggins, "The 1936 Olympic Games in Berlin: The Response of America's Black Press," *Research Quarterly for Exercise and Sport* 54 (Sept. 1983). 278-92.
(66) Wilkins to Garland, 11.10.33, NAACP, C-384, LC.
(67) Wiggins, "The 1936 Olympic Games in Berlin," 281 に引用されている。
(68) Wilkins to Strauss, 15.11.35, NAACP, C-384, LC.
(69) Wiggms, "The 1936 Olympic Games in Berlin," 282 に引用されている。
(70) William J. Baker, *Jesse Owens: An American Life* (New York, 1986), 65.
(71) White to Owens, 20.11.35, NAACP, C-384, LC.
(72) Baker, *Jesse Owens*, 66 に引用されている。
(73) Text of article in NAACP, C-384, LC.
(74) Baillet-Latour to Garland, Sherrill, and Jahncke, 5.10.35, JO Eté 1936, Correspondence, IOCA.
(75) ヤーンケの背景と人種観については次のものを参照のこと。 John Lucas, "Ernest Lee Jahncke: The Expelling of an IOC Member," *Stadion* 17, no. 1 (1991): 53-65.
(76) Jahncke to Baillet-Latour, JO Eté 1936, Correspondence, IOCA.
(77) Baillet-Latour to Jahncke, 13.12.35, ibid.
(78) Mahoney to Lewald, 20.10.35, reproduced in 4509, PAAA.
(79) Baillet-Latour to Brundage, 17.11.35, JO Eté, Correspondence, IOCA.
(80) American Olympic Committee, *Fair Play for American Athletes* (Chicago, 1935), 1-10. このパンフレットとその配布については次のものを参照のこと。 Arnd Krüger "Fair Play for American Athletes: A Study in Anti-Semitism," *Canadian Journal of History of Sport and Physical Education* 9, no. 1 (May 1978): 43-57.
(81) George Eisen, "The Voices of Sanity: American Diplomatic Reports from the 1936 Berlin Olympiad," *JSH*

11, no. 3 (Winter 1984) : 56-79.

(82) Messersmith to State Department, 28.11.33, LM 193, Reel 25, NA.

(83) Geist to State Department, 15.12.33, Olympic Games, 862.4016, NA.

(84) Messersmith to Hull, 15.11.35, ibid.

(85)、(86) ibid.

(87) Dodd report, 11.10.35, Olympic Games, 862.4063, NA.

(88) Stephen R. Wenn, "A Suitable Policy of Neutrality? FDR and the Question of American Participation in the 1936 Olympics," *IJHS* 8, no. 3 (Dec. 1991) : 321 に引用されている。

(89) 同書 326 に引用されている。ドイツ生まれの建築家ディートリヒ・ヴォルトマンを委員長とする、独米オリンピック基金委員会はアメリカが一九三六年のオリンピックに参加するための資金を集め、ヒトラーのドイツを擁護する精力的なＰＲ運動を展開した。次のものを参照のこと。Wendy Gray and Robert K. Barney; "Devotion to Whom? German-American Loyalty on the Issue of Participation in the 1936 Olympic Games" *JSH* 1, No. 2 (Summer 1990), 214-231. ヴォルトマンは「忠実なアメリカ市民」だとブランデージは考えていた。Brundage to Early, 6.5.36, American Olympic Association, 811.43, NA.

(90) Minutes of the 1935 AAU Convention, 155. Stephen R. Wenn "Death Knell for the Amateur Athletic Union: Avery Brundage, Jeremiah Mahoney, and the 1935 AAU Convention," *IJHS* 13, no. 3 (Dec. 1996) : 270 に引用されている。

(91) Edstrøm to Brundage, 22.12.35, Box 62. ABC.

(92) Baillet-Latour to Brundage, 12.12.34, Box 42, ibid.

(93) Sherrill to Baillet-Latour, 23.12.35. JO Eté 1936, Correspondence, IOCA.

(94) The 1935 AAU Convention, Report, Box 152, ABC.

(95) Bush to Diem, 26.12.35, Box 155, ABC.
(96) Brundage to Lasker, 30.3.36, Box 234, ABC.
(97) Lasker to Brundage, 14.3.36, ibid.
(98) Hart-Davis, *Hitler's Games*, 82 に引用されている。
(99) "British Consider Boycotting Games," *NYT*, 22.11.33.
(100) Phipps to Sergent, 7.11.35, FO 371/18884, PRO.
(101) Walter Citrine, "The Dictatorship of Sport over Nazi Germany," Trades Umon Council pamphlet in AJCA, New York.
(102) Aberdare to Lewald, 1.1.34, Question juive, IOCA.
(103) Lewald to Aberdare, 10.1.34, JO Eté 1936, Correspondence 193 1-34, ibid.
(104) Aberdare to Lewald, 5.2.34, ibid.
(105) Aberdare to Lewald, 16.12.34, ibid.
(106) Phipps report, 18.11.35, FO 371/18884, PRO.
(107) Wigand to Vansittart, 17.10.35, ibid.
(108) National Association of Railwaymen to Foreign Secretary, 20.10.35, ibid.
(109) Vansittart to Russell, 21.11.35, ibid.
(110) Scott to Vansittart, 27.11.35, ibid.
(111)、(112) Hart-Davis, *Hitler's Games*, 89 に引用されている。
(113) Treatment of Jews in Germany, 11.11.35, FO 371/18863, PRO.
(114) Baillet-Latour to Le Fort, 21.10.35, R8076/G82, BAB.
(115) フランスがベルリン大会をボイコットすることをパリのドイツ大使館が恐れていたのは確かであ

る。次のものを参照のこと。German Embassy; Paris, to Foreign Office, 14.3.36, 4556, PAAA.

(116) Bruce Kidd, "The Popular Front and the 1936 Olympics," *Canadian Journal of History of Sport and Physical Education* 11, no. 1 (1980): 1-18; William Murray, "France: Liberty, Fraternity, and the Pursuit of Equality," in Krüger and Murray, *The Nazi Olympics*, 87-1 12.

(117) Murray, "France," 92 に引用されている。

(118) Jean-Marie Brohm, *Jeux Olympiques à Berlin* (Brussels, 1983), 86 に引用されている。

(119) "India's Reply to Hrtler's Insult," *Bombay Chronicle*, 17.2.36.

(120) Hajo Bernett, "The Role of Jewish Sportsmen during the Olympic Games in 1936," Ulrich Simi, ed., *Physical Education*, 107-8.

(121) Susan D. Bachrach, *The Nazi Olympics* (Boston, 2000), 62-63.

(122) "Neugrass Unwilling to Run" *NYT*, 12.12.35

(123) Bachrach, *The Nazi Olympics*, 70 に引用されている。

(124) "Revolt on Two Flanks," *The Times* (London), 9.7.36.

(125) Rürup, *1936: Die Olympischen Spiele und der Nationalsozialismus*, 63 に引用されている。

(126) Bachrach, *The Nazi Olympics*, 69 に引用されている。

(127) Detlev J. K. Peukert, *Inside Nazi Germany. Conformity, Opposition, and Racism in Everyday Life* (New Haven, 1987), 49-50.

第4章 冬季オリンピック

一九三六年二月、バイエルンの双子の村、ガルミッシュとパルテンキルヒェンが第四回冬季オリンピックを主催する時にあっても、冬のオリンピックはいまだ近代オリンピック運動の蔑《ないがし》ろにされた継子だった。エイヴェリー・ブランデージによると、彼自身を含め、多くのオリンピック関係者は冬季オリンピックを「誤り」だと見なしていた。というのも、その催しは古代となんの繋がりもないし、冬季スポーツ産業の副産物として、プロフェッショナリズムに悪用される危険が非常に高かったからだ。(1)

しかしドイツ人にとっては、冬のオリンピックはきわめて重要だった。なぜならそれは、自分たちの巧みな組織力を誇示し、やがて行われる、もっとずっと規模の大きい夏のオリンピックの主催者たるドイツの能力について、いまだ残っている疑念を一掃する機会になるからだ。冬季オリンピックの開催中、ドイツのオリンピック関係者は、のちにベルリンで用いられることになる保安、群衆管理、輸送、歓待、広告、報道のやり方をテストした。ミュンヘンの南西約六十マイル、ツークシュピッツェ（ドイツの一番高い山）近傍の美しいアルプス風景に囲まれた狭い場所であるガルミッシュ＝パルテンキルヒェンにとって、冬季オリンピックは短いあいだにせよ国際的な脚光を浴び、観光事業の発展が見込まれた。しかし、この催しを主催することには、大きな責任も伴っていた。「われわれオリンピック開催場の近くに住む者にとっては」と、ガルミッシュの一人の後援者は書いた、「こうした競技は大きな国家事業であり、われわれはそれを祖国の名声と偉大さゆえ引き受けた(2)」。ドイツ組織委員会は、間もなく開かれる夏季オリンピック同様にこの冬季オリンピックを、これまでで最大の、最もよく組織されたものにしたいと思っていた。

〝ガパ〟が開催地になる

第四回冬季オリンピックは、一九三三年六月にウィーンで開かれたIOCの総会で、ガルミッシュ＝パルテンキルヒェンで行われることが決まった。また、その総会で、委員会はドイツの組織委員たちがオリンピック規約をすべて遵守することを約束したので、夏季オリンピックをベルリンで開くことを確認した。冬季オリンピックを夏季オリンピック招致予定国で開くことにしたIOCは、その当時妥当だった手続きに従ってはいたが、冬季オリンピックをドイツ領内で開く義務はなかった。そして、ヒトラーが権力を握ったあとで委員会が冬季オリンピックをドイツで開くことにしたのは、ナチ体制を認めたにせよ認めなかったにせよ、ナチ誕生直後のきわめて重要な時期に、その体制にお墨付きを与えることになってしまった。

ドイツ組織委員会は、ベルリンが夏季オリンピックの開催地に決まる以前から、冬季オリンピックの開催地としてガルミッシュ一帯を考えていた。ベルリンが夏季オリンピックの開催地に決まる二ヵ月前の一九三一年二月、テーオドール・レーヴァルトはバイエルン州首相ハインリヒ・ヘルトに手紙を書き、ドイツが一九三二年のロサンゼルス大会に参加するための財政援助をしてもらいたいと懇願した。もしドイツが資金不足で参加しなければ、ベルリンが三六年の夏季オリンピックの招致国になるチャンスはなくなるし、したがってガルミッシュも冬季オリンピックの開催地になることはなくなる、というのがその理由だった。それはバイエルンの観光事業にとって深刻な損失だろう、とレーヴァルトは警告した。そして、考えてみれば、サンモリッツで一九二八年に開かれた冬季オリンピックに三千人から四千人の訪問客がやってきた。冬季スポーツに対する関心が高まっていることを考えると、ガルミッシュはその数字を上回ることができるだろう、と書いた。ガルミッシュ＝パルテンキルヒェン地区だけで百万マルクの利益が上がるだろうと、レーヴァルトは推定した。それは、近くのミュンヘンにとっても思いがけない利益をもたらす、なぜなら、大会を観に来た者の大半がバイエルンの首都に立ち寄るだろうから。「バイエルンが冬季スポーツの場所として世界的に認められることはまったく別にして」とレーヴァルトは予言した、「バイエルン経済にとっての利益は、ドイツがオリンピック招致国として立候補することに関連してバイエルンが負担する比較的小額の費用を上回るのは確かである」(3)。

少なくとも最初は、バイエルンの何人かの高官はドイツが冬季オリンピックの主催国になることに熱心ではなかった。一九三一年二月、教育・文化担当大臣は、オリンピックからの収益は支出を償うことはないと思うと、にべもなく言った。そして、もしオリンピックが結局バイエルンで行われることになれば、同州はバイエルン人ではなく、第三帝国の政府が大半の費用を負担するよう全力を尽くすだろうと付け加えた(4)。

資金調達問題を考えるのは、一九三六年の夏季オリンピックの開催地が最終的に決まるまでは、やや時期尚早だった。また、一九三一年四月にベルリンが夏季オリンピックの開催地に決まっても、ガルミッシュ＝パルテンキルヒェンが冬季オリンピックの開催地になるかどうかは確定したわけではなかった。不況に見舞われているドイツには、オリンピックを主催するという大仕事をこなすだけの能力がないのではないかと懸念したＩＯＣが、一九二八年の冬季オリンピックを立派に主催したサンモリッツを再び選ぶという万が一の可能性があった。また、レーヴァルトがガルミッシュを推していたにもかかわらず、ドイツ組織委員会がＩＯＣにそこを推薦するかどうかも確かではなかった。委員会のメンバーの中には、ドイツとチェコの国境近くのエルツ山地にある冬の保養地か、ドイツ中部のハルツ山地のほうがガルミッシュ＝パルテンキルヒェンよりも好ましいと考えている者もいた。その主な理由は、郷土愛は別にして、ガルミッシュ地方の地形はドイツで冬季スポーツに最も適してはいるが、「よそ者」を特に歓待するということでは知られていなかった。「よそ者」とは、バイエルンのその狭い片隅に住んでいないすべての者を指した。一九三一年六月にドイツ組織委員会が冬季オリンピックに適した場所について話し合った際、ガルミッシュの住民は外国の客から「巻き上げる」機会にオリンピックを利用するおそれが大いにあるという懸念が表明された。ミュンヘン市長のカール・シャーナグルはこのデリケートな問題について、ベルリンでのある会合でカール・ディームと話し、自分の影響力を行使し、ガルミッシュにはなんのペテンもないようにすると請け合った。[5] また、ミュンヘンでは外国からの客を丁重にもてなすとも約束した。ミュンヘンの商工会議所もこの論議に加わり、ドイツ組織委員会の中の反バイエルンの「プロイセン人」の影響力に対抗するために、ガルミッシュに財政的、政治的援護をするよう、バイエルン州政府に促した。[6]

結局、バイエルンの心配は杞憂に過ぎなかった。プロイセン人でさえ、ドイツが選んだ冬季オリンピックの開催地としてバイエルンをＩＯＣに推薦することに同意した。ＩＯＣは開催地をガルミッシュ＝パルテンキルヒェンにすることに全員一致で決定した（一九三五年一月一日に双子の村が行政上合併したあと、そこは「ガパ」と通《つう》によって呼ばれるようになった）。

準備

オリンピックの開催地に選ばれるのと、オリンピック開催の十分な準備をするのとは、まったく別の話である。ガルミッシュ＝パルテンキルヒェンはボブスレー、スキーのジャンプ、アイスケートの最新の施設がなかったので、多くの施設を造る必要があった。そのうえ、一九三六年二月の開始日までの準備期間が非常に短かったので、施設の建設は急いでなされねばならなかった。（実際には、組織委員たちは一九三五年のドイツ冬季スポーツ選手権大会の期間中にオリンピック施設のテストがしたかったので、準備期間はさらに短くなった。）ガルミッシュとパルテンキルヒェンの地元の役人は仕事の量を考え、自分たちがバイエルンと国家から相当な資金援助を期待していることを最初から明らかにしていた。一九三三年十月、ドイツ組織委員会は財政問題を取り上げ、施設の建設費用の合計は八十万から九十万ライヒスマルクになり、そのうちの三十万から四十万ライヒスマルクは入場券の売上げと、ほかの収入から埋め合わすことができるかもしれないと推定した。(7) 委員会は、国とバイエルン州政府が直ちにそれぞれ二十万ライヒスマルク出し、双子の村が銀行から借りて、もう二十万ライヒスマルク出すよう提案した。(8) ところが実際には、ミュンヘンもバイエルンも補助金を用意するのがあまりに遅かったので、準備作業を監督するためにドイツ組織委員会が設置した第四回冬季オリンピック組織委員会は、一九三四年三月、もっと資金が集まらなければ施設の建設は完全に中止せざるを得ないだろうと警告した。(9)

冬季オリンピックを計画している者にとっては、事態はいっそう厄介なものだった。なぜなら、ヒトラーの個人的な命令で、ベルリン大会の施設の建設は、国からの潤沢な資金を貰い、すでに全速力で進んでいたからだ。ヒトラーが冬季オリンピックに同様の関心を寄せていなかったのは明らかだった。それがベルリン大会のような、記念碑的建造物と政治的演出のための舞台を提供しないからなのは疑いなかった。一九三五年の初め、冬季オリンピック委員会からの、さらに数度にわたる要請があったあと、ミュンヘンは施設建設費の割り当て分を出すことに同意したが、国も同じようにすることも主張した。そして、ガパが失敗すれば、ベルリンも駄目になるだろうと警告した。「ガルミッシュ＝パルテンキルヒェンは一九三六年のドイツ・オリンピック年の幕開き劇になる」と、バイエルンのある役人は書いた。「全世界は、冬の催しのためのわれわれの準備を基準にして、オリンピック年が成功するか否かを判断するだろう。ドイツ政府と全ドイツ国民は、冬季オリンピックの恙《つつが》ない運営に利害関係を持っている[10]」。アルプスのオリンピックが失敗して困惑するのを恐れ、第三帝国の大蔵省は一九三四年の末、準備費用を定期的にきちんと出し始めた。そして使った金額を最終的に合計した結果、結局ベルリンが合計二百六十万ライヒスマルクの支出の半分少しを負担したことがわかり、バイエルン人は大いに喜んだ[11]。

冬季オリンピックの組織委員は、政府の補助金と入場券の売上げだけで大会の費用を賄うつもりはなかった。彼らはＩＯＣの後ろ楯を得て、利益をローザンヌと分け合うという合意のうえで広告権をさまざまな会社に売ることにした。広告が許されたのは、オリンピック史上でそれが最初ではなかったが、ドイツはそれまでのどの国よりも遥かに多くの商業上の権利を売り、ドイツのオリンピックは五輪を商売にするうえで新たな基準を作った。

大会が始まるずっと前から、ミュンヘンとガルミッシュ＝パルテンキルヒェンのあいだの新「オリンピック道路」は広告板で醜くなった。道路脇の広告で一番目立ったのはコカコーラの広告だった。コカコーラ社はＩＯＣに気前のいい寄付をした結果、ドイツ大会の「公式スポンサー」になった。コカコーラ社はすでに古参のオリンピックの広告主で、一九二八年のアムステルダム大会でオリンピックと最初の繋がりを持った。「オリンピックとコカコーラは、オリンピック運動の高貴な理念を終始一貫支援した長い歴史を通じて生まれた、気の合った者同士である」[12]と後年、アトランタに本社があるコカコーラ社は自慢した。しかし、凍てつくガルミッシュでは、「コカコーラを飲もう《トリンク・コカコーラ》——常に氷の冷たさ!《シュテーツ・アイスカルト》」という至る所にあった広告の文句は、最高の宣伝文句ではなかっただろう。

冬季オリンピックの観客はコカコーラを飲む機会がふんだんにあっただろうが、選手の「公式の飲み物」は、ドイツ組織委員会の別の許可を得た、オボマルチンという混合飲料（麦芽飲料の一種）だった。それはドクタトル・ヴンダー製薬というドイツの会社が作ったものだった。ドクトル・ヴンダーはドイツ組織委員会と契約を結び、自社の製品を飲んでいる著名なドイツの選手の写真を、同社の販売員が撮ってもよいことになった。[13]契約の交渉に当たったペーター・ル・フォルトは、オボマルチンは選手のあいだで大人気になるだろうと自信をもって請け合ったが、その飲み物はなんともひどい味だったので、選手の誰一人飲もうとしなかった。

組織委員会はもう一つの資金稼ぎの手段として、「第四回冬季オリンピック公式ピン・バッジ」の製造販売の許可を取った。そのピン・バッジを製造した会社がガルミッシュ一帯のユダヤ人経営の店に製品を卸すと、ル・フォルトはその会社に警告書を送った。「ユダヤ人経営の商店はいかなることがあってもオリンピック・ピン・バッジを販売してはならない」[14]

いったん競技場施設の建設が始まると、一番難しくて金のかかるのはボブスレーのコースであるのがわかった。リーサー湖の時代遅れのコースは完全に造り直されねばならなかった。カーブをもっと急にし、揚水ポンプを設置し、通信および計時設備を作り、観客席を設け、スピーカーを取り付けなければならなかった。いわばボブスレーのスピードにふさわしいペースで仕事をした建設業者は、一九三四年一月に開かれた世界四人乗りボブスレー選手権大会に間に合うように、なんとかコースを造った。そのコースはオリンピックのための試走に役立った。何人かのドライバー（パイロットとも言う）は急なカーブにてこずったが——一台のボブスレーはコースを完全に外れて飛び出した——競技者とスポーツ記者は新しいコースを大いに褒めた[15]。

パルテンキルヒェンの外れのグーディベルク山の麓の聳え立つ新しいスキージャンプ場でも、工事が迅速に進められた。新しいジャンプ場は隣のジャンプ場を子供の滑り台のように見せた。国際ジャンプ・ヒル委員会の一人の専門家は、一九三四年一月のトライアル・ジャンプのための施設にお墨付きを与えた。十一人のジャンパーが唯《ただ》の一回も転倒せずに三回の予選を行った。広々とした正面特別観覧席、シャレー風のレストラン、壮大な背景のあるそのスキー・スタジアムは、冬季オリンピックの開会式と閉会式の会場に指定された。

組織委員たちは、フィギュアスケートとホッケーの試合の会場として、ガルミッシュの鉄道駅に近い場所に、一万人の観客が入れる新しいスケートリンクを造る計画を立てた。この計画を実現する際、最高のオリンピック会場になることを求めて争っていた二つの村の関係が、ひどく緊張した。ガルミッシュの役人がスタジアムに通ずる新しい通りを造るのをぐずぐず引き延ばしていたので、ル・フォルトはスケート・スタジアムをパルテンキルヒェンに移すと脅した。すると、ガルミッシュの町議会はル・フォルトに対する不信任投票をし、彼がパルテンキルヒェンを贔屓しているとして非難した。不信任投票は、必要な通りは造るとガルミッシュが約束したあとでル・フォルトがスタジアムの建設地を移すという脅しをやめたため、のちに撤回された[16]。この小競り合いは些細なものに思われるかもしれないが、近づいてきた冬季オリンピックが、なんとか金を儲け、かつ脚光を浴びたいという地元民の気持ちをどれほど煽っていたかを示している。スタジアムについて言えば、ミュンヘンの建設会社がきわめて能率的に急いで完成させた。その施設は冬季オリンピックで大成功を収めた施設の一つになり、今でも元の場所に建っている。

選手用の宿泊施設を造る必要はなかった。というのも、ベルリン大会のために計画されていたオリンピック村と対照的に、冬季オリンピックの選手は下宿屋と民家に泊めることになっていたからだ。ドイツの組織委員は、一日一人頭たった八ライヒスマルク(約二ドル)という驚くほどの低価格で自国のチームに食べ物と宿泊所を提供すると、誇らしげに約束した。一方、現地を訪れたIOCの役員は、「最高のホテルで最高に快適な楽しい滞在をする」ことになるのを請け合ってもらった。[17] VIPの大方は、その地方の一流のホテル、アルペンホーフに泊まった。

期限に合わせて冬季スポーツ用の最新の集合建築を造ることは組織委員会にとって大仕事だったが、選手と訪問者のために和気藹々の雰囲気を醸し出すというのは、さらに手ごわい仕事だった。すでに見たように、ドイツ組織委員会は、オリンピックの訪問者から地元民が集団で暴利を貪ることになるのを心配していた。ドイツ組織委員会は地元民が不当な値段をふっかけるおそれがあることについて地元の役人に警告したあと、一九三四年五月、「大会期間中、下宿代が通常の基準を超えないよう」[18]手を打つことをIOCに約束した。しかしそれは無理な約束だった。一年後、ドイツ組織委員会は、その地方のあるホテル経営者が、大会期間中、通常の料金の八割増の料金を請求しているのを知った。大会中の下宿の割り当てを取り仕切っていた、ガルミッシュ＝パルテンキルヒェンのオリンピック観光事務局も、多くの地元旅館の主人が、事務局によって定められた料金の限度を遥かに超えた値段を設定していることに苦情を言った。[19]

観光業務担当の役人は、その問題に直ちに取り組まねばならない、と警告した。なぜなら、誰もが知っているように、「ガパ」の大会をボイコットする理由を探している大勢の反ドイツ分子が世界中にいるからだ。物価統制帝国委員会はバイエルンからの要請にもとづき、ヒトラー政府の威を最大限に借り、大会中の宿泊料金を抑える努力をした。料金規制を回避しようとした旅館の主人とホテルの経営者は厳しい罰を受けると脅された。[20] しかし結局、そうした脅しさえ効果がなく、冬季オリンピックの多くの訪問者は、馬鹿高い宿泊料を払う羽目になった。

大会の組織委員にとって幸いなことに、オリンピックの訪問者の多くはガルミッシュ＝パルテンキルヒェンにではなくミュンヘンに泊まるものと考えられた。ミュンヘンは恒例の十月祭《オクトーバーフェスト》のような大規模などんちゃん騒ぎを数十年にわたって催してきたので、大群の訪問者に慣れていた。さらに、ホテルもいくつもあった。その多くは宿泊料も適正だった。しかし、冬季オリンピックはミュンヘンの謝肉祭《ファシング》シーズンと偶然重なっていたので、バイエルンの首都でも疑いなくホテル不足になりそうだった。それにもかかわらずミュンヘンの観光局はドイツ組織委員会に対し、自分たちはオリンピックの訪問者の世話をするのに全力を尽くし、「ドイツで一番もてなしぶりがいい都市」としてのミュンヘンの評判を不動のものにすると請け合った。[21]

どっと押し寄せると期待されていた訪問者は、バイエルンの接待業者にだけではなく、行商人、詐欺師、掏摸《すり》、娼婦にとってもぼろ儲けの対象になりそうだった。ミュンヘンとオーバーバイエルンの当局は、オリンピックの訪問者のために「安全で健康な」環境を提供しようと、大勢の「若い家出人、乞食、浮浪者」と、すでに名前がわかっている何人かの詐欺師を検挙した。[22]（この予防策は、いくらかの効果があったらしい。大会中、約三十の掏摸事件が毎日報告されたが、警察はカモの数からするとその数字は低いと考えた。）それに加えバイエルン警察は、指名手配中の犯罪者が大会中に顔を出したらすぐに逮捕できるよう、彼らの記録を一つにまとめた。観光局の役人同様、警察も、外国の敵対分子がガルミッシュ大会の評判を落とす手立てを探していると伝えられたので、とりわけ厳重に警戒しなければならないと感じていた。バイエルン政治警察は、アメリカの「スポーツにおけるフェアプレーのための委員会」に属しているある人物が、「もしアメリカ人選手がアルプスで刺し殺されて発見されたら都合がいい」と言ったのを聞いたとさえ言い張った。[23] したがってバイエルン政治警察は、「外国人に異常な近づき方をする者」に注意するよう地元の当局に促し、同警察は破壊工作が行われる場合にそなえ、すべての競技場と練習施設を警護するため警官を配置した。

冬季オリンピックの組織委員にとって、もう一つの大きな心配は、オリンピックの訪問者があからさまな反ユダヤ感情の現われを目にすることだった。そうした事態になれば、ベルリン大会のボイコット運動を再燃させようと思っている者に攻撃材料を与えることにもなるのだ。その点を懸念するのには、ちゃんとした理由が確かにあった。ガルミッシュ＝パルテンキルヒェンは国家社会主義者の水準から見てさえ、激しい反ユダヤ主義の温床として知られていた。そして、山のちょうど向こうに、オーバーアンマーガウ村があった。そこは、「ユダヤ人によるキリスト殺害」を描いた悪名高い受難劇が十年ごとに村人によって演じられる場所だった。ヒトラー運動は、ナチが政権を握った選挙で、「ガパ」においてとりわけ人気があった。その時以来、地元の指導者は（両町の町長はナチ党の党員だった）、双子の町を「ユダヤ人なし」にすることを目指していた。[24] 一九三五年、新たに合併した「ガパ」の町議会のナチのメンバーは、すべてのユダヤ人の追放を求める議案を提出した。町議会はその条例を可決したが、実施するのはオリンピックが終わるまで延期することにした。その間、地元のナチはユダヤ人を警戒するよう求める集会を開き、町民は「ユダヤ人は此処では不要」と「どんなユダヤ人も不可」という看板を立てた。過激なまでに反ユダヤ主義の新聞『シュテュルマー（前衛）』が入っている無人販売ボックスが、街角に目立つように置いてあった。ついには、何人かの旅館の主人は「ユダヤ人の客」（ユダヤ人に見えると旅館の主人が思った者や、ユダヤ人めいた名前を持っている者）は泊めないということを公言し、もし泊めたなら自分たちはナチ党から追い出されるだろうと言った。[25]

カール・ディームは、一九三五年四月にガルミッシュ゠パルテンキルヒェンに視察旅行をした際、そこでの濃厚な反ユダヤ主義の雰囲気にぞっとした。彼は直ちにその問題に対してリッター・フォン・ハルトの注意を喚起し、もし、ドイツ在住のユダヤ人と外国から来たユダヤ人が冬季オリンピック期間中に屈辱的な扱いを受ければ、「冬季オリンピックに影が落ちるばかりではなく、夏季オリンピックも危険に晒される」[26]と警告した。

ハルトもその地方に視察旅行をしたが、そこが反ユダヤ主義の煽動活動で沸き返っているのを見て愕然とした。彼がそこに短期間滞在していたあいだ、地元の一人の小役人が、その一帯から「あらゆるユダヤ人がいなくなること」を求めるスピーチをし、「ユダヤ人に見える」一人の男を郵便局から放り出した。ハルトは反ユダヤ主義のプラカードと落書きが至る所にあるのを見た。

ディーム同様、ドイツでのオリンピックの運命を恐れたハルトは、直ちにドイツ組織委員会でこの問題を取り上げ同僚と話し合ったが、チャンマーと国務大臣のハンス・プフントナーから、「ユダヤ人問題についてこれ以上何も聞きたくない」[27]と言われた。そこでハルトは、自分が抱いている懸念を、冬季オリンピックの責任者である内務省の役人、ハンス・リッター・フォン・レックスに伝えた。ハルトがレックスに宛てた手紙は、長く引用するに値する。ハルトは反ユダヤ主義の現われを芯から懸念していたけれども、人種差別的ドグマに対する疑念よりも、戦術的配慮に動かされていたことを示しているからである。

当地の住民は、ガルミッシュ゠パルテンキルヒェンが一九三六年の冬季オリンピックの開催地になることを、どうやら忘れているようだ。すべての国が招待され、すべての国が招待に応じている。［レーヴァルト、チャンマー、私は］ＩＯＣと外国のスポーツ関係の協会の会長に、他の国からのユダヤ人選手の参加を妨げるようなことは一切許さないと、はっきりと約束した。しかし、もし［反ユダヤ主義の］プロパガンダが続けば、一九三六年までにはガルミッシュ＝パルテンキルヒェンの住民はすっかり煽動され、通りで出会う、ユダヤ人に見える者を誰彼なく襲い、傷つけるおそれがきわめて高い。したがって、実際にはユダヤ人ではないのにユダヤ人に見える外国人も虐待されるということは十分に考えられる。外国の新聞記者団のうちのユダヤ人もしくはユダヤ人に見える者が襲われることさえあるかもしれない。［もしそういうことが起これば］最悪の結果になるおそれがある。……実際、ガルミッシュ＝パルテンキルヒェンで少しでも混乱が生じれば、オリンピック大会はベルリンでは行われないだろう。すべての国が参加を取り消すだろうから。

昨日、［オリンピックの各国代表は］ブリュッセルの国際会議で、その立場を私に明確にした。われわれドイツ人にとっては、それは信じ難いほどの威信失墜になる。そして総統が関係者の責任を問うのは間違いない。

親愛なるレックス、君は私の見解を知っている。私がユダヤ人を助けるために、こうした懸念を表明しているのではないのを、君は非常によく知っている。私の唯一の懸念はオリンピックの理念と、オリンピックに関するもので、私はもう何年も自由意志にもとづいて、自分の自由な時間のすべてをオリンピック大会に捧げてきた。私にとっては、もし、上述の理由によってオリンピック大会がドイツで行われなかったら、人生の最大の失望になるだろう。私がここで自分の見解を君に包み隠さず表明するのは、関連当局によって適切な処置が指示されるよう、君が全力で努めてくれることを期待しているからだ。[28]

ハルトはその手紙の中で、自分は冬季オリンピック委員会の財務担当の責任者フリードリヒ・デーレマンを説得し、ミュンヘンとオーバーバイエルンの大管区長官《ガウライター》（ナチの地区指導者）アドルフ・ヴァーグナーに、ガルミッシュ＝パルテンキルヒェンの事態を収拾してもらうように頼んだ、と書いた。だが、それから数ヵ月経ってもさして目立ったことは起こらなかったので、ハルトは、これ以上ぐずぐずしていれば、冬季オリンピック組織委員会は全員辞任せざるを得ないとヴァーグナーの事務局に警告した。彼はまた、バイエルンにおける妨害活動についてヒトラーに個人的に報告すると脅した。

　ハルトの脅しは、内相のフリックも同じような警告を発したおかげでバイエルンの注目を惹き、ヴァーグナーの事務局は直ちにしかるべき行動をとると約束した。だが、大管区長官ヴァーグナーの約束も、少なくともすぐには大した効果を挙げなかったように見える。一九三五年九月、冬季オリンピックが始まるちょうど五ヵ月前、そうした問題の責任者のゲシュタポの一員は、目下ガルミッシュ＝パルテンキルヒェンで行われている反ユダヤ主義活動に関する英国の新聞の記事を、バイエルン政治警察に伝えた。その記事によると、ユダヤ人は町から追放され、絶えず嫌がらせを受けている。訪問者は、「此処ではユダヤ人は不可」と書いた掲示が公共の場所の入口にあるのを目にする。バイエルン政治警察の長官は、「緊急」通達を正式に「ガパ」に送った。「近づいている冬季オリンピックに鑑《かんが》みて、当地にやってくるユダヤ人に対する公衆の行動は不穏当であると思う。そうした行動によって、一九三六年のベルリン・オリンピックを別の大都市に移せという要求が強まるおそれがある。したがって、ナチ党の責任ある地位にある党員と、ガルミッシュ＝パルテンキルヒェンの住民は、ユダヤ人に対するすべての敵対行動をやめ、すべての「反ユダヤ主義的」掲示を公共の場所から撤去することを要請する。また、この問題において、総統が完全な従順と絶対的な規律を期待しているということに諸君の注意を喚起したい」[29]

ところが実際には、ヒトラーはその問題にまだ個人的な関心を抱いていなかった。おそらくそれゆえに、地元のナチと町民は自分たちの思い通りに振る舞っていたのであろう。この事態は、ほかならぬバイエ＝ラトゥールが、ヒトラーに介入を要請するまで変わらなかった。

一九三五年十一月、バイエ＝ラトゥールはミュンヘンとガルミッシュ＝パルテンキルヒェンに競技前の訪問をしたが、バイエルンの首都とアルプスのあいだの道路に、無数の反ユダヤ主義の表示があるのを目にした。そして、危険なカーブの個所にある速度制限の標識に、ただしユダヤ人には適用しないと露骨に書いて、ユダヤ人が事故で死ぬのを促しているのを見て、とりわけ怖気をふるった。彼はそうした標識がオリンピックのイメージを損ねるのを懸念し、ヒトラーに個人的に会ってその問題について話し合う手筈を整えた。バイエ＝ラトゥールからその話をじかに聞いたエイヴェリー・ブランデージによると、二人の話し合いは次のように進んだ。「儀礼的な挨拶が終わると、会長のバイエ＝ラトゥールは言った。『首相閣下、オリンピックに来た客が目にする掲示はオリンピックの原則に適っていないのです』。ヒトラーは、質問の形で答えた。『会長、あなたは友人の家に招かれたとき、どう振る舞うべきか友人に言わないでしょう?』。バイエ＝ラトゥールはちょっと考えてから答えた。『失礼ながら首相閣下、五輪の描かれた旗がスタジアムに掲げられたら、もうドイツではないのです。それはオリンピアであって、われわれが主人なのです』[30]」。それを聞くとヒトラーは、掲示を撤去する命令を出すことを約束した。事実、一九三五年十二月三日、フリックは総統の命令を発表し、「ユダヤ人問題に関するすべての掲示とポスター」および『シュテュルマー』の無人販売ボックスを、「ガパ」一帯の公共の場所と道路から直ちに撤去することを求めた[31]。ブランデージは事態のそうした進展を要約して、こう書いた。「たぶん、ＩＯＣはそうした譲歩を引き出せた唯一の組織だろう。それは、オリンピック運動の力に対する、もう一つの贈り物だ(32)」

ヒトラーがそうした譲歩をしたのは、ＩＯＣとの土壇場の悶着を避ける意図があったことは疑いないが、バイエ＝ラトゥールが実際には、反ユダヤ主義的掲示問題でドイツが譲歩しなかった場合にはオリンピック開催の権利を失うと総統を脅したのではない点に注目しなくてはならない。バイエ＝ラトゥールはヒトラーとの話し合いの様子をＩＯＣの三人のメンバーに話した際、事実、首相の「雅量(33)」を褒め、ＩＯＣはこうした譲歩を求める権利は持っているが、それを主張する権威は持っていないと付け加えた。さらにバイエ＝ラトゥールは、いまやヒトラーはＩＯＣに対する義務はすべて果たしている、また、ドイツのオリンピックに対して続いている反対運動は純粋に「政治的」なものであり、したがってオリンピック運動にとって本当の利益にならないと言った。

ガルミッシュ＝パルテンキルヒェンの住民が反ユダヤ主義の掲示を、まるで飾りのようにやたらに出していることに懸念を覚えた外国のオリンピックの役員は、バイエ＝ラトゥール一人ではなかった。チャールズ・シェリルは十二月下旬、ル・フォルトに宛て手紙を書き、「ガルミッシュ＝パルテンキルヒェンの公園その他にある反ユダヤ主義の掲示を、アメリカ選手団が来る前に撤去するという、総統とバイエ＝ラトゥールが同意したことを実行する」よう促した。「そうしなければ、アメリカ選手団の多くのメンバーが去るという深刻な危険があり、その結果ベルリンは駄目になり、ガルミッシュはベルリンから責められることになる！(34)」

アメリカ選手団がガルミッシュに着いた一月中旬、ル・フォルト男爵は心配する材料はないとシェリルに報告した――反ユダヤ主義の掲示はすっかり取り外され、人種や信条とは無関係に、すべての外国からの客は「われらの友人」と見なされるだろう(35)。ところが実際には、それほど差し迫った時期になっても、反ユダヤ主義の掲示がすべて取り外されたわけではなかった。一九三六年一月十三日、バイエルンの帝国地方長官《ライヒスシュタットハルター》（ナチが任命した長官）、フランツ・リッター・フォン・エップは、ガルミッシュ＝パルテンキルヒェン内の不快な掲示の大方は撤去されたが、『シュテュルマー』の入った無人販売ボックスは村々のそこら中に、いまだにふんだんにあり、そこに通ずる道路にも同様反ユダヤ主義の掲示があることを認めた(36)。ミュンヘン駐在の英国領事は一月十四日、ドイツ当局は依然として『シュテュルマー』問題に取り組んでいると報告し、こう付け加えた。「オリンピック大会が終了し、訪問者が、外国の新聞に報じられたユダヤ人いじめはひどく誇張されているか、まったく真実ではないとすっかり思い込んだ時に、反ユダヤ主義の掲示は再び掲げられると予想される(37)」。一週間後、冬季オリンピックが始まる、まさに前日、帝国内務省はバイエルン内務省に緊急の手紙を出し、掲示の撤去は当地の全領域とすべてのオリンピック会場を含むよう要請した(38)。

反ユダヤ主義の掲示は、まさに大会が始まった時に、ついに取り外された。ヒトラー体制が「ガパ」の町民に、たとえ短期間であれ、反ユダヤ人感情をおおっぴらに表わすのをやめさせるのに苦労したということは、人種に対する偏狭な考え方が第三帝国の多くの場所で、いかに一般のドイツ人のあいだに深く浸透していたかを示している。そしてもちろん、ミュンヘン駐在の英国領事が正しいことが証明された。いったん大会が終わると、反ユダヤ人の掲示が再び掲げられ、あからさまなユダヤ人迫害が再開した。当時はヒトラーの秘書ルドルフ・ヘスの代理で、のちにナチ党の秘書になるマルティーン・ボルマンは、この点についてのナチ体制の真の意図を、はっきり述べている。一九三六年二月、彼は党の役員に、次のことを想起させた。「ナチ党の目的はドイツ国民の生活のあらゆる領域から徐々にユダヤ民族を締め出すことであるというのは、現在も不変である(39)」

ガルミッシュにオリンピック選手団と訪問者がやってくるにつれ、反ユダヤ主義の掲示のみが心配の種ではなくなった。地元のSS隊員の中には、通りで見かける「ユダヤ人に見える」外国人を罵ったり、さらには襲ったりさえする者がいた。彼らの標的には、スペインから来た選手団の浅黒い肌のメンバーも含まれていた。そうした振る舞いを上官から叱責されると、彼らは訪問者に「挑発」されたと言い張った。そのうえ、自分たちの犠牲になった者は「普通の外国人」ではなく、ユダヤ人だと思ったと言った[40]。

ミュンヘンのSS司令部はそうした事件に驚き、ドイツの威信を失墜させようとしている「外国の囮《おとり》」に騙されてはいけないと幹部に警告した。SS隊員は局外者から侮辱されたり挑発されたりしても、じっと耐えねばならない。外国人が実際に法を犯した場合は、その場で対処するのではなく、地元警察に通報すべきである。「外国人訪問者を虐待すると」とSS司令部は結論づけた、「丸くおさめるのが難しい、望ましからぬ国際的悶着を必ず引き起こす」。SSでさえ反ユダヤ主義の掲示に強く抗議したところから見ると、事態はまさに急を要するものだったのは間違いない。

ドイツの組織委員にとって幸いなことに、地元のナチのどの暴漢も、冬季オリンピックを取材しようと大挙してやってきた外国人記者の誰をも襲ったことはなかったらしい。組織委員が外国人記者、とりわけ米人記者によい印象を与えようと躍起になっていたのは理解できる。米人記者の下す評価が、ガルミッシュにだけではなくベルリンにも大きな意味を持つと考えられたからだ。そこでオリンピック新聞報道課は、最初の予定より数の増えた米人記者の一団に急遽、追加の記者通行証を発行した。外務省は、米人記者のご機嫌をとることだけが仕事の一人の役人をベルリンから派遣した[41]。

しかし、ちょっと違った扱いを受けた一人の米人記者は、ベルリンにいたCBSのウィリアム・L・シャイラーだった。彼は長いあいだナチにとって実に厄介な存在だった。シャイラーは一月初旬、ナチ当局がガルミッシュの至る所にある反ユダヤ主義の掲示を外そうとしているのは、「この国においてユダヤ人がどんなふうに扱われているのか」をオリンピックの訪問者の目から隠すためだけに過ぎないと書いた（それは正しかった）。ゲッベルスは面白くなかった。シャイラーによると、宣伝省のある代表が自分の執務室に彼を呼び、ドイツのユダヤ人の境遇について嘘を書いたと難詰した。また、ナチのある狂信者はドイツのラジオで、「ガルミッシュのユダヤ人とナチの役員について嘘の話を書いて、冬季オリンピック大会を粉砕しようとしている汚らしいユダヤ人」として、シャイラーを弾劾した。（シャイラーはユダヤ人ではなかった。[42]）

二月六日の開始予定日の数日前になって、ついに準備万端整ったように見えた。通りと建物は花綱さながらにオリンピックの旗、参加国の国旗、鉤十字の旗で飾られた。しかしバイエルン警察の命令で、ユダヤ人経営のレストラン、ペンション、ホテルは、大会中ドイツ国旗を掲げることはできなかった。多くの住民は、自宅や納屋の外壁に描かれた聖書のいくつかの場面のフレスコ画に手を入れた。また地元民は、羽毛飾りの付いた帽子、骨ボタン付きのローデン・コート、軸の長いパイプを用意し、民族衣裳で着飾って町を歩き回ることにもした。車とトラックが押し寄せてくるのにそなえ、複雑な交通計画が立てられた。そして、訪問者を会場から会場に運ぶのに、バスが増強された。

けれども、一つの重大なものが欠けていた。雪である。天候の神は、ボイコット運動にはできなかったこと――ヒトラーのオリンピックを台無しにすること――を代わってしようと決心しているかのように、数週間、「ガパ」一帯に雨しか降らせなかった。スキーヤーが練習できるようにと、千五百人の勤労奉仕隊が高峰から雪をオリンピック用のスキー場に運んだが、薄い雪では本番のレースには適さなかった。二月二日には事態はひどく深刻だったので、チャンマーは開始日を二月八日まで延ばすよう、仮の許可をバイエ＝ラトゥールに求めた。その日までには「本格的な冬の季節」になることを期待して。[43]

だが、どうやら天候の神はヒトラーを少々脅かそうとしただけらしい。二月五日から猛吹雪になり、緑の丘が白くなった。のちにドイツ人はひと続きの暖かくて晴れた日を「ヒトラー日和」と呼ぶようになったが、今度の「ヒトラー日和」は雲と雪ばかりだった――総統が開始日にガルミッシュに来たとき、口ひげを白くするほどの雪が降った。結局、開始日は延期されなかった。

ヒトラーが開会式に出席する決断をしたため――彼はその決断を延ばしていた――組織委員とナチの役員は土壇場になって準備作業におおわらわになった。総統が「第一級の警備」を主張したため、ヒムラー自身が一切の計画を立て、それをSS将校ハンス・ラッテンフーバーとゼップ・ディートリヒに命じた。ヒトラーはミュンヘンから特別列車で「ガパ」に行き、スキー・スタジアム近くのカインツェンバート駅に着くことになった。[44]そこでフリック、国防相ヴェルナー・フォン・ブロンベルク、ヴァーグナー、チャンマー、地元の名士に迎えられ、そこから、彼の護衛隊である親衛連隊《リープシュタンダルテ》アドルフ・ヒトラーによってあらかじめ封鎖されたルートに沿ってスタジアムまで歩くことになった。バイエルン政治警察がその一帯で爆弾を捜索し、群衆を監視し、スタジアムの上の丘をスキーで巡回する責任を負った。公認カメラマンは鉄道駅にいることは許されたが、スタジアムまでの短い距離を歩く総統に同行することはできなかった。彼が政権を握った当初の通常の警備態勢の水準からすると、こうしたやり方は特に厳しかった。それは、ナチの独裁者が、冬季オリンピックでの破壊工作や暗殺のおそれを実際に懸念していたことを反映していた。そして、ベルリンでの夏季オリンピックの、もっと厳重な警備を予告していた。

アルプスの「お伽噺」

「どう表現したらいいのか、よくわからない。オリンピックの世界は、なんとも美しい！　われわれがこのオリンピアの祭典に居合わせるように運命が計らってくれたことに、永遠に感謝することを誓う。この祭典はお伽話だとしても、これ以上魔術的ではあり得なかっただろう[45]」

第四回冬季オリンピック大会の開始日のドイツの公式記述は、そう始まる。ヒトラーのもとの醜い現実を、表面上陽気に明るく客人を歓迎するという、入念な工夫で隠した組織委員の獅子奮迅の努力で、それはまさしく「お伽話」の世界になっていた。「ガパ」にはナチの制服さえ多くは見られなかった（それはのちに変わるけれども）。ホテル経営者は組織委員会からの指示で、客に対し、「ハイル・ヒトラー」ではなく「こんにちは《グリュース・ゴット》」と言った。そして、どのナチ役員も、「平和の愛」について長広舌を振るった。『ニューヨーク・タイムズ』のフレデリック・バーチャルは、オリンピック主催者の言葉を鸚鵡返しに繰り返すかのように、開会式の様子についてこう書いた。「それは、不完全な世界にあって期待できる完全さに最も近づいている[46]」

開会式は、儀礼通り、選手と役員がマーチの演奏とともに観閲場に入ってきた。最初に入ってきたのはギリシア選手団だった――それはオリンピックの理念を考え出した国に与えられた名誉だった。そのあとのパレードはアルファベット順だったので（主催国は例外で、常に最後になった）、オーストラリアがギリシアに続いた。オーストラリアが冬季オリンピックに参加したのは今大会が最初だった。それは、ドイツの組織委員が真にグローバルなショーを行おうと決心していた証拠だった。オーストラリアはスピードスケート一種目にしかエントリーしていなかったが、ガルミッシュ大会を利用して、「地球の裏側の国」が水泳や漕艇だけの国ではないことを世界に示したかったのである。豪州オリンピック連盟は、ドイツ組織委員会にこう説明した。「オーストラリアは熱帯の国と広く思われているかもしれないが、ヨーロッパやアメリカに匹敵する冬季スポーツの施設を持っている」(47)。オーストラリアの少し後ろからグレート・ブリテンがやってきた。英国選手団は、最近死んだ国王ジョージ五世に敬意を表し、黒の腕章を巻いていた。最後の一つ前はアメリカ合衆国の選手団だった。ドイツ、オーストリアに次いで選手の数が多かった。六人の女子選手が入っていた。

各選手団は観閲場に入ると、スキー・スタジアムのレストランの前を通った。そのバルコニーにアドルフ・ヒトラーが立っていた。両脇にはナチの高官、IOCのお偉方、ドイツ組織委員の面々がいた。慣習に従って、大方の旗手はお偉方の集団の前を通る時は、国旗を少し下げた。イタリアと合衆国の旗手はそうしなかった。イタリア人は、非礼ともとられかねない行為を、同じファシストの国にふさわしく右腕をヒトラーに向けて挙げることによって補った。アメリカ人は開会式のあと、自分たちに対する観衆の態度は「真心が籠もっていない」と文句を言った。その思いがけない出来事を観察していたベルリン駐在の英国大使は、ロンドンに次のように報告した。「アメリカ陣営の不満」が「ベルリンに非常な懸念を引き起こし」たので、ドイツの外務省はガルミッシュに特使を送り、「おそらくアメリカ流のチアリーダーの役を務めながら、アメリカ人を宥めた(48)」。

イタリア人はガルミッシュで明らかに「ヒトラー式敬礼」をしたが、その他の国の選手団の大方は、一九二四年に導入された「オリンピック式挨拶」をした。それは、てのひらを下にして右腕を水平に前に突き出す仕草だった。言うまでもなく、その挨拶の仕方は、いささか混乱のもとになった。というのも、あたかも世界中の選手がナチ式敬礼でドイツの総統に敬意を表しているかのように見えたからだ。六千人の観衆の多くはそう解釈した。そのため、フランスの選手が観閲台の前を通ったときに右腕を突き出すと、観衆は声高に笑って喜んだ(49)。

フランス選手団よりも大きな喝采を受けた唯一の外国勢は、オーストリアの大選手団だった。右手を挙げる彼らの敬礼は、オーストリア人がぜひ「第三帝国に帰りたい」と思っている表われと解釈され、群衆を喜ばせた[50]。（のちにオーストリア選手団の団長は、問題の仕草はオリンピック式挨拶だったと言い張った。）ドイツ人の観衆の中には、オーストリア選手団が「ハイル・ヒトラー！」と叫ぶのを聞いたと言った者もいた。オーストリアの役員は、そのことも懸命に否定したけれども。オーストリア人はスタジアムに入ってきた時に何をしたにせよ、一人の米人記者によると、出る時は「紛う方なく」ナチ式敬礼をした。それを見た総統は、かつての自分の母国の方向を懐かしそうにじっと眺めやった。「それはその時は注目されなかったが、のちに話題になった、言葉のないちょっとしたドラマだった[51]」

選手の入場と退場の行進以外に、開会式で最も芝居じみていた瞬間は、オリンピック聖火の点火式だった。ガルミッシュ大会は、冬季オリンピックで点火式が行われた最初の大会だった。聖火が点《とも》されると、ドイツのスキー優勝者ヴィリー・ボーグナーが右手を延ばし、左手で鉤十字の旗に触れた。するとヒトラーが、儀式ばった祈禱めいた文句で大会の開始を公式に告げた。「此処、ガルミッシュ＝パルテンキルヒェンにて第四回冬季オリンピックが開催されることを宣言する」。それは、総統としては記録的に短いスピーチだった。

大会の開始日から最終日まで、ドイツの新聞は、明るいことのみを書くこと、外国からの訪問者を不安にさせたり、大会主催者を当惑させたりするようなことを書くのは避けるようにゲッベルスの事務局から厳命された[52]。そのため、大会に来た訪問者は、ヒトラーが開会宣言している、まさにその時にミュンヘンで起こった悲劇について、ドイツの新聞からは何も知ることができなかった。訓練中の二機の空軍機がミュンヘン上空で衝突し、その一機が町なかに墜落し、四人が死亡し、多数が負傷したようなのだ。警察は直ちに一帯の交通を遮断し、現場付近の目撃者に事件について沈黙を守るよう命じ、違反した場合は逮捕すると警告した。

ドイツの新聞は、大会が始まった時に起こった、かなり物議を醸すような事件についても、警告的な指示を受けた。二月五日の夜、ダーフィト・フランクフルターというユダヤ人の学生が、スイスのナチ運動の指導者ヴィルヘルム・グストロフを暗殺したのである。それは簡単に口止めできるような事柄ではなく、ヒトラー政府もそうするつもりはなかった。それにもかかわらずドイツの新聞はグストロフの記事は控え目に扱うように指示され、大会中は二面か三面に載せた。新聞は二月十一日にシュヴェーリンで行われたグストロフの葬儀を、もっと大きく扱った。葬儀に自ら出席したヒトラーは、最初は自分の名前が付けられる予定だった新造客船を、ヴィルヘルム・グストロフ号と命名した[*1]。最も重要なのは、ナチ指導者がグストロフ殺害事件でユダヤ人に対する報復行為を求めなかったことである。一九三八年十一月、パリのドイツ人官吏がポーランド系ユダヤ人に暗殺されたあと、ナチが悪名高い報復行為をすることになるのとは異なり（一九三八年の事件は、残忍な虐殺事件「水晶の夜」（ナチは一九三八年十一月九日から十日にかけドイツ各地のユダヤ人を襲撃、七十四人のユダヤ人を殺傷し、約八百軒のユダヤ人経営の商店を破壊、その際にガラスが散乱したため、そう呼ばれる）の口実になった）。グストロフ殺害事件の直後に『ニューヨーク・タイムズ』は、こう報じた。「党の当局は、とりわけオリンピック開催中は、過剰な反ユダヤ人活動を避けようと懸命である」[53]

ＩＯＣは開会式がさしたる支障もなく行われたことに安堵した。バイエ＝ラトゥールは開会式のすぐあとにドイツ組織委員会が催した晩餐会で、「若干の問題があったにもかかわらず、冬季オリンピックが幸先のよいスタートを切った」のはハルトとその同僚たちのおかげだと感謝し、「オリンピック精神を汚すような行為を防いでくれたことに対し、心の底からお礼を申し上げる」と述べた[54]。

第四回冬季オリンピックは、これまでのどの冬季オリンピックよりも多くの選手（六百八十八人）と、多くの種目（十七種目）を誇った。大方の競技は恙《つつが》なく進行したが、ドイツの新聞が盛んに書き立てていた、申し分のない「調和と能率」というイメージとは裏腹に、混乱と抗議がないわけではなかった。それどころか、問題は大会が始まる前からも生じていた。ボブスレーはコースの状態が悪く、延期されねばならなかった。フィギュアスケートの選手は練習場の狭さに文句を言い、スキーヤーは雪不足を嘆いた。

最も重要だったのは、カナダのアイスホッケー・チームが大会から引き揚げそうになったことである。英国チームに、英国生まれではあるが、それまでの選手生活のすべてをカナダで試合をして過ごした二人のトップ・プレーヤーがいたからだ。カナダ・アマチュア・ホッケー協会の会長は、英国がカナダの役員の鼻先で選手を勧誘し本国に帰還させた事実にコメントし、カナダ選手の「輸入」に頼っている「スポーツマンらしからざる欺瞞行為」(55)と英国を非難し、もし、IOCが二人の選手を失格にしなければカナダは大会を去ると言った。ブランデージは大会でアメリカのアイスホッケー・チームが有利になるいい機会だと見てカナダの抗議を支持し、合衆国は「カナダからの一つのチーム」とのみ対決するほうがよいと公言した(56)。憤激した英国は、チーム編成は英国だけの問題だと応じた。IOCは最初カナダ側につき、二人の選手を失格にした。しかし、英国側の反応は凄まじく、英国が引き揚げるのではないかというおそれが生じたため、委員は二人の選手の失格を取り消した。結局カナダは、大会中は抗議を一時棚上げにすることに同意した。早々に帰国してしまえば、母国が非常な自信をもって期待している金メダルを獲得するチャンスがなくなってしまうからだ。

これまで冬季オリンピックでいつもアイスホッケーで金メダルを獲得してきたカナダは、初戦でラトヴィアを11対0で破ったとき、またも不敗に思われた。カナダの一番の手ごわい相手と目されていた体格のいいアメリカ・チームも、スイスを3対0で破って次戦に進んだ。

競技が進むにつれアイスホッケーは、第四回冬季オリンピックの劇的で、かつ物議を醸す事件をいくつか起こした。フランス対ハンガリーの試合中、両チームのあいだで大喧嘩が始まり、選手が氷上を走り回っているとき、フランス人選手の一人がハンガリー人選手の前腕に噛みつき、かなりの量の肉を噛み取った。「このことは、ホッケーが果たしてラテン気質にふさわしいか否かという問題を提起した」[57]と、アメリカの記者はコメントした。この疑問のもう一つの根拠を提供したのは一人のイタリア人記者だった。この記者は、イタリアが対スイス戦で挙げたと思われた得点が認められなかったとき、自分のタイプライターを審判員に投げつけようとして取り押さえられた。イタリア・チームはその試合に負け、ドイツにも2対1で負けた。ドイツ対イタリア戦で非常な興奮を巻き起こしたのは、ドイツがメダル獲得を目指し、土壇場になって自国のチームに加えた半分ユダヤ人の選手ルーディ・バルだった。バルは決勝点を挙げ、ドイツ人ファンは大いに喜んだ。彼らは、完全に「アーリア人」ではない選手が自分たちのチームにいても気にしないように見えた。ドイツの新聞はバルについて書くとき、人種問題に触れぬよう厳命されていたが、[58]いくつかの外国の新聞は「ユダヤ人」は支配者民族《ヘレンフォルク》（ナチ用語）にとって最上の選手だと大いに書き立てた。

ドイツにとって不運なことに、バルは二月十一日の対ハンガリー戦で負傷し、その後の試合に出られなくなった。ドイツは次の試合で、三回インジャリー・タイムがあったあとで英国と引き分けた。その長い試合であまりに何度も喧嘩が起こったので、それを見ていたある者は、第一次世界大戦を思い起こすと言った[59]。その比較は、ドイツ対カナダの試合にこそふさわしかっただろう。選手たちはスティックを使い、パックを叩く時間と同じくらいの時間を相手を叩くのに費やした。バルがいないとドイツはカナダに勝ち目があまりなかったが、だからといってドイツ人のファンは、ドイツがゴールにシュートをするたびに、暴動に近い騒ぎをするのをやめなかった。審判員が静粛を求めても効果がなかったので、ゲーリングもゲッベルスもマイクロフォンを握り、カナダ人はドイツの招待客であるのを忘れぬようにとファンに頼んだ。カナダは無作法な客で、ドイツを6対2で完敗させた。

カナダのアイスホッケー・チームは「スポーツマンらしからざる」英国チームがいなかったら、ガルミッシュでまたも金メダルを獲得したかもしれない。英国チームには、カナダで育ち、カナダのアマチュア連盟でホッケーを覚えた選手が、実際には二人だけではなく、六人もいたことがわかった。その六人が全員氷上を華麗にスケートで走り回り、優勝候補の元植民地を相手に2対1で破った。カナダの態度を忘れなかったドイツの観衆は英国チームに夢中で拍手喝采し、英国が勝つと「ハイル」と怒鳴った。英国は結局、ハンガリーとチェコのチームを破り、最高点で競技を終え、オリンピックのアイスホッケーで初めて金メダルを獲得した。

当然ながらカナダは、アイスホッケーの結果にかんかんになって怒った。カナダのオリンピック役員は、二つのトップチームによる最終プレーオフ試合ではなく、得点で金メダルを授与するという決定に対し、ＩＯＣに改めて抗議した。その抗議が却下されると、大会から抜けると再び脅し、おまけに、ロンドンでのオリンピック後の英国との試合をキャンセルすると脅した。結局、そうした脅しは撤回したが、ガルミッシュでの扱いに、その後もずっと悪感情を持ち続けた。

冬季オリンピックの魅惑的なスポーツの一つであるアルペン競技は、アイスホッケー同様、ガルミッシュで競技が始まる前から多くの抗議の声に包まれていた。一九三五年五月、ＩＯＣは、プロのスキー指導員はスキーを教えて金を貰っているので本当のアマチュアではないから第四回冬季オリンピックに参加できない、と決めた。その規則は、世界最高のスキーヤーの多くに、とりわけスイスとオーストリアに影響を与えた。両国の主なスキー場には、いくつもの一流のスキー学校がすでにあった。スイス人とオーストリア人は禁止規則に激しく抗議をした。彼らはIOCがやむなく軟化するのを期待して、国際スキー連盟《フエデラーション・アンテルナショナル・デュ・スキー》に対し、オリンピック大会とまさに同じ時期に、ライバルの世界アルペン競技選手権大会を開くよう嘆願した。国際スキー連盟はそれは拒否したが、独自にIOCに対し、スキー指導員禁止という規則に抗議した。有能なスキー選手がいるわけでもないグレート・ブリテン・スキー・クラブ評議会でさえ、もしスキー指導員が参加を禁止されれば英国のスキーヤーは一人も送らないと脅した(60)。

そうした抗議を受けたにもかかわらず、IOCは譲らなかった。それに対抗し、スイスとオーストリアの男子アルペン競技チームは全員ガルミッシュをボイコットすることにし、その結果、主要なスターが競技に出ないことになった。出場しなかった一人はオーストリアのスキーヤー、ハインリヒ・ハラーだった。彼はナチの狂信者で、SSの隊員だった。彼が一九四四年から翌年にかけ、インドの英軍の捕虜収容所からチベットに逃亡した事件は、一九九七年、『チベットの七年』というハリウッド映画になった。主役のハラーはブラッド・ピットが演じた。ヒトラーはガルミッシュ大会で、アイガー北壁を最初に征服した者に金メダルを授与すると約束したが、結局、メダルを貰ったのはハラーとそのチームだった。オーストリアは、冬季オリンピックをボイコットする正当な理由として、アルペン競技の指導員の参加を禁じながらノルウェーのノルディック・スキーのトレーナーの参加は認めるという「過度に微妙な」区別を指摘した(61)。英国は結局アルペン競技スキーヤーをガルミッシュに送ったが、成績があまりに振るわなかったので、内情に明るい者は、練習にわずか四百ポンドしか使われなかったことを問題にした。

スイスとオーストリアのスキーヤーが男子アルペン競技に出ないというのは、ドイツのスキーヤーにとっては恩恵だった。彼らは手ごわい相手のいなくなったことを十分に利用した。男子アルペン複合（滑降と回転）の優勝者はベルヒテスガーデン出身のフランツ・プフニュールという大工だった。彼は回転で一位、滑降で二位だったので、総合タイトルを獲得した。ヒトラーの熱烈な支持者だったプフニュールは一九三七年にSSの隊員になり、最後は、SSの人種・移住局（純粋のドイツ人を占領地に定住させることを目指した局）で働いた。ドイツ・チームのもう一人のメンバー、グスタフ・「グッツィ」（「グスタフ」の愛称）・ランチュナーは銀メダルを獲得した。オーストリア生まれのランチュナーは一九三二年以来ナチ党員で、一九三六年一月にドイツに帰化したばかりだった。一九三〇年から三九年まで、カメラマンとしてレニ・リーフェンシュタールのために働いた。

プフニュールとランチュナーのような天賦の才に恵まれたスキーヤーは、スイスとオーストリアのチームがいないことを最大限に利用したが、トルコから来たたった一人のアルペン・スキーヤーのレシャット・エルジェシは、おそらくその違いに気づかなかっただろう。彼は、プフニュールが四分五一・八秒でゴールしたコースを、二二分四四・四秒でゴールした。この哀れな男は上で何をしていたのかといぶからざるを得ない。

ガルミッシュ大会では、オリンピック史上初めて女子アルペン競技が行われた。回転の一種目だけで、ドイツのクリストル・クランツが金メダルを獲得した。選手としての長い経歴の中で十四の世界選手権と、二十四のドイツ全国タイトルを獲得したクランツはあまりに強かったので、アメリカのコーチはドイツ最高の男子選手と同等だと見なした。確かに彼女は政治においても男勝りだった。献身的な国家社会主義者だった彼女は、のちに、ロシアの前線にいるドイツ軍に自分のスキーを贈って大いに注目された[62]。

予想通り、スカンディナヴィア人、とりわけノルウェー人とスウェーデン人は、スピードスケートとノルディック・スキーの種目で際立った。ガルミッシュ大会で最も活躍した選手は――それどころか、冬季オリンピック史上、最も偉大な選手の一人は――ノルウェーのスピードスケーター、イバール・バラングルートだった。彼は五百メートル、五千メートル、一万メートルのレースで金メダルを獲得し、千五百メートルでは、チームメートのチャールズ・マティーセンに、ほんの少し遅れて銀メダルを獲得した。その偉業は、エリック・ハイデンが五個の金メダルを獲得するまで誰にも超えられなかった。

小柄で童顔のノルウェー人ビルゲル・ルードは、ラージヒル・スキージャンプで大差をつけて優勝した。それは、巨大な丘を小男が征服する流れの魁《さきがけ》になった。驚くべきことに、ルードは男子滑降種目でも最速の記録を出した。ルードは一九三六年以後も競技に出場して優れた成績を残したが、第二次世界大戦でノルウェーがドイツに占領されているあいだ出場を拒否したので、ナチによって強制収容所に送られた（ルードは生き延び、一九九八年に死去した）。

ノルディック・スキー競技ではスウェーデンとフィンランドがノルウェーを上回った。スウェーデンの炭鉱夫エリク＝アウグスト・ラーションは、十八キロのノルディック競技で優勝した。キリスト教徒で根本主義を奉じていたラーソンは、メダルを教会に寄贈した。同じくスウェーデン人エリス・ウィクラントは苛酷な五十キロ競技で金メダルを獲得した。それは、マラソンに匹敵する冬季オリンピック種目だった。フィンランドはコーレ・ヤルカネンの信じられないような偉業のおかげで、四十キロのノルディック・リレーで優勝した。ヤルカネンはレースの最終区間で、ノルウェーに大差をつけられていたのを縮め、六秒の差で勝った。「今夜」と、レースのあと興奮した解説者は言った、

「［ヤルカネンの］名前を誰も彼もが口にしています、彼は公人になったのです[63]」。

冬季スポーツで、ずっと以前から「公人」だったのは、ノルウェーのフィギュアスケート選手ソニア・ヘニーだった。彼女は、ガルミッシュ＝パルテンキルヒェンで誰よりも知られた存在だった。サンモリッツとレークプラシッドで金メダルを獲得した彼女は、「氷上の女王」として君臨した。また、社交界での女王でもあり、さまざまな洒落男と一緒に一流のナイトクラブに頻繁に顔を出し、彼女を国宝と見なしたノルウェーの国王、ホーコン七世とも親しく飲食をした。

ヘニーは、世界中で何度もエキシビションを催して相当の蓄財をした。そのため、彼女のアマチュアの身分が疑問視された。合衆国フィギュアスケート協会のある代表はエイヴェリー・ブランデージに怒りの手紙を出し、ヘニーは「ノルウェーで催したエキシビションでの収益の五〇パーセント」を受け取ったということと、厚かましくも「欧州最高の職業アマチュア」という肩書きを使っていることを伝えた[64]。

アマチュア問題に厳しかったブランデージは、その手紙を国際スケート連盟の会長ウルリヒ・サルコウに渡すに際して、ヘニーがプロではないかという噂には「幾分かの真実」があるのは疑いないと述べた[65]。ところが、ヘニーがオリンピックのアマチュア規約にしばしば違反することにアメリカ人が釈然としない気持ちを抱いたとしても、ガルミッシュにいるほかの誰も気にしていないようだった。とりわけ、わざわざヘニーと一緒に何度も写真を撮ったアドルフ・ヒトラーは。ヒトラーは、鼻の低い金髪のノルウェー美人に首ったけのように見えたので、地元のパパラッチは、彼女がガルミッシュでいつも身につけていた白いコサージュは、「彼の贈り物」ではないかと噂した[66]。

ヘニーはやがてファッションの舞台から屋内スケートリンクに移動する時が来ると、優勝するには総統の励ましだけでは足りなかった。若い英国の新人セシリア・カレッジ（二〇〇八年四月に没）という手ごわい相手が不意に出現したからである。その英国の少女は規定課題（今は廃止）でヘニーと紙一重の差で二位になった。そのためヘニーは腹を立て、審判員がカレッジに甘い点をつけたと言った。カレッジはヘニーの前にフリースケーティングで見事な演技をしたので、観衆の多くはノルウェーの女王もついに退位させられるのではないかと思った。しかしヘニーはさすがにプロで、カレッジのスピンと跳躍に対し、オリンピック競技では行われたことのない、危険度の高い二回転「アクセル・パウルソン」ジャンプで応じた。[*2] 無事に両足で着地したヘニーは、両脚を一直線に広げて氷上に坐り、お得意のカバーガール風の微笑を浮かべた。審判員はそれまで何度もしてきたように、彼女を一位にした。

それは、ヘニーの「アマチュア」としての最後の勝利だった。ガルミッシュ大会のあと、彼女は映画とアイスショーの人生を歩み始め、四千七百万ドルという額の金を稼ぎ、そのうちのいくらかを使って、世界でも有数のダイヤモンドのコレクションを作った。一九三七年にアメリカに移住し、四一年にアメリカ市民になった。第二次世界大戦中、ドイツ占領軍と戦っていたノルウェーのレジスタンスに財政的支援をしてくれと、かつての同国人に頼まれた際、拒否した。それは「裏切り行為」で、多くのノルウェー人は彼女を決して許さなかった。[67]

ガルミッシュで観衆を喜ばせたもう一つの種目は、ペアのフィギュアスケートだった。女子のソロ競技の場合同様、思わぬ「決闘」が行われた。今度は、優勝候補のエルンスト・バイアーとマクシ・ヘルバーのペアと、十代の兄妹、エリクとイルゼ・パウジンの無名のオーストリア人ペアの「決闘」だった。バイアーとヘルバーは数ヵ月前、自分たちの演技種目を撮影し、その動きを音楽のスコアと完全に一致させるために、それを作曲家に送った。二人は無傷に近い演技をした。しかし、鑑賞眼のある観衆は、オーストリアの若いペアがシュトラウスのワルツ（ほかに何があろうか？）の伴奏で滑り始めるや否や、計算づくの芸術的効果と、巧まざる芸術的効果の違いを悟った。「一瞬のうちに二人は蜻蛉《とんぼ》のように飛び」と、ある米人記者は有頂天になって書いた、「観衆が待ち望んでいたテンポ、気迫、奔放さで、氷上をかすめるように滑った。二人の兄妹は演技中、いとも易々《やすやす》と楽しげに飛び、リンクの端から端まで猛烈な勢いでスピンしたので、観衆は座席から腰を浮かせた」[68]。それにもかかわらず九人の審判が、結局、バイアーとヘルバーに金メダルを与えることにしたので、大方がドイツ人の観衆は、ブーイングをし、シーッという声を出した。その様子をいっそう注目すべきものにしたのは、ヒトラーが観衆の中にいたという事実だ。彼は野次に対してはっきりとした不快感を示した。まるで、野次に政治的メッセージを読み取ったかのように。

四年前にレークプラシッドで、ひと組のアメリカ人夫婦がペアのフィギュアスケートで銀メダルを獲得した。それは、地元でのオリンピックでアメリカ人が手にした多くのメダルの一つだった。だが、外国のガルミッシュでは、アメリカ勢はヨーロッパ勢よりも概して劣勢で、ブランデージとAOCはひどく落胆した。

ガルミッシュでアメリカが活躍した数少ない種目の一つは、二人乗りボブスレーだった。その種目でアメリカは一位と三位に入った。ボブスレーのコースは危険このうえなく、悪名高い「バイエルン・カーブ」は、練習中および競技の最初の数ラウンドで、数人の選手に悲運をもたらした。あるイタリア人のドライバーは、そのカーブが曲がり切れず、何本かの肋骨と鼻骨を折った。また、一人のフランス人のブレーキ係は橇から投げ出されて五十メートルほど引きずられ、片脚を折るという不運に見舞われた。橇をスイスのメーカーから買い、ほぼ買ったままの状態で使うヨーロッパ・チームとは違い、アメリカ・チームは自分たちの注文通りに作らせた高性能の橇を使った。それでも、USA1号の四人乗りボブスレーは、うまくいかなかった。そのドライバーは、ブロンクスに住むドナ・フォックスという名(男の名前としては妙だが)の命知らずの葬儀屋だった。フォックスは無謀な運転をしたので、最初の滑降で片方の腕をひどく傷つけてしまい、その後の試合に出られなかった。代わりのドライバーを使った、USA1号は四位に終わった。「ブロンクスをがっかりさせてしまって、惨めな気持ちだった」とフォックスは記者に語った。二人乗りボッブスレーの競技では勝つチャンスは大いにあるように見えた。なぜなら、ある記者が書いたように、その種目は「あらゆる方面からの金持ち」を呼び物にしていたからである。USA2号のドライバーは、練り歯磨きで有名なギルバート・コルゲートだった。コルゲートの橇は三位で、二位はスイスの前大統領の息子がドライバーの橇だった。金メダルを獲得したのは、アイヴァン・ブラウンという名のインディアンのアディロンダック族の裕福なスポーツマンがドライバーを務めたUSA1号だった。ブラウンが優勝したので、アメリカ人の傷つけられた誇りは、いささか癒されたが、現場にいた『タイムズ』の記者は悪戯っぽく書いた。「アメリカ・チームは[合衆国に]帰ってもブラスバンドで迎えられることを期待していない。ケベック経由でそっと入国することが検討されているという噂がある」(69)

ガルミッシュでおそらく最も政治的に重要だった競技――軍事パトロール・スキー(現在のバイアスロン)――は公式種目でさえなかった。それは、「デモンストレーション種目」だった。ノルウェー国防省は大会に先立って、そんなレースはノルウェーでは行われていないとして、参加を断った。それは明らかに真実ではなかった。ノルウェーが断った本当の理由は、オスロの労働党政府が、軍事的なものと見なした種目、ヒトラー体制が軍事力の、いわば計量棒と見ていた種目に参加したくなかったことにあるのは疑いない。ノルウェー選手団はガルミッシュに行ったが、左寄りのノルウェー政府は、地元の労働組合によって組織された小さな「別の冬季オリンピック」がオスロで開催されるのを認可した。代表チームがライバルのスカンディナヴィア選手団やドイツ選手団を圧倒するのを見たがっていたノルウェーの保守的新聞は、軍事パトロール・スキーに選手を出さないことに強く抗議した。冬季オリンピックのノルウェーの外交使節もそれに倣い、抗議をして辞任した。ドイツの官吏もノルウェーの行動に怒り、オスロ駐在のベルリンの大使は、それは「政治的理由」による行動だとした（それは正しかったのだが[70]）。ここで言えるのは、「ノルウェー人はよくやった！」ということだけである。彼らが軍事パトロール競技に参加するのを断ったのは、この冬季オリンピアード全体で、政治的動機でチームを出すのをボイコットした唯一の場合だった。ノルウェーの行動は、国内では伝統的に軍事パトロール・スキーが盛んで、おそらくガルミッシュで優勝したであろうことを考えると、いっそう賞讃に値する。結果的に、イタリアが一位になったが、軍事力の指標としての軍事スキーなどというものは、その程度なのである。

一九三六年の冬季オリンピックの非公式の国別メダル獲得数の一番多かったのは、ノルウェーだった（IOCは国別メダル獲得数を公式には発表しない）。金メダル七個、銀メダル五個、銅メダル三個だった。次がドイツで、金メダル三個、銀メダル三個だった。アメリカとカナダは大敗し、アメリカは金メダル一個と銅メダル三個だけだった。カナダは銀メダル一個のみだった。金メダル一個、銀メダル一個、銅メダル二個で終わったオーストリアは、一流のアルペン・スキーヤーが競技に参加していれば、もっとよい成績だったのは間違いない。オーストリアのスキーヤーは八日後にインスブルックで催された世界アルペン選手権大会で圧勝した。興味深いことに、ガルミッシュで優勝したドイツの選手たちは、その大会には姿を見せなかった。オーストリアにとっては踏んだり蹴ったりなのだが、オーストリアの唯一の金メダル受賞者、フィギュアスケートのカール・シェーファーがメダルを受け取ったとき、ガルミッシュの観衆の多くの者にはドイツの国歌に聞こえるものをブラスバンドが演奏したのだ。実は、それは間違いではなかった。ナチ・ドイツはオーストリアの『皇帝讃歌』（それは古い民謡にもとづいていて、ハイドンが弦楽四重奏曲『皇帝』で使った）のメロディーを盗み、新しい国家、『世界に冠たるわがドイツ』にしたのである。もちろん、間もなくナチ・ドイツはオーストリアをも盗むことになる。

社交場

近代オリンピックは最初から、スポーツ以上のものだった。それは、世界の富豪階級と、残存している貴族階級のあいだでは、やたらにパーティーを開き、社交的催しをする機会でもあった。そしてもちろんオリンピックは、全世界の前でいいところを見せる機会を招致国に与えた。ドイツは、ガルミッシュにおいてもベルリンにおいても、その機会を逃すつもりはなかった。

冬季オリンピックはドイツの「オリンピック年」の第一幕だったので、組織委員は大勢の観衆を世界中から引き寄せることを期待していたと同時に、訪問者が新生ドイツで目にしたことに感銘を受けて帰ることに自信を抱いていた。大管区長官ヴァーグナーは大会に先立って言った。「オリンピックはドイツの偉大なる事業である。……ドイツに全世界の人々が来る、地球の隅々からの訪問者が。ジャーナリスト、政治家等々。［彼らの多くは］生まれて初めて国家社会主義に接するのだ。……そうした外国人が帰国すると、全世界で、アドルフ・ヒトラーのための宣伝者として活動するであろう[71]」

ガルミッシュ大会の訪問者の総数は大変なものだった。最大推定数は十一日間で約六十五万人だった。正確な数はどうであれ、レークプラシッドにやってきた、わずか一万四千人を遥かに凌駕したのは確かである。だが、外国人の訪問者の数は予想よりだいぶ少なかった。大会中、たった四千四百人の外国人訪問者しか、ガルミッシュ＝パルテンキルヒェンと、その周辺の町に滞在しなかったと推定されている。そのほか、数百人がミュンヘンに滞在した。冬季スポーツは第二次世界大戦後とは異なり、まだ世界中に広まっていなかった。また、外国人入場者の数は、大会がファシストの支配する国で催されたという事実で減ったのは疑いない。どのくらいの数の外国人が個人で大会ボイコットをしたのかを知る術《すべ》はないが。

「ガパ」で観客席を満たし、コースの両側に並んだ何万人ものドイツ人の大部分は、周辺の地方からやってきた――バイエルンの日帰り客だった。毎日、ドイツの組織委員は、「歓喜力行団《クラフト・ドウルヒ・フロイデ》」、すなわち、特に労働者階級のためにナチが仕組んだ余暇運動に属する約五万九千人の労働者を特別列車で運び込みもした。彼らは鉄道駅のそばに建てられた大きな木造小屋で集団で食事を供された。組織委員は、なんとかしてオリンピックを生気あふれる団体でいっぱいにしようとしたのである。

高い金を払う外国の訪問者の数が比較的少なかったということは、期待したほどには冬季オリンピックから経済的な見返りがなかったことを意味した。最終財務報告によると、総収入は合計二百四十一万五千三百六十八ライヒスマルクになり、一方、支出は合計二百六十一万八千二百五十九ライヒスマルクになった[72]。外国人訪問者からの収益減の問題は、財政が潤沢だという印象を与えようと、ヒトラー政府が「ガパ」地方に肉と油脂を送ったことで解決された。その策略を講じた結果、ドイツは外国からの食糧輸入を増やさねばならなくなり、はなはだ高くついた。のちにほかの多くのオリンピック主催国が学ぶことになるように、壮大な催しは相当の赤字になりうるのだった。

組織委員は大勢の外国人を来訪させるには失敗したが、かなりの数の貴族と、金満家の世界観光旅行者を引き寄せることはできた。貴族の中で来なかった者の一人は、新しい英国王エドワード八世だった。彼は皇太子時代、シーズンになるとオーストリアのキッツビューエルでいつもスキーをし、親ドイツ的であることが知られていた。当初ドイツの組織委員は、ガルミッシュ大会に皇太子が臨席することを望んでいたが、彼が王位に就く前からも、ドイツのオリンピック関係者たちは、将来のウィンザー公を招いても意味がないという結論に達していた。外務省からの極秘情報によると、彼は最後のシーズンに「キッツ」で嫌な目に遭い、目下、冬季スポーツに悪感情を持っていたからである。[73] 結局ドイツは、スウェーデンの皇太子、プロイセンの前皇太子、オランダのユリアナ皇太子妃といった、格の落ちる貴族を招くことにした。彼らはお忍びで旅行をしたにもかかわらず、バイエルン政治警察の護衛が付いた。

英国からやってきたVIPの中には、ロンドンデリー卿夫妻がいた。チャーチルのいとこで国王エドワード八世の相談相手だったロンドンデリーは、ヒトラーとナチの政策に対する共感を表明した英国の貴族たちの中で一番際立っていた。彼は一九三一年から三五年まで航空担当内務大臣を務めた。そして、公然とヒトラーを支持した最初の（そして最後の）閣僚だった。ロンドンデリーは、やはり飛行機好きだった航空相のヘルマン・ゲーリングを、とりわけ讃美した。この英国の侯爵は、閣僚だったあいだゲーリングに会おうとしたが果たせなかった。

ロンドンデリーがガルミッシュ大会に正式に招待されたのは、おそらく、ヒトラーの外交政策顧問ヨアヒム・フォン・リッベントロープの差し金だったのだろう。リッベントロープはロンドンのパーク・レーンにあるロンドンデリーの優雅な屋敷に客となったことがあった。ロンドンデリーと妻は大会に行く途中、ベルリンに短期間滞在した。ゲーリングはベルリンで二人のために宴会を開き、「北方人種」の国同士の永遠の友情を深める機会に利用した。ヒトラーは首相官邸にロンドンデリー夫妻を招き、晩餐会を催した。ガルミッシュでは、ゲーリングは自ら夫妻の世話をし、ソニア・ヘニーに二人を紹介し、アイスホッケーの試合の際、ヒトラーのボックス席に坐るように手配した。大会中、ロンドンデリー卿は、ヒトラーとゲーリングが姿を現わすたびにドイツの観衆が示す熱狂ぶりに感銘を受けた。(74)

ロンドンデリー卿は、招待してくれたドイツ人たちが自分に伝えたかったメッセージを理解したようだ。彼はロンドンに戻ってからのスピーチの中で、ドイツの平和的な意図を賞讃し、フランスと英国と軍事的に対立するのをまったく望んでいないと言った。彼がそう言ったことに対して『マンチェスター・ガーディアン』は、ロンドンデリーがもはや閣僚ではないのは非常にいいことだと書いた。ロンドンデリーがドイツに行ったことに触れ、英国の外交官で文人のハロルド・ニコルソンは、日記に冗談めかした調子で書いた。「ある意味で、ロンドンデリーに感心している。一九三六年に、一七六〇年にいるかのようなのは結構なことだからだ。おまけに、彼は本当の紳士だ。しかし、私は元閣僚が、この時期にのこのこドイツに行くことに大反対だ。秘密交渉をしているという印象を与え、フランスを動揺させる」(75)

レディー・ロンドンデリーも、ガルミッシュとベルリンで目撃したことに感銘を受けた。とりわけヒトラーは、彼女をすっかり感心させた。

彼がガルミッシュのオリンピック開会式に車で行くのを見た。彼はオープンカーに乗って立っていた。公然たる標的だ。十万人以上の者が彼を歓呼で迎えた。［もちろん、実際には彼は護衛に囲まれながら、徒歩で開会式に行った。］彼はベルリンの自宅で、私と夫のために晩餐会を開いてくれた。私は彼の隣に坐った。私は魅力的な個性の男、素晴らしい、遠くを見通す目の男を見た。自分は真に偉大な人物のそばにいるのだと感じた。彼は純真で、威厳があって、謙虚だ。人の指導者だ。(76)

結局、ロンドンデリー夫妻はヒトラーとナチにへつらったつけを払う羽目になったことを付け加えてもいいかもしれない。チャーチルは戦時中、首相になったとき、常軌を逸した、ややうすのろのいとこが政界の端にいるように気を配った。なんとも皮肉な話だが、ロンドン大空襲の際、ドイツの爆弾がロンドンデリーの邸宅を破壊し、「見るも無残な」姿にした。

冬季オリンピックの訪問者には、身分はどうであれ、競技を観戦していない時に、娯楽を提供しなければならなかった。それは「ガパ」では容易なことではなかった。一九三〇年代半ばの「ガパ」には、今日とは違い、スキーのあとで楽しめる施設が多くはなかった。だが、その一帯にはいくつかの田舎風レストランやバーがあり、オリンピックの訪問者は夜更けまで酒を飲むことができた。収益を上げるため、大会中は通常の真夜中の閉店時間が一時延長になったからである。金持ちのための選り抜きの社交場は、ホテル〈アルペンホープ〉のバーだった。エイヴェリー・ブランデージとIOCの大方のメンバーは〈アルペンホープ〉に泊まった。（ちなみに、〈アルペンホープ〉の経営者は、ル・フォルト男爵から服装規則を緩めて、もっとくだけた雰囲気を出せないかと頼まれると、にべもなく断った。そして、スキーの服装をした不作法な連中が自分のホテルで食事をするようになったらお仕舞いだ、と言った。(77)）大会が進行するにつれ、競技を終えた選手たちは、どんちゃん騒ぎをするためにバーに繰り込んだ――そして何時間もぶっつづけに飲み、練習中、何ヵ月も禁欲的な生活をした穴埋めをした。〈ホッホラント・レストラン〉でアルペン・スキーヤーの浮かれ騒ぎを目撃したある者によると、その「羽目を外した陽気さ」は長いあいだ忘れられないものだった。(78)

「ガパ」の施設は限られていたので、重要な社交の大半は、とりわけVIPが関係する社交は、たいていの者が陽気にビールを呷《あお》るので有名なミュンヘンで行われた。ミュンヘンには伝説的な〈ホーフブロイハウス〉のような巨大なビヤホールがあった。〈ホーフブロイハウス〉は数階建てで、ビールは一リットル半入りのジョッキで運ばれてきた。チャンマーは、〈ホーフブロイハウス〉の広大な宴会場で、新聞記者とオリンピック関係の役員のために「ビールの夕べ《ビーアアーベント》」を催した。大会は恒例の四旬節前の謝肉祭とかち合っていたので、市は重要な「文化・芸術的」面を打ち出した謝肉祭をすることに決めた。(79) さらに、酩酊を啓発で補おうと、市の自慢のいくつかの美術館は特別展を催し、閉館時間を延ばした。ミュンヘンのオペラ劇場は、リヒャルト・シュトラウスの音楽で、「オリンピックの五輪」と題した特別バレエを上演した。フリル付きのチュチュを穿いたドイツの最も有名な五人のバレリーナが、オリンピックのシンボルの形に互いに体を絡ませ合って、オリンピック精神を忠実に捉えようとした。

IOC委員と、その他の著名な人物のための公式レセプションが、ミュンヘンの洞窟めいたドイツ博物館の大会議場で開かれた。それは「ナチ体制がこれまでに試みた、著名な国際的人物の集いのための最大にして、最も代表的なレセプション」(80)と、ある外国人は記している。ドイツ組織委員会がだいぶ前から立てた計画に従い、ほぼ千人の客が身分に応じて二十のテーブルに着いた。応用芸術学院のエルンスト・ブヒナー教授が主客用のテーブルの飾り付けを手ずから行った。豪華ホテル〈四季《フィーア・ヤーレスツァイテン》〉の経営者アルフレート・ヴァルターシュピールがディナーを賄った。コースとコースのあいだ、何人かのミュンヘン州立オペラの歌手がディナーの客を楽しませた。その晩の土産として、有名なニムフェンブルク磁器工場で作られた、磁器の立派な彫刻を全員が貰った。大方の出席者にとって、その晩、ただ一つがっかりしたのは、ヒトラーが姿を現わさなかったことだ。彼は代理としてゲッベルスを送った。来賓を歓迎し、ゲッベルスは宣言した。「オリンピックが精神と理念において政治的ではないのは真実であります。しかし、すべての国からこうして男女が集うというのは、より高い次元で政治的であります。今ここに、一切の政治的違いを超えて互いに知り合い、その結果、各国間の理解を深める機会がすべての者に提供されているのであります[81]」

ゲッベルスの調子のいい甘言は、会場の誰をも安心させたわけでは決してなかった。ドイツにおけるオーストリア首席代表は、わが国を知ろうという第三帝国の考えはわが国を吸収することではないのかと恐れ(それには十分な理由があった)、次のような警告をウィーンの外務省に打電した。「ドイツの指導者たちは平和を保障すると絶えず言っているので信じたくなるが、ファウストと一緒に、こう言いたい気持ちに駆られる。『言っていることは実によく聞こえるが、まったく信じられない[82]』」

大会が終わった直後、ミュンヘンではオリンピックのすべての役員と選手のための大饗宴と舞踏会も催された。酒池肉林に加え、ドイツ人のおどけて機知に富んだ一面を示すため、多彩な余興が提供された。その晩、最初に「グーディベルク(ガルミッシュ=パルテンキルヒェンの山)のマイスタージンガー。雷雨と三百の描写を伴うオリンピック大会」と題された活人画があり、「雪片バレエ」がそれに続いた。それだけでは陽気さが足りないかのように、真夜中に酒宴の客は「真夜中のスピン!(白ソーセージへの頌歌)」を見せられ、午前二時に、刺激的な「十二人のためのカンカン」を見せられた[83]。

訪問者と選手を歓待しようというドイツの努力が実り、よい印象と楽しい思い出を彼らに残したかどうかは正確には言えない。外国人記者は、ごく少数の訪問者にしかインタヴューができなかった。

そして、ほとんど誰もが大いに感激して帰ったというドイツの新聞の記事は、額面通りに受け取ることはできない。いずれにしろ、外国からの訪問者は比較的少数だったので（アメリカ人は五百人ほどしか来なかった）、口頭での宣伝効果は限られたものだったろう。

驚くには当たらないが、ＩＯＣの役員は「ガパ」で行われたことに、満腔の満足の意を表した。ドイツ滞在中、ヒトラーと差し向かいで歓談したエイヴェリー・ブランデージも同様だった。ブランデージはアメリカに帰ると、ドイツ大使に宛て、大会を熱烈に讃美した手紙を書いた。「ガルミッシュ＝パルテンキルヒェンでの第四回冬季オリンピックは、あらゆる点で無条件の大成功でした。ガルミッシュ＝パルテンキルヒェンで人が目にした非の打ち所のない準備、快適な環境、見事な競技、友好的な礼儀正しさ、立派なスポーツマンシップは、忘れ難い思い出を残しました。素晴らしい景色を目にし、魅力的な歓待を受けた者は誰しも、ドイツという招待主に対し感謝の念を抱いているのです[84]」

選手はといえば、あれやこれやの混乱や不十分な点に文句を言ったにもかかわらず、招致国の能率のよさ、礼儀正しさに感銘を受けて帰国したように見える。それも当然である。選手は自分たちの競技にもっぱら関心があったのであり、ナチ・ドイツの政治的、社会的状況に関心があったのではないからだ。ノルウェーのジャンプ選手、ビルゲル・ルードは、その一例であろう。六十年後になっても、依然として、ガルミッシュ大会について悪く言うべきことが見つからなかった（すでに述べたように、第二次世界大戦中、彼はドイツ軍によって強制収容所に入れられていたけれども）。「私たちはスポーツに参加するために行ったのです」と彼はあるインタヴューアに言った。「ほかの一切のことは、私たちには重要ではありませんでした[85]」。アメリカ人選手の中には負けっぷりが潔くなかった者もいた。スケート選手は、毎晩毎晩、ウインナー・シュニッツェルばかり食べさせられた腹いせに、ホテル〈フッサー〉の主人に向かい、「ヴィール（仔牛の肉）、ヴィール、ヴィール！」と叫んだ。一方、アイスホッケー・チームは、ホテル〈シュトゥーブル〉の部屋を「別れの挨拶」として滅茶滅茶にした。しかし概して、『ワシントン・ポスト』の記者ポール・ギャリコ（将来の『スノー・グース』、『ポセイドン・アドヴェンチャー』などの小説の作家）によれば、「ドイツ人は友好的」[86]で、大会はうまく運営されたと思った。それは、アメリカ選手団を尾行していたゲシュタポの一人の出した結論でもあった。選手は「政治にはほとんど関心を示さず」、いくつかの状況について少々あら捜しをしたにもかかわらず、ドイツで目にした「友好的態度、秩序、清潔さに驚き、感動した」と報告した。AOC事務局長フレッド・ルビーンによれば、大会後に彼が接触したアメリカ人選手は、「第四回冬季オリンピックは、近代オリンピックの創始者の理念を、これまでのどの大会よりも最も完全に近く実現したものだったという見解を表明した」[87]。

冬季オリンピックの報道と記録

もちろん、ドイツの主催者たちはナチ・ドイツについてのよい評判を外国に広めるのに、オリンピックの訪問者にのみ頼ったのではなかった。彼らは前例のないほどの数の外国の新聞記者と放送記者を歓迎した――合計約五百人だった。また、国際的に配給するため、大会の記録映画を作ることを委嘱した。外国人記者の取材に関して言えば、ナチ体制は、大会は「ドイツ国民と総統が抱いている平和への意志を再び世界の人間に確信させる機会」[88]だと見た。だがナチ体制は、積極的取材を当然のこととしなかったのは間違いない。第三帝国の報道関係の役人は、ガルミッシュでの催しを通してドイツのイメージを作り上げることに腐心し、記事を口述して書き取らせはしなかったものの、それ以外のことはすべてした。外国人記者はＶＩＰ扱いされた——最新式の通信設備、多言語に堪能な秘書、無料《ただ》の飲食物、見物をする際の案内人が提供された。

　外国人記者の大会に関する記事は、ナチ自身が書いたかのような印象を与えた。『ニューヨーク・タイムズ』に載ったフレデリック・バーチャルの記事は、その一例である。一九三四年に、「ドイツに関する偏らない記事」でピュリツァー賞を受賞したこの記者は、冬季オリンピックで「宗教的、政治的、人種的偏見の、ごく些細な証拠も」見出さなかったと読者に請け合った。「反ユダヤ主義の掲示は村々から撤去されている」と彼は報じた。「反ユダヤ主義の新聞『シュテュルマー』は目にしない。一人のユダヤ人アイスホッケー選手が、ドイツ・チームに選抜されてさえいる。要するに、政治は政治に無関係の分野から排除されている。スポーツのみが問題で、誰もほかのことは何も考えていない[89]」。別のところでバーチャルは、ドイツは「ヨーロッパで最も平和を愛し、非軍国主義的で、人を歓待し、寛容な国である[90]」と、大会に行った観光客は異口同音に言って帰国するだろうと書いた。バーチャルは現実と見せかけの乖離《かいり》を指摘するために、この底抜けに楽天的な評価を自分で確認したり、ナチの「効果的な宣伝」の裏を見ようとしたりはしなかった。

　冬季オリンピック組織委員会の新聞報道課は、外国の記事の要約をまとめた結果、同課の課長はこう断言した。「第四回冬季オリンピックは、ひとえに一人の偉大な政治家が支援してくれたおかげで実現した途方もない偉業だと、全世界の新聞はこぞって書いていた[91]」

　しかし結局、ガルミッシュ大会に対し外国のメディアは等しく好意的だったというドイツの主張は、大会が完全に和気藹々の雰囲気のうちに行われたという主張同様、真実ではなかった。「ガパ」では「何もかもがうまくいった」という考えは、オーストリアの新聞には支持されなかった。「多くの点で」と、ウィーンから来た記者は不平を述べた、「ここの運営はまったく失敗している。誰もガルミッシュ＝パルテンキルヒェンの地勢を知らない。バイエルンのほかの場所から呼ばれた治安官は、地元の信頼できる情報を伝えることができず、ガルミッシュの住民でさえ、パルテンキルヒェンについて何も知らず、逆もまた真なりなのだ[92]」。英国の新聞は、不十分な宿泊施設、貧弱な食べ物、押しの強いバイエルンの日帰り客についての記事に満ちていた。

アメリカの新聞は――バーチャルが『ニューヨーク・タイムズ』にいろいろ書いたにもかかわらず――とりわけ大会の後半に最も批判的ないくつかの記事を載せた。雑誌『タイム』の記者は、人の善意が失われたことに読者の注意を惹いた。「先週、なんであれ競技の大事な結果が出るずっと前に、大会が始まった頃の明るい雰囲気とは対照的に、悲しいことながら一連の大小の諍《いさか》いが起こった。そのことは、一九三六年の冬季オリンピック大会が規模、景色の美しさ、荘重さにおいても、競争心ゆえの悪意においても、これまでのすべての大会を上回ることを証明した[93]」

ウィリアム・シャイラーは大会が始まる前からもナチ広報部と衝突したが（すでに述べたように）、ガルミッシュ滞在は、美しい風景、爽快な山の空気、文字通り「骨の折れる」競技、「スキーの装備一式を身につけた薔薇色の頬をした少女[94]」のおかげで、予想よりも「楽しいひととき」だと感じた。しかし結局シャイラーは、すべての社交上の言辞は、ナチ政策の現実を外国からの訪問者の目から隠すための巧みな甘言だと解釈した。アメリカから来た実業家グループがナチのおだてにすっかり乗ってしまったようなのに驚き慌てたシャイラーは、アメリカ大使館員ダグラス・ミラーと一緒に、ガルミッシュで彼らを昼食会に招いた。ミラーは、ドイツの現状についてアメリカ人の誤った考えを正すために、ウィリアム・ドッド大使によってベルリンから派遣されたのだ。実業家グループは考えを改めるどころか、昼食会のあいだじゅう、いかにナチは魅力的かということについてミラーに話し、シャイラーをがっかりさせた。

シャイラーはバイエルンに短期間滞在中、もう一人のアメリカ人の通信員、『シカゴ・デイリー・ニュース』のウェストブルック・ペグラーと一緒に、ガルミッシュの雪の下にある泥を暴く懸命な努力をした。ペグラーはヒトラーがスケートリンクで観戦した種目について、こう書いた。

入場券を買ったか、入場券を買おうとしているかしている数万の人々が、あっちやこっちに追い立てられ、警官と、さまざまな種類の制服を着た筋骨逞しい若いナチの長い交通遮断線によって構内から遠ざけられていた。そうした若いナチの唯一の義務は、第三帝国の長になったペンキ屋にへつらうことだった。それは力づくの権力により、ドイツ人の大好きなスポーツは制服を着た連中にこづき回される、という古い伝統を見事に立証している例だった。(95)

のちにアメリカ政界の右翼のお気に入りになるつむじ曲がりのペグラーは、冬季オリンピックを取材中、バイエルン流の快活さの背後にある軍事的脅威というテーマを終始扱った。ドイツ組織委員は、自分たちがこれほど厚遇したアメリカのオリンピック報道陣に、ペグラーのような批判者がいることに憤激した。元『ロサンゼルス・タイムズ』の記者で、のちにAOCの報道担当になるビル・ヘンリーも、ペグラーの書く記事に仰天し、「スポーツが何かまったくわかっていない輩がスポーツについて書くとは、ひどい話だ(96)」と言った。大会終了直後リッター・フォン・ハルトは、「冬季オリンピック大会に、ああした憎むべきやり方で報道をしたウェストブルック・ペグラーに夏季オリンピック大会で記者通行証を与えるつもりなのかどうか(97)」AOCに尋ねた。AOCにはベルリン大会でペグラーに記者通証を出す意図はないのがわかったが、いずれにしろ彼がベルリンに来ようとする場合にそなえ、ワシントン駐在のドイツ大使は、アメリカにいるすべての領事に、彼にビザを発行しないように指示した。

「ガパ」における冬季オリンピック大会の様子は、長篇映画『世界の若者《ユーゲント・デア・ヴェルト》』で世界に伝えられた。今ではほとんど忘れられたこの映画は、当時は相当の注目を惹いた。宣伝省が金を出し、ゲッベルスのお気に入りのハンス・ヴィーデマンの監督で制作されたこの映画は、最終的には世界四十ヵ国で約七十五万回上映された[98]。

最初はレニ・リーフェンシュタールが『世界の若者』を監督することになっていた。リーフェンシュタールは、一九三四年のニュルンベルク党大会の見事なドキュメンタリー映画『意志の勝利』を作ったおかげでヒトラーのお気に入りの映画制作者になっていたので、『世界の若者』の監督に指名されるのは、ごく自然だった。リーフェンシュタールはまた、アルノルト・ファンクのアルプス映画『聖山《デア・ハイリゲ・ベルク》』（一九二六年）に出演し、一九三二年、やはり山岳映画の『青の光《ダス・ブラウア・リヒト》』を監督・出演したので、山で映画を撮る経験が豊富だった。リーフェンシュタールは古典的な北欧美人ではなかったものの――髪は黒く、鼻がやや突き出ていたので、ユダヤ人の血が流れているという噂があった――強烈な性的魅力を発散していた。リーフェンシュタールは冬季オリンピック映画の監督として当然選ばれるはずだったにもかかわらず、ベルリンでの夏季オリンピックの映画を監督することになっているので、一年に二つのオリンピック映画を撮ることはできないという理由で辞退することにした。「そのうえ」と彼女はのちに書いた、「私にとって夏季オリンピック［映画］は、もっと重要だった[99]」。

けれどもリーフェンシュタールは、夏の映画制作のためのアイディアを温め、アルプスの社交界に出ようと、冬季オリンピック会場を訪れた。自身、熱心なスキーヤーであった彼女は、水着で山を全速力で直下行するのが好きだった。一九三六年二月十七日付の『タイム』の表紙には、まさにそういう格好をした彼女が描かれていて、クリストル・クランツと水着美人を足して二で割ったように見える。リーフェンシュタールは、制作にまったく関わっていなかった『世界の若者』を、真面目なスポーツ映画作品としては認めなかった。のちに彼女はその映画を、宣伝省と関係があることを強調して、くさした（まるで自分の映画『オリンピア』は、それと同じ繋がりがなかったかのように）。彼女は『回想録』に書いた。「宣伝省から多額の援助を得て冬季オリンピックを撮ったゲッベルスの映画は成功しなかった。私はハンス・エアトルのような一番腕のいいカメラマンの何人かをヴィーデマン氏に貸したけれども。見事なショットがいくつかあったが、一九三六年七月にオリンピック村で初めて選手たちを招いて上映された際、野次られた。そのことは、優れたスポーツ映画を撮るのはいかに難しいかを示している。最高のカメラマンと、あらゆる種類の補助器具を使っても[100]」

『世界の若者』を一蹴するリーフェンシュタールの身勝手な態度は、フェアではない。映画編集の分野では最高の人物の一人、カール・ユングハーンスによって編集されたその映画は、ところどころ少々キッチュだが、まさにリーフェンシュタールが名高い『オリンピア』で競うことになる、名人芸的技巧を発揮していた。『世界の若者』では、冒頭の行進の政治的ドラマは、エンジン付きの橇に乗った選手のあとを追うカメラマンによって見事に捉えられている。カメラマンは選手の伸ばした腕を、翻る鉤十字の旗を背景にしてフレームの中に収めるよう注意している。五十キロのスキー・レースのゴール近くに戦略的に置かれた一台のカメラが、鼻汁で覆われた選手の顔の苦悶の表情を情け容赦もなく記録している。ボブスレーのコースの悪名高い「バイエルン・カーブ」の上に設置されたもう一台のカメラが、三人が骨折事故を起こすさまをスローモーションで捉えている。驚くべきことにエアトルは、カナダ対英国のアイスホッケーの試合で、選手のスティックの先端に小さなカメラを付けることで、ホッケーの動きをパックの視点から見た画像を観客に提供さえしている。その映画がオリンピック村で上映されたとき、いくらか嘲笑の的になったのは事実かもしれないが、概して観客の受けはごくよかった。とりわけドイツでは。最初、『世界の若者』はベルリンのウーファ・プラスト・アム・ツォー（動物園内の映画館）で児童映画『幸運なハンス』と二本立てで上映されたが、すぐに『幸運なハンス』は中止になり、『世界の若者』一本で四ヵ月上映された。

第四回冬季オリンピック大会は夜間の閉会式で幕を閉じたが、それは華美な開会式よりも手が込んでいた――そして不吉なことに、もっと軍事的だった。ヒトラーは幕を下ろすために式場に戻ってきた。今度は、徴兵によって新たに出来た国防軍《ヴェーアマハト》の部隊に護られていた。国防軍は、再軍備化をする目的でラインラントに行進して行く寸前だった。燃える松明を手にした国防軍の兵士たちは、スキー・スタジアムを輪のように取り囲んだ。大砲の一斉射撃が渓谷を越え、峰々に谺《こだま》した。真上に向けられた巨大なサーチライトが、アルベルト・シュペーアが一九三四年にニュルンベルク党大会で初めて試みた「光の大聖堂」という壮大な効果を生み出していた。

印象的だが不気味なこの光景を目にしたポール・ギャリコは、『ワシントン・ポスト』にこう書いた。「通信員の私は、立派な若者や辺境の隣人が、翻る派手な軍旗の下に立っている時に轟いた祝砲の皮肉を感じざるを得なかった。その恐ろしい砲声は、いつの日か轟くであろうように轟いた。その日が来れば、サイドラインの向こう側にいたかつてのスポーツマンは、砲声が轟くたびに命を落とすだろう」(101)

章末注

＊1　一九四五年一月三十日、ドイツ北東部における赤軍の猛攻撃から逃れた一万人以上のドイツ人難民を満載したヴィルヘルム・グストロフ号は、バルト海の氷のように冷たい海でソヴィエトの潜水艦の魚雷攻撃を受けた。多くが女子供の九千人以上が溺死した。後年ヴィルヘルム・グストロフ号は、第二次世界大戦とその直後のドイツ人難民と追放された者を襲った悲劇的運命の象徴になった。

＊2　アクセル・パウルソンは十九世紀末の伝説的なノルウェーのスケーターで、一九三六年にヘニーが演じたジャンプを考案した。それを行うには、スケーターは前向きに片足で踏み切って跳躍し、一回半回転し、別の足で後ろ向きに着地する。そのジャンプは今では単に、アクセルとして知られている。

原注

（1）Avery Brundage, "The Olympic Story," Manuscript, Box 330, ABC.
（2）Die Olympischen Spielen und Wir, LRA 61.944, SAM.
（3）Lewald to Held, 4.2.31, MA 100242, BHSA.
（4）BSUK to BSA, 16.2.31, MK 41598, BHSA.
（5）Scharnagl to Jahn, 4.7.31, ibid.
（6）Industrie und Handelskammer. München, to BSA, 26.10.32, ibid.
（7）Schäfer to Merz, 14.1.33, LRA 61.936 SAM; Kollmann to BSUK, 5.5.33, BHSA.

(8) Jahn to BSI, 11.10.33, MK 41598, BHSA.
(9) OKWS to BSI, 27.3.34, ibid.
(10) BSUK to RPMI, 29.8.35, MK 41600, BHSA.
(11) OKWS to RPMI, R8076, G110, BAB.
(12) "Coca-Cola at the Olympics," Woodruff Papers, Box 217, Folder 7, Emory University Archive.
(13) オボマルチンについては次のものを参照のこと。 The correspondence in R8076, G50, BAB.
(14) OKWS to RPMI, 7.1.35, R8076, G11O, BAB.
(15) State of Preparations for the Fourth Winter Games, IOC Meeting, Athens, 5.5.34-23.5.35, Box 152, ABC.
(16) Thoma to Halt, 14.9.34, Schriftverkehr 1931-1934, MAGP.
(17)´(18) State of Preparations, Box 152, ABC.
(19) Olympia Verkehrsamt, Garmisch-Partenkirchen, to Halt, 9.5.35, LRA 61.942, SAM.
(20) Reichskommisar für Preisüberwachung to Bayer. Staatsregierung, 29.6.35, LRA 135.848, SAM.
(21) Landesverkehrsbund München to OKWS, 1 8.11.35, R8076, BAB.
(22) Rürup, 1936. *Die Olympischen Spiele und der Nationalsozialismus*, 95.
(23) BPP to Bezirksvorstände und Staatskomissare in Oberbayern 27.1.36, LRA 61.936, SAM; Bericht, Aussenstelle der BPP, 3.3.36, BHSA.
(24) Alois Schwarzmüller, "Juden sind hier nicht erwümscht! Zur Geschichte der jüdischen Bürger in Garmisch-Partenkirchen von 1933 bis 1945," Verein für Geschichte, Kunst- und Kulturgeschichte im Landkreis Garmisch-Partenkirchen, ed., *Mohr — Löwe — Raute: Beiträge zur Geschichte des Landkreises Garmisch-Partenkirchen*, vol. 3 (Munich, 1995), 186-93.

（25）´（26） Diem to Halt, 25.4.35, R8076, G158, BAB.
（27）´（28） Halt to Lex, 14.5.35, R8076, G158, BAB.
（29） BPP to Bezirksamt Garmrsch Partenkirchen, 9.9.35, LRA 61.941, SAM.
（30） Avery Brundage, “The Olympic Story” Box 330, ABC.
（31） Frick to BSI, 3.12.35, Reichsführer SS und Chef der deutschen Polizei, MA 400, IfZG.
（32） Brundage, “The Olympic Story;” Box 330, ABC
（33） Baillet-Latour to Sherrill, Garland and Jahncke 17.11.35, Box 63, ABC
（34） Sherrill to Le Fort, 30.12.35, R8076, G122, BAB.
（35） Le Fort to Sherrill, 13.1.36, 同上.
（36） Reichsstaathalter Bayern to RPMI, 1 3. I.35, Reichsstaathalter von Epp 671, BHSA.
（37） British Consulate Munich to Phipps, 14.1.36, FO 371/19922, PRO.
（38） RPMI to BSI, 3.2.36, Reichsstaathalter von Epp 671, BHSA.
（39） Peter Longerich, *Politik der Vernichtung: Eine Gesamtdarstellung der nationalsozialistischen Judenverfolgung* (Munich, 1998), 116 に引用されている。
（40） Tätigkeiten von SS-Angehörigen gegen fremde Staatsangehörige und Juden, 28.1.36, Reichsführer SS und Chef der deutschen Polizei, MA 288, IfZG.
（41） Krause to Harster, 8.1.36, R8076, P34, BAB.
（42） William S. Shirer, *Berlin Diary* (New York, 1940), 44-45.
（43） Tschammer to Baillet-Latour, 2.2.36, R8076, G123, BAB.
（44） Himmler to BSI, 29.1.36, ED 60011, IfZG. 次のものを参照のこと。 Peter Hloffmann, *Hitler's Personal Securiy* (London, 1979), 91-92.

(45) Cigaretten-Bilderdienst, ed., *Die Olympischen Spiele 1936 in Berlin und Garmisch-Partenkirchen* (Hamburg 1936), 4.
(46) "Brilliant Setting," *NTY*, 9.2.36.
(47) Australian Sports Federation to GOC, 28.12.35, R8076. P31, BAB.
(48) British Embassy Berlin to Eden, 13.2.36, FO 371/19940, PRO.
(49) Lewald to Coubertin, 31.3.36, JO Eté, Cojo Comité, IOCA.
(50) Eröffnung der Winter-Olymprade, Österreichishes Generalkonsulat, München 7.2.36, Bundeskanzleramt, Neues Politisches Archiv, Karton 122, ÖSA.
(51) "Hitler Opens the Winter Olympics," *NYT*, 7.2.36.
(52) Hans Bohrmann, ed., *NS-Pressebestimmungen der Vorkriegszeit, Band 4/II:1936* (Mumch 1993), 46.
(53) "Nazis Urge Swiss to Execute Killer," *NYT*, 7.2.36.
(54) Heimerzheim, *Karl Ritter von Halt*, 116-17 に引用されている。
(55) "Fight Is Renewed in Olympic Hockey," *NYT*, 10.2.36.
(56) "Finnish Quartet," *NYT*, 11.2.36.
(57) "Cold Snap," *NYT*, 11.2.36.
(58) バルの件については次のものを参照のこと。 Osterreichisches Generalkonsulat, München, to Bundeskanzleramt, 27.2.36, Bundeskanzleramt, Neues Politisches Archiv, Karton 1 22, ÖSA; Bloch, *Berlin 1936*, 82.
(59) "Tense Crowd," *NYT*, 13.2.36
(60) Council of British Ski Clubs to Ostgaard, 18.4.35, R 8076, G111, BAB.
(61) "Österreichs Teilabsage," *Die Stunde* (Vienna), 16.1.36.
(62) Rürup, *1936. Die Olympischen Spiele und der Nationalsozialismus*, 99.

(63) "French Quartet," *NYT*, 11.2.36.
(64) Vinson to Brundage, 13.1.36, Box 152, ABC.
(65) Brundage to Salchow, 19.3.36, ibid.
(66) Mandell, *Nazi Olympics*, 105.
(67) Michael Boo, *The Story of Figure Skating* (New York, 1998), 32-33.
(68) "Miss Herber," *NYT*, 14.2.36.
(69) "Tense Crowd," *NYT*, 13.2.36.
(70) Matti Goksøyr, "Norway: Neighborly Neutrality," Krüger and Murray, *The Nazi Olympics*, 183.
(71) *Garmisch-Partenkirchner Tageblatt*, 20.1.36.
(72) Finanzbericht über die IV. Olympischen Winterspiele 1936, MK 41601, BHSA.
(73) Hinrichs to Propaganda Ministerium, 6.1.36, Olympiade 1936 PAAA.
(74) Ian Kershaw, *Making Friends with Hitler: Lord Londonderry, the Nazis, and the Road to War* (New York, 2004), 139.
(75) Harold Nicolson, *Letters and Diaries, 1930-1939* (New York, 1980), 245.
(76) Hart-Davis. *Hitler's Games*, 102 に引用されている。
(77) Killan to Le Fort, 8.1.36, Schriftverkehr, Winterspiele 1936, MAGP.
(78) "Cold Snap," *NYT*, 11.2.36.
(79) Münchner Faschingsausschuss to Halt, 7.1.35, R8076, G158, BAB. 次のものも参照のこと。OKWS, ed., *Die IV. Olympische Winterspiele 1936. Amtlicher Bericht* (Berlin, 1936), 234-45.
(80) "Reich Gives a Feast," *NYT*, 11.1.36.
(81) "Reich Gives a Feast," *NYT*, 11.1.36 に引用されている。そのドイツ語の原文については OKWS, Die

IV. *Olympische Winterspiele*, 239-41 を参照のこと。
（82）Die IV. Olympische Winterspiele in Garmisch-Partenkirchen in politischer Beleuchtung, 18.2.36, Bundeskanzleramt, Neues Politisches Archiv, ÖSA.
（83）Mandell, *Nazi Olympics*, 104.
（84）Brundage to Luther, 21.3.36, Box 152, ABC.
（85）*Garmisch-Partenkirchner Tageblatt*, 12.2.96.
（86）"Athletes Desert Olympics," *WP*, 18.2.36.
（87）Rubien to Le Fort, 4.5.36, R8076, G122, BAB.
（88）*Petit Parisien*. Heinrich Müller "Die IV. Olympischen Winterspiele im Lichte ausländischen Presseberichte," *Die Neueren Sprachen: Zeitschrlftfur die neusprachliche Unterricht* 44（1936）: 369 に引用されている。
（89）"Games in Garmisch," *Time*, 17.2.36.37 に引用されている。
（90）"Crowded Program," *NYT*, 12.2.36.
（91）Die IV. Olympischen Winterspiele im Spiegel der Auslandspresse, R8076, P61, BAB.
（92）*Neuigkeits-Welt-Blatt*（Vienna）, 9.2.36.
（93）"Games in Garmisch," *Time*, 17.2.36, 40.
（94）Shirer, *Berlin Diary*, 46-47.
（95）"Military Display," *Chicago Daily News*, 17.2.36.
（96）Krüger, *Die Olympischen Spiele 1936 und die Weltmeinung*, 174 に引用されている。
（97）Halt to Reichsbahnzentralle, 26.3.36, R8077, 46/172/688, BAB.
（98）Hilmar Hoffmann, *Mythos Olympia: Autonomie und Unterwerfung von Sport und Kultur*（Berlin, 1993）, 90.
（99）´（100）Leni Riefenstahl, *A Memoir*（New York, 1992）, 180-81.

（101）"Olympic Explosives," *WP*, 17.2.36; "130,000 Stampede," *NYT*, 17.2.36.

第5章 ベルリンへ

冬季オリンピックの成功は、夏季オリンピックが計画通りベルリンで行われることを、そして十分な参加者もあることをも、ひとまず保証した。ガルミッシュに行った国がベルリンは辞退するというのは（ドイツはそれを恐れていた）、その国にとって少々具合の悪いことだろう。だがヒトラーのドイツは、いくつかの国がベルリン大会に参加するのを土壇場になってためらうのを喰い止めるために、急に模範的な国際市民になったわけではなかった。一九三六年三月、ヒトラーはヴェルサイユ条約に違反して、ラインラントを再軍備した。そして七月、スペイン政府に対するフランコ将軍の反乱を支援し始めた。国内では、ナチ体制はユダヤ人を国外に追放しようとして迫害し続けた。

近づいてくるベルリン・オリンピックについて言えば、冬季と夏季のオリンピックのあいだに、オリンピック史上最大の建築計画が完了した。それはまた、ドイツ組織委員が大会を内外に宣伝するための最後の努力をした時期でもあった。組織委員はオリンピックの聖火リレーに加え、数多くのプロモーション運動を計画した。その野心的な規模は近代オリンピック史上前代未聞だった。

ヒトラーは冬季オリンピック大会の開始日に、ガルミッシュに来た者を歓迎しただけではなかった。ラインラントを再軍備化する計画について、軍の側近と密かに話し合ったのだ。それは「ヴェルサイユの軛《くびき》」を投げ捨てるための、より大きな作戦の要《かなめ》だった。ヒトラーが、平和なスポーツ大会と国際的調和というお題目を背景に軍事的攻撃を準備している事実を気にしていなかったのは明らかだ。それどころか、もし訪問者がオリンピックは平和の象徴といった話に安心して暢気な気分になるなら、いっそう結構というわけだった。

冬季オリンピック開催は、ラインラントの再軍備化について話し合うための理想的なカモフラージュになったのだが、ヒトラーとその側近は、再軍備計画についてその時初めて論議したのではなかった。ヒトラーは、ラインラントの要塞化と軍隊の駐留を禁ずる一九一九年の講和条約は我慢がならなかった。ひとたびヒトラーが権力を握ると、問題は、その規制を破棄するか否かではなく、いつ破棄するかということになった。タイミングの問題が重要だった。なぜなら、ラインラントに軍隊を送るというのは、ヨーロッパの安全保障システムの心臓に銃剣を突き刺すのに等しかったからだ。ヒトラーのような賭博師でさえ、そうした類いの思い切った手を打つには適切なタイミングが必要なのを承知していた。彼はその問題を一九三四年と三五年に、軍事顧問との話し合いで持ち出した。慎重に行動するように軍人たちは忠告した。ほとんどの外交官も、無謀な行動は慎むように助言し、少なくとも夏季オリンピックが終わるまで待つことを主張した。しかしヒトラーは苛立っていた。待てば待つほど、敵は自分のとる行動に抵抗すると信じていた。

世界の舞台で壮大な役割を演じたいと思っていた、もう一人の独裁者ベニート・ムッソリーニは一九三五年にエチオピアに侵入し、ヒトラーがラインラントに進駐するのを容易にした。ムッソリーニは、アフリカで新たなシーザーになろうと試みる前は、ヴェルサイユ条約を改めようとするヒトラーの策略に反対する一人だった。第一次世界大戦後イタリアは、かつてはオーストリア＝ハンガリー帝国の一部だった、民族的にドイツ南部のチロルを併合したが、ドイツのそうした動きを、チロルに対する脅威と見た。しかし、イタリアがアフリカに進出した結果、国際連盟から制裁を受け、ムッソリーニは西欧の同盟国から孤立した。そこで、ヒトラーとの「野蛮な友情」を結ぶことにした。ドイツの封じ込め政策を支持している国々とイタリアが訣別したということは、もしヒトラーがラインラントを再軍備化しても、両面からの敵を心配する必要はないことを意味した。彼はフランスだけを敵にすればよかった（英国が介入してこないことに、彼はかなりの自信を抱いていた）。そしてヒトラーは臆病な何人かの将軍とは違い、フランスはラインラント進駐に対し、武力で立ち向かってくることはないのを確信していた。彼はガルミッシュでフランスのオリンピック選手団が目の前を行進して行くのを眺めつつ、ラインラント進駐作戦を練り、すぐさま行動を起こせば報復を受けることはない、という結論に達したらしい。

それでもヒトラーは、冬季オリンピックが終わって二週間経つまで、ラインラント進駐について最終的決断を下さなかった。ガルミッシュ大会が行われているあいだは、行動を起こすことなどできなかった。そんなことは、彼にとってさえ図々しい真似だったろう。彼はゲッベルスを始め、最高位の補佐官のほとんどから、慎重に行動するようにという忠告を絶えず受けていた。ドイツはフランスがロシアとの新しい友好条約を結ぶまで行動を起こすべきではない、友好条約を結んだなら、第三帝国が行動を起こす外交上の口実が出来る、とゲッベルスは信じていた。しかし例によってゲッベルスは、ラインラントを再占領する用意があると三月一日にヒトラーが公言すると意見を変え、断固、総統を支持した。「またもや危機的瞬間だが、いまや行動を起こすべき時だ」とゲッベルスは日記に書いた。「運命の女神は勇者に味方する！　虎穴に入らずんば虎子を得ず！」(1)

ラインラント進駐の日は、三月七日に決まった。三月七日は夏季オリンピック大会が開かれる予定の四ヵ月足らず前だったが、ナチ指導部は、オリンピックに関する限り、それだけの期間があれば、ラインラント進駐に対するどんな怒りも鎮まるだろうと読んでいた。

ヒトラーはラインラント進駐の決定を、軍がそこに移動する準備が整うまで公表しなかった。三月七日の晩、彼は、唯々《いい》諾々《だくだく》として命令に従う帝国議会に赴き、進駐作戦について議員と世界に告げた。そのニュースは、西側の列強にとってよりもドイツ人にとって衝撃だった。ドイツにいた西側の列強のスパイが、そうした作戦が行われうるということを、しばらく前から自国に警告していたのである。褐色のシャツを着た議員たちは衝撃から立ち直ると一斉にさっと立ち上がり、総統に向け、右の腕を突き出した。

いわば爆弾を破裂させたヒトラーは、自分の平和的な意図をすぐさま再び表明し、不可侵条約を結ぶことをフランスに申し出た。さらに、修辞上だけの平和の再保証の演説に、オリンピックを含めた。「冬季オリンピック開催中」と彼は言った、「私はドイツの新聞に、フランスに対するいかなる憎しみの表明をも許しませんでした。そして、わが国の若者に、和解というものを理解させようと努め、成功を収めなかったわけではないのは確かであります。数週間前、われらがフランスの客人はオリンピック・スタジアムに行進しながら入ってきたとき、ドイツ国民がその考え方において内面的な変化を遂げたのを見ることができたのであります。和解を求めようとする、この内面の意志は、世界を法律の網と不可解な契約で包もうとする、政治家の計算づくの試みよりも重要なのは確かであります」(2)

フランスおよびその同盟国は無気力な反応しか示さないだろう、というヒトラーの予言は正しかった。モーリス・ガムラン将軍は、フランス軍にはドイツ軍を撤退させるだけの力はないと信じていたので、英国に援助を求めた。ドイツ政府が予想していたように、英国はラインラントに対する第三帝国の作戦に反対してフランスと一緒に軍事行動を起こす意図はなかった。多くの英国人は、ドイツにはラインラントを再軍備化する立派な理由があると思っていた。英国がドイツに対する報復作戦に加わることに気乗り薄なので、ガムランはそれを口実に、当時、政権の座にあった弱体の暫定内閣に、軍事行動は起こさぬよう忠告した。フランスは外交を通じて抗議するにとどめた。

ラインラントの再軍備化でフランス軍が報復行動に出ることはなかったが、フランスが冬季オリンピックに参加したことで消滅したように見えた、フランスにおけるオリンピック・ボイコット論議は再燃した。フランス・オリンピック委員会は、選手団をベルリンに送るために政府からさらに追加の百八十万フランの補助金を貰う必要があった。政府はラインラント危機が起こった時には、その助成金の支出を認めていなかった。いまやボイコット賛成の動きが強まったので、ベルリン大会に出ない理由が、これまで以上にあることになった。ラインラントにおけるドイツの攻撃的行動で、ガルミッシュでの第三帝国の平和主義的言辞が実は偽りのもので、ヒトラーがオリンピックの理念を狡猾に利用したことがあらわになった、とボイコット賛成派は言った。アカデミー・フランセーズ会員のクロード・ファレールは『ラントランジャン』紙で、ドイツ人はラインラントにおける侵略的意図を隠すための覆いとして冬季オリンピックを使ったと論じた。更に、フランス選手団がガルミッシュで温かく迎えられたのは、フランスをうまく宥《なだ》めていい気分にさせるためだったと言った。また、今度は、ベルリンに行かないことでフランスは、もっと不気味な意図を隠しているかもしれぬ、別の欺瞞作戦にひっかかるのを避けることができるとも述べた(3)。一方、有力紙『パリ・ソワール』の社説は、ベルリン大会ボイコットは、ドイツの顔に喰らわす外交的な痛烈な平手打ちであると同時に、ドイツに対する有効な経済封鎖でもあると書いた[4]。

フランスでは一九三六年五月初旬、ドイツのラインラント進駐という屈辱を蒙ってから間もなく、人民戦線内閣が実験的に誕生した。それはナチ・ドイツの脅威に対抗するものとして選挙の結果出来た内閣で、国内において徹底した社会・経済的改革を行うことを約束した。社会主義者レオン・ブルムの率いる新体制の出現でベルリン大会ボイコット賛成派は新たな希望を抱き、大会のための政府助成金を拒否すべしという運動を盛り上げた。主要な共産党機関紙『ユマニテ』と、やはり主要な社会党機関紙『ル・ポピュレール』の社説は、フランスが断固としてベルリンに「ノン」を突きつける必要を盛んに説いた。『ル・ポピュレール』はいつもの政治的論議に加え、フランスがベルリンに送る予定の選手団はあまりに弱いので、ベルリンに行けば国辱になるのは疑いないと書いた[5]。

一九三六年六月六日から七日にわたり、「オリンピックの理念を守る委員会」が、ブルム政府にいっそうの圧力をかけるためにパリで国際的集会を主催した。基調演説をしたのはドイツの小説家ハインリヒ・マン（トーマス・マンの兄）だった。彼は一九三三年、ドイツを逃げ出し、フランスに行った。マンは西欧の民主主義国が不本意ながらベルリン大会を支持していることを非難し、「人はナチ国家がどんなものかを知りながら、それでも、あのオリンピックに行こうとしている」と嘆いた。とはいえその過ちは、まだ瀬戸際で喰い止めることも可能だった。「いくつかの国々の労働者階級党は、左翼ブルジョワ党に次の選択を突きつけることができる——オリンピックか人民戦線か。ベルリンに行く者は人民戦線を見捨てることになるのだ！　反ファシストたちよ、立ち上がって行動せよ！　世界の公衆よ、オリンピックの理念を守れ！」[6]

公約な社会改革の実行を迫って次々に起こるストライキや工場占拠に忙殺されていた、ブルムの誕生したばかりの人民戦線政府は、六月十九日までオリンピック問題を取り上げなかった。ハインリヒ・マンの期待とは裏腹に、ブルムと社会主義者は、ベルリンに行くか、それとも人民戦線を見捨てるかという選択を、ブルジョワの同盟者に突きつけることはなかった。そんなことをすれば、自分の連立内閣の中産階級急進派を確実に離反させてしまうのを、ブルムは知っていた。そうした対決が、フランスの反ユダヤ主義の右派を勢いづかせるのも知っていた。その連中は、ユダヤ人の首相が「真のフランス」に対する国際的なユダヤ人の陰謀に荷担していると、すでに非難していた。そのうえブルムは、ベルリン大会をボイコットするような危険は冒さないようにと、ドイツ駐在の大使から圧力を受けていた。そんな行動は「仏独間の協力関係の終焉を意味する」というのが、大使の言い分だった。ベルリンにいたその大使は、もしフランスだけがボイコットをすれば「虚しい」し、世界中のボイコット運動の背後で密かに糸を引いているソヴィエト連邦を支援することになってしまうと信じていた。[7]

ドイツとの関係を悪化させる危険を冒すのに気乗りがせず、かつブルジョワ左翼を連立内閣にとどめておく決心をしていたブルムは、オリンピック問題について誰をも喜ばせない妥協策をとることにした。政府は議会の承認を得て、ベルリンに行く選手団の支援金として百十万フランの予算を組んだ(フランス・オリンピック委員会が要求した額より相当に低かった)。そして、バルセロナで開催される予定の別のオリンピック大会にフランスが参加するために六十万フラン出すことにした。ブルムはベルリン大会のための費用を出し惜しんだとして右翼とフランス・オリンピック委員会から激しく批判され、一方、左翼の新聞は、いまやフランスはバルセロナに行く「平和愛好」の選手たちに対するよりもたっぷり助成金を貰っている選手団を引き連れてベルリンに行く、と抗議した。[8]

フランスの取った処置は、やはり生まれ立ての人民戦線政府を持つスペインに強い衝撃を与えた。

一九三六年五月四日、左翼労働者の代議員団がヌエル・アサーニャ首相に対し、ベルリン大会に参加するために四万ペセタの交付金をスペイン・オリンピック委員会に出すという前政府の決定を撤回することを求める申し立てをした。アサーニャは、ベルリンに選手を送ることに個人的には反対だが、スペインの負う国際的義務を尊重したうえで、ほかの民主主義国家、とりわけフランスの例に倣わざるを得ないと答えた。実際はアサーニャは、もしスペインがベルリンに選手を送らなければ右翼が激怒するのを恐れていた。その結果、民主主義国家スペインは、一九三六年七月に内戦が起こったとき、ナチのオリンピックに参加する意思が十分にあった。結局、スペインがベルリン大会に招致されながら選手団を送らなかった唯一の国にならざるを得なかったのは、批判に晒されていたスペイン政府が主義にもとづいてボイコットの決定をしたからではなく、内戦という残忍な紛争によって生じた混乱のためだったのである。

ベルリンにおけるオリンピアの建設

ヒトラーは一九三三年十月五日にベルリンのオリンピック会場予定地を初めて見回った際、ドイツ組織委員会が最初提案した、既存施設の単なる改装ではなく、まったく新しいスタジアムと、それに隣接するスポーツ集合施設の建設を望んでいることを明言した。その後一九三三年十二月に開かれた、レーヴァルト、チャンマー、ゲッベルス、フリック、二人の建築家ヴェルナーとヴァルター・マルヒとの何度かの会合で、ヒトラーは、ドイツはどういう施設を建設しなければならないのか、また、なぜその分野において独自で、人に感銘を与える成果が必要不可欠なのかについて長広舌を振るった。「ドイツは外交面で困難かつ好ましからざる政治状況に置かれている。したがって、偉大な文化的業績を通して世界から好意を寄せられるよう努めねばならない」と彼は言った。そしてドイツは、と続けた、ムッソリーニのイタリア、すなわち、人が過去の偉大な作品を賞讃するためだけではなく、新体制が達成したことを見るためにも訪れる国のようでなければならない。ローマは一九四〇年のオリンピック招致国に立候補していて、もし成功すれば、ムッソリーニは十五万人収容できるスタジアムを建設するつもりであることをレーヴァルトが指摘すると、競争心を煽られたヒトラーは、ドイツはイル・ドゥーチェ（ムッソリーニの称号）でも敵わない水準を設けることを宣言した――自然石か大理石で覆われた巨大なスタジアム。イタリア人が大好きな、あのぞっとするような「灰色のコンクリート」は一切使わない。新しいスタジアムに加え、五万人が集会と観兵式のために集まれる広大な閲兵場を造ることをヒトラーは提案した。さらに、古代ギリシアの野外劇場をモデルにするが、もちろん、それよりずっと大きい野外劇場をも要求した。ヒトラーはそうした命令を確認したあとレーヴァルトに向かい、世界でそうした集合施設のある国を知っているかと尋ねた。レーヴァルトは知らないと答えてから、アメリカでさえ、そんなものは見たことがないと言い添えた。自分は前代未聞のことをやろうとしているのだと考えて嬉しくなったヒトラーは、それだけの大事業は安くは達成できないのを認めた――おそらく、二千万マルク必要だろう、しかし、そのくらいの出費は「造られた建物が世界に与える印象を考えると、絶対に必要」[9]である。ヒトラーはその投資をさらに正当化するため、近年ドイツは失業者支援に年二十万マルク使っているが、その支出は、オリンピック施設建設に数万人が働くことによって減らすことができると言った。そして「それを考えると私は特別な喜びに満たされる」[10]と言明した。

一九三三年十月、ヒトラーはオリンピック用集合施設の基本的な建築作業をマルヒに命じた。マルヒは毎日総統と内相フリックに、じかに報告するよう指示された――内務省はオリンピックの建築主《バウヘル》だった。
ある意味で、ナチ・ドイツで最大の建築プロジェクトの設計をマルヒが命じられたのは奇妙だった。彼は一九三三年七月までナチ党に入らなかった。その年に入党したのは、もっぱら出世のためだった。彼は建築家として信用が篤かったが、壮大な建築が好きな人物としては知られてはいなかった。彼が最初にオリンピック集合施設のために考えたデザインは規模が小さめで、総統の気に入らなかった。結局マルヒはヒトラーの希望を容れ、大きな建物をデザインしたが、ヒトラーが望んだほどは大きくなかった。最終的に造られたスタジアムは、ロサンゼルス記念コロシアムと同じ大きさで、隣接する閲兵場「五月広場《マイフェルト》」には、ヒトラーが望んだ五十万人ではなく二十五万人しか入らなかった。

マルヒが設計した、のちに帝国競技場《ライヒスシュポルトフェルト》と呼ばれるようになったものは、古代ギリシアとローマの競技場を反映していた。スタジアムは古代の闘技場もしくはコロシアムを思い起こさせた。閲兵場は古代ローマの公共広場に立ち返っていた。帝国アカデミーは、それはギリシアの演武場《ギュムナシオン》に似ていると言った。しかし、近代建築術を研究していたマルヒは、最初、その考えを最新の材料と技術を用いて実現しようとした。スタジアムには鋼鉄、ガラス、外壁に装飾のないセメントの構築物がいいと思っていた——まったく非ギリシア的だった。

ヒトラーは一九三四年十月三十一日に建築現場を視察した際、マルヒが何をしようとしているのかを知り激怒した。ヒトラーは伝えられるところによると、オリンピックがマルヒの構想しているような「現代的なガラス箱」[11]で行われるなら中止したほうがましだと言った。ヒトラーはマルヒとほかの関係者を呼んで開かれた緊急会議で、建物は自然石で仕上げるように、また、建物を囲んでいる柱はもっと力強さを表わすために太くするよう命じた。マルヒは総統の意に沿うように設計し直した。だが、いまやヒトラーはマルヒがまったく信用できなくなったので、お気に入りの建築の神童《ヴンダーキント》、アルベルト・シュペーアを呼び、オリンピック施設について相談した。シュペーアは早速スケッチを描き、巨大な軒蛇腹《コーニス》を加えることによっていかに力強い感じが出るかということ、また、鋼鉄の骨組みをいかに石灰岩で包むことができるかということを示した。石灰岩は第三帝国では好まれた建材だった。なぜならそれは、母国の土壌に根付いていること、耐久性、強靭さ、力、そしてナチの世界観の理想を暗示していたからである。

建築はドイツの石切り場から運んできた石灰岩をふんだんに使って進められた。ところが、その材料で作業を進めるということは、新たな問題を生んだ。母国の石を使う必要のあるナチの数多くの建築計画に足りるだけの石灰岩が、十分に手に入らなくなったのだ。スタジアム建設の最大の競争相手は、同時に工事が進んでいたシュペーア自身の設計による、ニュルンベルク党大会場だった。オリンピック用の集合施設は一九三六年の夏までにはどうあっても完成させねばならなかったので、建材の割り当てでは、マルヒの建設工事のほうが、シュペーアより優先された。シュペーアは、ベルリンにオリンピアを造るのに石灰石を使うということを言わねばよかったと思っていたろう。

帝国競技場建設は、労働力の割り当てでも、ほかのどんな事業よりも優先された。アウトバーンでさえ後回しになった。だが、大量の労働者が必要だということは――スタジアム建設だけで約二千六百人――誰もがオリンピック事業で仕事にありつけるということを意味してはいなかった。ナチ体制はアーリア人のドイツ市民だけを雇うことに固執した。さらに、ストライキに参加したことのある者や、反ナチの傾向を示した者は雇われなかった。チャンマーは、建設会社はオリンピックの仕事をできる限り、尾羽打ち枯らした元選手に与えることを推奨した。マルヒが統計専門家として働かせるためにハンガリー系ユダヤ人を連れてきたことがわかると、ハンス・プフントナーはその男をすぐさま解雇するよう求めた。

時間が勝負だったので、帝国競技場その他のオリンピック用施設の作業は異常なペースで進められた。ベルリンのさまざまな建設現場で事故が多発した。一九三五年八月二十日、オリンピック事業の一環である南北鉄道延長工事で、ブランデンブルク門近くの発掘現場が崩壊し十九人の労働者が死んだ。建設会社が期日に間に合わせようとして地表すれすれのところを掘削し、基本的な安全基準を無視したことが判明した。

工事は猛烈なペースで進められたが、帝国競技場の建設は予定より遅れた。一九三四年の末プフントナーは、オリンピック施設建設工事が期日までに完了しないというのは、「全世界の目の前で国家社会主義ドイツが屈辱を蒙る」[12]ことを意味すると警告し、ペースが守れない建設会社は、期日に間に合うよう仕事ができる建設会社に直ちに替えるよう命令した。ところが、全体の工事を中断せずに、すべての間鈍《まのろ》い建設会社を替えるわけにはいかなかったので、結局内務省は期日に間に合わない建設会社に一日千ライヒスマルクの罰金を科すことで我慢した。

工事のペースが速く、施設の規模が野心的なものだったので、当然ながら費用が増大した。結局、オリンピック用施設の全工事に対する二千万マルクという見積もりは、あまりにも少ないことがわかった。一九三四年までには、スタジアムに八百万マルク、スタジアムを囲むスポーツ施設に六百五十万マルクは、なんとも不十分だった。プフントナーは最初、ドイツの企業の指導的人物に個人的に寄付してもらうことで、差し迫った赤字をなんとかしようとした。最初に寄付をしたのは、グスタフ・クルップ・フォン・ボーレン・ウント・ハルバッハだった。彼は一九一九年に、ベルリンにある最初の「オリンピック」スタジアム建設に財政援助をした。クルップが五十五万マルク寄付したので、プフントナーは第三帝国の大企業からさらに寄付をなんとか募る目的で「ドイツ産業オリンピック基金」を設立することを思いついた。さまざまな企業が実際にどのくらい金を出したのかは今でもはっきりしないが、総額が、増大する費用に見合う額ではなかったのは確かだ。結局、組織委員は、ベルリンに作られる予定の防空壕の建設費用の資金から七百五十万マルク回して赤字を埋めねばならなかった。

最終的にベルリン・オリンピックの施設建設にいくらかかったのか？　スタジアムだけでも少なくとも二千七百万マルクかかり、さらに数百万マルクが帝国競技場建設に注ぎこまれたことが現存する記録からわかっているが、ベルリンのすべてのオリンピック関係の建設に合計いくらかかったのか、正確に言うことはできない。なぜなら、街路や輸送手段の改良などの副次的な工事は、オリンピックの支出報告書には含まれていなかったからだ。オリンピックを主催した際の合計支出は一億マルク以上と推定されるが、それまでの最高記録であるのは確かだ。（ヒトラーは第二次世界大戦中に側近や取り巻きと交わした非公式の会話で――それはのちに『食卓談話』として出版された――スタジアムを造るだけで七千七百万マルクかかったと自慢したが、それは、親しい仲間に向かっての例の大風呂敷に過ぎなかった[13]。）現在同様、当時も財政的に弱体だったベルリン市は、オリンピックのための改良工事の一切の費用を第三帝国の政府に支援してもらう必要があった。またもや第三帝国の役人は、余分の支出はまったく正当であると位置付けた。なぜならオリンピックは、「国家社会主義のドイツが建設する意志と能力を持っていることを全世界に示す絶好の機会[14]」となるからだと言い張った。

オリンピック施設が出来つつあるとき、ナチの高官はさまざまな建物にどんな名称を公式に付けたらよいか、仲間うちで話し合った。フリックはベルリン大会のドイツ的、ナチ的側面を強調しようと、スタジアムを独逸陸上競技場《ディー・ドイチェ・カンプフバーン》と名付けることを提案した。そしてさらに、五月広場に聳える鐘塔は総統塔《デア・フューラートゥルム》と名付け、集合施設全体はアドルフ・ヒトラー競技場《フェルト》と名付けることを提案した。

ヒトラー自身はナチ風の命名を拒否し、それぞれもっと無難なオリンピア・シュターディオン、グロッケントゥルム、ライヒスシュポルトフェルトと名付けることを命じた。また、スタジアムの南側をクーベルタン広場《プラッツ》と名付けることを承認した。しかし総統は、野外劇場を、ナチが誕生してから何年か苦闘していた時代に助けてくれた詩人兼出版社主を讃えてディートリヒ＝エッカルト＝ビューネと名付けることに同意した。鐘塔の下の展示ホールは、愛国的伝説によると、英軍とのランゲマルクの戦いで祖国のために喜んで命を捧げた、一団のドイツの若者を讃えてランゲマルクハレと命名された。

　ナチの価値観はオリンピックの建物の命名に、ほんの部分的にしか表われていなかったが、帝国競技場の建物とグラウンドの美術品の装飾には、間違いなくはっきりと示されていた。全国的な公募で集まった自立構造の彫像や浮き彫りはすべて、ハンス・プフントナーが委員長を務める美術品審査委員会によって審査された。選ばれた作品は体制に協力的な芸術家のものだった――ゲオルク・コルベ、アルノ・ブレーカー、ヨーゼフ・トーラク、ヴィリー・メラー、ヨーゼフ・ヴァケルレ。プフントナーの委員会は、各作品を入念に調べ、あちこちの「改良」を示唆した。例えば、コルベの《休息する選手》には、こう忠告した。「組んだ脚は、そんなだらしない、楽な形であってはならない」。ヴァケルレは、《騎手》を覆っている衣服は「もっと単純で、規則正しい襞」が付いた形で垂れるようにすべきだと忠告された[15]。総じて、そうした作品に表われている美学は英雄的な記念碑志向だ。古代の競技選手の彫像のような、大きくて、ずんぐりして、強張《こわば》った模倣。その点、典型的なのはブレーカーの《十種競技選手《ツェーンケンプファー》》だ。盛り上がる筋肉と突っ張った腱の力作であるこの作品は古代ギリシアの彫刻家ミュロンの《円盤投げ》を参考にしているが、ミュロンの彫像の古典的な均整も、抑制もない。単なる「アーリア人」、鍛え上げた肉体の発する残忍さの像である。意味深長な話だが、ヒトラーがまだ仕上がっていない《十種競技選手》を見たとき、ブレーカーに向かい、「君は今後、私のためだけに仕事をするんだ[16]」と言った。そして事実、ブレーカーは総統の個人的ミケランジェロになるのである。

帝国競技場の集合施設の完成予定日は一九三六年四月一日だったが、三五年の中頃になると、責め立てられていた工事請負人たちは、二十四時間態勢で仕事をしても期日には間に合わないことがはっきりとした。一九三五年七月、フリックは建設現場のガイド付き見学を中止した。工事が遅れるからだ[17]。ナチ政府は一九三六年五月一日に予定していた落成式を取り止めざるを得なかった。それまでにさえ、施設は出来上がらなかったからだ。ついに一九三六年七月中旬、オリンピックの開始日のちょうど二週間前、マルヒは工事の完了を宣言した。

オリンピック史上最大かつ最も技術的に進んだ競技施設に加え、ドイツは選手用宿舎でも、新基準を示すことにしていた。その点で関連するのは一九三二年のロサンゼルス大会だった。その大会では、男子選手のために万事行き届いた「選手村」が用意された。（一九二四年のパリ大会でも選手のために「村」が用意されたが、それはお粗末なものだった。）ドイツの組織委員はロサンゼルスの例と競おうとしていた。そしてもちろん、あらゆる面でそれを凌ぐつもりだった[18]。（ベルリンのオリンピック村には、ロサンゼルスの選手村宿舎のモデルの一つが敷地内にあった。選手が自分の目で、ドイツの宿舎のほうがいかに優れているのかが確かめられるように。）

ベルリン大会のオリンピック村は、帝国競技場の西、約十四キロ離れたデーベリッツという町に出来た。その町は不規則に広がる軍の基地があることで知られていた。一九二〇年三月、誕生したばかりのヴァイマル共和国を転覆させようとして起こった、いわゆるカップ一揆（ヴォルフガング・カップは一揆の首謀者で、のちにスウェーデンに逃亡）

の反乱軍は、そこからベルリンに向かった。デーベリッツはナチのもとでもやはり軍事活動の中心地で、オリンピック村を、現存していた軍事基地の端に造ったのは、実は国内軍だった。軍はまた、オリンピック村の管理にも責任を負った。大会が終わるや否や、軍はその集合施設を兵舎に転用した。

そこでの軍の役割を考えると、オリンピック村に一種の軍隊的雰囲気が漂っていたのも不思議ではない。選手にとって魅力的で快適な環境を作ろうと、選手村の建設関係者は相当の努力を払いはしたが。集合施設は百四十二棟の選手宿舎と、食事、練習、娯楽のためのいくつかの大きな建物から成っていた。居室は二人部屋で、それぞれにベッド、シャワー、洗面台、手洗が付いていて、一棟に十六人から二十四人の男子選手が入ることができた。各棟にはドイツの都市の名前が付いていた。意味深長なことに、そうした「ドイツ」の都市の一つはダンツィヒだった。それは、ポーランド人が海に出られるよう、ヴェルサイユ条約で「自由都市」になった都市だった。オーストラリアの選手は「Worms《ヴォルムス》」（ドイツ中西部の古都。英語として読めば「虫」）という棟に入ることになり、非常に面白がった。ドイツ組織委員会はドイツ中の画学生に委嘱し、宿舎の内壁に、その宿舎の名の都市の歴史的建造物をフレスコ画法で描いてもらった。

選手は試合のない時は選手村に引き籠もっているわけなので、組織委員はあらゆる欲求に応えようとした。集合施設には、映画館、商店、本格的な規模の体育館、ランニング用トラック、サッカー場、プール、さらには素朴なフィンランド風サウナまであった。選手はさまざまなショーや軍楽隊による日ごとの野外演奏会でもてなされた（そう言ってよければ）。意味深い話だが、上映された映画には、戦争におけるスポーツの価値を説いた映画が含まれていた。オリンピック村は湖や池が点在する田園的な樺の林の中にあったので、兎、栗鼠、鹿、水鳥がいた。軍はそれに家鴨の一群を、エキゾチックな飾りとして加えた。（オーストラリア選手団はマスコットとして、元気に跳ね回る一匹のカンガルーを持ってきたので、「動物園」はいっそうエキゾチックになった）。大会が始まる一年前、軍の化学者はすべての湖と池にスプレーで殺虫剤を撒き、その一帯の蚊を全滅させた。

帝国競技場と違って、オリンピック村は大会が始まるずっと前に完成していた。そのため国防軍はまったく非オリンピック的な目的にそこを使うことができた。一番大きな湖が秘密の水中戦争の訓練センターとして短期間使われたことがわかっている。到着し始めた選手たちは、私服の男たちが何台ものバスで急いで立ち去るのに気づいた。それらの「市民」はコンドル軍団のメンバーだった。彼らは、スペイン内戦で国家主義者を支援するため出発する前にオリンピック村で暮らし、訓練を受けていた秘密空軍の軍人だった。

オリンピック村の建設と管理に国防軍が果たした役割に関する、もう一つのエピソードがある。集合施設の運営の責任を負っていた将校、ヴォルフガング・ヒュルシュトナー大尉は、大会が始まる数週間前に突然解任され、別の将校、ヴェルナー・フォン・ウント・ツー・ギルザ大佐が跡を継いだ。ヒュルシュトナーが解任された理由は、おおやけには発表されなかったが、彼が半分ユダヤ人だということをナチの役人が発見したことだった。スキャンダルになるのを避けるため、ヒュルシュトナーはギルザの補佐としてとどまるのを許された。彼は大会期間中、忠実にその役目を果たした。しかし、一九三六年八月十八日、ヒュルシュトナーはオリンピックの送別の宴に出ずに自宅にとどまり、自分の頭部に弾丸を撃ち込んだ。ドイツの新聞は、大尉は自動車事故で死亡したと伝えたが、アメリカの新聞は事件の真相を嗅ぎつけ、彼の自殺について大々的に報じた。(19)

男子選手の全員がデーベリッツのオリンピック村にずっととどまっていたわけではない。漕艇競技はベルリンの遥か南東の端にあるグリューナウで行われることになっていたので、選手はケーペニックの近くの古城に宿泊した。（ドイツ北部のキールで行われたヨット競技の選手は、その一帯の個人の家に泊まった。）

女子選手のほうは、男子選手よりもかなり落ちるところに宿泊する羽目になった。ロサンゼルスでは女子は市の比較的いいホテルに泊めてもらったが、ベルリンではフリーゼンハウスというスパルタ式の宿舎に泊まることになった。そこは普段は帝国スポーツアカデミーの学生宿舎だった。宿舎は帝国競技場に隣接していたので、女子選手は市内に通わずにオリンピック施設で練習することができた。そのため、女子選手のドイツ側の世話人は、彼女たちを近くから監視することができた。主任監督はヨハナ・フォン・ヴァンゲンハイム男爵夫人で、がっしりした体格のプロイセンの口やかましい女だった。彼女は住み心地に関するどんな不平にもまったく耳を貸さなかった。フリーゼンハウスは部屋が狭く衛生設備が不十分だったので、女子選手の多くが文句を言った。とりわけアメリカの女子選手が。

ベルリン大会のための建築は、特にオリンピックに使われる目的の施設に限られていなかった。現在同様、オリンピック開催国にとっては必要不可欠とも言える、大規模な基幹施設の改良が大会のための建築と平行して行われ、都市全体に影響を及ぼした。帝国競技場に通ずる新しい地下鉄路線が敷設され、特別の「オリンピア駅」が出来た。ベルリンの鉄道の混雑を緩和するため、南北鉄道の延長工事が急遽行われた。ナチの壮大な計画によれば、新しい鉄道は、ベルリンを世界首都《ヴェルトハウプトシュタット》「ゲルマニア」に変える、大々的な都市改造の第一歩となるものだった。

鉄道を敷設するには、数ある解体工事の中でも、ベルリンで一番有名な通り、ウンター・デン・リンデンの菩提樹《リンデン》をすべて切り倒すことが必要だった。のちに菩提樹は新たに植えられたが、大会期間中は葉の茂った菩提樹ではなく、旗竿と街灯《ラテルネン》の支柱が通りを支配した。ベルリン市民は、その通りは「ウンター・デン・ラテルネン」と改名されるべきだと冗談を言った。ウンター・デン・リンデンは、東のアレクサンダー広場から西の帝国競技場まで十マイル続く、いわゆる凱旋道路《ヴィア・トリウムファーリス》（ナポレオンに対する勝利を記念して十九世紀に、そう名付けられた通り）の東に延びる主要部分を形成していた。ウンター・デン・リンデン同様、その道筋の中央と西の部分にも数メートル置きに旗竿があり、その多くのてっぺんには鉤十字の旗があった。道筋沿いの商店と住宅も旗を立てた。もっとも、ガルミッシュにおけると同様、ユダヤ人は市のどこであれ、旗を立てるのを禁止された。ユダヤ人経営の商店は、小さな鉤十字の旗を降ろした場合のみ、地元の商店で売られている色鮮やかな鎖状に繋がったオリンピックの三角旗《ペナント》を飾ることはできた。

大規模な建設事業に加え、ナチ体制は大会の訪問者を感心させようと、いくつかの小規模な美化運動も始めた。外国からの訪問者の大半が降りるバーンホーフ・アム・ツォー（動物園駅）は、快い感じを与えるために改築された。市の主要幹線道路沿いの個人住宅は政府の命令によって小綺麗にされ、空き家になっている商店は、繁盛しているように見せかけるため、補助を受けた借家人で満たされた。多くの外国人訪問者はドイツに来たついでに方々旅行をすると思われるので、第三帝国の政府は、国中の市と町は「最もよい姿を見せ」ねばならないという命令を発した。[20]その要請に応え、全国の数百の鉱泉町は、オリンピック訪問者を特別に歓待し、訪問者が鉱泉水を飲みながら、「アドルフ・ヒトラーのドイツの優しい、真心の籠もった面」[21]を理解するようにするという意図を表明した。ニュルンベルク市は新たに出来た党大会場を外国の訪問者に隈なく見せるため、多言語を操るガイドを雇った。そして、同市のドイツ博物館（ミュンヘンのそれとのライバル）を訪れる者がドイツ人の性格について偏見を抱かないよう館長は、展示されている中世の拷問具「鉄の乙女」（女の形をした箱で、中に数十の大釘が取り付けてある）から、おぞましい大釘を抜くよう命じた。地方の当局者は道路端のごみと廃屋を片付け始めた。また政府は、訪問者に心を乱すような光景を見せまいと、七月一日から九月一日まで、道路や鉄道で囚人労働者を使ってはならないと命じた。SSはその期間中、強制収容所の囚人を道路工事や畑仕事に出してはならないと命じた。大会の二ヵ月前、宣伝省の職員は全国を回り、美化運動、衛生促進運動が完全に行われ、何もかもが「外国人訪問者に好印象を与える」[22]ようになっているかどうか確認した。

広報とプロパガンダ

ベルリン大会の準備で重要だったのは、国内国外の入念な広報およびプロパガンダ作戦だった。それは、オリンピック運動では比類のない、きわめて野心的で金をかけた宣伝計画だった。またそれは、政府が宣伝に関係することを制限しているオリンピック規約を破ってもいた。ドイツ組織委員会ではなく、ゲッベルスの宣伝省が国内の宣伝作戦を行っていたからだ。

ドイツはベルリン・オリンピックを外国に宣伝するのに相当力を入れていた。なぜなら、ナチのオリンピックを巡る論議で、たとえ本格的なベルリン大会ボイコット運動がなくとも、外国の参加が減るのではないかと心配していたからだ。一九三五年十二月現在で、アメリカに割り当てた特別通行証と全種目通用の入場券の申し込みは五割程度しかなかった。英国での前売りもはかばかしくなく、フランスではまったく売れていなかった。一九三五年末、チャンマーとディームは、ギリシア中を旅して古代の競技を触れ歩いた「エリス（古代ギリシアのペロポンネソス半島北西部の地方）の使者」に自分たちをなぞらえ、ヨーロッパ中を宣伝旅行し、やがて開かれるオリンピックについてスピーチをし、ナチ政府が平和に全力を傾けていることを吹聴する役目を引き受けた。そのためにルフトハンザ・ドイツ航空は、胴体に「XI オリュンピアーデ　1936」と書いた一機の飛行機を提供した。チャンマーはロンドンとパリを訪問中、オリンピックへのヒトラー個人の招待状を、英国の首相スタンリー・ボールドウィンと、フランスの首相ピエール・ラヴァルに差し出した[23]。結局、二人とも総統の招待に応じなかった。

オリンピックの宣伝と旅行の責任を負っていた帝国鉄道観光中央局は、外国でいっそう活発に広報活動を開始した。同局は四十ヵ国以上にポスターと宣伝用パンフレットを送った。同局のニューヨーク駐在員のエルンスト・シュミッツは、ベルリン大会の準備の進捗状況を説明し、素晴らしい催しになることを請け合った夥しい数のプレスリリースを配布した。例えば一九三五年十月十一日、シュミッツはこう明言した。「オリンピックの準備は、当局によって実現されつつある企画の壮大さに驚嘆する段階に達した。オリンピックが開催される帝国競技場と呼ばれる巨大なオリンピック公園に通ずる大通りを造るために街路全体が壊され、拡幅された」[24]。シュミッツは、外国の都市にいる同僚たちと同じように、友好的なジャーナリストやスポーツ関係の役員のためのベルリンへの宣伝旅行の援助もした。シカゴでは、ドイツはオリンピックを宣伝するためにスタント飛行士を雇い、ロンドンでは、オリンピックの宣伝用プラカードを持って混雑する通りや地下鉄の駅を歩く男を雇った。ルフトハンザも、「オリンピアに飛行機で」というキャンペーンをして一役買った。同社は、アメリカにだけでも、オリンピックを宣伝する一万部のパンフレットを送った。有名なドイツのツェッペリンでさえ、ドイツとブエノスアイレス間の定期郵便飛行中、オリンピックの宣伝メッセージを南米に送り届けて協力した。

一九三六年三月までには、外国でのオリンピックの前売り券の売れ行きがついに好転し始めたので(ラインラントの再軍備化にもかかわらず)、ドイツの組織委員は、入念な宣伝活動が功を奏したことを確信した。ドイツ組織委員会のオリンピック広報部副部長フリードリヒ・マーローは次のように言った。「ドイツでオリンピックを開くことに対して、もはや世界のどこにも本格的な反対運動はないという事実は、帝国鉄道観光中央局の外国支局の宣伝と啓発が優れていることを証明している。外国支局はオリンピック広報部のガイドラインに従い、オリンピックの〝覚醒メッセージ〟を全世界に送り届けたのだ(25)」

オリンピックの組織委員は、「覚醒メッセージ」をドイツ国民にも届けることにした。オリンピックが成功するか否かは、国内にオリンピックに対する熱意が広がっているかどうかにかかっているからだ。一九三四年十月、プフントナーは、「ドイツ国民のあいだでオリンピック・スポーツに対する理解が深まるよう(26)」全力を尽くしてもらいたいと、国家地方長官《ライヒスシュタートハルター》に要請した。彼は役人に指示し、人口五百人以上のどの町にもオリンピックのためのボランティア・グループを結成させた。ナチ党の各支部は、スポーツは良き国家社会主義者であるための重要な一部だという考えを広めるよう命じられた。

オリンピックに対する熱意を煽ると同時に、ドイツはオリンピックの理念の卓越した守り手であることを強調するため、ディームとその同僚たちは、オリンピックの歴史に関する二つの大きな展覧会を開いた。近代オリンピックに焦点を絞った最初の展覧会は一九三五年にベルリンで開かれた。そして六週間後にドイツのほかの都市に移された。それは、ドイツが近代オリンピックにおいて中心的地位を占めていることを強調するため、ドイツの誇る工芸品とともに近代オリンピックの写真と重要記事を組み合わせたものだった。展示された工芸品の中に、ゲーテの使った馬車があった。その馬車は、耳目を集める宣伝手段として、ヴァイマルからベルリンまでずっと一組の馬に曳かせた。ドイツ最大の詩人は、「ゲーテとオリンピックの理念」という題のエッセイ・コンクールでも宣伝の具にされた。そのコンクールでは、「剣士、泳ぎ手、騎手、アイススケーター、ハイカーとしてのゲーテに光を当て、その結果、ゲーテと、第十一回オリンピック大会との繋がりを証明する(27)」ことを応募者に求めた。ゲッベルスは展覧会の開幕式スピーチで、この展覧会は「新生ドイツの証《あかし》であるばかりではなく、過去の偉大なドイツについての証明でもあるのです——要するに、永遠《とわ》のドイツの証拠資料なのです[28]」と宣言した。

　二回目の展覧会、「古代ギリシアのスポーツ」は、ドイツの博物館にある、スポーツに関連した古代ギリシアの重要な芸術品と、多くの外国の博物館からの青銅製の工芸品を一堂に集めたものだった。それは疑いもなく、その種の展覧会としては完璧なものだった。ディームが古代のスポーツの姿を「圧倒的な」ほどに正しく伝えていると賞讃したのは当を得ている。しかし、もちろん、その展覧会の眼目は、ただ古代の業績を記録することにあるのではなく、そうした宝を保存し、それに光を当てる現代ドイツの役割を強調することにもあった。その目的のために組織委員は、展覧会の開会式の基調演説を、ペルガムム（小アジア北西部の古代都市）の発掘作業に当たった、老テーオドール・ヴィーガント教授に依頼した。ヴィーガントは展覧会が「肉体とスポーツ競技を大切にする古代の生活を現わす作品」を蒐集するドイツの長い伝統を要約していることに注目し、「生命力としての肉体と魂の調和[29]」という古代ギリシア人の観念を復活させ普及させたとして、ナチ国家を賞讃した。

　オリンピックの芸術と歴史の展覧会が、もっぱら教養のある大都市の観覧者向けのものだとすれば、「オリンピック列車《デア・オリユンピア＝ツーク》」と題された巡回ショーは、特に田舎の大衆を惹きつけることを狙ったものだった。宣伝省が考え出した「列車」は、実は四台のメルセデス＝ベンツのディーゼル・トラクターから成るトラック隊で、各ディーゼル・トラクターは、両側が取り外せる二台の特別製の大きな「展覧会トレーラー」を牽《ひ》いていた。そのトラック隊はドイツ中を移動し、一九三五年の初めから三六年七月までに、五百以上の町村で二、三日停車した。トレーラーが町の広場の適当なところに停まると、トレーラーの両側が開けられ、日除けが広がって五百六十平方メートルのテントの囲いが出来た。そこには二百人が入れた。テントの下の展示物は、古代ギリシアの競技よりも、一九三六年のオリンピックの準備の最新の進捗状況に焦点が合わされていた。焼き石膏で作ったガルミッシュ競技場の縮尺の模型、帝国競技場、オリンピック村が大会の規模を示していた。ヒトラーとチャンマーが大会の準備について話し合っている写真と、労働者がベルリンにオリンピアを建てている写真があった。ショーを見に来た客は、ドイツが過去にオリンピックで好成績を収めたことと、来るべき大会のための選手の準備に関する短篇映画を見、短い解説を聞いた。終始一貫したテーマは、ベルリン大会は「ドイツ国民にとっての国家事業[30]」だというものだった。

愛国的メッセージを伝えるもう一つの宣伝活動は、九トン半の「オリンピックの鐘」をボーフムの鋳造場からベルリンのオリンピック会場に運ぶことだった。テーオドール・レーヴァルトの発案になる、ボーフムの鋳造場からドイツ組織委員への贈り物であるその鐘は、オリンピックを芝居がかったものにする、ユニークな試みだった。巨大な鐘《グロッケ》の片側にはブランデンブルク門が浮き彫りになっていて、反対側には鉤爪でオリンピックの五輪を摑んだドイツ帝国鷲紋章の浮き彫りがあった。縁にはゴシック体で、「Ich rufe die Jugend der Welt（私は世界の若者を呼び寄せる）」という文句が印されていた。それほどの規模のトーテム風のシンボルを呼び物にしたオリンピックは、歴史上ベルリン大会だけだった。その後のオリンピックのキュートで可愛らしい「マスコット」は、そのかすかな名残でしかない。ドイツは大会の際、その大鐘を磁器のミニチュアにして儲けようとした。一個四・五〇マルクのその土産は、「オリンピックの理念をみずみずしく保ち、第十一回オリンピック大会の思い出をいつまでも残すため[31]」の理想的な品物として宣伝された。

一九三六年一月十六日、巨大な鐘はボーフムからベルリンまでの十日の旅を始めた。レーヴァルトとディームは、その「冒険旅行」がベルリン大会の宣伝になることを期待していたが、その試みは想像していたよりも遥かに成功した。鐘が毎時十二マイルというゆったりとしたペースで移動し始めると、何万という見物人が沿道に出て喝采した。地元当局は鐘が自分たちの町や村に到着する前に、ブラスバンド、黒、赤、白の幔幕、そしてお決まりの長たらしいスピーチが揃った、愛国主義的祝典を催した。「オリュンピア・グロッケ」はベルリンに着き、町の中をカイザー・ヨーゼフ広場までゆっくりと運ばれて行った。その広場で鐘の製作者たちは凝った式典を行って、鐘をドイツ組織委員会に正式に譲り渡した。鐘はできるだけ多くのベルリン市民に見てもらうため、数日間ずつ、四つの別の広場で展示されてから五月十一日に五月広場に運ばれ、鐘塔のてっぺんに持ち上げられた。その最後の作業は、事故が起こる場合にそなえ極秘裏に行われたが、万事順調に運んだ。

選手の準備

ヒトラーはベルリン大会のための野心的な計画を発表した際、こう言明した。「建物だけでは、世界におけるドイツの重要性と釣り合う、わが選手の成績を保証することはできない。この点でもっと大切なのは、国家が一致団結して、国中から最良の戦士《ケムプファー》［スポーツ選手］を集め、われわれが「国家として」来るべき競技において名誉ある偉業を成し遂げることができるように、彼らを訓練し鍛えることである[32]」。ナチ・ドイツは「名誉ある偉業」を達成することによって、新しいスポーツ選手を育成し訓練した結果、国全体を、肉体的にも精神的にも「柔弱で頽廃的な」西側の民主主義国より優れたものにしたことが示せるのだった。

一九三六年に世界を打ち負かす選手団を編成する準備は、早くも一九三三年に始まった。その年、諸スポーツ団体を「統合」することによってナチ体制は、オリンピック選手選抜のために、国内のトップ選手を競い合わせることができた。一九三四年の初め、ナチの主要な機関紙『フェルキシャー・ベオバハター』はSAとSSに呼びかけ、チーム・スポーツ競技に対する伝統的な敵意を捨て、オリンピックのための訓練を受けるにふさわしい候補者になりうる青年を自分の隊の中から見つけるように呼びかけた[33]。同時に、新たに任命された「オリンピック視察官」クリスティアン・ブッシュのもとの専門家委員会が、「知られざる選手の日」というスポーツ競技会を始めた。

訓練チームに選ばれた選手は、いろいろな特典に恵まれた。旅行、食事、宿泊、医療が無料になり、手にできなかった賃金が補償された。したがって、一九三六年のオリンピック選手は事実上「ステート・アマ」だった――彼らの身分は競技者がそれぞれの都市国家の丸抱えであることが多かった古代の競技大会の名残であると同時に、アマチュアリズムの理念が守られるよりは破られることの多い、第二次世界大戦後の大会を予期させるものであった。

さらに、将来の論議を予想させるのだが、候補選手の受けた医療には、ある種の「薬物による成績向上」が含まれていたようだ。（この場合にも古代の先例があった。古代の競技大会では、規則違反だがワインで景気をつける者もいれば、薬草、干しイチジク、キノコの特殊食餌療法に頼る者もいた。）一九二〇年代には、ドイツの医学、生理学雑誌は燐酸塩が運動能力を高めると盛んに書き立て、レクレザルという、燐酸塩を商品化した食品添加物がスポーツ界で大流行になった。その薬物は一九三〇年代になってもドイツで広く使われていた。もう一つの人気のあった商品、砕いたコーラの木の実とコカインを混ぜ合わせたダルコラートが、アメリカ経由でドイツに入ってきた。アメリカでは、その神話に近い効力について選手たちは熱心に口にした。それから、純粋の酸素を吸う「酸素吸引」があった。日本人の水泳選手がその方法でロサンゼルス大会で見事な成績を収めたという噂が流れた結果、ドイツではカルト的地位を獲得した。さらにもう一つアメリカから入ってきたものに紫外線放射浴があった。それはイェール大学のクルーがトレーナーによって「照射を受けた」結果、漕艇で宿敵のハーヴァード大学を大敗させたという報告があったあと、ドイツのスポーツ界で広く使われるようになった。ヒトラーが権力を握ったのち、ナチのスポーツ関係の役員は、ベルリンでの迫り来るヤンキーとの対決での必要不可欠な武器として、紫外線照射に飛びついた。彼らによれば、この方法は不自然な成績向上法と解釈することはできない、単に太陽エネルギーのテクノロジー版に過ぎないのだから、と主張した[34]。

一九三六年の大会では、男子選手だけではなく女子選手も参加するので、ドイツの組織委員は信頼できる一団の女子選手を集めるのに最善を尽くした。ディームとレーヴァルトは女子選手をハイレベルのスポーツ競技に含めるのに反対しなかったが、女子スポーツという考えそのものは、社会における女性にふさわしい地位と役割に関するナチの伝統的な概念に鋭く対立するものだった。一九三三年、SAのスポーツ指導者としてブルーノ・マリツは、その問題についてこう述べた。「われわれは女のスポーツに反対する。……女は常に女らしくあるべきである。……三十歳になった女子選手を見てみるがいい。五十歳に見える。男性化してしまい、闘争精神が顔に表われ、骨ばっていて女らしさがない[35]」。ナチの健康問題専門家は、激しいスポーツ競技は女性の生殖器官を損ねかねないと論じた[36]。芯からのナチの心酔者にとって悲しいことに、選手選抜試合で女子の候補者は非常にいい成績を挙げ、それまでは男子選手にしか挙げられないと思われていた成果を収めた。のちに見るように、ベルリン大会でドイツの女子は、陸上競技で男子選手よりもよい成績を残した。陸上競技は、オリンピックのレベルでは、つい最近女子に開放されたばかりの分野だった。

オリンピック練習チームのメンバーは、帝国スポーツ指導者チャンマー・ウント・オステンが決めたスポーツマンシップの原則を遵守する誓いを立てねばならなかった。一九三四年十二月十六日、すべての練習中の候補選手を代表して百人の選手が、ラジオで放送された公式の式典で、きわめて熱の籠もった誓いの言葉を述べた。

私は自らの意思により、私自身の大義でもあるドイツの大義に献身することを決意しているドイツ青年団体の一員になるため、帝国スポーツ指導者の求めに従います。そして、ドイツのオリンピックの闘士にふさわしく行動することを誓います。訓練期間中、私は一切の日常の愉しみを控え、祖国のために気高く戦えるよう、おのが肉体を訓練し鍛えることを唯一の目標にする所存です。私は帝国スポーツ指導者と、その目標に到達するのを助けてくれる、帝国スポーツ指導者のもとのトレーナーの幹部に完全に追随します。とりわけ、その教えと訓練の方針に従います。その際に取られた手段、将来取られる手段について何も口外しないことを約束します。(37)

何も口外しないという最後の部分の約束が必要だったのは、訓練のために仕事を休んで手にできなかった賃金の補償をするというドイツの訓練計画が、アマチュアリズムに関するオリンピック規約に違反していたからである。

もちろん、ベルリン大会に向けて選手が準備に熱中していた国はドイツだけではなかった。国家管理のスポーツ事業がナチの手本になったファシスト国家イタリアは、ロサンゼルス大会で挙げたような見事な成績を挙げる選手団を作ろうと必死になっていた。事実、ムッソリーニ自身、ロサンゼルス大会の直後、オリンピック候補選手に忠告した。「諸君にはあと四年ある。準備のためにその期間をうまく使いたまえ。ロサンゼルスでは諸君は二位だった。ベルリンでは一位になることが必要だ！(38)」のちにイル・ドゥーチェはイタリア代表に、単に勝つのではなく、「最も威厳のあるやり方で《ネル・モード・ピウ・デーニョ》(39)」勝つことが肝要だと指示した。イタリアの自信は、一九三三年にボクシングの世界ヘビー級選手権試合でプリモ・カルネラがジャック・シャーキーに勝ち、イタリアのサッカー代表チームが一九三四年のワールド・カップでチェコスロヴァキアを破った時に大いに高まった。ロサンゼルス大会の場合同様、ベルリンに行くイタリア代表は助成金をたっぷり貰い、練習施設の面で必要なものは全部与えられていた。何事も運に任せることをしなかったイタリアは、ドイツから一人のコーチを、フィンランドから一人のトレーナーを呼びさえした。

日本のオリンピック代表も何物にも不足しなかった。国内の政治面と社会面で次第に支配的になってきた日本の軍隊は、アジアにおける領土拡張主義に役立つように肉体鍛練の政策を打ち出した。オリンピックでの成功は、国家的栄光と帝国主義的征服を目指す日本にとって不可欠だった。「日本は優れた成果を挙げて世界を驚かすということを、一九三六年の第一の使命にした」[40]と選手団のトレーナーは言明した。一九三三年、日本政府は日本代表の候補者を選抜し、彼らのためのスポーツ医学施設を作った。日本のオリンピック計画のための政府の助成金は、一九二八年には六万円(一万七千四百ドル)だったものが一九三二年には十万円(二万九千ドル)に、三六年には三十万円(八万七千ドル)に増えた。天皇自身も、ベルリンに行く日本選手団に一万円寄付した[41]。

日本がベルリンに百七十八名の代表選手を送ったのに比べ、中国の五十五名の代表選手は少ないように見えた。一万ドルという政府の助成金も。しかしベルリン大会への中国の熱意は、ロサンゼルスで試験的にごくためらいながらオリンピックにデビューしてから、飛躍的に高まった。そして、中国のオリンピック関係の役員は、中華民国が精悍で規律正しい若者の国であり、外国の列強の単なる慰みものではないことを示すために、信頼できるチーム作りに専心した。(意味深長な話だが、中国のスポーツ関係の役員は、「オリンピアード」という異質の概念を、北京官話で「我能比呀《ウオ・ナン・ビイ・ヤ》」と表わした。文字通りに訳すなら「私は競うことができる!」である。)[42]中国のオリンピック当局は七月から八月にかけ、山東大学を二ヵ月間夏の練習所にし、コーチ補佐として、四人のドイツ人コーチを招いた。中国のサッカー選手とボクシング選手は、技を磨きドイツまでの旅費を稼ぐために、大会前の一年間、アジアの各所に出掛けた。当時アムステルダムに住んでいた、中国人を先祖に持つオランダの自転車レーサーのハワード・ウィングが、オランダのために戦うより「母国」のために自転車に乗る決心をすると、多くの中国人は狂喜した。(43)

オリンピック直前の中国の熱狂ぶりに比べると、ヨーロッパの民主主義国のベルリン大会に対する態度は無感動とも言えた。彼らの資金が不十分だったのは間違いなかった。フランス・オリンピック委員会はロサンゼルス大会のあと、代表選手選抜試合と練習のための相当の額の助成金を要求したが、要求額の一部しか貰えなかった。その結果、練習計画の規模は縮小し、ベルリンに送るフランス代表選手の数も減った。総崩れになるのを恐れたフランスのトレーナーは、政府の「吝嗇ぶり」に痛烈に文句を言い、ベルリンで悪い成績しか挙げられなければ、それはフランス全体の弱さの印だと敵に解釈されるだろうと警告した。(44)

英国のオリンピック代表はロサンゼルス大会では栄光に包まれたとは言い難かったが、大会後に『英国オリンピック・ジャーナル』（英国オリンピック協会発行）は、「今後四年間にわたって本格的な練習ができるだけの十分な資金があれば、英国はベルリンでもっとよい成果を挙げることができるかもしれない」(45)という期待を表明した。英国オリンピック評議会はその計画を実行するのに政府の助成金に頼っていなかったので、資金は個人の寄付から捻出せざるを得なかった。英国オリンピック評議会は資金集めの目標を一万ポンドから一万五千ポンドに置いていたが、その目標は達成できないことがわかった。結局、評議会は九千三十四ポンド集めただけだった。その三分の一ほどは、二人の篤志家、ポータル卿とナフィールド卿が出したものだった。『ニューズ・オヴ・ザ・ワールド』社は二百五十ポンド、インペリアル・タバコ社は二百十ポンド、グレーハウンド・レーシング協会は百五十七ポンド、ホー

リックス麦芽乳《モールテッド・ミルク》社は五十二ポンド出した。(46)

しかし、大した額ではなかったものの、国内で集まった寄付金は、英国がオリンピックに必要とする額には十分以上のものになった。英国はドイツ、イタリア、日本よりも目標を低いところに置いていたので、オリンピック選手団の練習と支度に驚くほどわずかな金しか使わず、支出合計は四千ポンド少しだった。英国オリンピック評議会はガルミッシュ派遣選手団に二百五十九ポンド、事務費に八百三十一ポンドしか使わなかったので、四千ポンド近く黒字になっていた。要するに、一九三〇年代までには、英国の一時は大いに吹聴されたオリンピック計画は、万事お茶を濁しながらやっていくという、英国人特有のメンタリティーのせいでしりすぼまりになっていたのである。

では、アメリカはどうだったのか？　ボイコット運動を巡るあらゆる論議がAOCの資金集めを脅《おびや》かしたのは間違いない。一九三六年四月十三日、開始日まで四ヵ月足らずだったが、AOCは「金が必要、それも緊急に(47)」ということを公表した。エイヴェリー・ブランデージは、輸送費、装備費、合衆国を代表してベルリンに行く四百人から五百人の選手の宿泊費として合計三十五万ドルは必要だと明言した。六月にブランデージはジークフリード・エドストレムに宛て、AOCは資金調達に「苦労をしている最中」だが、「その仕事はボランティア団体にとっては常に大仕事であり」、「ユダヤ人からの絶えざる反対で」いっそう困難になっている、と書いた。しかし彼は自信をもってこう告げた。「われわれは七月十五日にニューヨーク市から出航するSSマンハッタン号に、わが代表選手の大半を乗せて送ることができる(48)」

AOCにとって幸いなことに、独米オリンピック資金委員会は、ローズヴェルトの名前を募金依頼の手紙の発起人欄に載せることを巡って起こった前述の騒ぎにもかかわらず、ドイツ系アメリカ人から寄付金を募る運動を精力的に続けていた。同委員会の会長だったディートリヒ・ヴォルマンは、その時点で一番新しい手紙の中で、ユダヤ人がアメリカ選手団を支援していない事実を逆手にとった。「オリンピックは今年行われますが、アメリカ・オリンピック委員会がアメリカ代表選手全員を送るのに必要な資金を調達するのを支援して下さるよう切にお願い申し上げます。ある陣営が財政的援助をしてくれないため、その埋め合わせをしなければならないのです。以前にも増してわれわれは、反オリンピックのプロパガンダに対抗し、わが二つの偉大な国のあいだの友情を培うため、全ドイツ系アメリカ人の一致した精神的、財政的援助を必要としています」(49)。帝国鉄道観光中央局のエルンスト・シュミッツは、ドイツ系アメリカ人のあいだの資金調達運動をまとめるのに一役買った。ドイツ語新聞『シカゴ・ゾンタークスポーテン』の社説は、アメリカ人をベルリンに送って、ドイツがオリンピックを成功させるのに手を貸す大切さについて意見を述べた。「一九三六年のオリンピックの成功は、とりもなおさず外国のドイツ人社会の成功であると同時に、われわれと祖国を中傷する民衆煽動家とボイコット運動家を敗北させることをも意味する」(50)

AOCはまた、アフリカ系アメリカ人社会からも資金を調達しようとした。何人かのシカゴの黒人がベルリン大会にアメリカの黒人が参加するための資金を集める目的でラジオ番組を作ったことに注目した、AOCの広報部長クラレンス・ブッシュは、AOCは「その番組に一人か二人の黒人スター」を出演させたらどうか、そうすれば彼らは「ほかの分野では見られない平等の原則に立ってスポーツができるチャンスに感謝の念を表明するだろう」(51)と言った。ブッシュは、ハーレム向けの同様のラジオ番組を作ったらどうかと提案した。そして、「その人種的熱意は、別の人種［すなわちユダヤ人］によるボイコット運動と正反対の価値のあるものになるだろう」と予言した。

こうした努力にもかかわらず、七月初旬になっても資金が集まるかどうかは疑問だった。AOCの出納係ガス・カービーは七月五日、アメリカ選手団に十分な資金を与えるには、まだ約十五万ドル不足していると公表した。同日、米国オリンピック漕艇委員会の会長ヘンリー・ペン・バークは、漕艇選手はベルリンに行くのに、あと一万ドル必要としていることを認めた。必要な現金を調達するという漕艇選手側の任務は、重量級のエイトで選抜試合に勝ったワシントン大学が負うことになった。ハスキーズ（ワシントン大学のスポーツ・チームの愛称）は手作りパン菓子即売会を開いた。独立独行だったのは彼らだけではなかった。AOCはすべての種目の競技団体の選手、コーチに対し、教会、市庁、友人に頼み込み、オリンピックのための資金調達に手を貸すよう命じた。あるランナーはオリンピック選抜試合に出るため、ヒッチハイクをしてアメリカを横断したとか、ある女子選手はオリンピックに出る夢を叶えるための金を作ろうと婚約指輪を質に入れたという話もあった。

マンハッタン号がまさに出航しようとしたとき、AOCは必要な資金をついに手にした。そのほとんどは、土壇場での個人の寄付と、各種のオリンピック選手選抜試合の切符の売り上げによるものだった。ブランデージはひとたびマンハッタン号が出航すると、「ある朝食用食品会社」からの十万ドルの寄付を実際に断ったと告白した。その会社は、アメリカのオリンピック選手の好きな朝食として自社の製品を宣伝することができるという条件で寄付を申し出たのだ。（その会社がジェネラル・ミルズ社であったのは疑いない。同社は一九三〇年代初めに「ホイーティーズ」という商品を「チャンピオンの朝食」として宣伝し始めた。）「私は一万ドルの小切手を手にしていた。そして、差額は九回に分けて払うという約束だった」とブランデージは言った。「金銭問題の大半を解決するこの手段を受け入れたい気持ちに駆られたが、それは非倫理的で、スポーツにとって悪しき前例になるという理由で、委員会は結局拒否した」[52]。今では、それはなんと奇妙な懸念に思えることか！

オリンピック選手選抜試合はアメリカ選手団の資金調達を助けたかもしれないが、その第一の目的は、もちろん、ベルリンで合衆国を代表する選手を選ぶことだった。ブランデージは、七月十一日から十二日にかけてニューヨーク市のランダル島で開かれた陸上競技選手選抜試合の様子を、大げさな表現で書いている。

スポーツは民主主義国のアメリカで特に盛んである。なぜなら、結局のところ、スポーツは偉大な民主主義的制度だからである。荒野を征服し、偉大なる共和国を建設し、科学、発明、実業、産業を現代アメリカの高いレベルに押し上げたのと同じ特質が、アメリカ選手の覇権を実現したのである。それらの少年［ママ］は、自分たちが成功するか否かはおのれの努力にかかっていることを自覚している。公正なルールが平等に守られているので、彼らは自分たちがみな、勝利を収める平等の機会を持っていることを知っている。勝者は幸運を摑めなかった者によって、そのスポーツ精神を祝福され、喝采されるであろう。それは逞しく、不屈で、真の昔ながらのアメリカ気質《かたぎ》の精髄なのだ。(53)

ブランデージが褒め称えている不屈のアメリカ気質は、実際には男子であれ女子であれ、すべての競技者は平等だということを意味しなかった。オリンピック選手選抜試合のいずれも深南部《ディープ・サウス》では行われなかった。南部の諸州は、黒人が白人と一緒に競技に参加するのを認めていなかったからだ。その点で、南部に接する州も問題だった。メリーランド州のカレッジ・パーク市で開かれた地方の選手選抜試合で、四人の黒人選手が監督から競技をすることを禁じられた。国のオリンピック関係の役員は、その選抜試合に黒人を参加させることを主張するより、四人の黒人選手に、のちにマサチューセッツ州のケンブリッジで開かれた選手選抜試合の準決勝に出場する資格を自動的に与えることによって、人種差別問題を避けた。(54) 期待通り、短距離競争と走り幅跳びでオリンピックの出場資格を得たジェシー・オーエンスにとって、陸上競技の選手選抜試合が彼の生まれ故郷のアラバマ州ではなくニューヨークで行われたのは幸いだった。

オリンピック選手選抜試合で、またも強力なアメリカ選手団が生まれたようだった。だが、選手団は果たしてベルリンでどんな活躍をするかという心配があった――ガルミッシュでアメリカが惨めな成績しか残せなかった直後に生まれた心配が。一九三六年二月末に『ワシントン・ポスト』紙が書いているように、ヨーロッパとアジアのライバルがこの数年のうちに強くなり、その結果、アメリカは「今夏、ベルリンで厳しい試煉に遭う(55)」ことになりそうだった。『ニューヨーク・タイムズ』紙は、「欧州勢がこぞってアメリカのスポーツでの覇権を攻撃する(56)」と不吉なことを書いた。『ニューヨーク・タイムズ』紙の言う欧州勢の攻撃とは、主にドイツの攻撃を意味した。「スポーツはドイツ人にとって文化《クルトウーア》の一部になった(57)」と同紙は説明した。「筋肉崇拝と、さらには正しく、穢《けが》れのない、運動中心の生活崇拝が広まりつつある。軍国主義的あるいは半軍国主義的面を持つそうした生活は、宗教じみた恍惚感を独裁国家の若者に与えている」

リングの中の前兆

ヨーロッパ、特にドイツがヤンキーの伝統的なスポーツにおける覇権に挑戦してくることへのアメリカの懸念は、一九三六年六月の一つの出来事によって非常に高まった。それはオリンピックに直接関係はなかったが、当時は国際的なスポーツにおいて勢力交代を予言することのように思われた。その出来事とは、一九三六年六月十九日、驚くべきことに、ヘビー級ボクシングの試合でドイツのマックス・シュメーリングがジョー・ルイスを負かしたというものだった。二年後にルイスは一ラウンドが終わらないうちにシュメーリングをマットに叩きつけて復讐を果たすのだが、「褐色の爆撃機《ブラウン・ボマー》」にとって初戦の敗北は耐え難い屈辱だった。そして、シュメーリングがルイスの強敵だとは思ってもいなかった、ルイス・ファンの大方のアメリカ人にとって衝撃的事件だった。

　マネージャーが気紛れに「黒い槍騎兵」という綽名を付けたシュメーリングは、一九三〇年六月十二日に、アメリカのジャック・シャーキーと物議を醸した試合で、相手がローブローの反則を犯した結果、ヘビー級の王者になった。彼はヘビー級のタイトルを獲得した最初のヨーロッパ人だった。シャーキーとの試合でシュメーリングは、相手が反則を犯すまで大差で負けていて、論議の余地の多い判定が下った時には半ば意識を失っていた。ひとたび完全に意識を取り戻すと、こんな王座の獲得の仕方ではアメリカでは評判を落とすのを悟った。短いあいだだったがチャンピオンであっても、彼の人気は高まらなかった。一九三一年、シュメーリングはウィリアム・ヤング・ストリブリングと戦って、胡散臭い王座の防衛に成功したが、三二年六月にニューヨーク・ボクシング委員会がシャーキーとの再試合を事実上強制するまでリングに上らなかった。正当な勝利を拒否されたと思ったのは、今度はシュメーリングだった。彼はシャーキーを十五ラウンド、終始アウトボクシングで攻撃したあと、2対1のスプリット・デシジョンでシャーキーに負けたからだ。「おれたちは盗まれた！」[58]とシュメーリングのユダヤ系アメリカ人のマネージャー、ジョー・ジェイコブズは怒鳴った。その文句は人の記憶に永く残るものになった。「シャーキー対シュメーリングの大論議は、いまや両者の盗みっこを巡るものになっている」[59]とポール・ギャリコは、またも名文句を吐いた。

　シュメーリングはドイツに戻ると、シャーキーに負けたにもかかわらず、アメリカの支配する世界のプロボクシング界でドイツを有名にしたとして英雄扱いされた。彼は名士になったのを利用し、チェコ生まれの映画スター、アニー・オンドラと結婚し、彼女と一緒にすぐさま『ノックアウト！』

という下らない映画を作った。

　ヴァイマル共和国時代、シュメーリングはゲオルゲ・グロースやハインリヒ・マンのような左翼の芸術家との親交を深めたが――彼はボクシングも芸術だと考えたがった――ナチが権力を握ると、シュメーリングは華麗なフットワークを見せ、新政体に機敏に順応した。実際には、ナチはシュメーリングにそうしやすくしてやったのである。彼がアーリア人のタフガイとしての象徴的価値を持っていると考えていたからだ。新体制はシュメーリングのマネージャーがユダヤ人だということで騒ぎ立てることはしなかった。ナチでさえ、葉巻タバコを口にくわえているジェイコブズは、ユダヤ人が支配しているニューヨークのボクシング界では貴重な存在だということを理解していたからだ。（ジェイコブズは一九三三年にドイツに旅行をして帰ってきたあと、ナチのもとでユダヤ人が迫害されているという話はすべて戯言《たわごと》だと主張して、ナチを助けた。）

　シュメーリングが王座を失ったあとになってさえ、ヒトラーは彼の熱烈なファンで、個人的に何度か彼に会い、ファンレターを送った。[60] したがって総統は、一九三三年、カムバックを狙ったシュメーリングがアメリカのボクサー、マックス・ベアに敗れた時はひどくがっかりした。ベアは、ユダヤ人がアメリカのボクシング界で果たしている卓越した役割を証明しようと、自分の父はユダヤ人だと言った。彼の父は実際にはカリフォルニアの非ユダヤ人の養豚家だったけれども。シュメーリングとの試合の持つ広い意味合いを十分に認識していたベアは、こう宣言して、その試合に対する世間の関心を掻き立てた。「シュメーリングの目に喰らわすパンチはみな、アドルフ・ヒトラーの目に喰らわすパンチだ[61]」。ベアはトランクスに、ユダヤ教の象徴、ダビデの星を縫い付け、シュメーリングと戦ったあと、腫れ上がった自分の鼻を鏡でつくづくと見て冗談を飛ばした。「奴らはおれをユダヤ人と思ったが、いまやおれは、まさしくそう見える[62]」

シュメーリングはベアと戦ってから間もない頃、アメリカ人のスティーヴ・ヘイマスに負け、無名のスペイン人選手、パウリノ・ウスクードゥンと戦い、なんとか引き分けた。いまやシュメーリングは永遠にお仕舞いだと思われた。それにもかかわらず、ジェイコブズと、ドイツの熱心な支持者に励まされ戦い続けた。

一九三五年シュメーリングは、ハンブルクでアメリカ人のヘイマスを半殺しにして復讐をした。次に、ウスクードゥンを破った。それは、彼がボクシング界に完全に復帰したことを意味した。ジェイコブズは、ヘビー級の最初の黒人チャンピオンになった偉大なジャック・ジョンソン以来、プロボクシング界の醜いが重要な一面になった、人種問題に対する優れた目を持っていた。そしていまや、シュメーリングと、強靭な新しいアメリカのボクサー、ジョー・ルイスの試合が、昔ながらの黒人と白人の分裂、および民主主義国アメリカとナチ・ドイツのあいだに生じた新しい亀裂に光を当てる絶好の手段になると考え始めた。ベルリン・オリンピックが近づいてきたので、そのタイミングは申し分のないものになり、アメリカの黒人とヒトラーのアーリア人の迫りくる対決が盛んに取り沙汰された。

オリンピックが近づいてきたことを考慮に入れたナチ体制とドイツ組織委員会は、シュメーリングをアメリカに送る一種の親善大使として利用しようと思いついた。ドイツ人ボクサーのシュメーリングはアメリカで本当の人気と影響力があるとナチは考えたのだ（それは間違いないのだが）。一九三五年十二月、ジョー・ルイス対パウリノ・ウスクードゥン戦を見にシュメーリングがニューヨークに発つ直前、チャンマーは彼をそっと呼び、ベルリン大会にアメリカが参加することに関して、「しかるべき人物に強い影響を与えて[63]」もらえまいかと言った。ドイツ政府は、アメリカが参加するかどうかはまだ怪しいと、依然として心配していたのだ。シュメーリングはＡＯＣの役員に話してみると約束した。シュメーリングがチャンマーの言うことに同意したことを知ったテーオドール・レーヴァルトは、ブランデージに宛てた私信をシュメーリングに託した。その中でレーヴァルトは、アメリカ選手を公正に扱い歓待する旨の、最初の約束をすべて繰り返した。

シュメーリングはアメリカに到着後すぐ、ニューヨーク市のコモドア・ホテルでブランデージに会った。シュメーリングの自伝によれば、ブランデージは、ドイツにおけるユダヤ人迫害に関する新聞記事の切り抜きを取り出し、アメリカ選手団のユダヤ人と黒人はベルリンで同様の虐待を恐れねばならないだろうかと尋ねた。シュメーリングは、ドイツの選手は仲間のオリンピック選手に対するどんな差別も許さないだろうと答えた。自伝の中でシュメーリングは、そんな保証をした自分は「世間知らず」だったと認めているが、自分が介入した結果、「オリンピック委員会は、アメリカが僅差の票で大会に出る」ことを決めたので、自分はドイツの危急を救ったとも言い張った。もちろん、それはナンセンスである。AOCはドイツの招待を受けることをすでに決めていた。一九三五年に投票していたのはAOCではなくて全米体育協会だった。そして、シュメーリングの「言葉」が彼らの審議になんらかの役割を演じたという証拠は何もない。いずれにしろ、全米体育協会の会合を取り仕切っていたブランデージは、ドイツがユダヤ人に何をしていようと、アメリカはベルリンに行かねばならぬということを会員に納得させるのに、シュメーリングを必要とはしなかった。

シュメーリングがブランデージに会った直後、シュメーリングとジョー・ジェイコブズはジョー・ルイスのトレーナーたちと話し合い、〈黒い槍騎兵〉対〈褐色の爆撃機《ブラウン・ボマー》〉戦の詳細についての打ち合わせをした。試合は一九三六年六月十八日にヤンキー・スタジアムで行われることになった。

シュメーリングがアメリカのボクシング・ファンのあいだでは盛りを過ぎた者、あるいは盛りなどなかった者と思われていたが、ジョー・ルイスは一九三〇年代の中頃には、ヘビー級のタイトルはまだ持っていなかったものの、ボクシング界の最有力の人物として扱われていた。一九三四年の初めにプロに転向して二十四連勝し、そのうち二十回がノックアウト勝ちだった。彼が彗星のようにボクシング界に登場したことに、ボクシングの大物プロモーター、マイク・ジェイコブズ（ジョーの親戚ではない）が当然のことながら目を付けた。ジェイコブズは若きファイターを「守る」という名目で、ボクシング界の昔ながらの流儀に従って、ルイスのボクサー生活の管理をすることにした。

一九三三年の初め、ジェイコブズはルイスとプリモ・カルネラの試合を組んだ。カルネラはイタリアの怪力男で、その年、シャーキーからヘビー級のタイトルを奪うことになる。実は、シャーキーを打ち倒すのはルイスであるべきだった。というのもルイスは、巨体ゆえに「歩くアルプス」という綽名を付けられたカルネラとの試合で、第六ラウンドでカルネラをノックアウトしたからだ。多くのアメリカ人、とりわけアフリカ系アメリカ人は、カルネラをイル・ドゥーチェのボクシングでの代役と見ていた。イル・ドゥーチェはまさにその時、ブラック・アフリカンの王国エチオピアを侵攻していたからである。試合のあと子供たちは、「今度はムッソをやっつけよう」[65]と叫んでハーレムの通りを駆け回った。

カルネラとの試合があってからほどなく、ルイスはマックス・ベアを残忍とも言えるやり方で倒した。それは、自分の「黒い壊し屋《ダーク・ディストロイヤー》」を、「ボクシングのおどけ王子《クラウン・プリンス》」、白い肌のベアと戦わせるという、ジェイコブズが巧妙にプロモートした試合だった。ルイスが金になるということは、ジャック・デンプシーやジーン・タニーの栄光の時代以来、入場料の総額が初めて百万ドルになったことが証明していた。

ルイスが主に白人のボクシング・ファンに人気があったのは、ボクサーとしての得意技のためだけではない。アラバマの分益小作人のこの息子はデトロイトに移り、プロのボクサーになる前は自動車工場で働いた。彼は「分を心得ていて」、真面目で、謙虚で、穏やかな話しぶりの青年として知られていた（高慢なジャック・ジョンソンと対照的だった）。彼はジェイコブズが決めた一連の規則を注意深く守った。それは、白人の女と付き合うこと、ナイトクラブにたむろすること、勝っていい気になること、メディアを前に威張ることを禁じたものだった。白人の新聞は概して彼を「黒人にとって名誉となる人物」として歓迎したが、だからと言って、スポーツ記者は彼を貶《おとし》めるような頭韻を踏んだ綽名を付けるのをやめはしなかった。「褐色の爆撃機《ブラウン・ボマー》」、「黒い壊し屋《ダーク・ディストロイヤー》」に加え、彼は「チョコレート・チョッパー」「濁色の倒し屋《ダスティー・ダウナー》」、「モカ拳闘家《モーラー》」、「マホガニー不具者作り《メイマー》」、「黄褐色の殴り屋ターザン《タン・ターザン・オヴ・サンプ》」、「栗色グラブの人殺し《マーダー・マン・オヴ・ザ・マルーン・ミッツ》」、「KKK（残忍な有色強打者《クルエル・カラード・クラウター》）」と呼ばれた。[66]そのうえ、南部の新聞は大方の黒人選手に対するほどルイスに対して見下すような態度はとらなかったものの、南部諸州のスポーツ記者たちは、ルイスが白人の希望の星のボクサーを次々に倒すことに、かなり複雑な気持ちを抱いていた。

シュメーリングは、これまで多くの白人ボクサーができなかったことを成し遂げることが果たしてできるのだろうか？　できると思った者は、ほとんどいなかった。賭け金はすべてルイスの側で、配当率は十四対一にも高くなり、ルイスが有利だった。ナチの指導者たちでさえ、アーリア人種は卓越していると豪語していたにもかかわらず、シュメーリングがルイスに勝つとは確信していなかった。そして、少なくとも最初は、いくつかのナチの機関紙は、おそらくシュメーリングが負けるだろうことを見越し、そのダメージを前もって極力少なくしようとした。『帝国スポーツ新聞』は、黒人を相手の試合に対してドイツでは「あまり関心がない」[67]と論じた。『フェルキシャー・ベオバハター』は戦略として、シュメーリングの大義を、アメリカの白人を含むすべての白人の大義にしようとし、シュメーリングの敗北は、とりわけドイツ人の誇りを傷つけるだろうと論じた。「アメリカでは」と同紙は書いた、「人種問題は前面に強く出ていて、白人種の代表がニグロの異常な台頭を喰い止めることが期待されている。事実、マックス・シュメーリングがリングに登ればすべての白人の観客が彼を応援し、彼が重要な精神的支えを得るのは疑いない」[68]。シュメーリングがニューヨークに向けて出発する準備が整った頃には、ナチはもっと自信たっぷりの態度をとることにし、われらがシュメーリングの優れた知能と規律はルイスの野蛮な力に勝ると断言した。ゲッベルスの新聞『デア・アングリフ』は、試合見物のための船旅の広告を載せた。

ゲッベルスとその仲間がシュメーリングの勝ち目について何を考えていようと、シュメーリング自身はルイスに勝つ自信があった。ルイスがウスクードゥンと戦うのを見たシュメーリングは、ルイスが左ジャブを放ったあと、束の間だがときおり左手を下げるのに気づいた。そのため、シュメーリングの得意のパンチである右のカウンターが、正確に狙いさえすれば入ることがわかった。「I zee zomezings（ある物が見える）[69]」と、彼はどうして自分に勝算があると思ったかを説明したと報じられた。

大試合は雨のため一日延期された。シュメーリングが、打ちのめされることから一日の猶予を与えられたのを天に感謝したというのは作り話である。実際には、リングでルイスと戦いたくてしようがなかったのだ。それは、ルイスの相手としては異例だった。のちにルイス自身、シュメーリングがリングに上がったとき、何かシュメーリングから「奇妙な[70]」感じを受けたたのに気づいたと言った。シュメーリングは怯えているようには見えなかったのである。いったん試合が始まると、シュメーリングは、開始直後のルイスの左パンチの電光石火のつるべ打ちを、唇から血を流した以外、なんの苦痛の色も見せずに受けることができた。それも尋常ではなかった。「あれほどの左を見たことはなかった[71]」と、シュメーリングはのちに認めている。

だが彼は第三ラウンドで、待っていたチャンスをも見たのである。ルイスがガードを下げたので、一瞬、隙が出来たのだ。シュメーリングはすかさず右手で力一杯クロスパンチを放つと、ルイスの顎の脇にまともに当たった。ルイスは、一、二ラウンド同様、そのラウンドも優勢だったが、シュメーリングも、彼が信頼しているセコンドのマックス・マホンも、ルイスがひどいダメージを受けたのを知っていた。「Da hast ihm da einen Schönen geholt（君は奴のあそこに凄いのを喰らわした）[72]」とマホンは、第三ラウンドのインターバルに断言した。のちにシュメーリングは、自分は第三ラウンドで試合に「勝った」と言った。事実、その後のラウンドでは、ルイスは次第に防御できなくなったので、シュメーリングは強力な右のクロスパンチで何度も得点することができた。「そう、奴の顎への道は、リンデンが取り払われた今のウンター・デン・リンデンより広く見えたね」とシュメーリングは試合のあと、記者たちに語った。第四ラウンドで、彼の右のパンチがルイスをマットに沈めた。それは、ルイスがプロになって以来、初めての出来事だった。その試合を取材していた『ニューヨーク・タイムズ』の記者によれば、その歴史的パンチがジョー・ルイスの終わりの始まりだった。「ルイスは、そのブローから立ち直れなかった、また、シュメーリングがフィニッシュまでの各ラウンドで、真の射手の過たぬ正確さで彼の顎に浴びせた無数の右のパンチからも[73]」

ついにフィニッシュは第十二ラウンドにやってきた。ルイスはシュメーリングから頭部に一連の猛烈なブローを受けてマットに倒れ、そのまま動かなくなった。ルイスは、自身では知らなかっただろうが、それまでには、大方は白人できわめて気紛れな観客の支持を失っていた。彼らは愛国主義より人種差別主義を優先し、ルイスが敗北を喫するさまを見て「喜びで有頂天[74]」になった。観客は、ルイスがノックアウトを宣告されたあとコーナーに運ばれ、トレーナーたちの手でゆっくりと意識を回復するあいだ、声が嗄れるほど喚いた。

当然ながらルイスは敗北に打ちのめされ、ホテルに戻り、やっと話せるようになると、「友人たちを裏切ってしまい、ひどく惨めだ(75)」と言った。

ルイスの「友人たち」、とりわけ黒人社会は、ルイスが負けたことを、心から悲しんだ。少なくとも四人の年老いた黒人のファンが、試合のラジオ中継を聞いている最中に心臓麻痺で死んだ。ハーレムの一人の黒人少女が服毒自殺を図った。シカゴとニューヨークでは、黒人の青年たちが通りを殺気立って走り回り、ショーウインドーを割り、車に放火した。試合の直後、一人の白人がヤンキー・スタジアムの外で蹴られて意識を失い、もう一人の白人が銃で撃たれて怪我をした。のちに黒人系新聞は、ルイスは試合前、白人の医者に「麻薬を飲まされた」と主張した(76)。

何人かの白人の評者は、最初はルイスの敗北にショックを受けたものの、その機会を利用し、〈ブラウン・ボマー〉をボクシングの歴史のゴミ箱に投げ入れると同時に、成り上がりのニグロに身の程を知らせたとしてシュメーリングを持ち上げた。国際通信社のデイヴィス・ウォルシュは、「白人の主人(77)」のシュメーリングが「黒人の復讐者を先祖返りさせ、アラバマの丸太小屋で生まれた少年に戻らせた」ことを祝福した。自分は黒人とは戦うつもりはないと自慢していた前チャンピオンのジャック・デンプシーは、シュメーリングの勝利を、「ボクシング界の長い歴史の中で最良のことである」と歓迎し、「大きな泡が、今日、弾《はじ》けた。ジョー・ルイスは、国中のどんな浮浪者にも負かされるだろう(78)」と言った。

ドイツでは、時差の関係で試合は早朝に放送されたが、国中のファンは、シュメーリングがルイスを倒したことに狂喜した。あるドイツの新聞は「哀れな敗れたニガー・ボーイ(79)」とルイスを評した。シュメーリングは試合の翌日、千二百通の電報を貰った。そのほとんどは、ドイツのファンからだった。祝電の一通はゲッベルスからだった。（ゲッベルスはシュメーリングの妻を宣伝省に招いて放送を聞かせた。）「オメデトウ！　キミガドイツノタメニ戦ッタコトヲワタシハ知ッテイル。キミノ勝利ハドイツノ勝利ダ。ハイル・ヒトラー！」宣伝相は大喜びで日記に書いた。「素晴らしい！　シュメーリングはドイツのために戦い、勝ったのだ。白人が黒人に勝ったのだ。白人はドイツ人だったのだ！」(80) ボクシングを熱心に研究したヒトラーも、大急ぎでシュメーリングに祝電を打った。

試合の二日後、シュメーリングの顔はまだ腫れていて傷があったが、切符の売り切れたツェッペリン、ヒンデンブルク号で急遽ドイツに戻ることができた。飛行船の高級船員の一人が自分のキャビンを譲ったのだ。ドイツへの帰途、飛行船はオランダのドールン上空を低く飛んだ。そこに、追放された前皇帝のヴィルヘルム二世が住んでいたのだ。キャビンの外を見下ろしたシュメーリングは、飛行船が通過する際、老人が敬意を表して帽子をちょっと上げるのを実際に見ることができた。シュメーリングはフランクフルトで降りると、首相官邸での祝賀レセプションに出席するようにという招待状をヒトラーから貰った。その席でヒトラーは、勝利を収めたシュメーリングに、ドイツ国民の名において正式に感謝した。また、シュメーリングがニューヨークから持ち帰った試合のフィルムを直ちに上映することを主張した。間もなく、『マックス・シュメーリングの勝利――ドイツの勝利』と題した、シュメーリングの持ち帰ったフィルムに新たに録音を加えた映画が第三帝国の各地の映画館で上映された。

シュメーリングの勝利は世間を興奮させはしたが、差し迫ったオリンピック大会を巡る話に掻き消されそうになった。事実、シュメーリングのレセプションで、話題はすぐにオリンピックに移った。オリンピックは商業的に成功するというナチの指導者たちの自信は、いまやいっそう強まった。ベルリンのホテルは大会期間中、すでにすべて予約で満室だとゲッベルスは報告した。それを聞くとヒトラーは、帝国競技場に使われた「七千万マルク」（ママ）は「数倍」になって戻ってくることを「保証」した。[81] 来るべき大会でのドイツの選手の成果に関しては、ニューヨークでのシュメーリングの勝利がアメリカ人および黒人選手団を恐れる必要がないことを示しているとヒトラーは信じた。「オリンピア'36」は、すべての面で「ドイツの勝利《ドイチエ・ズイーク》」に終わることを約束していた。

大会の前夜

マックス・シュメーリングがベルリンに戻ってからほぼ一ヵ月後に、合衆国オリンピック選手団はSSマンハッタン号に乗ってハンブルクに向けニューヨークを発った。船内はお祭り気分だった——事実、チームに同行していたAOCの付き添い役《シャペローン》の考えでは、少しばかりお祭り気分が過ぎた。船内からの報告によると、フィールド・ホッケー、フェンシングの何人かのメンバーと、女子水泳チームは練習規則を図々しくも破っていたので、同委員会は、アイルランドのコーブ（コークの港）で、そうした者を下船させることを考えた。一番ひどい違反者は、水泳選手のエレナー・ホウム・ジャレットだった。彼女は二十二歳の美人で、ロサンゼルス大会の百メートル平泳ぎで優勝し、ベルリンでもその偉業を繰り返すことが期待されていた。一九三三年、彼女はバンドリーダーのアート・ジャレットと結婚し、夫のアンサンブルと一緒に水着とハイヒールとカウボーイハットという格好で現われ、『私はおいぼれカウボーイ』を唄うのが好きだった。マンハッタン号で彼女は、ほとんどの晩をジョー・ウィリアムズのようなスポーツ記者たちと一緒にシャンパンを飲み、賽子《さいころ》遊びをして過ごした。ウィリアムズは彼女を、「素敵なブルックリンの人魚」と綽名した。また、女優の妻、ヘレン・ヘイズと一緒に旅行をしていた劇作家のチャールズ・マッカーサーと「徹夜パーティー」をしているという噂が船内に流れた。ある時、ジャレットは泥酔し、自分のキャビンに行く途中で倒れたという話が伝わった。ブランデージはAOCの同僚たちと彼女の問題について話し合った結果、アメリカのオリンピック精神を守る必要があるという理由で、彼女をチームから除名した。ジャレットをまたチームに復帰させてくれという、競泳仲間からの嘆願があったにもかかわらず、ブランデージは決定を変えなかった。[82]

ジャレットはおとなしく引き下がらなかった。ベルリンに着くとジャレットは、AOCは自分がシャンパン好きな女であるのを前から知っていながら、飲酒について自分に何も言わなかったという声明を発表した。そのうえ、自分は規則を破った唯一の選手などではないし、選手団に同行した役員さえ、道徳的廉潔さの模範を示したとはとても思われないと言った。カクテルパーティーは「夜毎の出来事」だったし、と彼女は言った、ガス・カービーは「あまりにショッキングなので多くの選手が社交ホールから出て行った」ような模擬結婚式の司会をした。要するに役員は、「自分たちの不行跡と監督不行き届きから注意を逸らすため」彼女を選んだというわけだった。[83]

AOCはぞっとしたのだが、ジャレットはベルリンにとどまり、ハーストの国際通信社のために取材をすることにした。また、以前のチームメートが、「元気を出して！」と書いた紙と一緒に、ハンカチの箱を送ってくれたことを公表した。だがジャレットは、そんな励ましは要らなかった。彼女はオリンピックのパーティーに飛び込み、ヒトラー、ゲッベルス、ゲーリング主催のレセプションに出席した。ゲーリングは彼女に銀の鉤十字のピン・バッジを与えた。彼女はそれを右の胸にこれ見よがしに挿した。（のちに離婚し、ユダヤ人の興行主ビリー・ローズと結婚した際、彼女はダイヤモンドの「ダビデの星」の付いた金のピン・バッジにそれを巧みに作り直した。）

ベルリン大会の直前にアメリカ選手団から外されたのは、ジャネットだけではなかった。七月二十九日、フェザー級のボクシング選手、ジョー・チャーチと、ウェルター級のボクシング選手、ハウエル・キングは、ともに最有力の候補選手だったが、マンハッタン号に再乗船してニューヨークに向かった。AOCは、二人が急に帰国したのは「ホームシック」のためだと説明した。その説明は誰をも納得させなかったが、AOCはそれ以上詳しく理由を言おうとしなかった。二人の選手はベルリンの商店でカメラを盗もうとして捕まり、スキャンダルを恐れたAOCから急遽帰国させられたということが、やがて明らかになった。黒人のキングは、自分はアメリカ選手団の人種差別についてあえて文句を言ったので、罠にかけられ窃盗の罪を着せられたのだと、のちに主張した。白人のボクシング選手も一緒に帰国させられたのは「人種問題を誤魔化すため[84]」だったと、キングは言った。

当然のことながら、長旅のあとドイツに着いたのはアメリカ選手団だけではなかった。オーストラリア選手団は、途方もなく長い船旅の疲れを癒す余裕を作ろうと、アメリカ選手団よりもひと月前にドイツに着いていた。カンガルー[85]のマスコットを連れたオーストラリア選手団は、『シドニー・ヘラルド』紙によれば、「ナチ党の高官」に迎えられ、ヒトラーに関する宣伝映画を見せられた。日本選手団もシベリア鉄道で十二日間の旅をして、早く到着した。そのためには、ソヴィエト政府から特別の配慮をしてもらう必要があった。

中国選手団は上海からヴェネチアまで二十五日の船旅をし、さらに二日の鉄道に乗ったあと、ベルリンに着いた。その間、ミュンヘンに寄ったが、市長は一行をナチズム誕生にまつわるいくつかの場所を自ら案内した。ベルリンでは選手団は、「中華民国万歳」と繰り返し唱え、地元の中国料理店が数週間前から配っていた国旗を振る三百人ほどの中国人在住者と学生に迎えられた。中国人選手の一人によると、ベルリン市民は選手が駅から出てきたとき、その規律正しさとスマートな格好にいたく感心した。「中国の男は小さな帽子をかぶり、中国の女は纏足をした小さな足をしているものと彼らは思っていたが、われわれは西欧のスーツを着て現われたのだ[86]！」

英国選手団は、ぎりぎりになってロンドンから臨港列車で短い旅をして到着した。駅にはユニオンジャックを振って出迎えるファンは一人もいず、選手は直ちに宿舎に入った。英国選手団のためのオリンピック村の宿舎にはルール渓谷の工業都市の名が付いていることがわかった——偶然だが、まさしくそれは、第二次世界大戦後、英軍が占領することになる都市だった。

選手たちはオリンピック村に落ち着くと、国籍に関係なく、大方の選手はオリンピック村が気に入った。とりわけ、食べ物に感心した。ドイツの組織委員はロサンゼルス大会を見習い、どの国民の嗜好にも合う食事を提供することにした。北ドイツ・ロイド海運会社は、味にうるさい船客を長年相手にしてきた経験を買われてオリンピック村の賄い契約を結び、特別メニューを用意した。それには、アメリカ人選手のためのレアのステーキやミルクセーキ、英国人のためのミディアムに焼いた肉と茹でた野菜、ドイツ人のためのタルタル・ステーキと生レバー、フランス人のためのキノコ、アンチョビー、精白粉のパン、ワイン、チェコ人のための大量のポーク、フィンランド人のためのライ麦パンとブルーベリー、インド人のためのベジタリアン料理、日本人と中国人ための生魚と醬油が含まれていた。

選手村について選手たちが抱いていた主な不満は、それが陸の孤島だったことだ。特別バスに乗ってベルリンの中心に出ることはできたが、往復に非常な時間がかかったので、忙しい練習のスケジュールに合わせるのが難しかった。選手は選手村に宿泊していると外部の世界とほとんど接触がなかった。ゲシュタポが、「公認された」客しか選手村の中に入れないようにしていたからだ。そうした訪問者の一人がマックス・シュメーリングだった。彼は特に手配してジェシー・オーエンスに会い、金メダルを数個獲得することを期待していると言った。シュメーリングと会ったあと、友人のジョー・ルイスに忠実だったオーエンスは、シュメーリングは「ちゃんとしている」が、「今度はジョーが奴を打ち負かす」と断言した[87]。（もちろんオーエンスのその予言は正しかったのだが［一九三八年三月五日のリターンマッチで、ルイスはシュメーリングを倒した］、彼がシュメーリングに言わなかったのは、シュメーリングとルイスの最初の試合で、シュメーリングがルイスを負かすほうに賭けたことだった。）

選手村へのその他の「訪問者」には、選手（ただし、白人の選手のみ）に性的なもてなしをするためにゲシュタポによって特に選ばれた容姿端麗の若い女たちがいた。スイスの元オリンピック選手で、今は引退してローザンヌに住んでいる医師パウル・マルティーンによれば、選手たちは、割り当てられた「愛人」と選手村の端にある秘密の森林地帯で会った。そこは非公式だが、「愛の庭」として知られていた。マルティーンは回想している。

ベルリンにいたオリンピック選手は神のような存在に高められた。……ドイツ人は、そうした神々に天国の森のようなものさえ用意した。そこで、最も愛らしい精選された乙女が選手に自らを提供した——良きアーリア人タイプの者に。……乙女たちは、たいてい体操教師か、ヒトラーが組織した「ドイツ少女団」のメンバーかだった。彼女らは選手村の森に入り、選手と交わるための特別通行証を持っていた。それは美しい小さな湖のある森で、シューポス［ベルリン市警察］によって厳重に囲まれていたので、楽しんでいるカップルの邪魔をすることは誰にもできなかった。少女が自分の選んだオリンピックの神に身を任す前に、相手のオリンピック・バッジ（選手と大会役員に一個ずつ渡された）を要求したというのは興味深い。少女は妊娠した場合、赤ん坊がオリンピックで出来たことを証明するために、バッジを貰ったことを国か赤十字の産院に報告した。すると国は一切の費用を払ってくれた[88]。

普通のドイツ人の娼婦もオリンピック村で稼ごうとしたが、防護柵で厳重に護られているので、外にいざるを得なかった。当局は、ドイツ人の娼婦と「非アーリア人」のオリンピック選手との、いわゆる異種族混交という行為を妨げるのに特に熱心だった。

オリンピック選手は町に繰り出しても、男子選手の跡をつけている警察のスパイが、地元の女と付き合う機会は、ひどく限られていた。町でも、男子選手の跡をつけている警察のスパイが、公認されていない性交渉、とりわけ異人種間の性交渉に至るような接触を妨げるようにという命令を受けていたからだ。大会の直前、ゲシュタポは五十二人のドイツの女性に対し、警察の文句を引用すれば、「はしたないやり方で外国人、特に有色の外国人に近づいてはならない」[89]という警告を発した。

大会直前のオリンピック村は比較的ひっそりしていたが、ベルリン市内はまったくそうではなかった。大会を見にやってくる外国人訪問者の数は期待したよりも少なく、とりわけアメリカ人訪問者はがっかりするほど少なかったが、ベルリンは訪問者で溢れていた。第三帝国のほかの地方からのドイツ人が大挙してやってきたからである。保守的なベルリン人は、それほどの数の人間がウンター・デン・リンデンやその他の大通りを行き来するのを、これまで見たことがないと断言した。オリンピック・スタジアムのすぐそばで、数千人のドイツ人がビールをがぶ飲みし、ソーセージを食べ、「歓喜力行団オリンピック村」でブラスバンドの演奏に耳を傾けた。それは、一度に二千四百人が入れる、六つの藁葺き屋根のホールから成っていた。「歓喜力行団オリンピック村」には臨時の鉄道駅があり、二、三十台の特別列車が毎朝、日帰りで大会を見に来る約二万人のドイツ人労働者を乗せて到着した。こうした行楽は、歓喜力行団の休日の遊覧船での巡航や休暇村のように、左翼政党と独立した組合が弾圧されていたにもかかわらず、ヒトラーの国家は自分たちの国家であるという印象を労働者階級に与えることを目論んだものだった。

ドイツの組織委員は、冬季オリンピック大会の時と同様、ベルリンを訪れている外国人に、歓迎され篤くもてなされているという感じを与えるよう努めた。ドイツ組織委員会は外国人を案内するために、五百人の特に訓練されたガイドと通訳を用意した。ベルリン警察は、警官のために英語、フランス語、スペイン語の教室を開いた。〈アドロン〉、〈エーデン〉、〈エクセルシオール〉のような大きなホテルは、ホテル専属の通訳とガイドを雇った。内相の妻マルガレーテ・フリック夫人は、訪問者に道案内の助言を与える委員会を設立した。多言語のガイドブックが容易に手に入るように手配された。

ドイツ組織委員会は、不作法だという評判のあるベルリン市民に、よそ者に対して我慢強くあること、外国からの訪問者に地下鉄では席を譲ることを要請した。[*1]『デア・アングリフ』は、その問題についてこう述べた。「われわれは単に、最も美しいスポーツ競技場、最も速い交通手段、最も安い通貨を誇示するだけではない。われわれはパリジャンよりも魅力的で、ローマ市民よりも快活で、ロンドン市民よりも世故に長け、ニューヨーカーよりも能率的であろうとすべきである[90]」

ヒトラー政府はドイツ組織委員会と歩調を合わせて、ナチの首都は多くの外国の新聞が書き立てているような、人種差別主義と弾圧の温床ではないことを外国からの訪問者に「証明」する決心をした。人種差別問題では、新体制はかなり素早く対応し（ガルミッシュにおいてよりも）、最も目につく反ユダヤ主義の印を取り除いた。一番注目すべきだったのは、ニュルンベルクの大管区長官ユーリウス・シュトライヒャーの編集したユダヤ人いじめの新聞、『デア・シュテュルマー』の入っている無人販売ボックスが大会期間中、街角から消えたことだった。

『デア・シュテュルマー』がベルリンで手に入らなくなった一方、それまでは新体制によって弾圧されていた多くの外国の新聞が、急に町の至る所で買えるようになった。同様に、それまでは政治的に容認できる本しか置くことのできなかったベルリンの書店には、一九三三年五月の悪名高い焚書事件で薪の山に放り込まれた、当の本がいくつか並べられた。新体制は一九三六年六月、ドイツを逃れ、ナチを公然と批判した小説家トーマス・マンの市民権を剥奪するつもりだった。しかし、マンの国際的な名声を考慮し、その決定を大会後に延ばすことにした。

　ナチが権力を握る前は、ベルリンはアヴァンギャルド芸術で有名だった。そして今度は、オリンピック大会にそなえ、市の美術館は収蔵しているモダニストの作品を一番目立つところに置いた。ウンター・デン・リンデンのクロンプリンツェンパレーは、芸術家集団〈青騎士〉の油彩を特集した。それらの作品は、一九三七年に悪名高い「頽廃芸術展」が開かれるまで、再び見られなかった類いのものだった。「頽廃芸術展」では、観覧者はそうした「非ドイツ的」作品を破棄される（もしくは外国の美術商に売却される）前に見て、嘲るように促された。

　ベルリン大会にやってきた者は、ナチに攻撃されていた、もう一つのヴァイマル時代の文化的産物を鑑賞することができた。ジャズである。ナチの指導者たちは、アメリカの黒人文化に根差すジャズを、音楽のバーバリズムの極みとして公然と非難したが、完全に禁止はしなかった。彼らは最も革新的なジャズプレーヤー（外国人である場合が多かった）を追放し、まだ営業を許可されている数少ないジャズの演奏会場での演奏を検閲することによって、おとなしいものにしようとした。そして、国家が後ろ楯の〈ゴールデン・セヴン〉と名付けられたバンドを作り上げて、究極の矛盾である「ナチ・ジャズ」を試みさえしたが、その実験はすぐに取り止めになった。無数のドイツの若者が、BBCで本物のアメリカのジャズを聴こうとラジオに齧《かじ》りついたからだ。オリンピックが近づくと、新体制は市内の何軒かのナイトクラブとホテルに、「アメリカン・スタイル」のコンボを入れることを許可した。だが、当の「ジャズ」はあまりにもおとなしく、その代表は、ダンスホール〈デルフィ・パラスト〉で演奏した、スイスの「スウィング・マイスター」の〈テディー・シュタウファーとそのオリジナル・テディーズ〉の生気のないジャズだった。ベルリンでは大会期間中でさえ、黒人のジャズは許可されなかった。デューク・エリントン、ルイ・アームストロング、コールマン・ホーキンズのようなジャズは、ナチが敗北するまではドイツでは聴くことができなかった。[91]

ベルリンで手近にあった、もう一つのアメリカ文化はコカコーラだった。すでに見たように、コカコーラはガルミッシュの冬季オリンピックにも登場した。コカコーラ社の社長ロバート・ウッドラフは、夏季オリンピックで自社の製品を置く場所を確保しようと、ベルリンに特別に旅をした。結局、割り当てられた場所はウッドラフが望んでいたほど目立つ場所ではなかった。ドイツ組織委員会が独占的な「オリンピック飲料」の売り場の使用権を、人気の高いベルリンの醸造所にすでに与えていたので、コカコーラ社はコークをオリンピックの施設内では売ることができず、公式会場の外の歩道の売り場で我慢しなければならなかった。そのうえ、ナチの保健当局がコークにはカフェインが含まれている旨の警告をどの瓶にも貼るよう主張した。[92] それに加え、コーク反対のパンフレットが大会直前にドイツに出回った。それには、コークは「南米の薬草で作られたソフトドリンク」[93]——それはコークにアンデス山のコカノキの葉のエキスが使われていることを指していた——だと説明してあり、製造会社は「ユダヤ人の経営する企業」で、その秘密の目的はアメリカの大資本の利益のためにドイツのソフトドリンク市場を隅に追いやることだという主張が書いてあった。ノンアルコール飲料ということになれば、と地元の愛国者は言った、善良なるドイツ人は、第一次世界大戦参加者の右翼組織「鉄兜《シュタールヘルム》」の創設者フランツ・ゼルテの作ったソフトドリンク「オリンピア」を飲まなくてはいけない、あるいは、総統のように国産のセルツァー炭酸水だけに限るべきである。さまざまな制約と地元の反コークの煽動のせいで、コークはベルリン大会期間中、「中程度の売上げ」しかなかった。

それでも、オリンピックのおかげで多くのドイツ人は、やや中毒性のコーラの混合飲料を知るようになり、カフェイン添加物は、長い目で見れば、コーヒー党のドイツ人にプラスになった。ウッドラフは大会期間中、第三帝国の経済成長計画である「四ヵ年計画」の責任者ゲーリングに会い、熱心な交渉（および、おそらく賄賂）の末、コークを第三帝国内にそのまま流通させる権利を得た。コカコーラ社はドイツのスポーツの催しで広告を出し続け、ウッドラフはゲーリングにコークを瓶からラッパ飲みするポーズをとらせさえした。一九三〇年代の終わりには、売上げは年に四百五十万ケースに上った。ビールよ、席を譲れ！　という勢いだった。

ヴァイマル時代、ベルリンはまた、セックスに対して「すべて可」という都市として有名だった。[94] クリストファー・イシャウッド（一九八六年に没した英国の作家。米国に帰化。同性愛者）は言った——「ベルリンは少年を意味する」。イシャウッドの友人、W・H・オーデンはイシャウッド同様、一九二〇年代末、堅苦しいロンドンを逃げ出し、比較的開放的なベルリンに移ったが、「警察の管理のもと百七十の男娼宿」がある「男色者の白昼夢」とベルリンを評した。[95] 異性愛者向けには約二万五千人もの登録した娼婦がいたが、それ以外に、十代前の少女を含む、数千人のパートタイムの娼婦がいた。彼女たちは、いかがわしいフリードリヒシュタート界隈を徘徊した。ナチは権力を握ってから間もなく、そうした目に立つ娼婦を市からほとんど追放したが、オリンピックの来訪者を愉しませ、かつナチのドイツは開放的だという印象を与えるため、当局は以前ベルリンから追放した約七千人の娼婦を呼び戻した。また政府は、地元の女はスカートの裾を、それまで公認されていたよりも五センチ上げてよいと公表した。

さらに当局は、オリンピックを見に外国人がどっと来る直前に、閉鎖されていたいくつものナイトクラブを再開するように命じ、同性愛クラブが再び出現するのを黙認した。ヒムラー自身、刑法、第百七十五項に違反した廉で外国紳士を逮捕する前に、文書による自分の許可をとるよう、ゲシュタポに指示した。それは、同性愛行為を違法とする、十九世紀に出来た規制だが、一九三五年に、単に同性愛的欲望を掻き立てただけの行為も含むようになった。ヒムラーの指示がもっぱら外国の男性を対象にしていたというのは注目に値する。警察はオリンピック前後の期間にも、同性愛行為の廉でドイツ人男性を逮捕した。一九三六年には、そうした逮捕者は五千三百二十一人に達した。一九三四年には九百三十八人だったのだが。(96)

ベルリンを訪れる多くの外国人が、アヴァンギャルド文化や「頽廃的」セックスのあまりの少なさにしらけるとすれば、次に、通りで出会うあまり多い軍国主義的光景にびっくりするかもしれないということを悟るくらいにはナチは犀利だった。ドイツ組織委員会は帝国競技場の柿落《こけら》としに軍事スポーツ競技会を開こうと考えたが、ヒトラー自身の命令で中止になった。内相フリックは、ナチの諸機関のメンバーはオリンピックの催しでは、制服ではなくスポーティーな私服を着るようにという通達を出した。ヒムラーはヒトラーの護衛に、オリンピック会場で勤務についているあいだは、いつもの腰ベルトの武器は外しておくようにと命じた。ドイツは、オリンピック来訪者を楽しませるために軍の曲乗り飛行隊を送ろうという、ムッソリーニからの申し出を断った。したがって、国が管理しているラジオからやたらに流れてくる軍楽はやや減り、その代わりに伝統的なクラシック音楽が流された。

オリンピックを取材するために七月末にベルリンに着いた、『ニューヨーカー』誌のジャネット・フラナーは書いている。

いまやベルリンは、綺麗で活気のある、くつろぎの場所である。この一年は、戦後のドイツが経験したどの年よりも、物質的繁栄に近づき、政治的不安から遠ざかった。首都がそのことを示している。新しい安らぎ《ゲミユートリヒカイト》の中心であるクーアヒュルステンダムには、レストランとカフェが数多くある。政府の命令によって家のペンキが塗り替えられ、窓辺にフクシアの花が飾られた結果、どの並木道も明るくなっている。とりわけ、スポーツ・スタジアムに通ずる並木道は。ウンター・デン・リンデンの愛らしい古いリンデンの木は、新しい地下鉄を作るために切り倒された。樹木学者さえ、あの立派な大通りは初めて最もいいところを見せていることを認めるだろう。優美なヴィルヘルム広場と、もっと庶民的なルストガルテンも、公衆が集まるのに役立てるため、ローマのフォーラムを真似て重要な広場にしようという国の計画の一部として、ともに樹木が切り倒された。おそらく、ベルリンの美しさの唯一の汚点は、まだ人の住んでいない、新しいアメリカ大使館であろう。色は褪せ、くすんでいて、三つの窓のガラスが割れていて板が張ってあり、ドイツの外見上の繁栄の只中にあって、アメリカの不況を強く、懐かしく思い出させてくれる。(97)

七月二十九日、ＩＯＣはベルリンのフリードリヒ・ヴィルヘルム大学の講堂で第三十五回会議を開いた。総統の代理としてルドルフ・ヘスが代表者たちを歓迎した。チャンマーとレーヴァルトはドイツ組織委員会を代表して彼らを歓迎し、帝国スポーツ指導者は、「スポーツの高貴なる火を守って」くれたとＩＯＣのメンバーに感謝した。それは、ボイコット運動に対するＩＯＣの態度に、さほど微妙にではなく触れたものだった。ドイツ側の挨拶と祝辞に続き、バイエ＝ラトゥールは「政治と宗教」が大会に介入しないようにしたことを自画自賛した。また、その機会を捉え、クーベルタンをノーベル平和賞の候補に正式に推薦する案を出した。実際には、ドイツ側が音頭をとったのである。(ナチがノーベル賞委員会とほとんど縁故がなかったので、その努力は実を結ばなかった。一九三六年のノーベル平和賞は、投獄されていた反ナチのドイツのジャーナリスト、カール・フォン・オシーツキー（一九三八年、強制収容所内で死亡）が受賞した。[98]

IOCは三度事務上の会議を開いているあいだに、リヒャルト・シュトラウスの「オリンピック讃歌」を一九三六年の大会の正式の祝祭音楽に採用し、土壇場になってのロシア人亡命者の大会参加申請を却下し、次の一九四〇年の夏季オリンピックは東京で開くことを確認した。最後に付け加えると、IOCは実に多くのことを語る手段をとった。ナチ大会を批判した唯一のIOCメンバーである、アメリカ人のアーネスト・ヤーンケを委員会から即座に追放せよという、ウィリアム・メイ・ガーランドが出した動議が満場一致で可決されたのである。名目上は、ヤーンケはIOCの会合にいつも欠席したという理由で除名されたのだが、本当の理由は、彼がベルリン大会問題で同僚に公然と反対したことなのを、誰もが知っていた。事実、バイエ＝ラトゥールはヤーンケに宛てた私信の中で、IOCは彼が「委員会の利益に反する人間」[99]なので除名されたと書いている。

踏んだり蹴ったりの仕打ちだが、IOCは追放したヤーンケの後任にエイヴェリー・ブランデージを選んだ。それが踏んだり蹴ったりの仕打ちなのは、もし委員会がブランデージを任命するつもりなら、正しくは彼をヤーンケの後任としてではなく、一九三六年六月二十五日に急死したチャールズ・シェリルの後任として選ぶべきだったのだから。

ヤーンケのほかに、IOCメンバーの入れ替えで傷つけられた、もうひとりの人物はガス・カービーだった。彼は委員会に入ろうと熱心に画策した。しかしカービーは、ベルリン大会にアメリカが参加することを最後には支持したが、当初は参加の決定に疑問を投げかけて、IOCにとっての好ましからざる人物になってしまったのだ。ブランデージはと言えば、それから長期にわたって委員を務めることになるが、就任早々、オリンピックで競技をする女子選手は全員、「一〇〇パーセント女性」であるのを確認するための徹底した医学検査を受けることを提案した(100)。

章末注

＊1　それから約七十年後、二〇〇八年の北京オリンピックの準備をしている中国当局は、不作法で悪名高い北京の住民のマナーを向上させ、彼らが日常行っている、痰吐きと唾吐き、タバコの吸殻の投げ捨て、行列の割り込みをやめさせようとする、似たような運動を始めた。

原注

（1）Elke Fröhlich, ed., *Die Tagebücher von Joseph Goebbels. Sämtliche Fragmente, Teil I, Aufzeichnungen 1924-1941*, 4 vols. (Munich, 1987), II: 577.

（2）Krüger, *Die Olympischen Spiele 1936 und die Weltmeinung*, 179 に引用されている。

（3）、（4）William Murray, "France," Krüger and Murray, eds., *The Nazi Olympics*, 94-95.

（5）*Le Populaire*, 22.5.36.

（6）Rürup, ed., 1936. *Die Olympischen Spiele und der Nationalsozialismus*, 60 に引用されている。

（7）Phipps to Foreign Offirce, 16.5.36, FO 371/19940, PRO.

（8）Bruce Kidd, "The Popular Front and the 1936 Olympics," *Canadian Journal of History of Sport and Physical Education* 11, 1 (1980): 13-14.

(9) Vortrag, 14.12.33, R8076, G155, BAB.
(10) Abschrift, 14.12.33, MA 595, IfZG.
(11) Speer, *Inside the Third Reich* (New York, 1970), 80.
(12) Kluge, *Olympiastadion Berlin*, 73 に引用されている。
(13) Henry Pickler, ed., *Hitlers Tischgespräche im Führerhauptquartier 1941-1942* (Stuttgart, 1963), 272-73.
(14) Kluge, *Olympiastadion Berlin*, 76 に引用されている。
(15)、(16) 同書 132-33 に引用されている。
(17) Frick directive, 18.7.35, Olympiade 1936, PAAA.
(18) オリンピック村については次のものを参照のこと。Carl Diem, *Ein Leben für Sport*, 166-70; Hans Saalbach, *Das Olympische Dorf* (Leipzig, 1936).
(19) "Fuerstner Buried with Army Honors," *NYT*, 23.8.36.
(20) こうした準備がベルリン駐在アメリカ領事の報告書のテーマだった。次のものを参照のこと。Messersmith Dispatch, 25.7.36, Olympic Games, 862.4063, NA.
(21) *Der Mittag*, n.d., Olympiade 1936, PAAA.
(22) "Garmany Puts on Her Best Face," *Manchester Guardian*, 22.7.36. 次のものも参照のこと。Newron to Eden, 18.8.36, FO 371/19940, PRO.
(23) Bülow-Schwarte to Deutsche Botschaft. Paris, 28.11.35. Olympiade 1936, PAAA.
(24) Olympic Games Press Release, Nr. 32. Box 152, ABC.
(25) Rürup, *1936: Die Olympischen Spiele und der Nationalsozialismus*. 84 に引用されている。
(26) Pfundtner to Reichsstaathalter, 15.10.34, Reichsstaathalter von Epp, BHSA.
(27) Vortrag zu der Schrift über Goethe und der Olympische Gedanke," R8077, 46/109/449, BAB; 次のもの

も参照のこと。“Goethe und der Olympische Gedanke,” R8076, G33, BAB.
(28) Goebbels speech in *Berliner Morgenpost*, 19.7.36.
(29) Suzanne L. Marchand, *Down from Olympus: Archaeology and Philhellenism in Germany, 1750-1970* (Princeton, 1996), 351 に引用されている。
(30) Diem, *Ein Leben*, 175; GOC, *Official Report*, 365-69; “Olympia-Zug. 1000- km Werbefahrt durch Deutschland,” Olympia-Werbung-Propaganda, CDA.
(31) GOC, *Guidebook to the Celebration of the XI. Olympiad Berlin 1936* (Berlin, 1936), 54.
(32) Abschrift, 14.12.33, Reichsministerium für die besetzten Ostgebiete, MA 595, IfZG.
(33) “Wer macht's nach?” *VB*, 16.2.34.
(34) John M. Hoberman, *Mortal Engines. The Science of Performance and the Dehumanization of Sport* (New York, 1992), 131-45.
(35) *The Nation*, 18.7.36, 62 に引用されている。
(36) Arnd Krüger, “Strength Through Joy: The Culture of Consent under Fascism, Nazism and Francoism” in J. Riordan and A Krüger eds., *The International Politics of Sport in the 20th Century* (London, 1999), 71.
(37) Rürup, *1936: Die Olympischen Spiele und der Nationalsozialismus*, 75 に引用されている。
(38) Mussolini quoted in Die Vorbereitungen des Auslands für die Olympischen Spiele 1936, Vorbereitung, Vorbetrachtungen aus sportlicher Sicht, 017.425, CDA.
(39) Harold Oelrich, “Hitler, Mussolini und der Sport,” *Stadion* 24, no. 2 (1998): 296 に引用されている。
(40) Die Vorbereitungen des Auslands, CDA.
(41) Ikuo Abe, Yasuharu Kiyohara, and Ken Nakajima, “Fascism, Sport and Society in Japan,” *IJHS* 9, no. 1 (Apr. 1992): 19-20.

(42)、(43) Andrew Morris, "'I Can Compete!' China in the Olympic Games, 1932 and 1936," *JSH* 26, no. 3 (Fall 1999): 545, 552.

(44) *Die Vorbereitungen des Auslands,* CDA; "La Préparation Olympique," *Le Populaire*, 25.5.36; "Les Français admettant que leur equipe olympique sera faible," *Le Messager*, 16.5.36.

(45) Die Vorbereitungen des Auslands, CDA に引用されている。

(46) British Olympic Association, *The Officid Report of the XIth Olympiad Berlin 1936* (London, 1936), 47.

(47) "Appeal for Funds," *NYT*, 14.4.36.

(48) Brundage to Edstrøm, Box 42, ABC.

(49) Wortmann solicitation letter, 28.4.36, Box 234, ABC.

(50) "Olympia-Werbung in Ausland," *Reichssportblatt*, 6.5.35.

(51) Bush to Rubien, 4.5.36, Box 35, ABC.

(52) "Offer Was Rejected," *NYT*, 17.6.36.

(53) Randall's Island Tryouts, Box 152, ABC.

(54) David Wiggins, "The 1936 Olympic Games in Berlin: The Response of America's Black Press," *Research Quarterly for Exercise and Sport* 54 (Sept. 1983): 283-84. 次のものも参照のこと。 Wiggins, *Glory Bound: BlackAthletes in a WhiteAmerica* (Syracuse, 1997), 72-73.

(55) "America Seen Facing Test in Berlin," *WP*, 21.2.36.

(56)、(57) "Athletes of Europe See Chance," *NYT*, 24.2.36.

(58) Max Schmeling, *An Autobiography* (Chicago, 1998), 82.

(59) David Margolick, *Beyond Glory. Joe Louis versus Max Schmeling, and a World on the Brink* (New York, 2005), 26 に引用されている。

（60）ナチの指導部とシュメーリングについてはMargolickの同書に加え、次のものも参照のこと。Hans Joachim Teichler "Max Schmeling — der Jahrhundertsportler im Dritten Reich," *SportZeit* 1（2001）: 11-15; and Patrick Myler, *Ring of Hate*（Edinburgh, 2005）.

（61）Jeffrey T. Sammons, *Beyond the Ring. The Role of Boxing in American Society*（Urbana, 1988）, 106に引用されている。

（62）Margolick, *Beyond Glory*, 40に引用されている。

（63）、（64） Schmeling, *Autobiography*, 109.

（65）Sammons, *Beyond the Ring*, 102.

（66）、（67） McRae, *Heroes without a Country*, 62.

（68）同書120に引用されている。

（69）Margolick, *Beyond Glory*, 121.

（70）*Joe Louis. My Life Story*（New York, 1947）, 68.

（71）、（72） Max Schmeling, "This Way I Beat Joe Louis," *Saturday Evening Post*, 5.9.36, 10, 11.

（73）、（74） "Schmeling Stops Louis in Twelfth," *NYT*, 20.6.36.

（75）Louis, *My Life Story*, 75.

（76）"Bomber's Kin," *Chicago Defender*, 11.7.36.

（77）、（78） McRae, *Heroes Without a Country*, 129に引用されている。

（79）Bernett, Funck, and Woggon, "Der Olympische Fackellauf 1936 oder die Disharmonie der Völker," *SZS*, 10. Jg, Heft 2（1996）18に引用されている。

（80）Fröhlich, *Die Tagebücher von Joseph Gebbels*, vol. 2, 630. ゲッベルスはシュメーリングの勝利に大いに気をよくしたので、シュメーリングの収入を無税にした。

(81) Schmeling, *Autobiography*, 130.
(82) "Eleanor Holm Whalen," *NYT*, *2.2.04*; "I Like Champagne," *Time*, 3.8.36, 21.
(83) "Star's Attack Bitter," *NYT*, 26.7.36.
(84) "Homesick Boxers," *NYT*, 30.7.36; "Ousted Boxer," *New York Amsterdam News*, 8.8.36.
(85) *Sydney Morning Herald*, 23.6.36.
(86) Morris, "'I Can Compete,'" 555 に引用されている。
(87) McRae, *Heroes Without d Country*, 144 に引用されている。
(88) William O. Johnson, Jr., *All That Glitters Is Not Gold: The Olympic Games* (New York, 1972), 29.
(89) Krüger, *Die Olympischen Spiele 1936 und die Weltmeinung*, 194.
(90) [Janet Flanner], "Berlin Letter," *The New Yorker*, 1.8.36, 40 に引用されている。
(91) Michael H. Kater, *Different Drummers: Jazz in the Culture of Nazi Germany* (New York, 1992), 36-38.
(92) Mark Pendergrast, *For God, Country and Coca-Cola* (New York, 1993), 218-26; Helmut Fritz, *Das Evangelium der Erfrischung: Coca-Colas Weltmission* (Hamburg, 1985), 72-80.
(93) "What Is Coke?" broadside, Robert Woodruff Papers, Box 10, Folder 5, Emory University Archive.
(94) Christopher Isherwood, *Christopher and His Kind* (New York, 1976), 2.
(95) Michael Peppiatt, *Francis Bacon. Anatomy of an Enigma* (New York, 1996), 29.
(96) Eric Johnson, *Nazi Terror. The Gestapo, Jews, and Ordinary Germans* (NewYork 1999), 288.
(97) [Flanner], "Berlin Letter," 40.
(98) レーヴァルトは、ベルリン大会が終わったら「ノーベル賞が君に授与されるのは確かだ」とクーベルタンに請け合った。次のものを参照のこと。Lewald to Coubertin, 12.2.36, JO Eté 1936, Cojo Comité, IOCA. クーベルタンにノーベル平和賞を授与させようという運動が失敗した経緯については次のものを参照のこと。 Hans Joachim Teichler, "Coubertin und das Dritte Reich," *Sportwissenschaft* 12, no. 1 (1982): 28-29.

(99) Lucas, "Ernest Lee Jahncke: The Expelling of an IOC Member," 68 に引用されている。

(100) "Olympic Games," *Time*, 10.8.36, 41.

ガルミッシュ＝パルテンキルヒェンで開かれた1936年冬季オリンピックの開会式に車で行く途中、
群衆に挨拶するアドルフ・ヒトラー。

ガルミッシュ＝パルテンキルヒェンで、ひと悶着あった末に金メダルを獲得した英国のアイスホッケー・チーム。

ガルミッシュ＝パルテンキルヒェンにおける「氷上の女王」、ノルウェーのソニア・ヘニー。

ベルリン郊外のオリンピック村の選手宿舎。

オリンピックの数ヵ月前に、大会に対する強い関心を掻き立てるため
「オリンピック列車」と名付けられ、ドイツ中を旅したトラック隊。

開会式で、オリンピック・スタジアムの中を行進しながら「オリンピック式挨拶」をする選手たち。

1936年夏季オリンピックの開始日にオリンピック・スタジアムに入るアドルフ・ヒトラー、
IOC会長アンリ・ド・バイエ=ラトゥール（ヒトラーの右）、ドイツ組織委員会会長テーオドール・レーヴァルト。

1936年夏季オリンピックの開会式のために、ベルリンのブランデンブルク門を抜け、
オリンピック・スタジアムに向かって運ばれる聖火。

アメリカの
ジェシー・オーエンス(右)と、
走り幅跳びの競技中
彼に助言をした
ドイツのルッツ・ロング。

ベルリン大会の
十種競技優勝者、
アメリカのグレン・モリス
(短期間、映画制作者
レニ・リーフェンシュタールの
愛人だった)。

英国の勇敢な
ハロルド・ホイットロック。
レース中、吐くために
何度か立ち止まらねば
ならなかったが、
50キロ競歩で
オリンピック新記録を作った。

並んで走る、マラソンの優勝者、
孫基禎と二位の
アーネスト・ハーパー。
孫はジャージーに
日章旗を付けていたが、
朝鮮の熱烈な民族主義者で、
日本のために
走るのを恥じていた。

フェンシングのメダリスト、ヘレーネ・マイヤー(左)、オーストリアのエレン・ミュラー=プライス(中央)、
ハンガリーのイロナ・シャヘレルー=エレク。
彼女たちは全員、ユダヤ人かユダヤ人の血を引く者で、
マイヤーはナチのオリンピックに対する国際的なボイコット運動を下火にするために、
ドイツ・チームに加えられた。

ベルリン大会でナチ式敬礼をするドイツのサッカー・チーム。

ベルリン大会のドキュメンタリー映画を制作中、撮影の監督をするレニ・リーフェンシュタール。

式典と儀式は、初めから近代オリンピックの一部だった。クーベルタンにとっては、荘厳な儀式が行われることがオリンピックを普通のスポーツ選手権大会と分かつものだった。しかし、儀式の規模は、それぞれのオリンピックで異なっていた。クーベルタンはひどく落胆したのだが、一九〇〇年のパリ大会ではなんの開会式も行われなかった。またクーベルタンは、スポーツ競技だけにあまりに長い日数をかけ、オリンピックの象徴である式典があまりに短かったとして、一九二〇年のアントワープ大会を鋭く批判した。

それと対照的に一九三六年のベルリン・オリンピックは、祭典と文化の面では非の打ち所がなかった――おそらく、抑制ということを除いては。儀式と式典がベルリン大会で際立っていたという事実は、第三帝国における祭典が広い重要性を持っていたことに根差していた。ナチの式典は単に宣伝効果を狙っただけではなかった――それは、ナチ運動自体が政治的宗教のような意味合いを帯びていたことを反映していたのである。ベルリン大会は、ニュルンベルク党大会、ヒトラーの誕生祝、ビヤホール一揆（一九二三年十一月にバイエルン州政府を転覆させようとしてヒトラーが企てたクーデター。ビヤホール〈ビュルガーブロイケラー〉から一揆参加者は市内に行進した）記念式典のような恒例の代表的な催しを一つにまとめて規模を大きくしたものだった。恒例の儀式は、ドイツの大衆の心を掴むことを狙ったものだが、ベルリン大会は、スポーツを神聖なものにすることにかけては国家社会主義者の右に出る者はないという事実を全世界に示すのを目的にしていた。そして、この場合もドイツは、自分たちは古代ギリシア人の足跡をしっかりと辿っているのだと言明した。

「ドイツの大義のための勝利」

一九三六年夏季オリンピックの開始日には、ドイツの新首都ではかつてなかったほどに盛大な式典が行われた——一八七一年六月に新しい帝国の成立を祝って行われた式典よりも盛大だった。その式典は軍事色が濃かったが、ベルリン大会の場合も同じだった。その催しは平和的な性質のものとして、軍事色を抑えるという表面上の努力がなされたにもかかわらず。

式典は午前八時に始まった。プロイセン流の時間厳守の精神で、八時きっかりにベルリン近衛連隊がアドロン・ホテルの正面で「大いなる目覚まし《グローセス・ヴェッケン》」と呼ばれる起床ラッパを吹き鳴らした。そのホテルにはIOC役員が泊まっていた。九時半ちょうどに、お偉方をベルリン大聖堂（プロテスタント信者用）と聖ヘートヴィヒ教会（カトリック信者用）で行われる礼拝に連れて行くため、数台の車がホテルに着いた。IOCのメンバーが祈りを捧げているあいだ、十万人を超すベルリンの学童が市内の校庭に行進しながら集合し、団体体操、障害物競争、団体バトン・トワーリングをした。ドイツの『官報』によれば、その催しの眼目は、「ベルリン学童の多様なスポーツ活動の全体像を示す[1]」ことにあった。しかしそれは、きわめて組織化され軍事化された児童の姿をも示した。

軍事色は、ウンター・デル・リンデンにある、かつてプロイセンの衛兵所だった新哨舎《ノイエ・ヴァッヘ》の前で午前の中頃に行われた式典に、さらにはっきりと現われていた。ノイエ・ヴァッヘは第一次世界大戦の戦没兵士の霊を祀るドイツの第一の廟として今では使われていた。その前には、国防軍の儀仗兵と、制服姿のヒトラー・ユーゲントの隊が集まっていた。一九一四年にドイツによって侵略され荒らされた国のバイエ＝ラトゥールは、外国の全選手を代表して、無名戦士の墓に花束を置いた。献花式を思いついたのはカール・ディームだった。彼はかねがね、オリンピックを、武器を使わない戦争と見ていたのである。彼がまた、それによって、かつての交戦国同士の和解を示唆しようとしたのは疑いないが、戦没者追悼をベルリン大会の儀式の一部にしようとしたのは興味深い。

ノイエ・ヴァッへで式典が行われているあいだ、数万人のSAとヒトラー・ユーゲントが、オリンピック聖火がベルリンの中央に到着するのを歓迎するため、宮殿の前のルストガルテンに集合した。そうした群衆をいかに指定の場所に並ばせるかが、主な兵站《へいたん》作戦だった。献花式から戻ったばかりのIOCメンバーは、空色の空軍の制服を着たヘルマン・ゲーリングに旧博物館で歓迎された。委員会の代表はといえば、古代ギリシアのスポーツ行事を表わす大メダルがキラキラ光る重い金鎖を、これ見よがしに首に掛けていた。その鎖を考えついたのもディームだった。「体育文化の最高の評議員会」であるIOCは、文字通り畏敬すべき重い役目を担わねばならぬと思ったのである。(2) ゲーリング主催のレセプションのあと、聖火を迎える一連の儀式を見ようと、IOCのお偉方は博物館の石段に立った。広場の周囲の旗が掲げられると、ヒトラー・ユーゲントは『旗の行進』を歌った。「われらの旗を掲げよ、朝風の中で／怠け者に対する警告として、その旗をひらめかせよ」。ヒトラー・ユーゲントの指導者バルドゥール・フォン・シーラッハは、群衆に向かって呼びかけた。「われらドイツの若者は、われらアドルフ・ヒトラーの若者は、諸君に挨拶する、世界の若者に」。それからさらに大勢の合唱と、チャンマーとゲッベルスの空疎な雄弁が続いた。ゲッベルスはオリンピック聖火の到着に先んじて、熱弁をこう締め括った。「燃えよ、聖火、燃えよ、消えることなかれ(3)」

ゲッベルスが不吉な祈願を唱え終わるや否や、大通りの向こうから、聖火ランナーの到着を示す歓声が聞こえてきた。ランナーはルストガルテンに着くと中央通路をゆっくりと走り、旧博物館前の聖杯に火を移してから広場を駆け戻って、宮殿の聖火台に点火した。その二つの「平和の火」は大会中、ずっと燃え続けることになっていた。二つの炎がとどこおりなく点火するとバイエ＝ラトゥールが歩み出て、「ドイツがオリンピック競技大会のために行った並外れた準備」に対し、IOCの名においてヒトラーに感謝した。そして、聖火の儀式に特に言及した。「オリンピアからベルリンに運ばれてきた聖火の象徴するものを理解するすべての人間は、過去と現在を結ぶ手段を提供して下さったことに対してのみならず、オリンピックの理念が今後も存続することに貢献して下さったことに対しても、閣下に深甚な感謝の念を抱いております」。それに応えてヒトラーは、「人間の理解を深める」[4]目的の祭典を主催する機会を与えてくれたことに対し、IOCに感謝した。ヒトラーはドイツがオリンピックの伝統と理念を守るいっそうの証拠として、ドイツの学者が一八七五年と八一年に手がけた古代オリンピアの発掘事業を政府が継承し、完了させることを表明した。彼はその事業を「一九三六年、ベルリン、第十一回オリンピアード祭典の永遠《とわ》の記念」[5]と呼んだ。

IOCメンバーは宮殿でのヒトラー主催の昼食会のあと、大会の正式な開会式を行うため、車に乗せられ凱旋道路を通って帝国競技場に向かった。沿道は端から端まで国家社会主義者自動車隊、SS、SA、ベルリン警察特別隊によって警護されていた。数十万の群衆が警備員の後ろに辛抱強く立ち、総統に喝采する機会を待っていた。群衆の中に、アメリカの小説家トマス・ウルフがいた。彼は小説『汝、再び故郷に帰れず』の中で、ヒトラーが通ったときの様子を描いている。

ついに彼がやって来た——野原を吹き抜ける風のような何かが群衆のあいだをざわざわと通り、遥か彼方から潮《うしお》が彼のあとを追ってきて、その中に、祖国の声、希望、祈りがあった。指導者はピカピカ光る車に乗ってゆっくりとやってきた。小柄な髪の黒い男で、コミック・オペラの口ひげを生やしていた。背筋をぴんと伸ばして立ち、身動きもせず、にこりともせず、てのひらを上にして片手を挙げていた。ナチ式敬礼ではなく、仏陀やメシアが祝福を与える時の身振りで、真っ直ぐ上に挙げていた。(6)

スタジアムの門は、ヒトラーが到着する前に観客全員が席に着くよう、一時に開けられた。ヒトラーは三時五十八分きっかりに到着の予定だった。警備は厳重をきわめた。前の晩に警察は爆弾がないかどうか施設内を虱潰《しらみ》しに調べ、許可を得ていない車を、その一帯から排除した。警備員がスタジアムのすべての入口に配備され、私服の警官が敷地内を巡回した。販売用ブースは閉鎖され、プログラムとガイドブック以外のものの販売は禁止された。レストランとバーでさえシャッターを下ろしたままだった。

観客がスタジアムにぞろぞろと入っている間に、百七十台のバスが選手をオリンピック村からスポーツ集合施設に運んできた。それは、三時までには終了した。ヒトラーが到着するまでの長い（そして何も飲めない）時間の気晴らしに、大編成のオリンピック交響楽団がコンサートを開いた。その交響楽団は、ベルリン・フィルハーモニー管弦楽団と国立管弦楽団から成っていて、それに、バイロイト・ワーグナー祭合唱団が加わっていた。演奏された曲には、ワーグナーの『マイスタージンガー序曲』と、リストの交響詩『レ・プレリュード』が入っていた。

観客を楽しませたもう一つのものは、巨大な飛行船、ヒンデンブルク号だった。それは、ゴンドラからオリンピックの旗をなびかせながらスタジアムの上を行ったり来たりした。途方もなく大きい飛行船は、ドイツ人の発明の才の優れた象徴であり、高い国民的誇りを示すものだった。ベルリン大会のわずか五ヵ月前に就航したその飛行船は、すでに大西洋を数回横断し、ニュージャージー州レークハーストからフランクフルトまで四十九時間というスピード記録を打ち立てていた。

　ヒトラーは予定通り帝国競技場に到着した。彼が最初に立ち止まったのは鐘塔の前だった。そこでブロンベルクとＩＯＣメンバーに伴われ、五月広場に国別に集合している選手を観閲した。それからブロンベルクと一緒にランゲマルク・ホールに入り、ドイツの戦没者の霊に対して数分間黙禱を捧げた。

　バイエ＝ラトゥールとレーヴァルトに付き添われたヒトラーは、マラソン門を通ってスタジアムに入った。スタジアムに入った彼は、トランペットのファンファーレと、紫の地に赤い鉤十字の模様の総統旗《フューラーシュタンダルテ》の掲揚によって迎えられた。総統の姿がちらりと見えるとドイツ人の観衆は席から跳び上がり、耳を聾するような歓声をあげた。歓声が徐々に収まるとワーグナーの『忠誠行進曲』が始まり、ヒトラーとその側近は広いアリーナを横切って貴賓席に向かった。ヒトラーは帝国競技場の中央で、ドイツ組織委員会の事務総長の五歳の娘、金髪のグードルーン・ディームから花束を受け取るために、ちょっと立ち止まった。

　ヒトラーが、ヘス、フリック、バイエ＝ラトゥール、イタリアのウンベルト皇太子の隣の貴賓席に着くと、オーケストラがドイツ国歌を演奏し、参加国すべての国旗が五十二本の旗竿にゆっくりと掲揚された。それから、巨大なオリンピックの鐘が鳴り出した――その殷々《いんいん》たる音は、オリンピック選手団の伝統的な分列行進が始まる合図だった。意味深長にも、ディームは分列行進の指揮を国防軍の少佐に委ねた。少佐の日常の任務には、大ベルリンで行われるすべての閲兵式の演出が含まれていた。

　最初に入ってきたのは、いつもの通り、オリンピック発祥の地、ギリシアだった。ギリシア・チームの先頭に立って青と白のギリシア国旗を持っていたのは、一八九六年のマラソン優勝者、スピリドン・ルイスだった。ギリシア選手団のあとからは、アルファベット順に各選手団が続いた。最初がÄgypten（エジプト）で、次がアフガニスタンだった。エジプトは以前の大会にも参加したが、アフガニスタンが参加するのは初めてだった。

　ガルミッシュの冬季オリンピック同様、ベルリンでの選手のパレードも混乱と論議の種になった。というのも、大方の選手団がした「オリンピック式挨拶」が、ナチ式敬礼にそっくりだったからである。オーストリア選手団は、ガルミッシュと同様、もっぱらドイツ人の観衆から大喝采された。スタジアムにいた大部分の者が、オリンピック式挨拶を「ヒトラー式敬礼《ヒトラー・グルース》」と受け取ったからである。また、フランス選手団に対しても心からの喝采が湧き起った。彼らが受けた温かい歓迎は、ドイツの大衆がかつての敵と今後は仲良く一緒に生きていきたいという友好的な感情の印と解釈することができたけれども。開会式のあいだヒトラーの横に立っていたシュペーアによると、ヒトラーはフランス選手団に対する喝采を喜ばなかった。その喝采に、「平和に対する希求と、ドイツの西の隣人との和解を求める気持ち」[7]を感じ取ったからだ。

　フランスのあとに続いたグレート・ブリテンに対する喝采は、ずっと少なかった。選手が敬礼はやめて、「かしら右！」をしただけだったからだ。それと対照的にトルコ選手団は行進のあいだじゅう敬礼をし、ブルガリア選手団は敬礼をし、かつ、上げ足歩調《グース・ステップ》をした。イタリア選手団はドイツとの新しい友情に敬意を表し、総統に敬礼しただけではなく、ヒトラーに向かって国旗を少し下げもした。それは、ガルミッシュではしなかったことだった。

　合衆国の選手は、最後から二番目、つまり主催国のドイツの前に入場してきたが、一斉に猫の鳴き声の野次が起こった。貴賓席の前を通ったとき、下げない旗をじっと見ながらカンカン帽を胸に当てただけだったからである。旗を下げないということは、ヒトラーにとっては取り立てて侮辱的なことではなかった。アメリカ選手団が国旗を高く掲げたまま行進するというのが、一九〇八年のロンドン大会以来の慣習だったからだ。その際ヤンキーは、英国の国王にへつらうように見えるのをよしとしなかった。その伝統は一九二八年に、当時のAOC会長ダグラス・マッカーサーに承認された。それにもかかわらず、アメリカの選手はヒトラーに然るべき敬意を表さないとして、ドイツ組織委員会から非難された。AOC事務局長ルビーンはハル国務長官に認めた。「われわれは五十三ヵ国（ママ）の中で国旗を下げなかった唯一の国だった(8)」

アメリカ人の傲慢な振る舞いに対する不満は、大編成のドイツ選手団が入場してきたことで集団的恍惚状態に変わった。白のスーツで身を包み、粋なヨット帽をかぶったドイツの選手は、翻る鉤十字の旗の後ろから「巨大な機械」のようにスタジアムに颯爽と入ってきた。オリンピック交響楽団は国歌と『ホルスト・ヴェッセルの歌』を続けて演奏し、ドイツ国家とナチ党が象徴的に一体になったのを祝うのに一役買った。ドイツ国旗を持っていたのは円盤投げと槍投げのチャンピオン、ハンス・フリッチュだった。彼はチームメートのかなりの数の者と同じように、ドイツ軍人だった。（フリッチュは大会でメダルを取り損なうと、軍務に専念せざるを得なかった。）

選手が競技場に集合すると、カリカリという雑音の入った録音された声が拡声器から流れてきた。それは、肉体ではないとしても「精神」がその場にいたクーベルタンの声だった。クーベルタンのメッセージは、まったく無害なものだったが――オリンピックの意義は勝つことにではなく参加することにある、ちょうど、人生で大切なのは成功するよりも気高く闘うことであるように――ナチ主催の祭典で流された演説の平凡さは、皮肉きわまるものだったろう。

クーベルタンの演説の録音を流した最大の動機は、近代オリンピックの創始者をナチの大義のために勝手に利用することにあったが、次の「聴覚劇場」の出し物、ドイツ組織委員会会長テーオドール・レーヴァルトの長ったらしい演説の根本的動機は、ヒトラーを時の人に仕立て上げること、そして、ナチ・ドイツが古代ギリシアと「血の繋がり」があることを再び主張することだった。レーヴァルトはヒトラーを「このオリンピック競技大会の保護者」と祭り上げてから、間もなくスタジアムで行われる聖火点火式について、こう言った。「聖火ランナーはあと数分で三脚の聖火台にオリンピックの火を点火するために姿を現わしますが、その火は祭典のあいだじゅう、天に向かって燃え上がるでありましょう。それは、われらの祖国ドイツと、北欧移民によって四千年近く前に建設された聖なるギリシアの地との、真正にして精神的な火の絆を創るのです[9]」。それからレーヴァルトはマイクロフォンをヒトラーに渡し、大会開始の辞を述べるように促した。総統は儀礼に従い、前もって決められた型通りの簡単な宣言をした。「第十一回近代オリンピアードを祝い、ベルリン大会の開始を宣言する[10]」

ヒトラーの短い宣言が終わると、それを合図に新たに凄まじい勢いで式典と儀式が開始された。競技場の中央に立っていた水兵たちは、トランペットのファンファーレが鳴り渡り、二十一発の祝砲が放たれる中、巨大な五輪のオリンピックの旗を掲揚した。同時に、ヒトラー・ユーゲントの団員が鳥籠を開けて二万羽の鳩を放した。鳩は円錐形に広がって舞い上がり、観衆に糞の爆弾を落とした。鳩が空に消えてゆくのを見ていた観衆は、その伝統的な平和の象徴が軍事的側面も持っていたことに、おそらく気づかなかったであろう。放たれた鳩は、ドイツ軍のものだったのである。

また観衆は、舞台裏のいざこざが儀式の音楽に影を落としていることに気づかなかった。それは『オリンピック讃歌』の演奏である。IOCは最初、ロサンゼルス大会用に作られた讃歌を一九三六年にも使うことを提案したが、レーヴァルトは、すぐれて音楽の国であるドイツは自国の讃歌を用意すべきであると主張した。一九三一年の秋、彼はドイツの現存する最大の作曲家リヒャルト・シュトラウスに、讃歌の作曲を依頼した。[11]

シュトラウスは、曲を付けるちゃんとした歌詞があるならばという条件で同意した。ドイツ組織委員会は適当な歌詞を見つけるため、一九三四年に全国コンクールを催した。その結果、愛国的な駄作の数々が生まれた。ある応募作は、ジークフリートを「最初のスポーツの巨匠[12]」と讃えていた。ついに審査員は、使えそうな応募作を見つけた。その作者はロベルト・ルバーンという名の無名の「庶民詩人」だった。しかし、ルバーンの最初の作は宣伝省の審査に通らなかった。役人たちは「国家社会主義的精神」に欠けると言って反対し、特定の個所の修正を提案した。ルバーンはしぶしぶ同意した。「平和が大会のスローガンであれ」という文句が「名誉が大会のスローガンであれ」に変えられ、「法の規則を最高のものとすべし」が「誓いに対する忠誠を最高のものとすべし」になった。[13]修正の数は少なかったかもしれないが、修正の結果、オリンピックの理念に対する標準的な頌歌が、ナチにとって大事な原則を祝うものに変わってしまったのである。

シュトラウスも問題を起こした。彼は一万ライヒスマルクの謝礼金を要求した。ドイツ組織委員会にとっては問題外だった。シュトラウスは要求が受け容れられなかったことをレーヴァルトから告げられると、無報酬で作曲することにした。それはドイツ組織委員会が最初から目論んでいたことだった。シュトラウスがちょうどその頃、帝国音楽局総裁に任命されたことが、その決断に影響したのは疑いない。その新しい仕事は国家に対して責任を負うものだったからである。レーヴァルトは「贈り物」をくれたシュトラウスに大いに感謝し、それはドイツ組織委員会がこれまで受け取った中で「最も偉大で最も美しい[14]」と言った。そして、IOCがシュトラウスのこの作品を「永遠《とわ》のオリンピック讃歌」にすることを望むと付け加え、シュトラウス自身が大会開始日に自作の指揮をするよう提案した。

一九三四年九月末、シュトラウスは修正されたルバーンの歌詞を受け取り、十二月初旬までにスコアを書き上げた。それは、彼がその作品にあまり手を掛けなかったことを暗に語っている。事実彼は自分の歌劇台本作者の一人、ユダヤ人作家シュテファン・ツヴァイクにこう言っていた。「降臨節の閑散期には、プロレタリアのためのオリンピック讃歌を作曲して暇潰しをしている」[15]。しかしシュトラウスは、その仕事を軽蔑してはいたが、総統個人のために、自作の讃歌を試演させてくれないかとレーヴァルトに頼んだ。その要求の裏には、ヒトラーとナチの指導部に取り入ろうという作曲者の見え透いた意図があった。レーヴァルトはシュトラウスの要求に応じ、一九三五年三月二十九日、首相官邸でヒトラーとゲーリングのために自作の讃歌を演奏した。

だが、シュトラウスは表面上はヒトラーのご機嫌をなんとか取ろうとしていたが、ナチ体制での自分の役割について、ひどく相矛盾する見方をしていた。彼は自分の新作オペラ『無口な女』の台本作者としてシュテファン・ツヴァイクを再び使うことによって、ナチの規制を愚かにも無視したことを示してしまった。ゲッベルスはひどくしぶりながらではあったが、そのオペラをドレスデンで初演することを許可した。その後間もなく、シュトラウスは帝国音楽局総裁を辞めざるを得なかった。自分がナチの作った音楽局の総裁になったのは、さらに悪いことが起こるのを防ぐためだけだというツヴァイク宛の手紙をゲシュタポが発見したからだ。いまや開会式で自作の讃歌を指揮することができなくなったかに見えた。彼は虚栄心ゆえに、指揮をすることを渇望していた。レーヴァルトが首相官邸と交渉し、国際的に名高いシュトラウスは讃歌の指揮をするのにうってつけだということを指摘した[16]。政府は大御所が指揮台に立つのは第三帝国にとって願ってもない宣伝になるのを悟り、譲歩した。

白髪の作曲家が指揮台に登り、大編成の交響楽団と合唱団を指揮して自作の勇壮な『オリンピック讃歌』を演奏するのを見て観衆は拍手喝采した。それがシュトラウスの作品の中で最も不出来なものであるのに誰も気づかなかったらしい。IOCが気づかなかったか、気づいても気にしなかったかなのは確かである。IOCは、一九三六年の讃歌を「永遠《とわ》のオリンピック讃歌」にしようというレーヴァルトの提案を正式に承認したからだ。後世のオリンピックの観衆にとって幸いなことに、その決定は、第三帝国が崩壊し、ナチと関わったために シュトラウスの名声が傷ついたあと、覆った。IOCは一九四八年のロンドン大会で、一九三二年の讃歌を再利用した。そして一九五六年に、新しい讃歌を委嘱した。その後、その慣習は踏襲されている。

スタジアム内の観衆がそうした壮大な儀式に夢中になっているあいだ、外の凱旋道路では、ルストガルテンから帝国競技場までの聖火リレーが最終段階に入っていた。『オリンピック讃歌』が終わると同時に、白を身にまとった亜麻色の髪の青年が聖火を手にし、スタジアムの東門の階段の頂上に姿を現わした。その青年はテレフンケン社に勤める二十九歳のフリッツ・シルゲンだった。彼はそれまで数年間、ドイツ最高の中距離選手の一人だった。シルゲンは競技場に集合している選手の列のあいだを大股にゆっくりと駆け抜けて、マラソン門の下の階段を登った。階段の一番上に着くと再び立ち止まり、青銅製の三脚に載っている聖火台に点火した。スタジアムの上にそれから十六日間燃え続けることになる炎が立ち昇った。

スタジアムでの点火の瞬間は開会式のハイライトだったが、それで開会式が終わったわけではなかった。年老いたマラソンランナーのスピリドン・ルイスが総統のいる貴賓席に覚束ない足取りで近寄り、オリンピアの廃墟に生えていた木から折ったオリーヴの枝を総統に渡した。ルイスはドイツ組織委員会の招待でベルリンに来たのだ。費用は同委員会がすべて負担した。(彼に付き添ったドイツのガイドの会計簿によると、そのうち三三・四〇ライヒスマルクが「飲み物」に支払われ、六ライヒスマルクがタバコに支払われた。）ルイスを呼び寄せたのは、クーベルタンが四十年前に始めた伝統を象徴的に自分のものにしようとする、ドイツのもう一つの試みだった。『公式報告』によると、ヒトラーはルイスからオリーヴの枝を受け取ると、「深甚の感謝の念を表わす言葉」で応じた。その時のことについて、こう説明した者もいた。「過去と現在が握手をした、まるで人類の偉大な理念が千年の橋渡しをしたかのように[17]」。（生涯にわたってヘビー・スモーカーだったルイスは、一九四〇年三月二十六日、ドイツが彼の祖国に侵入する一年前、心臓麻痺で死んだ。）

過去と現在の橋渡しがが恙《つつが》なく完了すると、あとは選手がオリンピックの誓いを立て、スタジアムから行進しながら退場するだけだった。誓いを立てる際、各国の旗手が演壇を半円形に囲んだ。すると、一九三二年大会のドイツのメダル受賞者、重量挙げのルードルフ・イズマイヤーが全選手を代表して宣誓をした。ガルミッシュで宣誓した者同様、彼も宣誓しながら鉤十字の旗をしっかり持っていた。宣誓が終わると、選手たちはヘンデルの『ハレルヤ・コーラス』に合わせて行進しながらスタジアムを出た。

選手がスタジアムから分列行進をしながら出て行ったとき、一日の式典に実に多くの催しを詰め込んだと観衆は思っただろう。だが、その宵、まだもう一つの催しが予定されていた――『オリンピックの若者』の上演である。それはカール・ディームが開会式のために特に書き下ろし、ニューヨークのメトロポリタン歌劇場の前舞台監督ハンス・ニーデッケン＝ゲプハートが演出した五幕の野外劇だった。音楽は若きドイツの巨匠ヴェルナー・エックがほとんど作曲した。彼の最初のオペラ『魔法のヴァイオリン』は、「リヒャルト・シュトラウスのそれに次ぐもの[18]」という評判を取った。この催しの着想は、ベートーヴェンの第九交響曲の合唱部分――シラーの「歓喜に寄す」にもとづいている

――を開会式に取り入れるようにというクーベルタンの要求から生まれた。ディームとニーデッケン＝ゲプハートは、なんとかその要求に応じた。「歓喜に寄す」は野外劇制作中にほとんどなくなってしまったけれども。

ロマンチックな青春を祝うものとして宣伝されたその野外劇は、まさに夜の帷《とばり》が降りた時に、トランペットの「歓迎の歌」の吹奏とともに始まった。白衣の五千人の少女と、五色のオリンピック色の服を着た九百人の少年がスタジアムに入り、ガラスのチャイムのチリンチリンという音に合わせて踊りをおどり始めた。チャイムは録音したポツダム軍営教会の鐘の音に変わった。そこはフリードリヒ大王が埋葬されているところだった。また、ヒトラーは一九三四年、その教会でナチが催した式典で、自分はドイツの保守的美徳の権化であるという姿勢をヒンデンブルク大統領に示した。鐘が鳴り終わると、二つの合唱団が闇の中から歩み出て、エック作曲の『永遠のオリンピア』を歌った。少年少女が競技場を去ると、二千人の年嵩《としかさ》の少女が現われ、すぐに、ベルリンの体操クラブのさらに五百人の少女が加わった。彼女たちは一緒になってリズミカルなダンスをしたが、「母の声」がスピーカーから響いてきて、真剣で真面目であるようにと彼女たちに告げた。次の場面では、多くの国から来た少年の各グループが、小さな手押し車の上で燃え盛っているいくつもの篝火《かがりび》のまわりで遊戯をした。トランペットの音が響くと、火はさっと持ち去られ、スポットライトがマラソン門に当たり、各国の国旗を持って階段を下りてくる千二百人の若者の姿が浮かび上がった。先頭のスイスの何人かの旗手が、旗を使ったトワーリングを披露した。旗手はスタジアムの中央に着くと腕を挙げてオリンピック式挨拶をし、もう一つの讃歌を歌った。

そのあと、ディームの「白眉」――鎧兜に身を固めた二人の戦士がリズミカルな所作で苦しみを表わしながら殺し合う剣の舞――が続いた。その教訓は戦争の空しさだったろうが、それはまた、若き英雄が気高い目的のために喜んで血を流す戦いにおける死の栄光と美に対する敬意でもあった。若き戦士が楯に載せられて運び去られると、当時の卓越した振付師だったメアリー・ウィッグマンに率いられた舞踊団の八十人の女が「悲しみに暮れる者の踊り」を踊った。それはすべて、ベートーヴェンの頌歌の合唱の最初の音がついに響くと、消えた。千人の合唱団がシラーの有名な詩を大声で歌うと、それまでの場面に登場した数千人の演技者が全員、スタジアムに雪崩れ込んできて、互いに手を握り抱擁した。点火した松明がスタジアムの外周に火の輪を作り、野外劇がとうとう終わったことを告げる合図として、十七のサーチライトが夥しい数の旗を照らした。

おそらく、そうしたものがどんなものだったかを知るには、その場にいなければならなかったろう。観衆は催しを効果的で感動的だと思ったようだ。少なくとも、満足するくらい賑やかだと。ジャネット・フラナーは『ニューヨーカー』誌に書いた。ディームの「映画の手法を取り入れるという斬新な手法」は、「華麗な新しい夜の美」を創り出した[19]。『タイム』誌は、その光景はロサンゼルスの開会式を、「フェルト帽の縁で行われる二匹の蚤のレース」くらい静かなものに思わせるものだったと書いた[20]。『ニューヨーク・タイムズ』は褒めちぎった。「[『オリンピックの若者』]は最も野心的で、大方の意見によれば、これまでいかなる国でも試みられたことがないほどに美しいものだった」。『タイムズ』の記者は、この催しは近代オリンピック史上で最も印象的な開会式のクライマックスとしてふさわしいと言った。「このオリンピック大会の開会式は、大きな期待を上回る、注目すべきものだった。この大会は、ドイツの支配者が率直に望んでいることを達成するように思える、つまり、世界が第三帝国に対して新しい見方をするようになることを[21]」

「政治劇場」の通だったゲッベルスは開始日の成果に大得意になった。「美しい日だ、素晴らしい日だ」と日記に書いた、「ドイツの大義の勝利[22]」。

心と精神（そして少しの肉体［娼婦およびセックス・ショー］）のオリンピック

クーベルタンは近代オリンピックを創設したとき、オリンピックが肉体と同時に知能のオリンピックでもあることを願った。一九一二年以来、各オリンピックには「芸術コンクール」が含まれていたが、そうした催しは中途半端にしか組織されず、新聞と大衆から総じて無視されていた。事態は一九三六年に変わった。レーヴァルトとディームは、「精神と筋肉の結婚」というクーベルタンの考えに心から賛同した。そしてナチ体制は、第三帝国が文化的創造の本拠地であるという印象を与えることをもくろんでいた。したがってベルリン大会では、きわめて野心的な芸術競技のプログラムが組まれた。演劇と音楽の上演、展覧会、会議その他の文化的な催しが行われた。概してそうした催しは入りがよく、国内外の新聞に大きく取り上げられた。

しかし、文化活動が量的に盛んに行われたということは、芸術表現の質的な高さを意味しなかった。ドイツの文化的エリートの中のユダヤ人と反体制的人物が国外に脱出している最中なので、尊敬されている有能な人物は文化《クルトゥール》・オリンピアに参加することもできなかったし、参加しようともしなかった。外国の芸術家の中にも、ナチの人種的、政治的迫害に抗議して参加を拒否した者もいた。例えば、国際舞踊競技に参加するようゲッベルス本人から招待された、アメリカの最高のモダン・ダンスの指導者、マーサ・グラハムは答えた。「今この時、ドイツで踊ることはできません。私が尊敬し賞讃している非常に多くの芸術家が、馬鹿らしく、かつ納得できない理由から迫害され、仕事をする権利を奪われているので、招待に応ずることによってそうした体制に自ら加わることはありえません。加えて、私の舞踊団の中の何人かは、ドイツでは歓迎されないでしょう[23]」

グラハム同様、アメリカの作曲家チャールズ・ウェイクフィールド・キャドマンも、ナチのオリンピックに参加しようとはしなかった。音楽コンクールの審査委員会から身を引くことを公表した際、彼は言った。「私が［最初］そうした委員会に加わることに同意したのは、人種上、宗教上の理由で一定の集団を迫害し、市民の自由を抑圧するヒトラー氏の態度に関し、はっきりと具体的に知らなかったからである」(24)。ナチの文化的迫害というテーマを取り上げたアメリカの雑誌『アート・フロント』は、「芸術のパトロン、ヒトラー」というその漫画では、悪魔の顔をした総統がにこやかな表情の仮面をかぶり、オリンピック芸術展に来るよう、誘いの手を伸ばしている。

さらに反ナチの選手が「別のオリンピック」への参加に同意することでベルリン大会に抗議していたとき、何人かの芸術家が、ナチの文化弾圧に世の注目を集めるため、別の芸術展を組織した。「独裁者のもとのオリンピック」と題されたその展覧会は、一九三六年の八月十一日から十七日までアムステルダムで開かれた。その展覧会では、アヴァンギャルドの散文と詩、反ナチのチラシ、約二百七十点の油彩、ポスター、漫画、写真があった。作者はロバート・キャパ、マックス・エルンスト、ジョン・ハートフィールド、フェルナン・レジェ、マックス・リングナー、デイヴィッド・ロウ、パブロ・ピカソなどだった。ドイツの新聞はその展覧会を、「国際的ユダヤ人社会、あらゆる色合いのマルクス主義者、無国籍の亡命者の徒党」(25)によって集められた忌まわしい恥辱と断じた。ヒトラー政府はその展覧会に公式に抗議し、その結果、オランダ当局は展覧会を中止させ、中心的主催者を「友好国の首相を侮辱した」廉で投獄した(26)。

ベルリン大会中にドイツ組織委員会が後援した公式の芸術コンクールは、宣伝省と、芸術表現を管理していたさまざまな「文化局」によって厳重に監視された。「応募作」を審査した「国際的審査員」は大方がドイツ人、それも、ナチ体制のイデオロギーの審査にパスしたドイツ人だった。例えば、造形およびグラフィック芸術の審査員団の責任者はアドルフ・ツィーグラーで、彼は帝国視覚芸術局総裁だった（彼は驚くほどにリアルなヌードを描くのを好んだので、帝国公認陰毛画家《ライヒスシャームハールピンゼラー》という綽名を奉られた）。音楽コンクールの責任者はペーター・ラーベだった。彼は帝国音楽局の新総裁だった。文学の審査員団の責任者は「血と土《ブルート・ウント・ボーデン》（種族と土地の結合を強調するナチの人種主義的政策の指導理念）」派の小説家で帝国文学局の総裁だったハンス・ヨーストだった。

審査員団はドイツ語圏とファシスト国家イタリアからの応募作品を、あからさまに依怙贔屓した。五つの芸術部門――建築、造形・視覚芸術、彫刻、音楽、文学――の六十二の賞のうち、二十の賞がドイツ人に、九つがオーストリア人に、十一がイタリア人に与えられた。帝国競技場の主任設計者、ヴェルナー・マルチュは建築部門で金メダルを獲得した。『オリンピックの若者』の作曲者ヴェルナー・エックは交響曲の作曲で一等賞を獲得した。ヒトラーお気に入りの彫刻家アルノ・ブレーカーは立像で銀メダルを獲得した。ナチ党の御用作家フェリックス・ドゥーネンは抒情詩で金メダルを獲得した。オリンピックの訪問者はドイツ帝国美術展で視覚芸術の受賞作品を見ることができ、大会最終日の前日、受賞曲を特別オリンピック演奏会でオリンピック交響楽団による演奏で聴くことができた。

芸術に本当に関心を持っていたオリンピック訪問者にとって幸いなことに、大会中の文化的な催しは、オリンピック芸術プログラムと関連した公式の催しだけではなかった。ベルリンでは古くからオペラが盛んで、何人かの国際的なスター、とりわけアルトゥーロ・トスカニーニがボイコットしたにもかかわらず、オペラはよく上演された。大会中、ウンター・デン・リンデンの国立オペラ劇場は公式のレセプション会場に取って置かれたため何も上演しなかったが、ベルリンのシャルロッテンブルク近くのドイツ・オペラ座は「オリンピック・リヒャルト・ワーグナー祭」を催し、『ニーベルンゲンの指環』、『マイスタージンガー』、『リエンチ』を一流の演出で上演した。

新しいディートリヒ＝エッカルト野外劇場は、一群の野外劇と音楽演奏の大舞台を提供した。ライ
ンナップの最初はヘンデルのオラトリオ『ヘラクレス』で、それは「オリンピックの理念に強い内的
繫がりを有し、エッカルト劇場にきわめてふさわしい」という理由で五回上演された。約十万人がそ
の作品を観た。同劇場はまた、「ワルツの夕べ」や帝国音楽局の公式バンドによる演奏会のような、
比較的軽い出し物も提供した。(27)

ジャンダルメン市場《マルクト》の優雅なシャウシュピールハウスは、オリンピックでの娯楽の、それももっぱ
ら高尚な娯楽のもう一つの中心地だった。そこで上演されたのは、ゲーテの『ファウスト』、シラー
の『メッシーナの花嫁』、クライストの『ヘルマン戦争』、ヘッベルの『ギーゲスとその指環』、アイ
スキュロスの『オレステス』、シェイクスピアの『ハムレット』だった。『ハムレット』が最も注目を
惹いた。ドイツ演劇界で有名なグスタフ・グリュントゲンスが舞台監督を務め、主役を演じたから
だ。

ドイツの組織委員は肩の凝らない多くの大衆娯楽をも提供した。フンクトゥルム（エッフェル塔に
相当するベルリンの無線塔）近くの「歓喜力行団村」では、観客は綱渡りと同時に世界最初の大スク
リーンのテレビ放送を見ることができた。歓喜力行団の演者は、「諸国民の音楽と踊り」と題した夜
のプログラムをオリンピック・スタジアムで上演した。それには、厖大な数の国内外の演者が出演し
た。似たようなものでは、国家勤労奉仕隊の誇る「樹幹運動」があった。頑健な男たちが大きな材木
をハーモニカ・バンドの伴奏であちこちに投げるというものである。

別の夜には、二千人以上の隊員から成る四十五の軍楽隊がスタジアムで史上最大の軍楽演奏会を開
いた。大会開催中、ハーゲンベック・サーカス団が「五輪オリンピック・サーカス祭」という出し物

を持って町にやってきた。走り高跳びをする熊と、鼻で砲丸を持ち上げる象が呼び物だった。ベルリンの多くの映画館は、ウォルト・ディズニーのアニメ映画と、『マックス・シュメーリングの勝利――ドイツの勝利』の英語版を上映して外国からの訪問者を楽しませた。ヴィンターガルテン演芸館では、「ヒラー・ガールズ」の特別公演があった。それは、ヴァイマル時代の有名なエロチックなダンス・ショー、「ティラー・ガールズ」（一八九〇年に英国ジョン・ティラーが作ったダンサー一座）のナチ時代のパロディー版だった。十八世紀のプロイセンの軍服を着て、陸軍の練兵係軍曹に訓練されたヒラー・ガールズは、国防軍を恥じ入らせるほどの軍隊式の正確さで演じてエロチシズムを犠牲にした。もっときわどいものが見たい訪問者は、服装倒錯のレビューが見られる〈カフェ・エーリアン〉にしけ込んだ。もっとも入場料が二十米ドルだったので、実際には金持ちしか行くことができなかったが。

前述したように、ドイツ組織委員会は間近に迫ったベルリン大会に世間の関心を掻き立てようと、大会に先立ってさまざまな展覧会を企画した。「ドイツ＝オリンピア」、「ヘレニズム時代のスポーツ」は大会開催中、ずっと開かれていた。そして、もっぱらオリンピックを見に来た者を対象に、いくつかの新しい展覧会が追加された。民族学博物館は「非ヨーロッパ諸民族のスポーツ」という、真面目な教育的展覧会を催した。そこで来館者は、「古代中国人は棒高跳びに長じ、黒人種は走り高跳びが得意で、ポリネシア人は水上スポーツに優れている」[28]ことを知った。クロンプリンツェン宮殿は「偉大なドイツ人の同時代の肖像画」という展覧会を催した――「偉大なドイツ人」の中には、バッハ、ベートーヴェンのような作曲家（しかしメンデルスゾーンは除外）、ゲーテ、シラー（しかしハインリヒ・ハイネもトーマス・マンも除外）のような作家、ロベルト・コッホのような科学者（しかしアインシュタインは除外）が含まれていた。

掉尾《ちょうび》を飾るものとして、ただ単に「独逸《ドイチュラント》」という怪物的規模のアトラクションが催された。八つの屋内展示場の総面積は約四万平方メートルで、それに加え、十一万三千平方メートルの屋外スペースがあった。興味深いことに、この催しの出品物はナチによって最近閉鎖されたばかりの前衛的な総合造形学校バウハウスのメンバーによって集められたものだった。だが、「ドイチュラント」展には前衛的なところは微塵もなく、それはとりわけ国家社会主義のドイツの大宣伝にほかならなかった。数千に及ぶ展示品の中には、グーテンベルク聖書とルターの『九十五ヵ条提題』の原本、ヒトラーの『わが闘争』の原稿があった。また、第一次世界大戦の歴史画と、「女性《ディー・フラウエン》」と題した展示もあった。それは、女性は家庭にいるべしという考えを鼓吹したものだった。優生学に関する展示は、不適格者を断種し、ドイツの生活圏を外国に拡大することを求めていた。参観者は「ドイチュラント」の展示室に入ると、「総統とその側近」と題したフォトモンタージュを目にした。それには、ヒトラーとそのトップの取り巻きがドイツ国民を幸せな未来に導いていくさまが描かれていた。

オリンピックのいくつもの展覧会が売り物にした知的なるものは、さまざまな高邁な講演によって強化された。おそらく最も注目すべき講演は、中央アジアを探検した、スウェーデンの探検家スウェン・ヘディンの講演だったろう。ヘディンはベルリン大会で講演をするよう、ヒトラーに招かれた。ヒトラーは一九三三年、ヘディンが中央アジアの高地を初めて探検してから十四年目の記念日に、ヘディンに祝電を打ったのだ。

ヘディンはヒムラーにも賞讃されたが、古代チベットがアーリア人種の揺籃の地だという馬鹿らしい理論をヒムラーと共有していた。ヘディンはオリンピックの文化的使命を果たすためにベルリンに到着すると記者会見を開き、彼の招待主がまさに聞きたかったことを言った。「私は確信しているのです」と彼は断言した、「オリンピック大会は国際連盟よりも遥かに重要であることを」[29]。大会初日の夕方、オリンピック・スタジアムでヘディンは世界の若者に向かって短い演説をし、こう奨励した。「自分ができることで満足してはならない。自分にできないこと、手の届かないことを達成しようと努めたまえ」[30]

ヘディンは一番大事な講演のために、学問的な識見の披露を控えた。それは、「アジアの歴史における馬の役割」に関する長い演説だった。その中で彼は、モンゴル民族がモンゴル帝国を創建する際に貢献した、大草原地帯の見事な馬を激賞した。彼の論旨はのちにヒムラーに受け継がれ、ドイツがロシアに侵攻するために（悲惨な結果になったが）優秀な大草原用の馬を飼育する計画を正当化するのに一役買った。ヘディンの理念はまた、エルンスト・シェーファー博士というSS将校が三度チベットを探検するきっかけにもなった。シェーファーはヒムラー宛の報告書の中で、その山岳王国の「人種的に純粋」な土着民を「勇敢で、頑健で、健康」だと褒め上げた[31]。ヘディンの貢献によって、一九三六年のオリンピックは近代のドイツ民族《フォルク》の先祖として、古代ギリシア人にチベット人を加えたのである。

ドイツにおけるいかなる大きな催しも、科学会議がなければ完璧とは言えなかった。ベルリン大会では、三つの科学会議が開かれた。最大の会議――「世界の余暇およびレクリエーション会議」――は歓喜力行団の企画で組織され、七月末にハンブルクで催された。ヒトラーの代理のルードルフ・ヘスがパトロンを務めた。そして、六十一ヵ国から来たスポーツとレクリエーションの三百人以上の専門家が参加した。その建前は純粋に科学的な催しだったが、明確なイデオロギー上の側面があった。歓喜力行団は、第三帝国の外に住んでいて、会議開催中に自分がドイツ民族であることを宣伝するのに同意した参加者に無料の部屋と食事を提供した。その目的は、ドイツ人の血と慣習と価値観が世界中に広まっていることを証明し、暗に、そうしたヨーロッパの外国在住独逸人《アウスランツドイチェ》を、拡大した超帝国に「帰国」させる可能性を示唆した。その意図があまりに見え透いていたので、少数民族のドイツ人を相当数抱えていたルクセンブルクの議会は、社会党が中心になって、会議に対する抗議決議を可決し、出席した同国の科学者を非難した。

芸術コンクールの場合同様、科学会議に出席をするのを拒んだ外国の科学者も何人かいた。英国の生理学者でノーベル賞受賞者A・V・ヒルは、大会と関連して開かれた「国際スポーツ会議」への招待を断った。彼は手紙に書いた。「ドイツにたくさんの友人がいるので残念ですが、ドイツ政府と国民がユダヤ人をはじめわれわれの同僚を依然として迫害している限り、いかなるものであれ、ドイツで公的な科学者の集まりに参加するのは、英国の大方の科学者にとってと同様、私にとっても、おぞましい限りです(32)」

ハンブルクの「世界の余暇およびレクリエーション会議」だけが、大会開催中に首都以外のところで催された大きな文化的催しではなかった。冬季オリンピック開催中に主要な社交的、文化的活動のほとんどを主催したミュンヘンは、ベルリン大会の訪問者を引き寄せることに熱心だった。大会の直前、ミュンヘンは「ミュンヘンの競馬五百年」を祝い、「ドイツの褐色のリボン」と銘打った、ナチ・ドイツの最大規模の競馬を特別に催した。カール・フィーラー少佐がバイエ＝ラトゥールに説明したように、七月十五日から二十九日のあいだ、ミュンヘンは「歴史志向のパレード、大衆的祭典その他の文化的催し」をすると同時に「乗馬スポーツの世界的中心地」になることになった(33)。フィーラーはヒトラー自身が競馬の開催を承認したことを知り、組織委員会に入るようバイエ＝ラトゥールを誘った。八月十六日、ベルリン大会の最終日、国家地方長官リッター・フォン・エップはミュンヘンの旧市庁舎で「チェス・オリンピア」を開催した。世界一流のチェス選手が競技会に招かれた。市は参加者を讃えるため、恒例の十月祭《オクトーバーフェスト》が催されるテレジエンヴィーゼ広場で、「諸国のチェス」という劇的なスペクタクルを主催した。

毎年夏に行われるバイロイトのリヒャルト・ワーグナー祭も、ベルリン大会に便乗した。オリンピックの訪問者をバイロイトに引き寄せようと、ウィニフレッド・ワーグナー（リヒャルト・ワーグナーの義理の英国人の孫娘で、ワーグナー祭の当時の監督）はヒトラーの助言に従い、バイロイト祭を二部に分け、第一部はベルリン大会の直前に、第二部はベルリン大会のあとに催すことにした。ウィニフレッドはワーグナー祭をバイロイトとオリンピアが文化的に融合したものにしようとした。帝国スポーツ指導者チャンマー・ウント・オステンは、バイロイト祭の直前、ウィニフレッドに電報を打ち、そのうさん臭い企てを支持しようとした。「リヒャルト・ワーグナーの作品をオリンピックの理念に結びつける、この歴史的瞬間において、ドイツのスポーツ界は貴女を偉大な「ワーグナーの」遺産の継承者として迎えます(34)」

ワーグナーについて、事実よく知っていたヒトラーはバイロイト祭の第一部に出席し、巨匠ヴィルヘルム・フルトヴェングラーの指揮する、新しい演出の『ローエングリン』を楽しんだ。しかし、ヒトラーの注意は、もっぱらワーグナーのみに向けられていたわけではなかった。バイロイト祭が開かれる前日、フランコ将軍がスペイン領モロッコでクーデターを起こし、そのままスペイン本土で内戦に持ち込むことを期待していた。ゲッベルスからクーデターのことを聞いたヒトラーは、将軍がモロッコからスペインに越える際に兵站支援部隊を送ってフランコの反乱を助けることを急遽、決定した。

間もなくドイツは、フランコ支援のためにコンドル軍団を派遣した。すでに述べたように、その軍団はデーベリッツのオリンピック村からスペインに派遣された。バイロイト祭の第一部が終わる頃には、フランコ軍はドイツ軍の援助のおかげでスペイン本土に侵攻し、反乱は成功を収めつつあった。

ヒトラーはオリンピックの開会を宣言するため、昂揚した気分でベルリンに戻った。彼はワーグナー一族と、バイロイト祭に出演した者全員にオリンピックの無料入場券を送った。ワーグナーの孫娘のフリーデリントとフェレーナはその入場券を使った。そして八月四日に首相官邸で催されたヒトラー主催の豪華な昼食会に出席したが、女性客はその二人だけだった。

社交界

ワーグナーの二人の孫娘は数百人の貴賓のうちに入っていたが、その多くはオリンピックを見るためにベルリンにやってきた外国人だった。冬季オリンピックの場合同様、組織委員は大勢の外国の高官と著名人をなんとか呼び寄せようとした。そうした外国人がひとたびナチ・ドイツの「真の姿」を見れば、彼らはドイツに対する母国での見方に好影響を与えてくれるだろうと期待したのだ。ナチの指導者は、外国からの有名な賓客のために豪勢なレセプションとパーティーを開いた。

ベルリン大会期間中にドイツを訪れた最も有名なアメリカ人は、「孤独な鷲」チャールズ・リンドバーグだった。彼は一九二七年に大西洋を単独飛行で横断し、一躍世界的に有名な人物になった。リンドバーグが一九三六年にドイツを訪れた主な目的はオリンピックを見ることではなく(彼は開会式に顔を出しただけだった)、米国陸軍航空隊(彼は当時、その予備軍に入っていた)のためにドイツの民間と軍の航空施設を見学することだった。

リンドバーグはドイツ航空省とルフトハンザ航空の公式招待客としてやってきたのだが、彼のドイツ訪問を思いついたのは、ベルリン駐在のワシントンの武官トルーマン・スミス大尉だった。アメリカはドイツの航空能力についてもっと知る必要がある、リンドバーグはじかに情報を得るのにうってつけつけの人物だとスミスは考えた。もしリンドバーグが視察旅行中オリンピックに顔を出すことに同意するなら、航空省は彼をベルリンに招くに違いないとスミスは思った。「私はドイツ航空省が」とスミスはのちに書いた、「世界的に有名な飛行士をオリンピックで空軍《ルフトヴァッフェ》の特別の客にしてヒトラーのご機嫌を取ることに大乗り気だという印象を得た。ナチが世界中から著名人を大会に引き寄せたがっているのは確かだった[35]」。事実、空軍元帥のゲーリングは、リンドバーグをベルリンに招待するというスミスの提案を真剣に取り上げたが、リンドバーグが自分の個人的賓客としてオリンピックの開会式に出席することを条件にした。リンドバーグは、それに同意した。しぶしぶながらではあったが。彼は記者に追いかけられるのを恐れたのである。

「孤独な鷲」がベルリンを訪れるという情報が漏れると、「合衆国キリスト教徒およびユダヤ人会議」の共同議長ロジャー・ストロースはリンドバーグに再考を促し、ナチはベルリン訪問について彼が自分たちの体制を認めている証拠と解釈すると論じた。しかし、いくぶんヒトラーに実際に共鳴していたリンドバーグは、ストロースの懇願を無視した。七月二十二日、リンドバーグと妻のアンは、ロンドンからベルリンに飛んだ。リンドバーグ夫妻はスミスと航空省の数人のメンバーに迎えられた。翌日、ルフトハンザは夫妻のためにティーパーティーを開いた。ウィリアム・シャイラーをはじめアメリカのジャーナリストたちも、そのパーティーに出席することができた。シャイラーは日記にこう書いた。「リンドバーグ夫妻はナチに見せてもらったものに好印象を受けたという噂だ。［チャールズ・リンドバーグは］外国の通信員に会うのに乗り気ではない。意地の悪い話だが、彼らは訪問者たちに第三帝国の実態について教えたがっているのだ。われわれは強いてインタヴューをしなかった[36]」。ベルリンの『フォス新聞』の社交界担当記者ベラ・フロムもルフトハンザのティーパーティーに出ていたが、リンドバーグがナチにすっかり騙されているようなのを見て驚いた。フロムはユダヤ人なので間もなく馘《くび》になるのだが、日記にこう記している。「リンドバーグは感銘を受けたようだ。彼は国務大臣の「エーアハルト」ミルヒに……肩を叩かれると嬉しそうだった。そして、皇太子ルイ・フェルディナントと肩を組むと、幸せそうに満面に笑みを湛えた。私は彼がウーデット大尉にこう言うのを耳にした。『ドイツの航空機は世界のどの国よりも優れている。不敗だ[37]』」

リンドバーグは十一日間のドイツ滞在中、オリンピック村に短時間、立ち寄った。そこでアメリカの選手と一緒に写真を撮った。また、ランニング用トラックを歩き回ってもみた。しかし、大部分の時間は航空施設と飛行機工場を視察するのに費やした。テンペルホーフ飛行場では、ドイツの新型爆撃機ユンカースＪｕ－５２を操縦した。さらに、ハインケルの二つの工場で、最新の急降下爆撃機《シュトゥーカ》と戦闘機を視察することを許された。リンドバーグはドイツ空軍のリヒトホーフェン戦闘航空団との昼の酒宴の席で、こう乾杯の辞を述べて主催者たちを魅了した。「爆撃機に乾杯、さらにゆっくり飛びますように。戦闘機に乾杯、さらに速く飛びますように[38]」。当惑したある者はこうコメントした。「[リンドバーグが]もし一番有名な金髪碧眼の白人ではなくユダヤ人だったら、彼は十回以上縛り首になるだけのドイツの秘密を知ってしまった[39]」

期待通りドイツは、成長しつつある飛行機製造工場でリンドバーグを虜《とりこ》にすることに成功した。彼は視察旅行を終えた後、ベルリン飛行機クラブでスピーチをした。その中で、軍用機の破壊力がいまや「戦争においてあらゆる国から甲冑を奪ってしまい」、「すべての重要施設が爆撃に無防備に晒されている[40]」状況を創り出したと警告した。それは、たとえドイツがヨーロッパの大部分を蹂躙しようとも合衆国は中立を保つべきだと、リンドバーグがのちに繰り返した主張の論拠だった。

リンドバーグの短いドイツ滞在が終わりに近づいた頃、ゲーリングはリンドバーグ夫妻のために豪華な午餐会を開いた。美食家のゲーリングはアンとワインとオペラについて喋ってから、男同士で飛行機について話すため、チャールズを控えの間に連れて行った。二人が喋っているあいだ、ゲーリングのペットのライオンがズボンの脚の部分に小便をしてしまったので、彼は急いで着替えなければならなかった。ゲーリングは着替えが済むと、飾り立てた書斎にリンドバーグ夫妻を案内した。書斎にはドイツの博物館から没収した工芸品がずらりと並んでいた。結果的に、ゲーリングはリンドバーグ夫妻に会ったことで、第三帝国の友好的で「コスモポリタン的」な面を二人に見せる機会を得たのだ。

リンドバーグはベルリンでの最後の一日を、ゲーリングの客となってオリンピックの開会式に出席して、まるまる使った。席は貴賓席にかなり近かったものの、トルーマン・スミスの懸命な努力にもかかわらず、彼はヒトラーに会う機会に恵まれなかった。ベルリンを去ってから間もなく、スミスに宛てて手紙を書いた。

私たちのドイツ訪問は、これまでの外国訪問のうちで最も興味深いものの一つでした。ドイツにおける飛行機の発達のためばかりではなく、多くのほかの観点からも。ドイツは多くの面で今日の世界で最も興味深い国だと思います。またドイツは、われわれの抱えている最も基本的な問題のいくつかの解決策を見つけようとしています。私は今でも数多くの条件付きではありますが、ドイツ国民に対する深い賞讃の気持ちを抱いて帰国しました。ドイツ国内の状況、私が出会った平均的な人々の様子から、ヒトラーは私の思っていたより遥かに強い性格と洞察力を持っているに違いないという印象を得ました。このドイツの指導者は、これまでアメリカとイギリスにおいて、非常に多くの違った評価を受けてきましたが。(41)

リンドバーグはJ・P・モーガン証券会社に勤める友人のハリー・デイヴィソンに宛てた手紙の中

で、ヒトラーについての印象を詳しく書いた。「人はいろいろ批判するが、［ヒトラーは］疑いもなく偉人だ。そして、ドイツ国民のために多くのことを成し遂げたと私は信じる。彼は多くの面で狂信的で、今日のドイツに狂信的行為がある程度存在しているのは誰にでもわかる。それは私が予期していたよりも少ないが、やはり存在はしている。一方、ヒトラーはさまざまなこと（悪いことに加え良いことも）成し遂げた。それは、いささかの狂信的行為がなければ、まずできなかったろう[42]」

アン・モロー・リンドバーグは、ナチ・ドイツとその総統に、夫とまったく変わらぬくらい心酔していた。彼女はオリンピックの開会式がすっかり気に入り、ベルリン滞在は終始、「申し分なくスリリング」だと感じた[43]。八月五日、母に宛てて書いた。「私はヒトラーのことを非常に偉大な人物だと感じ始めています。霊感に満ちた宗教指導者のように。そういう存在としてはちょっと狂信的ですが、策動的でも、利己的でも、権力に貪欲でもなく、自国に最善のことを真に望んでいる神秘主義者、幻視者で、総じて、かなり広い考えを持っています[44]」

結果的に、チャールズ・リンドバーグは夏季オリンピックにベルリンにやってきた、ただ一人の掛け値なく著名なアメリカ人だった。ウィリアム・ランドルフ・ハースト夫人は大会に顔を出したが、有名な出版業者の夫はそうはしなかった。おそらく、大会にやってきた、アメリカの実業界の最大の大物は、IBM社長のトマス・J・ワトソンだったろう。ワトソンはヒトラーを讃美し、彼の会社はのちに、ナチがユダヤ人をゲットーに入れ、強制移送し、殲滅する際に利用したカタログ作成技術を提供した。オリンピック村を訪問したいというワトソンの要求は直ちに認められた。しかし、大会にやってきたアメリカ人の大半は、アマチュア・スポーツに対する関心と、深刻な不況のさなかにヨーロッパに旅行をするだけの資力によってのみ、際立っていたのである。

アメリカの若き小説家トマス・ウルフは例外的存在だった。彼は裕福でもなければ大したスポーツ・ファンでもなかった。しかしドイツが好きで、ドイツも彼を好いていたようだった。ドイツの批評家はその頃、彼を「アメリカのホメロス」と持ち上げていた。一九三六年夏のベルリン行きは、二度目のドイツ体験だった。最初は一九二八年末のバイエルン旅行だった。その後、ヒトラーは権力を握ったのだが、ウルフは――『汝、再び故郷に帰れず』の中で語っているように――第三帝国で行われているおぞましい報告について耳にしていた。彼はそうした報告を信じたくなかった。一九三六年に彼が会ったドイツ人は、万事恙《つつが》なく、「誰もが大いに幸せ」だと請け合った。(45) 五月にベルリンに着き、ベルリンが嘘いつわりなく素晴らしいと思った。「どの通り沿いも、ティーアガルテンも、すべての大公園も、シュプレー運河沿いも、マロニエが満開だった。大勢の者がクーアヒュルステンダムの並木の下を逍遥し、カフェのテラスは客で一杯で、燦々と輝く金色の陽光を通して絶えず音楽が空中に漂っていた」(46)。八月にひとたびオリンピックが始まると、ベルリンは壮大なスタジアムの「付属物のようなものに変貌した」ように見えた。彼の目には、スタジアムは「かつてないほどに完璧きわまるデザインの建物」(47)に映った。ウルフはベルリン滞在中のほとんどを、酔って過ごした。ある時、並木を次々に抱擁し、ドイツの事物すべてに対する讃辞を口にしながら千鳥足で通りを歩いた。彼は『ベルリン日報』の記者に、「もしドイツがなかったら、ドイツを発明する必要がある」(48)と語った。だがウルフはビールとファンの追従で頭がぼんやりしてはいたが、ほぼ毎日新しい女友達と一緒に見物したオリンピック大会が単なるスポーツの催し以上のものであること、また、大会の運営がきわめて入念に行われている事実が主催者の不気味さを感じさせるということに気づくだけには犀利だった。

その祭典の極度の壮麗さが圧倒的なものだったので、「ジョージは」圧迫感を覚え始めた。何か不気味なものがあるように思えた。ドイツ全土の厖大な集合的力の中に、途方もない集中的な努力、徹底した一致団結、秩序づけが感じられた。それを不気味に思わせたものは、それが大会自体が必要としている程度を、はっきりと超えているという事実だ。大会には翳《かげ》が差していて、それはもはや、各国が選んだ選手を送った、単なるスポーツ競技ではなかった。それは日毎に、ドイツ全体が教え込まれ訓練されたものを、秩序正しく圧倒的な迫力で示すものになっていった。あたかも大会が、集合的な力の象徴、この新たな力の誕生を具体的に世界に示す手段として選ばれたかのようだった。(49)

しかしウルフは、不安を覚えたからといって大会を楽しむのをやめなかった。愛国心を呼び覚まされた彼は、自国のアメリカ選手に対して大声で応援し、黒人に対して偏見を持っていたにもかかわらず、ジェシー・オーエンスを声援した。「オーエンスはタールのように黒いが」と彼は言った、「それがなんだと言うのだ。われらが選手なのだ。彼は素晴らしい。私は彼が誇らしかったので、声を限りに声援した」(50)。ウルフは貴賓席に近いドッド大使のボックス席に坐っていたが、オーエンスに対する声援があまりに喧しかったので、ヒトラーは腹を立て、一体誰が騒いでいるのだろうと辺りを見渡した。

主催者のドイツにとって政治的重要性では、アメリカ人VIPの客は英国人のそれよりも遥かに劣っていた。ベルリン大会当時ドイツは、英独関係の学者の言葉を借りれば、「グレート・ブリテンと同盟を結ぼうと、かつてないほどの宣伝活動を始めた」(51)からである。ドイツは英国をフランスから引き離し、計画中の東への領土拡大に対するロンドンの支持を得たいと思っていた。機は熟したように思えた。なぜなら、英国の保守派はフランスとスペインにおける人民戦線政府の出現に狼狽し、ベルリン同様、フランコがスペイン内戦で勝つことを望んでいたからだ。

英独の繋がりをもっと密にすることを長いあいだ提唱していたヨーアヒム・フォン・リッベントロープは、ベルリン大会中に、駐ロンドン大使に任命された。彼はヒトラー、ゲッベルス、ゲーリング同様、ベルリンとロンドンは同じ陣営に属しているということを、影響力のある英国人に納得させるいい機会だと見ていた。したがってリッベントロープは、英国の貴族階級の人間を一括して大会に招待した。「ロンドンからだけでも」と彼は日記に書いた、「友好的な侵入のようなものを期待した。モンセル卿は……招待に応じた、ロザミア卿も、ビーヴァブルック卿も。……われわれの個人的友人のすべてに招待状を出した」[52]。総統自身、大会中に英独親睦会のためにパーティーを開いた。ロザミア卿もビーヴァブルック卿も出席した。

意味深いことに、ドイツは英国人を招き寄せる作戦を立てた際、親ドイツ派であるのがわかっている人物だけではなく、英国の指導的な反ナチ外交官サー・ロバート・ヴァンシタートも呼ぼうとした。それには十分な理由があった。当時、親ドイツ派の誰も英国政府の中でなんの権力も持っていず、一方ヴァンシタートは外交問題担当次官として、英国の外交政策に相当の影響力を持っていたのだ。(ヴァンシタートはまた、英国がベルリン大会をボイコットすることに反対したのだが、ドイツはそのことを知らなかった。)リッベントロープはヴァンシタートを国賓としてベルリンに呼ぶことはできないのを知っていたので、ヴァンシタート夫妻をオリンピックに「個人」として招待した。驚くべきことに、ヴァンシタートは招待に応じた。そして、夫妻は大会中、ずっとベルリンに滞在した。

ヴァンシタートはベルリンにいるあいだ大いにもてなされ、ナチの主な指導者の大方から市内を方々案内してもらった。大会後に彼が外務省に出した極秘報告によると、ドイツ人との論議の共通の話題は共産主義の脅威だった。「事実、彼らは他のことはほとんど考えることも話すこともできない。

その強迫観念はいずれにせよ彼らに特有のものだが、スペインでの事件がその問題を大きいものにした[53]」

ナチの指導部は、自国における「赤の脅威」を根絶やしにし、その結果、ドイツを共産主義の拡大に対する、ヨーロッパで最も信頼できる要塞にしたと言った。それを証明するためにルードルフ・ヘスは、護衛なしでヴァンシタートをベルリンのかつて共産主義者が多くいた「赤」の巣窟に車で連れて行き、誰からも「敵意の目」で見られることなくドライブを終えた[54]。ゲーリングはヘスの一枚上手に出ようと、自分はヴァンシタートをそこに車で連れて行き、それから、誰にも声をかけられることなく護衛なしでぶらつくことができるがどうか、大金の賭けをしようとヴァンシタートに言った。ヴァンシタートは、確実なことで賭けをしても意味がないという理由で断った。どんな過激な「赤」でもヘルマン・ゲーリングを襲うなどということは考えられなかったろう。自分が中心になってヴァンシタートをもてなしたリッベントロープは、彼と数度差しで話しているうちに彼を味方にしたと確信した。

自分の説得力に過剰なまでの自信を持っていたゲッベルスも、八月六日にヴァンシタートを自分の執務室に招き、雑談をした。日記の中で宣伝相は、ヴァンシタートを「ごく神経質な紳士」と評した。そして、ヴァンシタートはやや反ドイツ的偏見の虜になっているが、「われわれの味方にできるのは疑いない[55]」と書いた。したがってゲッベルスは、西欧文明に対する共産主義の脅威に話題を絞り、客人に「働きかけた」。「彼は深い感銘を受けて立ち去った。私は彼の目を開けたのだ[56]」とゲッベルスは結論づけた。三日後、ヴァンシタートの義弟で英国大使のエリック・フィップスが主催したディナー・パーティーのあと、ゲッベルスはヴァンシタートをベルリン滞在中にドイツの大義の支持者に変えたことに、さらに自信を得た。「彼は根本的に変わった。ベルリンは彼に明確な印象を与えた[57]」

フランスの駐ベルリン大使アンドレ・フランソワ＝ポンセは、ドイツ人がヴァンシタートに働きかけているのを見、ドイツ人は彼に強い感銘を与えたと、いささかの驚きの念をもって結論づけた。ヴァンシタート夫妻は「見聞したすべてのことに、かなり感銘を受けた」と、フランソワ＝ポンセはパリに報告した。「疑いもなく二人は頭が混乱したまま帰国するだろう、そして、ナチ体制によって作られた設備の規模の大きさと能率のよさに、魅了されたのでなければ、少なくとも威圧されただろう(58)」

　ヴァンシタートの同時代人の報告や、彼のその後の活動から、彼がドイツの期待とポンセの心配に反し、ベルリン滞在の結果、ナチ・ドイツについての自分の考えを大きく変えはしなかったことがわかる。オリンピック開催中にドイツ人が示した巧みな組織力と真心に彼が感銘を受け、ある記者に向かい、「大会に浸透している素晴らしいスポーツ精神(59)」を褒めたのは本当である。しかし、ナチの指導部についての彼の評価は、ナチに畏敬の念を抱いたとか、ナチに説得されたとかいう証拠を微塵も示していない。オリンピックによって醸し出された友好的雰囲気の中では、ヴァンシタートの目に映るヒトラーは概して愛想がよく、威圧感はなかった。大会中でさえ、総統の「暗い面」が噴火のように爆発する瞬間があったけれども。そういう時には人は、そのドイツの指導者の中に、「より冷酷で、より凶暴で、謎めいているほどに野心的で、熱く、かつ冷たい突発的性格」を見た。「それは気紛れに燃え上がり、誰をも……非常な不安な緊張状態に置くので、私はスタジアムが噴火口に譬えられるのを一度ならず聞いたことがある(60)」

　ゲッベルスについてヴァンシタートは、見下したように書いている。「彼は大変魅力的な人物だ――びっこで、過激政治家《ジャコバン》のように雄弁な小男で、素早く適切な文句を引用するが、別れたあと、決まって、別れた相手について辛辣なことを言うのだ(61)」。ゲーリングについては、その英国の訪問者は軽蔑の念しか示さず、「根っからの成り上がり者特有の限度を知らぬ欲望を抱いた、原始的でがさつな男だ」と評した。肥満したゲーリングは、ヴァンシタートの見たところでは、低級な遊蕩児で、「学校の売店で、不意につけで無制限に買えることになったパブリックスクールの低学年の少年のような勢いで、なんでもかんでも楽しんでいる、とりわけ自分が催すパーティーを。世の中は自分の意のままだ、勝手にして何が悪い！　というわけだ」[62]。リッベントロープも手厳しくやられている。「あの男は浅薄で、利己主義的で、実のところは友好的ではない。あの男の口をよく見た者は、誰であれ安心しないだろう。……人はあの男の話を黙って聞いていなければならない……あの男は英語が自在に使いこなせるのでそうなるのだ」[63]

リッベントロープはロンドン駐在のドイツ大使として三年の任期を務めたが、その間ヴァンシタートの目には、いっそう耐え難い人物になった。それは、ネヴィル・チェンバレンのもとでピークに達した、ヒトラーに対する英国の宥和政策が、不幸な結果をもたらすことになる一九三八年のミュンヘン会談のあと、誤算であったことがついにわかり始めた時期だった。その全期間にわたってヴァンシタートは、反宥和政策陣営で主役を演じた――ドイツの大義に転向した者の行動とは、とても言えない。彼の場合、オリンピック期間中、ドイツがちやほやしたのはすべて徒労だったのだ。

結局、ベルリン大会に出席した英国の政府高官はヴァンシタートだけだった。かねてからヒトラー崇拝者だった前首相デイヴィッド・ロイド・ジョージは、一九三六年に総統のもとを訪れはしたが[64]、それは大会が終わったあとだった。彼がその後、ヒトラーを「疑いもなく偉大な指導者」と評し、ドイツは「われわれと再び争うのはやめようと固く決心している」[65]と主張した結果、彼はかつて振るった大きな影響力を再び取り戻すことはなかった。

ベルリン大会には、英国政界の大物の代わりに、少数の議員がやってきた。その中で最も目立ったのは、一九三五年以来、サウスエンド選出の保守党の議員だったヘンリー・「チップス」（オックスフォード大学時代「フィッシュ」という学生と独身寮に住んでいたので、この綽名が付いた）・チャノンだった。レディー・オナー・ギネス（ビール醸造一族）と結婚したため、頭の鈍いチャノンは英国の上流階級に足場を得た。当時は上流階級の大部分がはっきりとドイツ贔屓だった。チャノンはベルリン大会中、社交界の様子について息もつかせぬ勢いで日記に書いているが、それは彼が間違いなくナチの魔力の虜になったことを示している。しかし、チャノンの記述は愚かしいとはいえ、ナチがいかに懸命に上流階級の訪問者を取り込もうとしていたか、それのよい証拠にはなる。

チャノン夫妻は八月五日、リッベントロープの公式の客としてベルリンに到着した。二人を出迎えたのは、世話をする副官だった。副官は二人をホテル〈エーデン〉の「豪華なスイート」に泊めた。

> ベルリンは外国人でごった返していて、通りはたくさんの旗で飾られている。オナーと私はウンター・デン・リンデンに散歩に出掛けた。並木道では旗が微風に吹かれていた。至る所でラジオが「お聞き下さい《アハトゥング》」と声高に放送してから、オリンピックの最新結果を伝えるのを聞いた。六時頃、カクテルを飲もうと〈ブリストル〉に行った。……ビスマルク夫妻と食事をした。〈エーデン〉の屋上庭園で開かれた五十人以上のパーティーだ。いつも気の利かないオットーは、ドイツの女性を自分の左右に侍《はべ》らせた。ウィーン人、ドイツ人、イギリス人のコスモポリタンの華麗なディナーだった。……四時頃就寝。私たちは息抜きに来たというのに[66]！

翌日、チップスとオナーは実際に帝国競技場に行ったが、大会は退屈だった。ドイツの選手が勝つたびに『ホルスト・ヴェッセルの歌』がバンドによって演奏された。「それはなかなか陽気な節だと思った[67]。一時間ほど経つと、ヒトラーが貴賓席に着いた。それはチップスが初めて見た、生身のヒトラーだった。彼は有頂天になった。「私は一九二六年にベルジアでムッソリーニに会った時より興奮した。そして、申し訳ないが、一九二〇年に法王に祝福を授かった時より刺激を受けた」。その夜、チャノン夫妻は王立歌劇場で催された公式の饗宴に出席した。

私たちは夜会服を着用し、オナーは正装していた。ルビーは身に付けていたが、ティアラ（宝石を配した婦人用頭飾り）は付けていなかった。十八世紀流のピンクのお仕着せを着て、ガラスの入れ物に入った松明を持った百人ほどの従僕が入口に並んでいた。レセプションはロビーで行われ、背が高く、容姿端麗で、一見、裸に近いゲーリング夫人が主役で、媚びへつらう大勢の王族と大使のあいだを歩き回っていた。戦後、ベルリンではこのような光景は見られなかった。ドイツ人が新体制の壮大さと永続性と尊厳性を世界に示そうと努力しているのが感じ取れた[68]。

英国からの来訪者のうちでベルリンにおいて最大の物議を醸したのは、ダイアナ・ミットフォードと、ユニティー・ミットフォードであったのは疑いない。二人はファシストの大義に惹かれていることで、すでに悪名高かった。ダイアナは醸造所の後継者ブライアン・ギネスと結婚していたが、心から愛していたのは英国ファシスト連盟の指導者サー・オズワルド・モズリーだった。ダイアナは一九三六年十月、ベルリンで秘密の式を挙げてモズリーと結婚した。妹のユニティーは一九三三年、ヒトラーに魅了され、一年後、彼に会うことを期待して実際にミュンヘンに移った。ユニティーはヒトラーのお気に入りのレストラン、〈オステリーア・バヴァーリア〉にしょっちゅう出入りし、彼の目を惹こうとした。完璧な「北欧人」の容貌——金髪、高い背、白い肌、青緑の目——のユニティーは、ドイツ人の群衆の中にいてさえ目立った。やがてヒトラーは、ユニティーを自分のテーブルに呼んだ。ユニティーはミュンヘンでヒトラーの「従者」の一人になった。お粗末なものであれ、ヒトラーの性愛において彼女がエヴァ・ブラウンに取って代わったという証拠はないけれども。「私の人生の最高の瞬間は」と彼女は、のちに告白した、「ヒトラーの足元に坐り、髪を撫でてもらった時だった」。[69]

一九三六年の春、ダイアナとユニティーはケルンのレストランで食事をしていた。すると、たまたまヒトラーが入ってきて二人を見つけ、即座にオリンピックに招待した。大会中、姉妹はベルリン郊外のゲッベルスの屋敷に泊まり、帝国競技場にリムジンで毎日送り迎えされた。しかし、二人はスポーツ競技にひどく退屈したので、スタジアムの中を歩き回り、ほかの英国からの訪問者と付き合い、ヒップフラスクに入れたジンを頻繁にちびちび飲んだ。二人が見たがった唯一の選手はジェシー・オーエンスだったが、間近から見ることはできなかったろう。なぜなら、大会の様子を伝えた手紙の中で、オーエンスが「気の毒なインディアン」[70]を負かしたと書いているからである。実際にはオーエンスのどのレースにもインディアンは出ていなかった。

ユニティーとダイアナは英国に戻ると、ナチ・ドイツのために全力でロビー活動をしたが、二人のナチ贔屓の滑稽な振る舞いは、賞讃されるよりは侮蔑された。ヒトラーとウィンストン・チャーチルの二人を個人的に知っていた、世界でもごく少数の一人であるダイアナは、ベルリンに総統を訪ねたらどうかとチャーチルに言った。チャーチルは驚いて答えた。「とんでもない!」。ダイアナはモズリーと関係を持ったことで、最上流社会のあいだでさえのけ者になった。そして一九四〇年に英国とドイツが交戦状態に入ると、チャーチルの政府は危険人物として彼女を投獄した。それは、夫と共有した運命だった。

ユニティーは自分の村で誰にでもナチ式敬礼をしたことが物議を醸し、一九三七年、ヒトラーの近くにいようと、ミュンヘンに戻った。戦争が勃発するとヒトラーは、母国に帰るようユニティーに言ったが、愛する男のもとを去るのに耐えられず、ピストルで頭部を撃った。傷は致命傷ではなかった。ヒトラーは彼女をなんとかイギリスに帰した。彼女は一九四八年にイギリスで死んだ。

ミットフォード姉妹やチャノン夫妻のような訪問者の社交上の過密なスケジュールが示しているように、パーティーやレセプションは、多くのVIPにとっては選手の競技自体よりも大きな意味を持っていた。上流社会の訪問者が、ヒトラーのドイツで実際に何が起こっているのか知ろうと、オリンピックのカーテンの背後を見ようとすることはあまり考えられなかったが、招待者たちは、彼らが手持ち無沙汰ゆえそうしてみようという気を起こさぬよう、どんちゃん騒ぎを次から次へと催した。オリンピックのパーティーが盛んになるにつれ、ナチの主な有力者が、誰が一番豪華なパーティーを開くことができるか互いに競い合っているのがはっきりとしてきた。ベルリン・オリンピックは、単なる運動能力の競技だけではなく、パーティーの豪華さの競技でもあるように思えた。

かつてはシャンパンのセールスマンでナチの外交政策のアドバイザーだったが、つい最近、英国駐在大使になったリッベントロープは、八月十一日、ベルリン郊外の優雅な郊外ダーレムにある別荘でディナー・パーティーを開いた。そのパーティーは、フランソワ＝ポンセが書いているように、「オリンピック大会と、第三帝国の贈り物として外交の最高位に「リッベントロープが」昇ったこと」を祝うためのものだった。「パーティーではシャンパンが湯水のようにふんだんに出された。シャンパンは最高のポメリーだった。彼は長いあいだそのブランドのセールスマンであり代理人だった。彼は家族がときおり投げる嘆賞するような視線を浴びながら、グループからグループにゆっくりと近づい

た。その表情は自信と自己満足を絵に描いたようなものだった」(71)

ゲーリングはリッベントロープがパーティーを開いて成し得たことを見、自分では馬鹿だと思っているその男に出し抜かれまいとして、市内の豪壮な自分の館《やかた》の庭園で豪華なパーティーを催して、その上を行こうとした。どんな種類の虚飾も嫌ったドッド大使は、ゲーリングの館が「ワシントンのホワイトハウスよりも遥かに大きく、入念に設えられている」(72)のに気づかざるを得なかった。宣伝相の夜のパーティーは、近くの屋根に据えられたいくつかのスポットライトと、木に吊した数百の電灯で照らされた。水中の電灯がプールに浮いている百合と白鳥を照らし出していた。「現代の発明家が付け加えるべきものは何もなかったと言ってよい」(73)とドッドは言った。招待客は、旅館、パン屋、郵便局、手工芸品店の揃っている、十八世紀のミニチュアの村を散策することができた。ゲーリングと女優の妻エミー・ゾンネマンは、四阿《あずまや》の前の長椅子に坐ったまま客に挨拶をした。ディナーの際の気晴らしは、国立歌劇のバレエ団が提供した。バレエダンサーは月光だけで照らされた舞台で踊った。ディナーが終わると、彩色を施した衝立がさっとどけられ、その晩の目玉が現われた――煌々と照らされたアルプスがテーマの本格的カーニヴァル。そこには、射撃場、ワインとビールの屋台、メリーゴーラウンドがあった。襟ぐりの深い農民服を着た女優たちが、その世話をした。フランソワ＝ポンセによると、永遠の子供であるゲーリングは、「息が切れるまでメリーゴーラウンドに乗った」(74)。

当然ながらチップス・チャノンもそこにいたが、カーニヴァルに抑え難い感激を覚えた。「素晴らしかった、回転木馬［前述のメリーゴーラウンド］、ビールとシャンパンの出るカフェ、踊る農民、シュープラトリング［てのひらで膝、腿、靴底を叩きながら踊るアルプスの民族舞踊］、プレッツェルとビールを運ぶ大勢の女、船、ビール店、陽気に笑う群衆、動物、ルナパークとハイデルベルクの旧市街とトリアノン宮殿の混淆。……［マックス］ラインハルト（オーストリア生まれの演出家。一九四三年没）でも、それを上回るものはできなかったろう。音楽が大音量で流れ、呆気に取られている客はうろうろ歩き回った。……ゲッベルスはリッベントロープ同様、嫉妬で自暴自棄になっていたようだ(75)」

ゲッベルスはさらに大掛かりなオリンピック・パーティーを催してゲーリングに復讐した。舞台はベルリン西部のハーフェル川にある美しいプファウエンインゼル(孔雀島)だった。そこは、かつてはホーエンツォルレン家の所有地だった。招待客は新たに作られた浮橋を渡ってから、松明を手にした半裸の若い女性ダンサーの並ぶ「栄誉の通路」を通って島に着いた。島全体が映画のセットに似たものになっていて、ウーファ撮影所のスターの卵が雇われていた。その一人、チェコ美人リダ・バアロヴァは、のちにゲッベルスの愛人になった。

ディナーのあと、花火が上げられた。チップス・チャノンの見解では、そのスケールは「古代ローマ人が花火について知っていたら感心したようなものだった。……三十分ほどドイツの空《ヒメル》は彩色の光で燃え上がり、騒音は耳を聾するものだった(76)」。またも律儀に出席していたドッド大使は、「戦争を想わせた」花火に不安になった。また、ゲッベルスの絢爛豪華な歓待ぶりに度肝を抜かれた。「四万マルク、政府の金を使ったに違いない(77)」と彼は推測した。だが、いかに費用がかかろうと、ゲッベルスは第三帝国のオリンピックの訪問者たちを感心させるのに、さらには、ライバルの上を行くのに政府の大金を使うのにほとんど呵責の念を覚えなかったろう。

結果として、著名なオリンピックの訪問者のためにナチ体制が湯水のように使った金は、幾分かは所期の効果を挙げたようだ。訪問者の多くは、ユダヤ人に対する公然たる弾圧とユダヤ人が置かれた苛酷な状況に出会うものと予想していたが、そうしたものを見なかった(もちろん、彼らは真剣になって見ようとしなかったのだが)。訪問者の何人かは、自分たちは反ナチの外国通信員と大使館員に偽情報を売りつけられたのだと確信して帰国した。しかし、社交界の訪問者が母国に持ち帰った第三帝国についての好印象が、ナチ・ドイツに対する政府の政策に大きな影響を与えたという証拠はない。ベルリン大会に引き寄せられたVIPのうち、政界に影響力を持っていた者はほとんどいなかった。オリンピックを見ようとベルリンにやってきた貴族、著名人、社交界の名士、下位の王族は、一九三〇年代中頃には、世界の政治を動かす存在ではまったくなかったのである。

治安維持と迫害

著名人であれなんであれ、ベルリン大会の訪問者の大多数が、訪独中にユダヤ人弾圧の証拠をほとんど目にしなかったという事実は、弾圧がなかったことを意味しない。ナチ体制は冬季オリンピックの期間同様、ベルリン大会の期間中、人種的偏見をおおやけの場で示すのを控えようとし、ユダヤ人を公然と襲わなかった。しかし、もっと隠微な形でのユダヤ人迫害は以前と変わらずに続いていた。例えば、大会直前、ユダヤ人医師は「アーリア人」の患者を診療してはならないとナチ体制は命じ、ユダヤ人の商売を「アーリア化する」計画を、手加減することなく遂行していた。さらに警察は、ユダヤ人以外にも「帝国の敵」と見なしうる者や、問題を起こしそうな人物を厳しく取り締まるのに躊躇しなかった。のちにカール・ディームは、オリンピックはナチ独裁のあいだの「自由のオアシス」[78]だったと言い、ユダヤ人弾圧作戦の「オリンピック休戦」という言葉を口にした者が多かったが、その束の間の休止は、反ユダヤ主義の迫害運動の最も目につく手段にのみ当て嵌まっただけだった。ほかの分野では、当局は実際に、オリンピックの妨害を未然に防ぐために、弾圧を強化したのだ。非常に多くの外国人訪問者が賞讃した和気藹々の雰囲気は、警察の権力を苛酷なほどに行使することによって確保されたのである。その事実の多くは、普通の訪問者には見えなかったけれども。

ナチがベルリン大会直前に、大きな新しい強制収容所ザクセンハウゼンを造ったのも偶然ではない。ベルリン郊外のオラニエンブルクにあったその収容所は、登録をしていない売春婦、同性愛者、乞食のような「反社会分子」と反体制分子用の典型的な主要監禁施設だった。一九三六年九月までには、囚人の数は千人をすでに超えていた。その収容所で残虐行為がなされているという外国の記者たちの非難に対抗して、ナチ体制は幾列にも並ぶ整然とした獄舎と元気そうな囚人が写っている写真集を発行した。同書によると、その収容所は「誤った考えの市民の生活を改めさせ、勤労を善とする考えを取り戻させることにおいて」すでに非常な成功を収めていた[79]。

だが、ザクセンハウゼン強制収容所は、ベルリン大会に先立って当局に一斉検挙された「問題分子」の全員を入れるだけの広さがなかった。一九三六年、ナチ当局はひと月に平均百七十人の「反社会分子」を逮捕し、ベルリン・ルンメルスブルク矯正院のような臨時の監獄に密かに入れた。一九三六年六月には、留置された者は千四百三十三人を数えた。

ナチの考えでは、ジプシーはユダヤ人に劣らぬくらい社会的、人種的秩序にとって深刻な脅威だった。ハンブルクやベルリンのような大都市にあるジプシーの宿営地は、悪と汚物と犯罪の巣、社会に対する「重大な道徳的危険[80]」だった。ベルリンのさまざまな役人はそれまでしばらくのあいだ、地元のジプシーに対する「浄化」処置を取るよう求めていたが、一九三六年夏に思い切った手段が取られたきっかけは、近づいてきたオリンピックだった。七月十六日、ベルリンの約六百人のジプシーが警察に一斉検挙され、マルツァーン地区にある臨時の留置所に入れられた——いわゆるツィゴイナーラーガー、ジプシー収容所だ。その処置は、オリンピックの訪問者が滞在中、「清潔」で安全な環境を保証する手段として正当化された。しかし、ジプシー収容所は大会が終了したあとも存続した。一九三七年九月、八百五十二人の囚人が登録されていた。その大方は女と子供だった。その頃までには、成人男子は第三帝国の各地の収容所に移されていた。そうした収容所自体、のちの東部の殲滅収容所の中継施設だった。

第三帝国の保安機関は大会中、政治的抗議運動、ましてや破壊工作の徴候がないよう、広範囲にわたる措置を講じた。「無害なオリンピック訪問者のふりをした外国の共産主義者」がなんらかの方法でオリンピックを妨害することを懸念したプロイセンのゲシュタポ長官は、「厳重に警戒」するよう部下たちに命じた。[81] しかし同時に長官は、外国人訪問者を驚かせることのないように配慮して警備手段を取るよう警告した。「いかなる状況においても、オリンピック訪問者に、自分たちが警察に監視されているという印象を与えてはいけないし、われわれの先制手段が外国人訪問者にとって苛立ちの原因になってもいけない」と彼は命じた。そういうわけで、外国のオリンピック選手の行動を見張っていたスパイは、バイリンガルの「学生ヘルパー」を装って活動した。オリンピック村の刑事警察署は、「インフォーメーション・センター」を装い、もっぱら婦人警官が詰めていた。

大会中の警備活動に関してゲシュタポが保管していたファイルは、綿密な監視が総じて実を結んだことを示している。ナチ体制に対する世界各国の敵意を考えると、反体制活動の数は非常に少なかった。

オリンピック村に配達されるすべての郵便物を調べるためにシャルロッテンブルクに置かれた警察による特別な郵便検閲班は、外国のオリンピック選手に宛てた、数百の反体制的手紙や葉書を途中で押収し、同班が置かれた意義を立証した。一九三六年八月八日、イギリスから英国選手団に宛てた、幸運を祈るという手紙を装った七十四の反ナチのメッセージを同班は途中で押収した。翌日、郵便局は、オランダからオランダ選手団に宛てた同様の十五のメッセージと、フランスからフランス選手団に宛てた同様の十二のメッセージを没収した。アメリカ・オリンピック委員会に宛て、パリから投函され、十四人の反ファシストのアメリカの芸術家の署名がある手紙は、ドイツがオリンピックを「プロパガンダを広めるために[82]」利用していると指摘していた。その指摘は、AOCには別に事新しいことでもなかった。

ゲシュタポから見ると、押収した手紙の中で最も重要なものは、イギリスからジェシー・オーエンスに宛て、次のような抗議声明をして、獲得したメダルをすべて拒否するよう助言したものだった。「わが国を代表してここにいるのは私にとって名誉であり、世界の最高の選手と競うのは楽しいことではありましたが、人種憎悪を説く政府から授与される賞を、私は軽蔑の念をもって拒否します[83]」。（ベルリンでオリンピックの賞を授与するのはドイツの「政府」ではないという事実はさて置き、オーエンスはその手紙を受けとる機会があったとしても、まず間違いなくその助言に従わなかっただろう。しかし、もちろん、ゲシュタポはその手紙を押収した。）

大会中、警察は体制反対の散発的な示威行為に対処しなければならなかったが、そうした事件は、たった一人の個人かごく小さなグループが起こしたものだったので、ほとんど反響はなかったようである。八月四日、ベルリンのザルツブルク通りの建物のバルコニーから下がっている鉤十字に誰かが火をつけた。別の何者かは、イタリア選手団が使った列車の横腹に掲げられたムッソリーニの写真に、「モスクワ万歳」とペンキで書いた。別の反ナチの人物は、カント通りとウーラント通りの角の電話ボックスに、共産主義のスローガンをテープで貼った。

ベルリンで地下活動をしている共産主義者に属している反ナチ派は、オリンピックに巨額の金を使っているのは貧乏人を食い物にすることだと抗議するビラを配布した。プラハで発行された『労働者国際新聞《アルバイター・インテルナツィオナーレ・ツァイトゥング》』は、「オリンピアードの国案内」という特別版を出した。それは、いろいろなアトラクションの中で、主だった強制収容所と政治犯用刑務所に読者の注意を向けた。亡命した社会主義者によって、やはりプラハで印刷され、公式の『オリンピック雑誌』を装った八十四頁のパンフレットは、ドイツのスポーツをナチのイデオロギーから分離することを求めていた。

警察の報告によると、当局は居酒屋で「赤色前線！」と怒鳴っている一人の反逆者を逮捕した。別の男は、オリンピックの開会式の最中、こう妻に言っているのを立ち聞きされたあと投獄された。「さあ、総統を追い出さなくちゃいけない、連中が英国王を追い出しているように(84)」（おそらくエドワード八世が、離婚したアメリカ人女性ウォリス・シンプソン夫人と結婚する決意を固めたために退位を迫る圧力がかかったことを指していたのであろう）。何人かのドイツ人観客が『ホルスト・ヴェッセルの歌』が演奏されているあいだスタジアムで坐ったままでいて、ヒトラーに敬礼しなかった。その不届き者はスタジアムを出ようとしたとき、私服刑事に密かに逮捕された。

当局は、外国人に反体制的な考えを話したり、オリンピックの訪問者に「おぞましい」振る舞いをしたりしているところを捕まったドイツ市民に対しては、ことのほか厳しかった。大会が始まるとベルリンにある民族裁判所《フォルクスゲリヒツホーフ》*1は、オリンピック期間中はドイツの記者に対しては報道制限が実施されているということを外国人記者に話した廉で、あるドイツ人ジャーナリストを終身刑に処した。ゲシュタポは、「告白教会《ベケネンデ・キルヒエ》」（ナチに対抗したドイツの新教派）のメンバーがナチ政策に対する道徳上の反対意見を印刷して配布する計画を立てていることを知り、教会事務所を急襲し、印刷機を押収した。またゲシュタポは、ブラジルとオーストラリア選手団のメンバーに、ドイツに住む自分たちの実際の暮らしぶりについて厚かましくも話した、ドイツの労働者階級の女たちのグループを逮捕した。ハンス・ビロイティガンという失業中の労働者は、訪問者とナチの労働政策について話す気配を示しただけで拘留された。同性愛の犯罪歴のあるヴィルヘルム・ボーテというベルリンのセールスマンは、二人のアルゼンチン人に同性愛行為をもちかけた廉で逮捕された。三十七歳のある男は、オリンピックの水泳スタジアムで十五歳の外国人少年に声をかけた廉で投獄された。やや違った話だが、ゲシュタポはポツダム広場の近くの〈フベルトゥスクヴェル・レストラン〉の経営者を尋問した。ギリシアからオリンピックを見に来たギリシア人から、自分たち夫婦をユダヤ人だと誤解した給仕に相手にしてもらえなかったという苦情が寄せられたからである。ゲシュタポはレストラン経営者に、大会期間中は、「ユダヤ人に見える」客にも給仕しなければならないと改めて指導した。(85)

オリンピックの訪問者がナチ体制に非友好的な意見を表明した場合には、当局は、考え違いのドイツ市民に対するよりも慎重に行動した。スウェーデン選手団がベルリン北部の自然保護区ショルフハイデに遠出をした際、コーチがドイツ政府の政策を批判しソヴィエト連邦を褒め称えたと、ゲシュタポのスパイの一人が報告した。ゲシュタポはその事件を調査し、スウェーデン選手団を厳しく監視したが、当然ながら公式にはそのことについて何も言及しなかった。

ドイツにとって、二週間にわたるベルリン大会開催中の警備上の最大の心配は、誰かが総統を襲うかもしれないということだった。前述したように、ヒトラーの警護は開会式中、厳重だった。大会に出入りするヒトラーを護るために、通常の護衛を補充する特別オリンピック総統護衛隊《フューラーシュッツ》が結成された。SS大佐ハンス・ラッテンフーバーの率いるその隊はズィヒャーハイツディーンスト（SSの保安諜報部）からの四十人から成り、必要な際には百五十人の刑事警察官を追加することが認められていた。ヒトラーは、十台の武装したメルセデスのツーリングカーの護衛隊と一緒にスポーツ集合施設に出入りした。保安警察は、凱旋道路沿いの家の家主は総統の自動車隊が通過中、正式な許可を得ていない訪問者は入れてはならないという通達を出した。ヒトラーは帝国競技場を歩く時はいつであれ、制服を着た七人の護衛と、大勢の私服警官が両脇を固めた。スタジアムの彼の貴賓席は防弾ガラスの遮蔽物で保護されていた。

しかし、オリンピックの警備体制には驚くべき欠陥があった。ヒトラーはオリンピック集合施設に行く自動車隊のルートを変えようとしなかったのである。決まったルートを取ると暗殺者に狙われるおそれが高まると副官が指摘しても変えなかった。観客はメイン・スタジアムを含め競技場に入る際、武器を携帯しているかどうか必ず調べられたわけではなかった。帝国競技場に何も調べられずに入ることができたのである。ヒトラーの貴賓席を護っている遮蔽物は胸の高さしかなかったので、彼が喝采しようと立ち上がるたびに身を危険に晒した。しかも、彼は何度も立ち上がった。（前述したように、トマス・ウルフはヒトラーのすぐそばに坐って怒鳴り、彼を苛立たせた。もしウルフが、喝采するよりはヒトラーを暗殺することに関心があり、ウイスキーのヒップフラスクではなくピストルを持っていたならどういうことになっていただろうか？）

スタジアムを出るとヒトラーは、護衛がいたにもかかわらず、さらに危険に身を晒した。彼は開始日に五月広場に集まった選手を観閲した際、選手のすぐそばを通ったので、選手の誰もが彼に襲いかかることができただろう。五十年後、英国代表のレスリング選手だったロンドンの一人の警官は、チャンスがあったのに総統に死のチョップを喰らわせなかったことで、いまだに自分に腹を立てていた。「歩み出て、その場で奴をやっつけていたら、信じられないくらいの数の人命を救い災厄を防いだことだろう！」(86)

別の折、ヒトラーが水泳スタジアムを訪れると、カーラ・デ・ヴリース夫人というアメリカ人の老女が出し抜けに彼に抱きつき、頰に濡れたキスさえした。彼のサインが欲しかっただけだったのだが、彼があまりに素敵に見えたので、抱き締めてキスをしてやらねばと思ったと、のちに彼女語った。その時、驚いたヒトラーはお祖母さん風の愛情の示し方を楽しんでいるふりをしたが、警戒を怠ったという理由で護衛の数人を解任した。[87] それも、もっともだった。デ・ヴリース夫人は彼の肋骨のあいだに、いとも簡単にナイフを突き立てることができたろうから。

オリンピックで警察が用いた手段について大会終了後に密かに評定したベルリン警察長官ヴォルフ・ハインリヒ・フォン・ヘルドルフは、自分の保安隊が成し遂げたことに誇りを抱いた。「オリンピックで取られた警備手段の成功は……党が権力を握って以来、職業的犯罪者、交通違反者、不当利益者その他の国民の敵に対して行ってきた闘いの正しさを如実に示している」[88]

大会開催中、どんな安全対策上の危機も生じなかったため、ナチ当局は予防拘禁、社会的、人種的に望ましくない者の大量一斉検挙を含め、厳しい措置が国家を保護する効果的な手段だという信念を強めた。もしナチ体制が、「全世界」がベルリンにいる時にこうしたことができるなら、彼らが帰国したあと、どれほど多くのことができるだろうか？

ナチ・ドイツを批判した者の何人かは、あからさまなユダヤ人迫害が、いったん大会が終われば倍の凄まじい勢いで継続されるだろうと、当時感じていた。あるオランダ人記者は、ナチ政府のユダヤ人政策について、オリンピック開催中は「ユダヤ人の髪の毛一本も痛めない」[89]と世界を信じ込ませたヒトラー体制は、オリンピックが終われば「ドイツ系ユダヤ人を根こそぎ殲滅」し始めるだろうと予言した。ユダヤ人の血を引いているという理由でドレスデン工科大学の文学教授の座を追われた、日記作者のヴィクトール・クレンペラーも、オリンピックが終わればすぐにナチは「真っ先にユダヤ人を迫害する」[90]だろうと予言した。ドイツ系ユダヤ人がベルリン大会終了後に直面した危機は、地元のナチ突撃隊が歌ったおぞましい短い唄に、きわめて生々しく現われている——「Wann die Olympiade ist vorbei,/schlagen wir die Juden zu Brei.[91]（オリンピックが終わったならば、俺たちゃユダヤ野郎をぶちのめす）」。

章末注

＊１　民族裁判所は第三帝国に対する政治的犯罪を裁くためにナチ政府によって一九三三年に設立された。第二次世界大戦中、同裁判所はローラント・フライスラー裁判官のもとで、ヒトラー体制に逆らった厖大な数の者に死刑を宣告した。

原注

（１）GOC, ed., *Official Report*, I: 537.

（２）Ibid., 126. オリンピックの鎖については次のものを参照のこと。Karl Lennartz, "More on the Olympic Chains: Setting the Record Even Straighter," *Olympika* 6（1997）: 65-71.

（３）Hart-Davis, *Hitler's Games*, 152 に引用されている。

（４）、（５）GOC, *Official Report*, I: 541-43.

（６）Thomas Wolfe, *You Can't Go Home Again*（New York, 1940）, 628.

（７）Albert Speer, *Inside the Third Reich*, 73.

（８）Rubien to Hull, 5.11.36, American Olympic Committee, 811.43, NA.

（９）、（10）"100,000 Hail Hitler," *NYT*, 2.8.36.

（11）Lewald to Strauss, 1.4.35, RSA. 次のものも参照のこと。Albrecht Dündling, "Zwischen Autonomie und Fremdbestimmung. Die Olympische Hymne von Robert Lubahn und Richard Strauss," *Richard-Strauss-Blätter,* Heft 38 (December 1997) : 71.

(12) Hajo Bernett, "Die Olympische Hymne in 1936. Ein Preisausschreiben und seine Folgen," Gerhard Hecker, ed., *Der Mensch im Sport. Festschrift zum 70. Geburtstag von Professor Liselott Diem* (Schondorf, 1976) , 51.

(13) Dündling, "Zwischen Autonomie und Fremdbestimmung," 72-76; Bernett, "Die Olympische Hymne," 49-50.

(14) Lewald to Strauss, 24.9.34, RSA.

(15) Dündling, "Zwischen Autonomie und Fremdbestimmung," 77 に引用されている。

(16) Lewald to Lammers, 21.4.36, R 4311/730, BAB.

(17) Hart-Davis, *Hitler's Games*, 159 に引用されている。

(18) The Berlin Olympics Fine Arts, Box 152, ABC.

(19) [Flanner], "Berlin Letter," *The New Yorker*, 15.8.36, 35.

(20) *Time*, 10.8.36.

(21) "100,000 Hail Hitler," *NYT*, 2.8.36.

(22) Fröhlich, *Die Tagebücher von Joseph Goebbels*, vol. 2, 635.

(23) Rürup, 1936: Die Olympischen Spiele und der Nationalsozialismus, 123 に引用されている。

(24) "C. S. Cadman Quits," *NYT*, 2.2.36.

(25) Hans Bohrmann, ed., *NS-Pressebestimmungen der Vorkrlegszeit*, Bd. 4/II: 1936, 838.

(26) Rürup, *1936: Die Olympischen Spiele und der Nationalsozialismus*, 61 に引用されている。

(27) GOC, *Official Report*, vol. 1, 506.

(28) The Berlin Olympics Fine Arts, Box 152, ABC.

(29) "English the International Tongue," *NYT*, 7.8.36.
(30) Hart-Davis, *Hitler's Games*, 186 に引用されている。
(31) Karl E. Meyer and Shareen Blair Brysac, *Tournament of Shadows: The Great Game and the Race for Empire in Central Asia* (Washington, DC, 1999), 520 に引用されている。
(32) Hill to Sportärtzte-Kongress, 26.11.35, Olympiade, 4512, PAAA.
(33) Fiehler to Baillet-Latour, 28.11.35, Correspondence, 1934-36, IOCA.
(34) Brigitte Hamann, *Winifred Wagner oder Hitlers Bayreuth* (Munich, 2002), 318 に引用されている。
(35) Truman Smith, Air Intelligence Activities, Truman Smith Papers, Box I, HI.
(36) Shirer, *Berlin Dialy*, 64.
(37) Bella Fromm, *Blood and Banquets: A Berlin Social Diary* (New York, 1990), 224.
(38)´(39)´(40) "Hitler, Lindbergh, Göring," *Times*, 3.8.36, 16.
(41) Lindbergh to Smith, 3.7.36, Truman Smith Papers, Box 1, HI.
(42)´(43)´(44) Scott Berg, *Lindbergh* (New York, 1998), 381, 362 に引用されている。
(45)´(46)´(47) Wolfe, *You Can't Go Home Again*, 621, 622, 625.
(48) David Herbert Donald, *Look Homeward: A Life of Thomas Wolfe* (New York, 1988), 385 に引用されている。
(49) Wolfe, *You Can't Go Home Again*, 625-26.
(50) Donald, *Look Homeward*, 386.
(51) Oswald Hauser, *England und das Dritte Reich: Zweiter Band 1936 bis 1938* (Göttingen, 1982), 42.
(52) Joachim von Ribbentrop, *Ribbentrop Diaries* (London, 1954), 63.
(53)´(54) Hart-Davis, *Hitler's Games*, 180 に引用されている。

(55)´(56)´(57) Fröhlich, *Die Tagebücher von Joseph Goebbels*, vol. 2, 656, 568.
(58)´(59) Hajo Bernett, "National Socialist Physical Education as Reflected in British Appeasement Policy," *IJHS* 5, no. 2 (Sept. 1988): 169 に引用されている。
(60)´(61)´(62)´(63) Hart-Davis, *Hitler's Games*, 181-82 に引用されている。
(64)´(65) Richard Griffiths, *Fellow Travelers of the Right. British Enthusiasts for Nazi Germany 1933-39* (London, 1980), 223-24 に引用されている。
(66)´(67)´(68) Henry Channon, *"Chips": The Diaries of Sir Henry Channon* (London, 1953), 106-7.
(69) Mary S. Lovell, *The Sisters: The Saga of the Mitford Girls* (New York, 2002), 206.
(70) Hart-Davis, *Hitler's Games*, 184.
(71) André François-Poncet, *The Fateful Years*, 206.
(72)´(73) Dodd, *Ambassador Dodd's Diary*, 340-43.
(74) François-Poncet, *Fateful Years*, 206.
(75)´(76) Channon, "*Chips*," 111-12.
(77) Dodd, *Ambassador Dodd's Diary*, 343.
(78) Diem, *Ein Leben*, 95.
(79) Hans-Norbert Bukert, Klaus Matussek, and Wolfgang Wippermann, *"Machtergreifung." Berlin 1933* (Berlin, 1982), 67 に引用されている。
(80) Wolfgang Wippermann and Ute Brucker-Boroujerdi, "Nationalsozialistische Zwangslager in Berlin III. Das 'Zigeunerlager' Marzahn," Wolfgang Ribbe, ed., *Berlin Forschungen*, II (Berlin, 1987), 191.
(81) Preussische Geheime Polizei, Tätigkeit der Politischen Polizei, 18.7.36. R58, 2320, BAB.
(82)´(83) RSHA, Olympische Spiele, R58, 2320, BAB.

（84）RSHA, Olympische Spiele, R58, 2320, BAB.
（85）RSHA, R58, 2322, BAB.
（86）Hart-Davis, *Hitler's Games*, 245 に引用されている。
（87）この事件に関するドッブズ大使の報告を参照のこと。 2.9.36, Olympic Games, 862.4063, NA.
（88）Rürup, ed., *1936: Die Olympischen Spiele und der Nationalsozialismus*, 1 3 1.
（89）Jörg Titel, "Die Vorbereitung der Olympischen Spiele in Berlin 1936," *Berlin in Geschichte und Gegenwart: Jahrbuch des Landesarchivs Berlin*（1993）, 154 に引用されている。
（90）Klemperer, *I Will Bear Witness; A Diary of the Nazi Years 1933-1941*（New York 1998）, 181.
（91）Titel, "Die Vorbereitung der Olympischen Spiele in Berlin 1936," 154; Arnd Krüger "'Once the Olympics Are Through, We'll Beat Up the Jew': German Jewish Sport 1898-1938 and the Anti-Semitic Discourse," *JSH*26, no. 2（Summer 1999）: 353-75.

第7章 「黒人のパレード」 陸上競技

反ナチの日記作者ヴィクトール・クレンペラーは、一九三六年のベルリン・オリンピックは「完全に政治的企て」[1]だと記している。それはその通りなのだが、ナチのオリンピックに参加した選手の大多数にとっては、ベルリン大会を巡る前例を見ない政治的論争はほとんど意味を持っていなかった。ガルミッシュ＝パルテンキルヒェンに参加した選手同様、彼らも施設と競技には関心を示したが、招致国のイデオロギー上の問題には関心がなかった。唯一の例外は大規模のドイツ選手団だった。冬季オリンピックの場合同様、ベルリンのドイツ人選手の何人かは筋金入りの国家社会主義者で、自分たちをヒトラー体制のスポーツ戦士と見なしていた。会場に総統がいたことが、よい成績を挙げようという、さらなる刺激になったのは疑いない。だが、結局のところ、ドイツ選手が好成績を挙げたのは、愛国的動機によるよりは、厳しい練習と卓越した技倆によると考えねばならない。

近代オリンピックの呼び物である陸上競技が、大会の第一週を独占した。マラソンと五十キロの競歩を別にして、すべての陸上競技種目はオリンピック・スタジアムで行われた。スタジアムは非常に乾いていて、固いトラックに加え、最先端技術を用いた光電子計時装置を誇っていた。スターターのピストルで作動するその装置は、一秒間に十六の映像に分解されたレースのスローモーション・フィルムを作り出した。スターターのピストルはまた、マラソン門の横の塔の頂に備えつけた巨大なストップウォッチをも作動させた。観客は、直径約三メートルある、その巨大な時計で、ランナーがトラックをどのくらいのスピードで走ったのかを瞬時に知った。その計時装置を見た一人のジャーナリストは、感動してこう書いた。「レースが始まると時計が記録を記した。時計がいったん記すと、どんな不運なランナーも、そのメッセージを取り消すことはできなかった[2]」

七百七十七人の男子と百十一人の女子が二十九の陸上競技に参加した。男子競技では、例によって強力なアメリカ選手団がほとんどのメダルを獲得した。しかし、ヤンキーが覇権を握ったベルリン大会には、前例のないことがあったのである。アメリカが陸上で覇者になったのは、オリンピック史上初めてなのだが、もっぱら、相当数のアフリカ系アメリカ人選手がいたからなのだ。もちろん、ジェシー・オーエンスは誰もが記憶している名前だが、彼には大勢の仲間がいた。アメリカの男子選手団には十七人の黒人選手がいて、そのうちの六人を除き全員が陸上競技種目に出場した（アメリカの女子選手団には二人の黒人がいたが、二人とも陸上競技選手だった）。黒人選手がアメリカの陸上競技の男子選手団をすっかり牛耳っていたので、ある黒人記者は、"ofay"（白人の蔑称、ピッグラテン［語頭の子音を語末に回し、それに「エイ」という音を加えて作る隠語］では"foe"「敵」の意）が選手団に入るには焼きコルクで顔を黒くしなければならないだろうと冗談を言った[3]。ベルリン大会ではアフリカ系アメリカ人は陸上競技で合計十三個のメダルを獲得した。それは、その種目のアメリカの百七点のうち八十三点を占めた（AOCが考案した非公式の点数制。一位十点、二位五点、三位四点、四位三点、五位二点、六位一点）。一九三六年の大会での陸上競技でのアメリカの黒人選手の合計点数は、ほかのどの国の選手団よりも実際に多かった。『ロサンゼルス・タイムズ』は「黒人のパレード」を目にしたヒトラーの「落胆ぶり」を嬉しそうに伝えた[4]。

総統に鼻であしらわれた？

競技初日の八月二日は、オリンピック史上最大の観衆の前で始まった。十一万人もの大観衆がオリンピック・スタジアムを埋め尽くしていた。そのうち数千人が通路に坐っていた。運悪くスタジアムに入れなかったファンは、ラジオの実況放送で競技の展開を追うことができたし、ベルリンの中心部の至る所に備えつけられたスピーカーから大音量で流される結果を聞くことができた。

最初の種目――男子百メートル競走の予選――は、ジェシー・オーエンスが走ることになっていたので、特別な興奮を巻き起こした。オーエンスはオリンピックに出る前から、「世界最速の男」という名声をすでに確立していた。ファンはドイツの新聞に載ったオーエンスの感動的な生い立ちに関する記事を読み、すでに予備知識を持っていた。彼が一九一三年にアラバマ州の小さな町オークヴィルで分益小作人の一家に生まれ、八つの時、オハイオ州のクリーヴランドに移り、一家を助けるため、十代のあいだ貨車の荷積みや靴の修理をしたことなどが記事にあった。また、中学校時代にチャールズ・ライリーという陸上競技のコーチから、熱した石炭のフィールドでダンスをしているように走れという貴重なアドバイスを少年ジェシーが貰った話も新聞に出ていた。さらに、彼がクリーヴランド東工業高校で陸上競技選手として頭角を現わし、一九三三年にシカゴで開かれた学校対抗選手権試合の百ヤード競争で九・四秒という目覚しい世界記録を出したことを書いた記事もあった。そして、アメリカの記者同様ドイツの記者も、オーエンスの「謙虚さ」と穏やかな振る舞いを絶賛した。

最初の百メートル予選で注目の的になり興奮を呼び起こしたのは、少なくともドイツ人のファンにとっては、ジェシー・オーエンスだけではなかった。ドイツの三十三歳のエーリヒ・ボルヒマイヤーには、地元に優勝をもたらす万が一のチャンスがあった。ボルヒマイヤーは、一九三二年にロサンゼルスで開かれた全米体育協会主催の競技会でオーエンスと競争したことがあった。その時オーエンスは、百ヤード競争を九・六秒で走った。ボルヒマイヤーはすっかり感心し、オーエンスからサイン入りの写真を貰った。そして、一九三六年になっても、その写真を持っていた。またサインをしてもらうことを期待しているかのように。

オーエンスとボルヒマイヤーは、予想通り予選を勝ち抜いた。オーエンスは一〇・三秒でフィニッシュしたが、それは現存する世界記録と同じだった。スポーツライターは人種差別的色彩のある大仰な褒め言葉をなんとかひねり出した——「黒い矢」、「黒豹」、「黒い電撃」。予選の直後にオーエンスを見た一人のドイツ人記者は、まるでちょっと散歩に行っただけのような物静かで落ち着いている青年を目にして驚いた。

だがオーエンスはウォーミングアップをしているだけだった。午後に行われた予選では、一〇・二で走った。それはわずかな追い風がなければ世界新記録だったろう。ボルヒマイヤーとオーエンスのチームメートのラルフ・メトカーフは、第二次予選でともに一〇・五秒の記録を出して一位になった。オーエンスは翌日行われる予定の百メートル準決勝と決勝では不敗のように見えた。

一方、初日の残りの種目も地元ファンを大いに興奮させ、満足させた。ドイツ人のティリー・フライシャーは女子投げ槍でオリンピック記録を出し、ベルリン大会で最初の金メダルを獲得した。それはさほど大きな驚きではなかったが——フライシャーは一九三二年のロサンゼルス大会で、偉大なミルドレッド・「ベーブ」（幼い頃、野球が好きだったので、ベーブ・ルースに因んでその綽名が付いた）・ディドリクソンに僅差で二位になった——フライシャーは夏季オリンピックで金メダルを獲得した最初の女性だった。観衆は狂喜し、「ティーリー！」と何度も叫んだ。

フライシャーのメダルは、ベルリン大会の陸上競技でドイツの女子が獲得した七個のメダルのうちの一つとなった。七個というのは女子の全種目の選手団の中で最も数が多かった。ドイツの女子選手が陸上競技で獲得したメダル数は、ドイツの男子選手より二個少ないだけだった。男子は二十三種目に出場し、女子はたった六種目にしか出場しなかったのだが。(5)「わが国の女子に感謝する」と総統は言っただろう、もし、ベルリン大会でのドイツの総合的勝利がもっぱら女性のおかげだということを認める気になったならば。

　ヒトラーは自分ではフライシャーが優勝したところは見なかったが、午後遅く、ハンス・ヴェルケが砲丸投げでドイツの二個目の金メダルを獲得した際には居合わせていた。フライシャーの偉業同様、ヴェルケの優勝はドイツに新しい事態をもたらした。それは、ドイツの男子が陸上競技で獲得した最初のオリンピックの金メダルだったのだ。母国でヒトラーの目の前で優勝したということは、SSの隊員だったヴェルケにとって特別の意味を持っていた。やはり地元の観衆にとって満足のいくことだったのは、優勝候補だったアメリカのジャック・トランスが五位に終わったのに反し、SAのゲルハルト・シュテックが銅メダルを獲得したことだった。彼はのちの槍投げで金メダルを獲得した。彼はその種目で優勝したことが発表されると、競技場の真ん中でさっと気をつけの姿勢をとり、ナチ式敬礼をした。

　誰から聞いても、ヒトラーは大会初日のドイツのいくつもの優勝に至極ご満悦だった。彼は非常に喜んだので、一万メートル競走でフィンランドが優勝しても苛立った様子は見せなかった。その種目はいずれにせよドイツがよい成績を挙げるとは思われていなかったのだ。ヒトラーは砲丸投げ、女子槍投げ、一万メートル競争の優勝者を自分の貴賓席に招き、一人一人と握手をして自ら祝った。初日の午後のヒトラーの振る舞いは、その時はどういうこともないように見えたが、その日の夕方と、それ以後の数日に起こったことで重要な意味を持つものになった。ヒトラーはアメリカの黒人選手を祝福しなかったのである。最も有名なジェシー・オーエンスをも含め。

初日の競技の最後の種目――男子走り高飛び――は予定より時間がかかり、夕暮れになるまで終わらなかった。五十人の競技参加者のうち二十二人が一回目で一・八五メートルをクリアし、決勝に進んだ。予選通過者の中には三人のアメリカ人、コーニーリャス・ジョンソン、デイヴィッド・アルブリトン、ディーロス・サーバー、それに二人のドイツ人がいた。カリフォルニア出身の六フィート五インチののっぽのジョンソンはアルブリトン同様黒人で、オハイオ州立大学のオーエンスのチームメートだった。三時間近く競技をしてから、二人のドイツ人が失格し、ただ一人のヨーロッパ人、カレヴィ・コトゥカスという巨漢のフィンランド人と、アメリカ人だけが残った。あるドイツ人記者は、金髪碧眼のフィンランド人を「ジークフリート」タイプと評した。[6] しかし、北欧のジークフリートはアメリカ人についていくことができなかった。アメリカ人は競技の最終段階で、同国人同士でメダルを争って飛んでいた。最終ラウンドまでウォームアップ用のスーツを脱ごうとしなかったジョンソンが、二・〇三メートルというオリンピック記録の高さを飛んで金メダルを獲得した。アルブリトンは二位になり、サーバーは三位になった。

ヒトラーがなぜ走り高跳びで優勝したアメリカの選手を祝福しなかったのかについては諸説がある。現場にいた『ニューヨーク・タイムズ』の記者は、ヒトラーが授賞式の五分前にスタジアムを去ったと書いた。[7] あるドイツ人の目撃者は、ジョンソンとアルブリトンがヒトラーから祝福されるのを明らかに期待して総統の貴賓席に通ずる階段を昇りかけた、まさにその時に、総統が立ち上がって去ったのを思い起こしている。歴史家のリチャード・マンデルは、ドイツ人の走り高跳び選手が失格になったあと、「今にも雨が降りそうな暗闇の中で」[8] ヒトラーがスタジアムを去ったと述べている。

ヒトラーがスタジアムを去ったのは、正確な瞬間がいつであれ、時間が遅くなったからでも、天候が悪くなったからでもなく、間もなくアメリカの黒人を祝福しなければならなくなったからである。同日のそれ以前の時間の外国選手に対するヒトラーの扱い方や、行事が長引いても寛容だったヒトラーの態度を考えると、その時の振る舞いは、意図的に黒人選手を鼻であしらったものと見なければならない。バイエ＝ラトゥールもそう見た。翌朝、ＩＯＣ会長はリッター・フォン・ハルトに、次のようにヒトラーに伝えるよう言った。一国の首長がオリンピックのメダル受賞者をおおやけに祝福するという慣習はないが、もしどうしてもそうするのなら、例外なくすべての受賞者を祝福しなければならない。

ヒトラーは、さらに多くの黒人がメダルを獲得するのを恐れたらしく、今後はどんなメダル受賞者もおおやけに祝福しないとハルトに請け合った。もちろん、ごく少数の者しかその決定について知らなかったので、ヒトラーがジェシー・オーエンスとその他の優勝した黒人選手の誰をも祝福しなかったとき、多くの観衆、とりわけアメリカ人の観衆は激怒した。実際は、特にオーエンスだけではなく、そうしたすべての選手が総統に鼻であしらわれたのである。

競技の初日はベルリンを水浸しにするような雨が今にも降りそうだったが、二日目には雨は実際に降り出し、トラックはぐしょぐしょになり、ぬかるんだ。その不利な条件の結果、四百メートル障害物競争ではあまりいい成績が出ず、百メートル競走の準決勝では選手は苦労することになりそうだった。それにもかかわらず準決勝でオーエンスは、ぬかるんだトラックで一〇・四秒で一位になった。ほかの組の準決勝ではラルフ・メトカーフが一〇・五秒で、オランダのマーティン・オーセンダルプ（一〇・六秒）とドイツのボルヒマイヤー（一〇・七秒）を破って一位になった。いまや、午後五時に予定されている決勝が行われるばかりになった。

四時五十八分、ランナーは小さな鏝《こて》を使ってシンダー・トラックに足掛かりの穴を掘った（スターティング・ブロックは、当時まだ使われていなかった)。ボルヒマイヤーが番狂わせを演じてくれるのではないかと期待していたヒトラーは、貴賓席から身を乗り出し、手摺りを苛立たしげにトントンと叩いた。合図をするたびに中腰になったので観衆に愛されていたフランツ・ミラーという恰幅のいいバイエルン人のスターターが、「位置について!《アウフ・ディー・プレッツェ》」、「用意!《フェルティヒ》」と叫び、ピストルを発射した。オーエンスはスタートラインから最初に飛び出し、楽勝した。メトカーフが最後の二十メートルでスパートし、勝者と十分の一秒差でゴールインした。結果はオーエンスが一〇・三秒、メトカーフが一〇・四秒、オーセンダルプが一〇・五秒だった。ヒトラーの応援空しく、ボルヒマイヤーは問題外だった。

ベルリン大会のすべてのメダル受賞者同様、オーエンスも表彰台で、槲《かしわ》葉で出来た冠を頭に載せた。それまでの大会では優勝者はオリーヴか月桂樹の葉の冠を受け取った。そして一九三六年以後、再びそれが慣習になった。ドイツが槲葉に変えたのは、槲の木が異教の神トールの象徴で、印欧語族の神話における力と純粋さを表わしていたからである。カール・ディームは言明した。槲葉の冠はオリーヴの葉の冠に劣らぬ価値のある賞である、一九三六年に「ある偉大な政治家」が、それを使う精神的な意味を定義したことからも、それがわかる。しかし、ディームがそうした聖なる冠を戴くオリンピックの英雄を思い描いたとき、ジェシー・オーエンスを想定していなかったと考えるのが妥当であろう。

オーエンスとベルリン大会で金メダルを獲得した彼の仲間は、冠に加え、植木鉢に入った槲の苗木を貰い、母国に植えるように言われた。オーエンスを含め選手の大方は、喜んでそうした。現在世界中に、ナチ・オリンピックを巡るドイツの異教的イデオロギーの生ける(しかし誰にも認められていない)象徴として、成長し切った槲の木が立っている。

オーエンスはヒトラーからの祝福も期待していたとしても、当時、その徴候はなんら見せなかった。また、もちろん、ヒトラーは黒人ランナーが自分のところにやってくるように仕向けなかった。もしヒトラーが面子を立てるためにバイエ＝ラトゥールに前もって譲歩しなかったなら、オーエンスに対してどう振る舞ったかは推測するしかないが、九分九厘彼はオーエンスと握手をしなかったろう。ヒトラーはユダヤ人に我慢できなかったと同様、黒人にも我慢できず、黒人と肉体的に接触すると考えただけでも、ぞっとした。ヒトラー・ユーゲントの団長バルドゥル・フォン・シーラッハによれば、のちにヒトラーは、オーエンスとほかの黒人選手に関して、こう公言した。「アメリカ人はニグロにメダルを取らせたことを恥ずべきだった。私はあのニグロの［オーエンスの］手など絶対に握らなかったろう」。シーラッハはまた、オーエンスと一緒に写真を撮ったらどうかとヒトラーに言うと、ヒトラーは憤然として叫んだと伝えている。「ニグロと握手しているところを写真に撮られるのを私が許すとでも本気で思っているのかね？」[9]

だが興味深いことに、オーエンス自身は総統に対してなんの敵意も抱いていなかった。彼はヒトラーに鼻であしらわれたなどと言ったことはない。逆に、オリンピックのあとアメリカに戻ると、彼はミズーリ州のカンザス・シティーの千人の聴衆に向かい、ベルリンで自分が勝利を収めたとき、敬意を示さなかったのはヒトラーではなくローズヴェルト大統領だったと言った。「ヒトラーは私を鼻であしらうということはしなかった——私を鼻であしらったのは、われわれの大統領だった。大統領は電報一本くれなかった」[10]。オーエンスはまた、自分はベルリンでヒトラーに会うことはできなかったけれども、スタジアムで一度目が合ったとき、ヒトラーは礼儀正しく私を認めた仕草をしたとも言った。「私が首相の前を通ると、首相は立ち上がり、私に向かって手を振った。私もそれに応えて手を振った」[11]

事実は、オーエンス以外、ヒトラーが手を振ったのを見た者はいず、オーエンスのコーチのラリー・スナイダーでさえ、実際にそんなことがあったかどうか疑っている。スナイダーの推測によれば、オーエンスは「自分や他のアメリカ黒人に対するヒトラーの明らかに無礼な振る舞いの印象を和らげようとしていたのだ」[12]。しかしオーエンスは、ヒトラーは無礼だったと誰もが言っていることを、なぜ否定しようとしたのだろう? ヒトラーが手を振ったという話の真偽はなんであれ、オーエンスがヒトラーのファンのようなものであることが、のちにわかったのである。アメリカに戻ると彼は、「ドイツの時の人」を批判する悪趣味の持ち主としてアメリカのジャーナリストを非難した[13]。そしてオーエンスは一九三六年、ローズヴェルトに対抗して共和党の大統領候補になったアルフ・ランドンの応援をした際、ヒトラーを「威厳のある人物」[14]と何度も褒め、ローズヴェルトを「社会主義者」だとけなした[15]。

オーエンス自身はアメリカの黒人オリンピック選手の扱いに不愉快にならなかったかもしれないが、アメリカの新聞、特に黒人系新聞は間違いなく不快感を覚えた。**ヒトラー、ジェシーを鼻であしらう!** と『クリーヴランド・コール・アンド・ポスト』は見出しで叫んだ。**オーエンス、ヒトラーの国で屈辱を与えられる**、と『シカゴ・ディフェンダー』は言明した。『ピッツバーグ・クーリエ＝ジャーナル』の見解では、ヒトラーはアメリカの黒人スターたちに冷たくすることによって自分自身の欠点を曝け出した。「ヒトラーは才能のある人間を羨む人物、高邁な人格に疑念を抱く人物、騎士道精神に欠けた人物、無教養な人物、臆病で女々《めめ》しい人物、偏見と政治が伝統的にタブーになっているオリンピック競技大会においてさえ紳士にはなれないことを証明した人物である」[16]。ニュージャージーの団体〈ユダヤ人古参兵〉は、ヒトラー政府とドイツ・オリンピック委員会を、「アメリカの最高の有色選手を侮辱した点でスポーツマンシップと品位にははなはだしく欠ける」[17]という理由で非難する決議を採択した。

けれども、ヒトラーとドイツの組織委員に対するアメリカ人の批判は、一般のドイツ人ファンには及んでいかなかったことは注目すべきである。黒人選手に対する一般のドイツ人ファンの態度は敬意に満ち好意的だったと考えられた。事実、多くのアメリカ人選手が言っているように、ベルリン市民は黒人選手に対して、外国からやってきた、ほかの選手に対するのと同じように友好的だった。八百メートル競走で金メダルを獲得したアメリカの黒人選手ジョン・ウッドラフは、大会終了後、こう言った。「ドイツ人はどんなふうにわれわれを扱ったかと、多くの人が私に訊いた。彼らは大いに歓待してくれた。いわば通り道に赤絨毯を敷いてくれた。彼らは非常に好意的で、協調的で、誠意に満ちていた。あらゆる面で気を配ってくれた[18]」

ドイツ人ファンは、オーエンスとその仲間に対して親切にする余裕があった。なぜなら、陸上競技の最初の何日かは、祝うべき自分たち自身のスター選手を持っていたからである。オーエンスが最初の金メダルを獲得したその日に、カール・ハインというドイツ人がハンマー投げで五六・五九メートルというオリンピック記録で優勝した。オリンピックの勝者には不動産を与えて栄誉を祝した古代ギリシア都市の慣習を思い出させるが、ハインツの雇い主でドイツのタバコ会社の経営者は、彼に庭付きの家を贈った。ハンマー投げの銀メダルは、もう一人のドイツ人エルヴィーン・ブラスクが獲得した。そして、スウェーデン人のオースカー・ヴァーンガルドが銅メダルを獲得した。ハンマー投げは、ブラスクが一時的にリードを奪った直前にヒトラーが到着したことで活気づいた。伝えられるところによると、ブラスクもハインも、総統が近くにいることで熾烈な「決闘」をする意欲が湧いた。

「君はドイツのために走らなくてはならない」

総統のために英雄を演じたもう一人のドイツ人は、女子円盤投げで金メダルを獲得したギーゼラ・マウアーマイヤーだった。ベルリン大会で一番人気のあった彼女は、背が高くてがっしりとした金髪の選手だった。「蛇スタイル」にぎゅっと巻いていた長髪が、ドイツ少女団のあいだで好まれた。彼女は円盤投げの世界記録保持者なので優勝が確実視されていたが、期待通り四七・六三メートルというオリンピック記録で優勝した。二位のポーランド選手ヤドヴィカ・ヴァイソヴナと二メートル以上の差があった。そして、銅メダルを獲得したドイツのチームメート、パウラ・モレンハウアーとは、たっぷり八メートルの差があった。

マウアーマイヤーは一九三二年にナチ党に入り、ヒトラーの熱心な支持者になった。一九四五年にドイツが敗北したあと、過去にナチ党員だったために高等学校の教員を辞めさせられた。一九八六年、一九三六年のオリンピックの五十周年にインタヴューを受けた彼女は、インタヴューアの言葉では、「ベルリン大会でナチのために金髪の北欧人の宣伝をした」ことを悔いていないと言った。「ドイツのために戦うことを許されたのは名誉でした」と彼女は述べた。ヒトラーが他国侵略の意図を隠すためにオリンピックを利用したことについて聞かれるとマウアーマイヤーは答えた。「ヒトラーはチャーチル以上に侵略的ではありませんでした(19)」

ドイツ人は女子百メートル競争で、群を抜いて速い自国のケーテ・クラウスに期待していたが、その種目での本命は十八歳のミズーリ州出身の農村の娘ヘレン・スティーヴンズと、世界記録保持者スタニスウァヴァ・ヴァラシェヴィチュヴナだった。彼女はポーランド選手として走ったが、もっと発音しやすい名前のステラ・ウォルシュとして合衆国に住んで訓練を受けた。予選の一つでスティーヴンズは一一・四秒で走った。それは、ジェシー・オーエンスが同じ距離で予選で出した驚くべき記録同様、追い風がなければ世界記録だったろう。選手たちは待ちに待った決勝でひどく緊張していたため、何度もフライングがあり、スターターのミラーを苛立たせた。古代の競技ではスターターはフライングを犯した選手を鞭で打ったが、自分にもその権利があればいいのだがとミラーは思ったことだろう。ついに女子選手はスタートしたが、追い風がなくてさえスティーヴンズは、素晴らしい予選の記録をわずか十分の一秒下回る記録で走った。彼女はヴァラシェヴィチュヴナ／ウォルシュに二メートルの差をつけ、新しい世界記録を作った。クラウスは遥かに遅れて三位だった。

ヒトラーはスティーヴンズのレースに誰にも劣らずに感心した。そして、スタジアムの自分の貴賓席の後ろにある特別観覧席で彼女と個人的に会いたいと言った。スティーヴンズ後日談によると、特別観覧席はルーガーの自動拳銃を携行した十五人の黒シャツの兵士に護衛されていた。「まるで暗殺団にそっくり！」と彼女は回想している。「ヒトラーは入ってくると、私にちょっとナチ式敬礼をしました。『私はあなたに敬礼するつもりはない』と私は心の中で言いました。そういうわけで、私は片手を伸ばし、昔ながらのミズーリ流の握手をしました。そう、ヒトラーはすぐに急所を攻めてきました。そして私のお尻を摑み、握り締め抓り始め、私をちょっと抱き上げて言いました。『君はアーリア人タイプだ。ドイツのために走らなくてはいけない』」[20]

大会終了後、背が六フィート一インチ近くあり胸がぺしゃんこのスティーヴンズは、男ではないかとポーランドの記者に疑われた（おそらくその記者は、「空飛ぶポーランド人」ヴァラシェヴィチュヴナを負かすことができるのは男だけだと信じていたのだろう）。AOCはスティーヴンズが間違いなく女であることをすぐに立証し、ドイツの組織委員とIOCを納得させることができた。役員の誰もが知らなかったのは――極めつけの皮肉なのだが――スティーヴンズのライバル、ヴァラシェヴィチュヴナ／ウォルシュが実は男だったという事実である。その事実はウォルシュの生前には暴かれなかった。「彼女」は一九五四年まで女として競技し続け好成績を挙げ、一九七五年、米国陸上競技栄誉殿堂入りをした。だが、ウォルシュが一九八〇年、クリーヴランドのショッピング・センターで買い物をしている際に強盗の銃の流れ弾に当たって死亡し、検死が行われると、ウォルシュが標準的な男性性器と男性染色体を持っていることが暴露された。

スティーヴンズは女子四百メートルリレーでアメリカ・チームのアンカーを務めた。そのリレーレースはアメリカ女子と、その種目で以前世界記録を出した本命のドイツの四人組との一騎打ちになった。ドイツは最後の区間に入るまで十メートル、リードしていた。そして、スティーヴンズはドイツのアンカー、イルゼ・デルフェルトよりも速かったが、デルフェルトがバトンを受け取る時に落としてしまうという大失敗をしなかったなら、ドイツ・チームが優勝していただろう。アメリカのチームは四六・九秒で勝ち（ドイツ・チームが前に出したベストタイム、四六・四秒には及ばなかった）、そのあとに英国、カナダが続いた。レースのあと、涙を流しているドイツの少女たちはヒトラーの個人用特別観覧席に招かれた。総統は少女たちの敗北に激怒したと伝えられているが、バトンタッチでしくじらなければ優勝したのは間違いないと少女たちに請け合った。ゲーリングは悲しみに暮れている少女たちを慰めようと、自宅のガーデン・パーティーに招いた。

女子走り高跳びでは、ドイツ・チームはドーラ・ラートイェンがいるので金メダルを獲得するチャンスが十分にあった。ところがラートイェンは、一・六〇メートルをクリアした三人に入れなかった。ハンガリーのイボヤ・チャークと英国のドロシー・オーダムとドイツのエルフリーデ・カウンのあいだで優勝が争われたが、チャークが一・六二メートル跳んで金メダルを獲得した。オーダムが二位でカウンが三位だった。ドイツはその種目で、もしドイツ系ユダヤ人の走り高跳びの選手グレーテル・

ベルクマンがチームにいたなら、もっとよい成績を挙げただろう。しかし、すでに見たように、彼女は「人種」が理由でチームから外された。ベルクマンの最高記録は一・六四メートルで、一九三六年六月のヴュルテンベルクでの選手権大会では一・六〇メートルを跳んだ。

興味深い話だが、ベルクマンはそれ以前の競技会でドーラ・ラートイェンの性に疑念を抱くようになった——その疑念は正しいことがのちに判明した。ラートイェンは実際、男だったのである。その事実はラートイェンがヨーロッパ選手権大会で優勝したのち、一九三八年十月まで公式に明らかにされなかった。その選手権大会のあと、母国に向かう列車の中で、一緒に乗っていた仲間がラートイェンに紛れもなくひげが生えているのに気づき、マクデブルクでラートイェンを当局に突き出したらしい。体を調べると——SSの秘密報告書によれば——「ごく明確な二次的男子性特徴[21]」が明らかになった。その後の検査で、その事実は裏付けられた。戦後、ラートイェンは（いまや、ヘルマンというファーストネームを使っていた）、少女に変装するようヒトラー・ユーゲントに強いられたと言った。また、コーチは彼の本当の性を知っていたが、「ドイツの名誉と栄光のために[22]」女として競技するよう、彼を強いたとも言った。彼はその申し立てを証明するものは何も提出できなかったが、一緒に親しく練習をしていたコーチが、彼の実際の性を知らなかったとは、とても思えない。

女子八百メートル障害物競走の優勝者の性に関してはなんの問題もなかったが、金メダリストのイタリアのトレビソンダ・「オンディーナ」《愛称》・ヴァラは、優勝者に決まるまで、フィニッシュの写真判定を待たねばならなかった。四人の女子がまさに同時に決勝ラインを越えたように見えたからである。しかし、本当に興味深いのは、ヴァラが写真判定で優勝したことではなく、彼女がまさに、そのオリンピックに出場したことである。

ロサンゼルス大会では、法王ピウス十一世が抗議したため、イタリアは女子選手を送ることができなかった。ファシスト政府は女性のスポーツ熱を高めようとはしなかったが（女の仕事は子供を産み、夫の世話をすることだと彼らは考えていた）、数人の一流の女子選手はファシスト国家の力と近代性のよい宣伝になりうると、ムッソリーニ自身は信じていた。したがってイタリアは、七人の女子選手をベルリンに送った。その一人に加わる際、ヴァラは母の非常に強い反対を押し切らねばならなかった。母はよきイタリアのママ流に、若い娘がスポーツに参加するのは見苦しいし、もしオンディーナがベルリンに行けば、将来、夫が見つけられないと思っていた。(23)

結果的に、ヴァラとその女子のチームメートは、ベルリンでイタリアの男子陸上競技の選手を相当に上回る成績を挙げた。ヴァラの金メダルは、大会でイタリアの陸上競技選手が獲得した唯一の最高の賞だった。もう一人のイタリア女子選手は八百メートル障害物競走で四位になり、イタリアの女子チームも四百メートルリレーで四位になった。ヴァラは大会終了後にイタリアに戻ると、「スポーツの成果を讃えるイタリア金メダル」をムッソリーニから貰った。そして法王でさえ、彼女と握手をした。それは、イタリアの女性にとって大きな飛躍だった。

アメリカの「黒い補欠」

ドイツのファンは自国の女子陸上競技選手の華やかな活躍に熱狂してはいたものの、一番の呼び物は依然としてジェシー・オーエンスだった。オーエンスについての唯一の問題は、彼がいくつのメダルを獲得するかだった。彼は二百メートル競走で二〇・七秒という世界新記録を樹立し、二つ目の金メダルを獲得した。その結果は、一九三二年のロサンゼルス大会でのエディー・トーランのオリンピック記録を、ほぼ一秒上回っていて、二百メートル直線コースの世界記録にわずかに及ばないものだった。オーエンスの黒人のチームメート、マック・ロビンソン（ジャッキー・ロビンソンの兄）が銀メダルを獲得し、オランダのオーセンダルプが銅メダルを獲得した。（ちなみに、オーセンダルプは走路における同様、政治においても足が速かったようで、一九四〇年にドイツ国防軍がオランダに進攻すると即座に新しい統治に適応し、SS義勇軍に入り、ナチの秘密警察に雇われ、オランダにいるユダヤ人の国外強制移送の手伝いをした。）

おそらく、オーエンスの最も印象的な競技は走り幅跳びだったろう。彼はその種目で、すでに世界記録を持っていた。オーエンスには、その種目に実にふさわしいが、ルッツ・ロングという、相手にとって不足のない若い敵がベルリンにいた。ところが、競技が始まると、オーエンス対ロングの決闘はないように見え始めた。オーエンスは決勝までいくのに驚くほど苦労したからである。実際の競技が始まったのに気づかなかったオーエンスは、最後のウォーミングアップと勘違いした。しかし審判は、それを彼の最初の試走だとした。それは、予選通過の基準をかなり下回った。慌てた彼は二度目の試走で、踏み切り板《スターティング・ボード》を踏み越してしくじってしまった。その時、多くのドイツ人選手同様、オーエンスを非常に崇拝していたロングが彼のところに行き、君は実に立派なジャンパーなのだから、数インチくらいスターティング・ボードの前で跳んでも予選通過の距離はクリアできると、たどたどしい英語で請け合った。

オーエンスはロングの助言を受け入れ、三度目の、そして最後の試走で、簡単に予選を通過した。間もなく、期待されていた決闘が実際に始まった。競技が進行するにつれ、オーエンスとロングだけが、金メダルを手に入れるための叙事詩的闘いに残ったのだ。二人のジャンパーはリードを奪い合った。終わりから二番目のラウンドまでには、二人ともオリンピック記録を越えていた。ロングはオーエンスの七・八七メートルという最高記録に並んだ。するとオーエンスは七・九四を跳んでやり返した。オーエンスを破ろうという、最後の必死の試みでロングはスターティング・ボードを踏み越してしまい、失格になった。オーエンスには、まだもう一度だけ跳ぶチャンスがあった。そして、最後の試みで、誰が金メダルを貰うのかという心配から解放され、越えられないとされていた八メートルの壁を越え、八・〇六メートルという世界新記録を出した。その記録は、一九六〇年のローマ大会でアメリカのラルフ・ボストンが八・二三メートルを跳ぶまでオリンピックでは破られることがなかった。

オーエンスとロングのジャンプを比較したあるドイツ人は、擬似科学的な人種差別的言葉を用いて、こう評した。「北欧タイプの人間の場合には、常により遠く跳ぶために考え抜かれたスタイル、踏み切り板の内側ぎりぎりで跳躍するためのシステマティックな努力、体全体のバランスをとる工夫が見られる。ニグロの場合には、なんのシステムもなく体を上方に勢いよくもっていくだけで、それは、野生動物の優雅で楽々とした跳躍にほぼ等しい」[24]。この評言は、アメリカの黒人による長い勝利のパレードに対するナチの見方を予告していた。

「決闘」が終わるとロングはオーエンスのもとに駆け寄り、彼を抱擁した。それから二人の男は腕を組んでトラックを歩いた――ナチのベルリンの通りだったら二人とも逮捕されうる振る舞いだった。授賞式を待ちながらロングとオーエンスは一緒に芝の上に横になった。互いに友情を感じていたのは明らかだ。二人の友情は大会後も損なわれることなく続いた。ロングが第二次世界大戦で戦死すると、オーエンスは遺族と連絡を取り、一九六〇年代に自分が編集したベルリン大会についての映画に、ロングの息子を使う労を執った。

ジェシー・オーエンスはベルリンでの四百メートル競争でも優勝しただろうが、アメリカ・チームは、その種目で勝つために彼を必要としていなかった。アメリカにはアーチー・ウィリアムズとジェイムズ・ルーヴァルがいたのである。『デア・アングリフ』は、アフリカ系アメリカ人のスターを、もう二人の「黒い補欠」と破廉恥にも名付けた。ウィリアムズはベルリンで金メダルを獲得したとき、カリフォルニア大学バークレー校の二十歳《はたち》の二年生だった。どんな準備をしたのかと大会後に訊かれると、機械工学の学位を取るのに非常に忙しかったので、なんの準備もしなかったと答えた。最初はカリフォルニア大学の陸上競技チームの「端役」だったが、レースに出るたびに半秒ずつ記録を縮め始め、一九三六年の春に開かれたパシフィック＝8選手権大会で、四百メートル競争で四六・八秒のタイムで優勝した。その年の少しあとにシカゴで催された全米大学競技協会の選手権大会で四六・一秒の世界記録を作った。ランダル島で行われたアメリカのオリンピック予選では、スピードは少し遅かったが、それでも優勝した。ランダル島は、彼の言葉では、「「運営の」何もかもひどいものだった[25]」。

ベルリン大会では、ウィリアムズは予選を楽々通過し、決勝に進出した。ウィリアムズと、もう一人の優勝候補、英国のアーサー・ブラウンが外側の二つのコースを走ることになった。外側のコースは四百メートル競走では一番嫌がられるコースだった。そのコースを走るランナーは二つ目のカーブを曲がったあと直線コースに入るまで、自分が何位かわからないからである。しかしウィリアムズはスタートから飛ばし、ブラウンを三メートル引き離して直線コースに入った。ブラウンはゴールのテープのところで差をほとんど縮めた。それは、もちろん、コースがもう少し長かったら彼が勝ったかもしれないということを意味するだけだった。ウィリアムズのタイムは四六・五秒で、ブラウンは四六・七秒だった。三位になったルーヴァルは四六・八秒だった。ウィリアムズは金メダルを獲得して喜んだが、カリフォルニア大学ロサンゼルス校の宿敵ルーヴァルを破ったことにも興奮していた。ウィリアムズは言った。それよりよい唯一のことは、南カリフォルニア大学の選手を破ることだった、そこは、コーチのディーン・クロムウェルが選手を「材木の山のように積み上げている」、「スポーツ工場」なのだ。[26]

ウィリアムズはまた、「黒い補欠」ジョン・ウッドラフにも敬服していた。ウッドラフはピッツバーグ大学の背が高くてひょろりとした一年生で、その長い大股の歩幅は九フィートから十一フィートあると噂された。ウィリアムズはウッドラフについて、こう言っている。「私は一時的に成功した者に過ぎなかったが、彼はミスター・終始不変《コンシステンシー》だった」[27]。ベルリン大会でウッドラフは、八百メートル競走の準決勝では最速のタイムを出したが、決勝ではスタートがうまくいかず、比較的ゆっくりと走るランナーの集団の真ん中に入ってしまった。レースのかなりの部分を、彼としてはほとんど歩くようなスピードで走らねばならなかったあと、一番外側のコースに移動して、その集団からついに抜け出し、信じられないような猛スピードで一気に走って全員を抜き去り、優勝した。一分五二・九秒というタイムは輝かしいものではなかったものの、その様子を見ていたある者が言ったように、彼はたぶんもう五十メートル走れたであろう。

オーエンスの最後の金メダルは、四百メートルリレーで獲得したものだった――それは、最初は彼が出場する予定ではなかった種目だった。そのことは、それ以来ずっと論議の的になっている。八月四日、アメリカの陸上競技チームのヘッドコーチ、ローソン・ロバートソン（ペンシルヴァニア大学）は、「一回のオリンピックにしては、もう十分に活躍した」[28]のでオーエンスはリレーには出場しないと言明した。ロバートソンはリレー・チームのメンバーを誰にするかまだ決めていないと付け加えたが、『ニューヨーク・タイムズ』によると、マーティー・グリックマン（シラキューズ大学）、サム・ストーラー（ミシガン大学）、フォイ・ドレイパー（南カリフォルニア大学）が「この数日の予選の結果にもとづく信頼できる選手」[29]と考えられ、フランク・ワイコフ（南カリフォルニア大学）が、おそらく四番目の選手らしかった。

アメリカ陸上競技チームの中でたった二人のユダヤ人だったグリックマンとストーラーは、リレーに出場することをロバートソンから個人的に約束されていた。そして二人は、大会の初めの日々をリレーのために熱心に準備していた。グリックマンは回想している。「レースの始まる前の十日間ほど、われわれは毎日、バトンの渡し方の練習をした。サムと私と、それにフォイ・ドレイパーとフランク・ワイコフだ。……サムが最速のスターターだった。私は直線コースで力が出た。フォイがコーナーを一番うまく回ることができた。そしてフランクはオリンピック大会の筋金入りのベテランだった。そんなふうにわれわれは練習し、コーチされた[30]」

ところが八月八日の朝のチームのミーティングで、グリックマンとストーラーは、君たちはリレーに出ない、リレー・チームは、ジェシー・オーエンス、ラルフ・メトカーフ、フォイ・ドレイパー、フランク・ワイコフの四人だと告げられた。『ニューヨーク・タイムズ』によると、ロバートソンは前の晩にその決定をした。その理由は、アメリカは最速の陸上競技選手を揃えなくてはならない、オランダが非常な脅威だし、ドイツが「センセーショナルなタイムを出した四人組を密かに選んだ[31]」というものだった。ドイツのその秘密兵器が誰で、どこに隠されているのかについては、ロバートソンは明かさなかった。オーエンスは、結局レースに出ることをロバートソンに告げられると、こう言ったと伝えられている。「それは素晴らしいニュースだ。水曜日以来、自分をどうしていいのかわからなかった。あのコーナーは速く回ってみせる[32]」。もし、実際にオーエンスがコーナーを速く回ったことがアメリカ・チームの優勝に貢献したのなら、彼一人で四つ目の金メダルを獲得したことになる。一九二四年の偉大なパーヴォ・ヌルミの成果より一つ少ないだけだ。(のちにインタヴューでオーエンスは、自分とメトカーフの代わりに、グリックマンとストーラーを出すようコーチに促したと主張した。反対にメトカーフは、オーエンスが四つ目の金メダルを獲得するチャンスを得ようと懸命に裏で工作していたことを思い出している。[33])

オーエンスが何を言ったにせよ言わなかったにせよ、ストーラーとグリックマンは、自分たちが外されたという知らせに打ちのめされた。グリックマンは、オーエンスもメトカーフも要らない、ヤンキーのどんな四人組でもドイツを十五ヤード引き離して勝てるから、と言い張ったことを回想している。「世界一流のスプリンターを隠しておくなんてできない[34]」とドイツの秘密の優秀選手の噂に触れて付け加えた。グリックマンはまた、自分とストーラーは「陸上競技チームのたった二人のユダヤ人」であり、もし、自分たちが走らなかったら「母国で大いに批判されるに違いない」ということをコーチに改めて思い出させたことを回想している。ストーラーは事の成り行きに激怒し、それを「私の人生で最も屈辱的な出来事[35]」と言い、もう二度と走らないとその場で誓った。(彼は間もなくその誓いを撤回し、一九三七年のビッグ・テン選手権大会において百ヤード競走で優勝した。)

グリックマンとストーラーは、自分たちがリレー・チームから外された理由について意見が一致していない。ストーラーは大会中につけていた日記の中で、こう推測した。ドレイパーとワイコフを残して自分とグリックマンを外すというロバートソンの決断は、南カリフォルニア大学のヘッドコーチとして自分の教え子をレースに参加させたいと思った、コーチ補佐のディーン・クロムウェルが介入した結果だ。ストーラーは、ユダヤ人であることがリレー・チームから外されたことに関係があると思うかと、のちに訊かれると、こう答えた。「私は不当な仕打ちを受けた。グリックマンと私が「ドレイパーとワイコフの代わりに」外された真の理由は、自分の教え子に駆けさせたいと思ったほかのコーチが裏で動いたことだ[36]」。グリックマンは、ほかのコーチが自分の大学の選手を依怙贔屓したという可能性は否定はしなかったものの、反ユダヤ主義が、自分とストーラーが除外された主な動機だと当時信じていたが、その考えは年とともに強まった。ドイツがアメリカの黒人の手によってすでに屈辱を蒙ったうえに、さらにユダヤ人に負けるという目に遭って「ばつの悪い思い」をしないように、二人のユダヤ人を外せとブランデージがアメリカのコーチに圧力をかけたとグリックマンは確信していた。驚くには当たらないが、ブランデージ自身はその問題でなんらかの役割を果たしたことを否定した。彼の私的な文書の中に、その逆を証明するものは何もない。

ベルリン大会で四百メートルリレーは、アメリカの陸上競技選手団の最も確実な勝利の一つになった。オーエンスとメトカーフに率いられた四人組は、予選で四〇秒という世界記録を出し、決勝では三九・八秒を出した——その記録は一九五六年まで破られなかった。「オランダ人の脅威」は、マーティン・オーセンダルプがバトンを落としたので雲散霧消した。どんなドイツの秘密兵器も現われなかった。また、グリックマンが予言した通り、第三帝国のチームはアメリカのチームより十五ヤード遅れてゴールインした。ドイツは四一・二秒で銅メダルを獲得し、イタリアは四一・一秒で銀メダルを獲得した。ストーラー、グリックマン、ドレイパー、ワイコフという、最初のアメリカの四人組が当初費やした練習時間を考えると、そのグループでも優勝できたことは疑いない。おそらく、それほど確実な勝利ではなかったかもしれないが。

アメリカ人はリレーで勝ったことを当然ながら喜びはしたが、グリックマンとストーラーがレースから外されたことは、アメリカの新聞とユダヤ人社会に論議を巻き起こした（ドイツの新聞では、そのことはほとんど言及されなかった）。『ニューヨーク・タイムズ』は反ユダヤ主義の問題を特に持ち出さなかったが、アメリカ選手団のメンバーの誰もが競技をする機会を得たわけではない事実を当然ながら嘆く国内からの批判が起こることを予言した。（グリックマンとストーラーだけが、ベルリンで競技にまったく出られなかったアメリカ人選手だった。）

グリックマンによると、ロバートソンはレースのあと、君をレースに出さなかったのは自分の過ちだと個人的に彼に言ったが、おおやけには、「可能な限りの最高のチーム」をトラックに出すという自分の決断を擁護した。ロバートソンもクロムウェルも、自分たちの決断には人種問題はなんら関係がないと言った。のちにブランデージもこの問題に介入し、公式の『最終報告』の中で、アメリカ人コーチが人種偏見を持っていたという非難は「馬鹿げて」いると主張した。[37]

今に至っても、なぜグリックマンとストーラーがリレー・チームから外されたのかの真相を知るのは不可能である。この問題におけるクロムウェルの役割が厳密になんであったのかは、いまだにわかっていないし、ブランデージがコーチになんらかの圧力をかけたかどうかもわかっていない（本人は圧力をかけなかったと言い張っているが）。しかし、前述のすべての要因が関係していただろうと推測するのは理に適っているようだ。ロバートソンがリレーで金メダルを獲得するのに危険を冒したくなかったのは疑いない。それだから、オーエンスとメトカーフを加えたのだ。同時に、黒人のスターに席を譲るために元の四人組のうちの二人を外さねばならないのだから、グリックマンとストーラーがその最も都合のよい候補だと彼が考えたことは十分にありうる。二人を外しても南カリフォルニア大学の人間であるクロムウェルを怒らせることはなかったろう。クロムウェルは、ロバートソンが病気がちだったので、チームの運営で中心的役割を果たしていた。そのうえ、もし二人のユダヤ人ランナーを外したことで論議が起こったとしても、ロバートソンとクロムウェルがブランデージとAOCの支持を得ることができるのは、まず確かだった。

ブランデージはグリックマンとストーラーを外したことをいっこうに気にかけなかったが、そのことはその後数十年にわたり、アメリカのオリンピック機関の関係者の脳裏を去らなかった。一九九八年、グリックマンが八十になったとき（ストーラーは一九八五年に死んだ）、合衆国オリンピック委員会（ＵＳＯＣ）は、同委員会の最初のダグラス・マッカーサー賞をグリックマンに授与して、一九三六年の決定の償いをしようとした。賞を与えるに際し、USOCの会長のウィリアム・J・ハイブルは、エイヴェリー・ブランデージがヒトラーのご機嫌をとるためにグリックマンをリレー・チームから外したという文書の証拠を見たことがないのを認めた。しかし、彼は言い添えた。「私は検察官だった。証拠を調べるのに慣れている。証拠はあった」(38)。(正確にどんな証拠かは、彼は言わなかった。)ニューヨーク・ジャイアンツ(アメリカン・フットボール)とニューヨーク・ニックス(バスケットボール・チーム)の人気者のラジオ・キャスターになったグリックマンは、こう言った。「実に瞠目すべきものだった、その[ハイブルの]言葉は」(39)。まさしく、そうだった。

ベルリン大会でアフリカ系アメリカ人が目覚しい活躍をしたことは、当然ながら母国の黒人系新聞を欣喜雀躍させた。白人系新聞の多くもそうした活躍に敬意を払い、黒人系新聞同様、黒人の勝利は、アーリア人が人種的に優れているというナチのドグマを否定していると示唆した。だが、南部の新聞の大方は、詳しい説明抜きで、黒人の勝利を伝えただけだった。南部の新聞で最も「リベラル」だった『アトランタ・コンスティチューション』は、ジェシー・オーエンスの写真を一枚も載せなかった。

「黒い補欠」という侮蔑的言辞が使われたのは目立った例外として、ドイツの新聞は概してアメリカの黒人を如才なく扱った。大会が始まったとき、宣伝省はドイツ人ジャーナリストに対し、報道する際、人種を強調しないように指示した。「人種的観点は、成績についての議論に絶対に持ち込んではならない」(40)と宣伝省の指令に書かれていた。とりわけ、黒人選手の感情を踏み躙ってはならない。ゲッベルスはジェシー・オーエンスに対する批判を特に禁じた。そして事実、ドイツの新聞『ケルニシェ・ツァイトゥング』(41)は、オーエンスの体格は「模範的」で、「古代文明人の理想」を反映しているとオーエンスを絶賛した。

もちろん、大会中はジャーナリストに人種について控え目に扱うようにさせようというナチ・ドイツの公式の姿勢は、黒人選手は肉体的に恵まれた「変種」の人間に過ぎないという、ナチ体制の根強い確信を隠すものでしかなかった。アルベルト・シュペーアによれば、黒人がいくつもの種目で優勝したのは、彼らに特に強靭な肉体を与えた「密林の遺伝形質」のおかげだと、ヒトラーは信じていた。ヒトラーはまた、黒人は「人種的に有利に条件付けられているので(42)」、将来のオリンピックから除外されるべきであるとも、シュペーアに語った。さらに、ドイツが世界を支配するようになった暁には、第三帝国がオリンピック運動を乗っ取り、将来の夏季オリンピックはニュルンベルクで開き、ドイツ独自の人種上の原則を適用するとヒトラーは言ったと伝えられている。ゲッベルスはドイツの新聞に、黒人選手の感情を傷つけないようにという指示を出したものの、内心では、黒人選手がベルリンにいることに強い不快感を抱いていた(43)。彼は日記の中で、オーエンスが百メートル競走で優勝した日は「白人種にとって屈辱の日」で、アメリカ選手団は「恥じ入るべきだ」と書いた。そしてのちに、レニ・リーフェンシュタールに対し、ベルリン大会の映画からオーエンスを撮ったフィルムを大幅にカットさせようとしたと報じられている。ヒトラーとゲッベルス同様ハインリヒ・ヒムラーも、アメリカの黒人が見事な成績を挙げたのは「原始的肉体」のせいであり、自分たちは白人と人種戦争をしているのだと黒人が考えているせいだとした。白人は将来恥ずかしい思いをしないよう、人種戦争をもっと深刻に受け止めるべきだと、彼は主張した(44)。アメリカの駐独大使の娘マーサ・ドッドによると、リッベントロープの補佐官は、ニグロは「動物で、オリンピックに出場する資格をまったく欠いている」という見解を表明した。その補佐官はまた、こうも述べた。「ドイツは鹿やその他の俊足の動物を出場させるという悪しきスポーツマン精神を持っていたなら、陸上競技種目においてアメリカから優勝を奪っただろう(45)」

「巨大な鍵盤」

ベルリン大会でジェシー・オーエンスとその同僚の偉業を取材していたドイツおよび国際的な活字メディアのジャーナリストの数は、これまでのオリンピックでは最大で、五十九ヵ国から千八百人以上の新聞記者と、百二十五人の報道写真家がやってきた。新聞が依然としてオリンピック競技の模様を伝える主要の媒体で、ナチはその媒体の重要性を十分に認識していた。「新聞を」とゲッベルスは忠告した、「政府が打てる巨大な鍵盤だと考えるのだ[46]」。ベルリン大会でゲッベルスの配下たちは、その鍵盤をかなりの勢いで打ち、大群の活字メディアのジャーナリストが大会について書くことにできる限り影響を与えようとした。

ベルリンにいた約八百人のドイツ人記者はナチ体制になんら大きな問題とはならなかった。全員が帝国ドイツ新聞協会に属していたので、ナチ党の路線から外れないようにするのに慣れていた。ときたま、地元記者が宣伝省の気に入らないことを書いた。通例の違反は、ドイツのイデオロギーを鼓吹し過ぎることだった。そうしたことが起こると、違反者は第三帝国政府の記者会見で即座に釈明を求められた。大会中記者会見で、ドイツのジャーナリストは毎朝、取材についての指示を受けた。

大会を取材しているカメラマンは、一人の例外を除き（オーストリア人のロータル・リューベルト）全員ドイツ人で、帝国報道写真家委員会のメンバーだった。彼らのみが、オリンピック・スタジアムその他のオリンピック競技場に入るのを許された商業写真家だった。各自、警察が身元を確認しやすいよう、番号の付いた腕章を巻いていた。記事に写真を付けたいと思った外国人記者は、ベルリンのシャルロッテンブルクにある報道写真センターに展示してある、公認写真家の撮った写真のうちから適当なものを選ばねばならなかった。

写真家が展示してある写真に「破壊活動的」写真を忍び込ませたという証拠はないが、何人かの報道写真家は、自分たちが守らされている厳しい規制に憤慨していた。ドイツ組織委員会が、ドイツの大通信社のために仕事をしている写真家のみがスタジアム内を自由に歩くことができると決めていたので、そうではない写真家が、ちゃんとした競技のショットを撮ることができない場合が多かった。「われわれの不満には限度がなかった」と、ある写真家は書いている。「われわれの意欲はゼロになってしまった」[47]。オーストリア人のリューベルトを含め、そうした通信社に属さない者は、守衛の脇をそっとすり抜け、写したい場面を撮ることで規制に対抗した。リューベルトは規制に違反した廉で逮捕されると、写真撮影を自分の好きなようにさせてくれなければ、報道の自由が制限されていることを、おおやけに話すと脅した。ナチ体制は、彼のケースでは、そっと引き下がった[48]。

ジャーナリストはオリンピックの会場のどこでも無料で非常によい席を貰った。メイン・スタジアムの中の報道記者用施設は広々として最新式のものだった。五十台の長距離用電話機、タイプライター付きの八十の筆記用小部屋、大勢の通訳と秘書役の助手が用意されていた。ベルリンの繁華街にある報道本部でも、快適な筆記机、ずらりと並んだ追加の長距離用電話機、どんな酒でも揃っている報道センター内のバーから記事を送るほうを好んだ記者のために用意された、ごく最新のオリンピック情報の刷り物も提供した。

ヒトラー政府は、外国人記者に快適な便益を気前よく提供することによってだけではなく、記者の活動を規制することによっても、外国人記者の大会取材に影響を及ぼそうとした。外国人記者は帝国競技場とオリンピック村を含むオリンピックの「警備地帯」の中を歩くためには、SSが用意した特別案内人を使わねばならなかった。外国人記者は、同業のドイツ人記者の何人かが実際には、自分たちを監視するために派遣された政府のスパイであることに感づいていた。『ロンドン・デイリー・ヘラルド』のベルリン通信員は活字でこう不満を述べた。「毎日私は記者席に新しい顔を見る。そうした新来者の誰一人として鉛筆で紙に何か書こうとしない。……どの外国人ジャーナリストも疑われている」[49]

こうして外国人記者が取材したベルリン・オリンピックとはどんなものだったのだろう？　もっぱら、大会の国際的な記事についてナチ自身がおおやけに宣伝した結果、朗々たる賞讃の合唱を証明するかのような神話が生まれた。国家によって統制されたドイツの新聞は、外国の新聞から夥しい数の記事を抜粋して公表した。それらの記事はすべて、大会の能率的な運営、招致国の暖かいもてなしを褒め称えたものだった。しかし、ナチ体制の報道関係の役人は、記事の選び方が非常に作為的なものなのを十分に承知していた。大会終了後、宣伝省が外国の新聞記事を独自に調べてみると、ずっとニュアンスが違っていることがわかった。二十九の国あるいは地方の新聞を調べた結果、大会とドイツについて総じて好意的な記事が数多くあったのは事実だが、否定的な報道も数多くあった[50]。

とりわけ、アメリカの新聞報道は非常にまちまちで、ドイツの宣伝担当者を満足させなかった。ボイコット運動の反ドイツ的言辞が大会自体の記事に反映されないことを、彼らが願っていたのは明らかだ。アメリカの最も影響力のある新聞『ニューヨーク・タイムズ』の場合、最初はドイツを批判していたが、事実、ずっと好意的な見方に変わった。同紙の記者フレデリック・T・バーチャルは、まるでゲッベルスの雇われ文士のような調子の記事を頻繁に書いた。『ロサンゼルス・タイムズ』もおおむね肯定的だった。しかし前述したように、ほとんどすべてのアメリカの新聞は、ヒトラーがアメリカの黒人を「鼻であしらった」ことに、きわめて批判的だった。

さらに、総統の極端なまでの党派根性に対する批判もかなりあった（アメリカのスポーツ記者の長老グラントランド・ライスは、ヒトラーの狂信的なファンぶりを苛立たしいと思うより面白いと思った。「ヒトラーは、対ハーヴァードの試合中のイェール大学の二年生のようにドイツ選手を声援した。『そのキックをブロックしろ！　奴らに点をやるな、イェール！』と彼が言うのが聞こえるかのようだった」[51]。『ニューヨーク・ヘラルド・トリビューン』は『ニューヨーク・タイムズ』と対照的に、大量の否定的記事を載せた。その大部分はJ・P・エイブラムソンの書いたものだった。彼は開会式を、スポーツの催し自体の影を薄くした「ドイツ化された見世物」と罵倒した。大会中にドイツ人がヒトラーにへつらっているのは、オリンピックの礼儀作法に反すると、彼は文句を言った。総じて同紙は、ドイツ人が平和な国際競技を露骨な国家主義的目的に悪用していると非難した。ヨーロッパの独裁国家の中で最も野蛮な国が、近代オリンピックの理念の遺産を実に巧妙に利用しているのは皮肉な話だと、同紙は書いた。

大会に関する英国の新聞の記事は、全体的にアメリカのそれよりもおおむね好意的だったが、非常に辛辣な記事もあった。リベラルな『マンチェスター・ガーディアン』は、ドイツが大会を「スポーツの催しに似せたナチの党大会」[52]に変えたと難詰した。これまで、オリンピックが政党の利益を増すために使われたことはなかったと、同紙は言った。保守的な『デイリー・テレグラフ』でさえ、ドイツのオリンピックの演出に、外国からの訪問者がベルリンで出会う友好的シーンは、世界から注目されていない時のナチ・ドイツにおける日常的な政治状況の典型だと思い込ませる、巧みだが見え透いた試みを見て取った[53]。

フランスでは、大会の記事は、ドイツ人の手際のよさと秩序正しさをべた褒めしたものから、大会を政治的に巧みに操作し悪用したと厳しく非難したものに及んでいた。ジャック・ゴデは『ロート』で、大会に関する外国の新聞の中で最も批判的な社説を書いた。彼は「醜くされた競技《レ・ジュー・デフィユギュレ》」と題した社説で、近代オリンピックの歴史においてベルリン大会ほど「はなはだしく歪められた[54]」大会はないと痛烈に断じた。また、ロサンゼルスにおいてアメリカ人が、「気候しか取り柄のない」場所の観光事業を振興させるためにオリンピックを利用したのは事実だが、ドイツ人は強欲で憎むべき政治体制を売り込むのにオリンピックを悪用したと論じた。彼の考えでは、ナチのオリンピックはオリンピックそのものを再検討するに値する、政治的スキャンダルだった。再検討しなければ、次のオリンピックを火星で行うのが最も適切だと、彼は冗談を飛ばした。

ゲッベルスの宣伝用鍵盤の奏者にとって幸いなことに、活字メディアのジャーナリズムだけが、ベルリンで起こっていることを世界が知る唯一の媒体ではなかった。ドイツの技師は、世界中の人間が二十八ヵ国語でラジオの実況放送を聞くことができるようにした。（一九二八年のアムステルダム大会や、一九三二年のロサンゼルス大会では、そうした実況放送はなかった。）

ナチが一九三三年に権力を握って以来、ラジオはプロパガンダを流布するのに好んで使った手段だった。『わが闘争』の中でヒトラーはラジオについて書いた。「その使い方を知っている者の手に落ちると、それは恐るべき武器になる[55]」。宣伝目的にラジオを利用することについてヨーゼフ・ゲッベルスの右に出る者は誰もいなかった。ゲッベルスは大方の映画俳優がカメラを愛するようにマイクロフォンを愛し、鼓吹すべき大義がある時はいつであれ自ら放送した。また、「国民受信機《フォルクスエンプフェンガー》」と呼ばれた廉価なラジオを大量に普及させることによって、全国一般のドイツ人が政府からのメッセージに容易に接することができるようにした。

ベルリン大会は、第三帝国のラジオ担当の役人に新たな問題を突きつけた——ドイツの各家庭に「彼らの主人の声」を響かせるだけではなく、長時間にわたる複雑な競技を全世界に放送する準備もするという問題を。ガルミッシュでの冬季オリンピックはもっと小さな規模で国際的に放送してみる機会となった。一九三六年七月、ドイツのラジオ関係の技師は、最初の聖火リレーの一部を放送するという、新しい経験をした。その際、世界初の移動放送施設となった、特殊なラジオカーを配備することが必要になったのである。

ベルリンでの夏季オリンピックのために、ドイツ組織委員会は帝国競技場に、防音装置の施されたいくつかの送信室と数多くの長距離用電話を備えた最新式の放送施設を作った。オリンピック・スタジアムの中の特別席の下の巨大な配電盤が世界中に電波を送った。放送は世界中の三億の聴取者のもとに届き、ベルリン大会を史上最大のメディアの出来事にしたと、ある専門家は推定している。[56]

四十ヵ国から大会を取材に来た百五人の放送記者は、帝国ラジオ協会の好意で宿を提供された。同協会の代表者クルト・ラートケは、あらゆる下宿を自分で調べたと言った。ラートケの指示で、来独した放送記者には通訳、案内人、オリンピック会場に入るのに必要な取材許可証を提供した。[57]

ナチのラジオ担当の役人は、ベルリン大会の取材に大勢の外国人アナウンサーがやってきたことにおおむね満足した。彼らの大方はドイツを訪れるのは初めてで、何人かのベテラン記者とは違い、ヒトラーの第三帝国の実情についての知識はほとんど持っていなかった。例えば、アメリカから来たウィリアム・スレイター、ビル・ヘンリー、テッド・ヒュージングはドイツに来るのは初めてで、大会について熱狂的な記事を送り、彼らの世話をしたドイツ人たちを大いに喜ばせた。とりわけビル・ヘンリーは、ドイツの組織委員を「これまでで最高の大会を催した」と褒め称えた。

国際放送には多額の費用が掛かり、外国の聴取者は自国の選手の出ている種目にのみ関心を持つ傾向があるので（現在と同じく）、外国のアナウンサーはベルリン大会をすべて放送することはしなかった。CBSとNBCの放送記者は、もっぱら陸上競技と水泳を取材した。ラテンアメリカの放送記者はサッカーの試合にしか現われなかった。

ドイツのアナウンサーは、帝国ラジオ協会と宣伝省の厳重な管理のもとで活動した。外国のアナウンサーと異なり、彼らは毎日、競技の最初から最後まで放送し、午後八時には毎日のハイライトを一時間にわたって要約した。国内放送のもう一つの呼び物は、前もって録音された一連の「カラー」（スポーツ放送に興味を添えるための、選手についての背景情報）の部分だった——それは、合衆国における最近のオリンピック報道を駄目にしている、感傷的な「アップ・クロース・アンド・パーソナル」（ジャーナリズム用語で、建前は、インタヴューなどで、表面的ではなく深く個人的なものを追求すること）のクリップの走りである。一九三六年のものには、ジェシー・オーエンスとティリー・フライシャーへのインタヴュー、オリンピック村の探訪放送、入場券の違法売買に関するコメントが含まれていた。ドイツのアナウンサーは、自分たちが放送している種目の臨場感を聴取者に伝えるのに特に長けていた。ドイツ中の数千万人の国民は、競技場から遥か彼方にいても、競技に「参加」している気分になった。前述したように、ベルリンおよび国内のいくつかの主要都市では、市民は個人の受信機からだけではなく、通りの角のスピーカーからも流される放送を聴くことができた。公共スピーカーは外で働いている者には非常にありがたかった。当時の家庭用受信機はあまりに嵩張っていて持ち運べなかったからである。スピーカーの欠点は、放送を聴こうと歩行者が立ち止まるだけではなく、乗用車やトラックの運転手も停車することが多く、交通警官にとって悪夢のような事態になったことである。

国際的なラジオ放送よりもさらに革新的だったのは、ベルリン大会でドイツがテレビの実験をしたことである。しかし、当時のテレビ技術は非常に初期のものだったので、テレビ放送は、この革命的な新しい媒体に潜んでいる可能性を示唆したに過ぎなかった。

ナチ時代の技術者が、テレビの実験をしたドイツで最初の者というわけではなかった。先駆者的仕事はすでにヴァイマル時代になされていたのである。しかしナチの指導者たちはメディアに精通していたので、この新しいテクノロジーの素晴らしい将来を見越していて、それをいっそう進歩させるために多くの努力をした。ヒトラー自身、その計画を支持していて、一九三五年四月、テレビのための最初の公共受信センターがベルリンのドイツ帝国国営郵便博物館に開設された（個人用の受像機は一九三九年になるまで手に入らなかった）。その博物館でベルリン市民は、スタジオの中でマイクロフォンに向かって話している者の映像を見る、あるいは、なんとか見ることができた――「トーキング・ヘッド」（画面一杯にクローズアップされる話し手）の元祖を。当然のことながら、宣伝相のゲッベルスは、この新しいテクノロジーが人心操作の可能性を持っていることを素早く理解した。ほとんどの政治家がテレビがそもそもなんであるのかさえ知らなかった時に、ゲッベルスは英国のメディア担当者に向かい、総統の顔をドイツの家庭のどの居間でも見られるようにする長期計画について自慢していた。(58)

ベルリン大会は新しいメディアにおいて第三帝国がどの程度進歩したかを世界に示す、またとない機会となった。そして、自国の生まれたばかりのフェルンゼーエン、すなわちテレビ産業に携わっている者はみな、素晴らしい成果を挙げる決心をしていた。大会が始まるまでには、ドイツは三種類のそれぞれ異なったテレビカメラの実験をしていて、その三つがすべて大会期間中に使用された。テレフンケン社は、いわゆるアイコノスコープを開発した。それは一メートルあったので、「大砲」と綽名された。それを操作するには三人の男手が必要だった。それよりさらに扱い難かったのは、フェルンゼーエンA・G社の化け物のような機械だった。それはアメリカのテレビの先駆者ファイロ・T・ファーンズワースの設計図を用いたもので、操作をするには六人の男手が必要だった。テレフンケン社の「大砲」はオリンピック・スタジアムの総統の貴賓席の真下にあった。一方、フェルンゼーエンA・G社の機械はオリンピック聖火の隣のマラソン門の上から辺りを見渡していた。ドイツ帝国国営郵便によって独自に開発された三番目のカメラは、水泳スタジアムで働いた。

テレフンケン社とダイムラー＝ベンツ社が二十五万ライヒスマルクかけて開発した、世界初の移動式テレビ送信装置、すなわち十四輌の「列車」が、帝国競技場をガタガタと動いてカメラで映像を拾い、近くのローグニッツ通りにある「パウル・ニプコウ（一九四〇年に没したロシア生まれのドイツのテレビ開発者。一八八三年、世界初の渦巻き型円板式テレビを作成）」中央放送スタジオに送信した。映像はそこからベルリンの各所にある二十五の「テレビ室」に送られた。その一つは、オリンピック村のヒンデンブルク集会場にあった。それぞれのカメラの装置が同期していなかったので、技師が一つのカメラから別のカメラに変えるたびに映像が消えた。二十四時間放送のラジオとは異なり、テレビは午前十時から正午まで、午後三時から七時までしか放映しなかった。

当時の機器が実験的な性格のものだったので、その最初のスポーツの放映に携わった技師たちは、自分たちの任務が極度に手ごわいものであるのを知った。したがって、操作が手違いと混乱だらけだった。カメラマンは隣に立っているアナウンサーの声による解説に合わせて映像を送ろうとしたが、どんどんと進行する競技を捉えるにはカメラの動きがあまりに遅く、カメラが扱い難いので（アイコノスコープの三つのそれぞれ異なったレンズを交換するのにさえ、二人の男で数分かかった）、アナウンサーがある場面について熱心に説明している時に、カメラがまったく別のものに焦点を合わせていることがよくあった。必然的にカメラマンは、一切がひどく腹立たしかった。ある時点で宣伝省は、ヒトラーの貴賓席の下で仕事をしているカメラマンに、大きな声で罵らないこと、罵声がそのカメラマンの隣のラジオ用マイクロフォンに拾われているから、という指令を出した。

しかし、ノンストップの声による解説は必要不可欠だった。なぜなら、さまざまな受信局に送られた映像は、たいていひどくぼやけていたからだ。（初期のテレビは、一つの映像が千語に値するというものでは、まったくなかった。）当時のあるニューヨークの記者は言っている。「オリンピックをテレビで見ることは、まだできない。目に映るのは、選手のような服装をしているが、牛乳風呂に浮かんだ人体に似た、ほんのわずかしか識別できない数人の男だ。青毛か栗毛のポニーが使われた場合のポロの試合だけが、かなりはっきりと映る。全部が白の物体は、牛乳色の塊の中のぼんやりとした染みとして、見られるというより推測できるだけだ」[59]

ベルリン大会のテレビ放送の貧弱な画像も、それを見る者（大方はドイツ人）の熱意を冷ますことはなかった。大会終了後、ドイツ帝国国営郵便は十六万二千二百二十八人がテレビでオリンピックを観たと報告した。テレビ放送は大人気だったので、オリンピック・スタジアムの席を確保するよりテレビ受信室に入るほうが難しいことがあった。

ほかのスターたち

オリンピックのテレビ放送が不満足なものだったということは、オリンピック・スタジアムを埋めた何万人ものファンには関係のないことだった。彼らはジェシー・オーエンスと、その仲間の「黒の補欠」がベルリンのトラックで記録を更新するのを実際に見ることができたのだ。しかし陸上競技は、アメリカの黒人の独占的「特別公演」では決してなかった。彼らが優位を占めたのは確かだが。前述のように、ドイツが砲丸投げ、ハンマー投げ、槍投げの種目で躍進したのに加え、中距離ではフィンランドが概して強く、日本人が棒高跳びとマラソンで新たな脅威になった。さらに、オーエンスの白人のチームメートの何人かがいくつかの好成績を出し、多くの観衆をほっとさせた。

アメリカが注目すべき成績を挙げたものの一つは、近代オリンピック種目の中で最も「古典的」な競技、円盤投げだった。アメリカは過去のオリンピックで、この種目で何度も優勝した。例えば、一八九六年の第一回アテネ・オリンピックにおける円盤投げでは、競技当日の朝まで円盤を見たことのなかった、あのプリンストン大学の学生が優勝した。だがアメリカは、ベルリン大会では円盤投げで優勝する見込みはなかった。ドイツ人のヴィリー・シュレーダーが世界最強の円盤投げ選手として出現し、ホームグラウンドのベルリンで金メダルを獲得するのは確実視されていた。しかしシュレーダーはあまりに勢いよく投げるのでリングの外に飛び出してしまい、失格になることが多かった。シュレーダーはベルリンにおいてヒトラーの前で競技をすることですっかり興奮し、その過ちを何度も繰り返した。その結果彼は屈辱的な五位に終わった。金メダルはアメリカのケネス・カーペンターが獲得した。彼は卓越した膂力《りょりょく》を完璧なコントロールと結びつけていて、五〇・四八メートルというオリンピック記録を出した。もう一人のアメリカ人、ゴードン・ダンが銀メダルを獲得した。

フォレスト・「スペック」（顔がそばかすだらけだったので、その愛称がついた）・タウンズが百十メートル障害物競走で一四・二秒で優勝し、準決勝で一四・一秒のオリンピック記録を作った。スペックはいつも軍靴を履いていたのでアメリカのチームメートから「リル・アブナー」という綽名で呼ばれていて、葉巻のチェーンスモーカーとしても仲間から際立っていた。アーチー・ウィリアムズによると、スペックはスタートする前に必ず葉巻をスタートラインに置き、駆け終わると戻ってきて、その葉巻を拾った。（スペックの葉巻が火のついたままだったかどうかは、ウィリアムズは知らなかった。）タウンズは大方のチームメート同様、ベルリン大会の政治的側面にはまったく関心を持っていなかった。彼はのちに回想している。「ベルリン大会は最初の最高水準のオリンピックだったと思う。実際、彼らは全力を尽くした。われわれは誰にも劣らぬくらいもてなされた。それ以降、私はあの大会について、当時行われていたとは知らなかった多くのことを耳にした。……もちろん、私はそうした政治問題に関わらなかった。

私はあそこに走りに行き、自分の任務を果たした、私がしたのは、それだけだ。選手の誰も、大会の政治的な面に巻き込まれなかったと思う。もし、政治問題に巻き込まれた者がいるとすれば、それはオリンピック委員会の委員に違いない[60]」

四百メートル障害物競走のアメリカの優勝候補グレン・ハーディンは予想通り優勝したが、タイムは彼がロサンゼルス大会で作ったオリンピック記録を破るどころか、それに及ばなかった。ベルリンで彼が遭遇した問題は、障害物競走の走路が比較的軟弱だったことだった。そういう事態になった陸上競技の種目は、障害物競争だけだった。

棒高跳びも、アメリカの優勝候補、南カリフォルニア大学のアール・メドーズが呼び物だった。彼は結果的に勝利を収めたが、ハーディンよりも苦労をした。実際、それはオリンピック史上、もっとも苛酷な棒高跳びだった——十二時間に及ぶ叙事詩的死闘だった。メドーズと二人の日本人のライバル、西田修平と大江季雄は互いにリードし合い、競技は長引いて夜になった。やがてスタジアムは投光照明灯で照らされ、残っていた約三千人の観衆は雨の中で寒さで震えた。ついに十時半、クロスバーが四・三五メートルに上げられた。メドーズはバーに体が触れはしたがバーを落とすことなく跳び越えた。二人の敵はバーをクリアすることができず、メドーズはオリンピック記録で金メダルを獲得した。二人の日本人は銀メダルと銅メダルを分け合った——のちに二つのメダルを半分に切断して、文字通り分け合った。

ベルリン大会の大部分の参加者同様、アール・メドーズも、一つか二つの種目に優れるように訓練されたスペシャリストの選手だった。ところが近代オリンピック競技には、十のそれぞれ異なった陸上競技種目に秀でていなければならないスポーツのジェネラリストのための競技、十種競技があった。四年ごとに、世界で最高の万能選手は誰かという問いに対する答えが出るわけだった。

一九三六年には、その人物は、コロラド州デンヴァー出身の二十四歳の自動車セールスマン、グレン・モリスだった。モリスの手ごわい相手は、仲間の二人のアメリカ人、ロバート・クラークとジャック・パーカーだけだった。「合衆国がこの種目を牛耳っているのは実に驚くべきことである」[61]と、その競技の半ばで『ニューヨーク・タイムズ』は書いた。二日にわたるその種目の初日が終わった時点でクラークがリードしていたが、モリスが僅差で二位だった。モリスは二日目の種目ではクラークよりも上だったので、優勝が確実視された。彼は実際は、九つの種目が終わったあとでクラークを抜いていたのだが、スピーカーからの発表によると、彼は最後の種目、千五百メートル競争で四分三二秒以内で走らないと総合優勝が保証されるだけの点数にならないのだった。その離れ業をするためにはモリスは彼の個人ベストより一六秒も速く千五百メートルを走らねばならないことになった――それはどんな状況であれ難しいことだったが、それまで四十八時間、九つの辛い種目で競技をしてきた男には、事実上、不可能のことだった。モリスはそのレースに全力を注いだが、また、彼は砲丸投げの選手のような格好で走ったと言われたけれども、四分三三・三秒のタイムで走った。四分三二秒に、一秒ちょっと足りないだけだった。モリスと観衆は暗い気分になった。すると再び発表があり、計算間違いがあったという説明があった。モリスは結局、四分三二秒を破る必要はなかったのである。彼は七千九百点で優勝したことが告げられた。オリンピック新記録だった。モリスは、ドイツの係員に感謝すべきか係員の首を絞めるべきか、よくわからなかった。

モリスは、レニ・リーフェンシュタールに関して自分が何をしたいのかは、よくわかっていた。少なくとも、彼女によれば。回想録の中で彼女は、十種競技の表彰式の映画を撮るために彼女がモリスにスタジアムで会った際に、自分の意図を十分はっきりと示したと書いている。「辺りが薄暗いので表彰式を撮影することはできなかった。するとグレン・モリスが階段を降りて真っ直ぐ私のところに来た。私は手を差し伸べて祝福したが、彼は私を両腕にぐっと抱き寄せ、私のブラウスを引き裂き、乳房にキスをした、スタジアムの真ん中で、一万人の観衆のいる前で。この男は気違いだ、と私は思った。私は彼の腕から身をふりほどき、急いで逃げた。しかし、彼の狂気じみた目は忘れることができなかった。私は彼と二度と話したくなかった、そばに二度と行きたくなかった」[62]。だが、彼女は彼に再び会った。棒高跳びの勝者たちの最後の段階を撮影することができなかったので、カメラの前でもう一度跳ぶことを彼らに承知させるのにモリスの助けが必要だったからである。モリスは彼女の求めに応じた。そしてモリスとリーフェンシュタールはその後、短いが灼熱の情事に耽った。「それまで、あれほどの情熱は経験したことはなかった」[63]とリーフェンシュタールは書いている。

モリスはアメリカに戻ると、オリンピックのメダルの力でハリウッドで名声を得ようとした。バスター・クラッブとジョニー・ワイズミューラーと同じように（そして、のちの十種競技の優勝者フロイド・シモンズ、ボブ・マサイアス、レイファー・ジョンソン、ブルース・ジェナーが試みたように）。モリスは一九三八年、『ターザンの復讐』で元水泳選手のエレナー・ホウム・ジャレットと共演した——その映画は彼にとっては何にもならなかったが、ジャレットにとっては、一九三六年に合衆国のオリンピック選手団から自分を追い出したエイヴェリー・ブランデージに復讐するのに役立った。モリスはまた、『あの女子学生をホールドしろ』という題のコメディーに「出演」した。どちらの映画も、当然ながら至る所で酷評された。その結果、モリスは映画俳優になるのを諦めた。彼は第二次世界大戦で海軍に勤務しているうちに深刻な精神的外傷を受け、完全に立ち直ることはなかった。そして一九七四年、六十一歳で死んだ。

アメリカの黒人と白人は戦勝パレードを繰りひろげたが、陸上競技中、ベルリンの観衆は『星条旗よ、永遠なれ』をあまりに頻繁に聞かされたので、他国の選手が表彰台に上るとほっとした。中距離と長距離のレースが終わると、常にそうなった。一万メートルを制したフィンランドのランナーたちは全員、偉大なパーヴォ・ヌルミの指導を受けていて、それが彼らの優勝に役立ったのは疑いないが、金メダリストのイルマリ・サルミネンのタイムは、ヌルミが一九二四年に出したタイムより、たっぷり九・二秒遅かったことに注目していいだろう。フィンランドのランナーは、これまでのオリンピック同様、五千メートルのレースをも制した。しばらくのあいだ、村社講平という小柄な日本人選手が猛烈なスピードでラップごとにリードを保ち、逆転するかに見えたが。しかし、村社が結局のところ果たした役割は、ヌルミのもう一人の弟子、グンナル・ホッケルトを奮起させ、一四分二二・二秒という世界新記録で金メダルを獲得させることだった。これまでの記録保持者で、もう一人の「空飛ぶフィンランド人」ラウリ・レヘティネンが二位で、スウェーデンのヨン・ヨンソンが、疲れ切った村社に僅差で勝って三位になった。

ニュージーランドの観衆は、千五百メートル競走、別名「メトリック・マイル」の優勝者を英雄として祝福することができた。忍耐力、スピード、作戦を組み合わせることが必要なそのレースは見る者を興奮させることが多いが、ベルリンでの千五百メートル競走は特にドラマチックだった。優勝候補はアメリカのエース、グレン・カニンガムと、イタリアのオリンピック記録保持者ルイジ・ベッカーリだった。一マイル・レースの世界記録保持者のカニンガムは、ランニング界では伝説的人物だった。両脚に治療不可能に思われた火傷を負うという恐るべき事故を、度重なる手術と数年にわたる理学療法で克服したのだ。ニュージーランド代表は、当時ロンドンの聖マリア病院の医学生だったジャック・ラヴロックという小柄なランナーだった。予選では、彼は決勝に出られる三位で満足した。それは、彼を偉大なマイル・レースの選手にした抑制力と巧妙さを示していた。決勝では賢明にも、先頭を走るカニンガムとベッカーリの後ろにつき、あとからついてくる小さなニュージーランドの黒人など念頭にない二人を互いに闘わせた。ゴールのテープの三百メートル手前でラヴロックは急にスピードを上げ、先頭の二人の横を駆け抜けて完全に二人の不意を突いた。二人は追いつこうとしたが、すでに脚力は衰えていて、彼を追いつめることはできなかった。ラヴロックは三分四七・八秒というオリンピック記録でフィニッシュした。カニンガムは二位で、ベッカーリは三位だった。

ちなみに、ラヴロックの偉業は、のちにもう一人のロンドンの医学生ロジャー・バニスターに刺激を与えた。彼は一九五〇年代初めに、一マイルを四分以内で走る決心をしたのだ。バニスターは一九五〇年、百周年記念競技大会（ニュージーランドのカンタベリー百周年を祝って催されたもの）に参加するためにニュージーランドに行った際、ラヴロックが通った村の学校を訪れた。[64]そこで彼は、一九三六年に金メダルを受賞したラヴロックが植えた栂の苗木が木に育っているのを見た。バニスターは一九五四年についに一マイル競争で四分を切ったとき、ラヴロックの姿が脳裏をよぎった。

英国の観衆のプライドにとって幸いなことに、かつての植民地の代表が金メダルを取ることで満足せねばならないという事態にはならなかった。英国の男子千六百メートルリレーのメンバーはフレデリック・ウォルフ、ゴドフリー・ランプリング、ビル・ロバーツ、ゴドフリー・ブラウンで、最強のチームと思われていた。四人のバランスが絶妙だったからだ。だが、最初の四分の一マイルでは、バランスがどうであろうと、英国には勝ち目がないように見えた。二週目を走ったランプリングがバトンを受け取った時は、カナダの偉大な黒人スプリンター、フィル・エドワードにたっぷり八メートル遅れていた。しかし、ベルリン大会の最も驚くべき偉業の一つだが、ランプリングは二周目を走り終えたとき、三メートル相手をリードしてバトンを次のランナーに渡すことができた。英国は、三分〇九秒で優勝した。世界記録より十分の八秒速かった。五十年後にその時の離れ業を振り返ったランプリングは、それはスポーツ選手の言う「絶頂時《ゾーン》」のおかげだとした。「あの日ベルリンで私は、トラックを浮遊し、楽々とみんなを抜いているように感じた」

「楽々と浮遊する」というのは、もう一人の勇猛果敢なイギリス人ハロルド・ホイットロックの五十キロ競歩での歩き方を形容するものとは、とても言えなかった。その種目で使われる、「ヒール・アンド・トー」という、片足の爪先が地から離れないうちに他方の足の踵が地に着くぎこちない歩き方は、全選手をまるで便秘になっているかのように見せたが、ホイットロックは実際に便秘だった。それに加え、レースのかなりのあいだ、吐き気がしていた。彼は蛇行するコースの二十キロ地点で、特製のブドウ糖の飲み物を持った英国チームの付添い人に会うことになっていたのだが、付添い人は二十四キロ地点まで現われなかった。そして、現われた時は、コンデンスミルクを入れたひどく甘ったらしい紅茶しか持っていなかった。スタートした時は最後尾にいたホイットロックは三十キロ地点を過ぎてから先頭に立ったが、腸と一緒に胃が収縮し始め、間もなくペースを落とさねばならなくなった。やがて彼は大量に吐いた。その結果、少なくとも紅茶は胃からなくなった。ついに通じもあり、便が溢れるように出た。それには、あとを追ってくる者に、汚らしい障害物を点々と残すという利点があった。彼は水分を体内に入れるために唾を飲み込みながら、最後までなんとか先頭を保って優勝したが、四つの世界記録保持者、スイスのアルトゥル・シュヴァープとの差は、二分に満たなかった。スタミナと勇気を世に示したホイットロックの職業は自動車修理工で、ベルリン大会に出るなら給与を減額するとボスに言われたが、英国の観衆にとってだけではなく、ハイレベルのスポーツにおける真のアマチュア精神の擁護者すべてにとっても英雄になった。

五十キロ競歩は別にして、オリンピック・スタジアムの外で催された唯一の陸上競技はマラソンだった――持久力と括約筋を統御しなければならない、もう一つの苛酷な試練である。しかし競歩と異なり、マラソンは近代オリンピックの花形の種目の一つだったが、ベルリン大会では、特にそうだった。というのもドイツの組織委員が、古代との繋がりはまるでなかったのに、「クラシック・レース」とそれを呼び続けたからである。約百万の観衆がベルリンのマラソン・コースの沿道に並んだ。そのコースは樹木の多いグルーネヴァルト公園の比較的平坦な土地を蛇行しながら抜け、アーヴス高速道路に入り、出発点であるオリンピック・スタジアムに戻った。

一九三六年のマラソンはアメリカとフィンランドの対決になる、と『ニューヨーク・タイムズ』は予測していた。それは少々奇妙だった。というのも、一九三五年以来、日本のランナーがマラソン史上、三つの最速のタイムを記録したからだ。日本の最速の男は孫基禎《ソン・ギジョン》で、トリコットの上に日の丸を付けていた最高の選手の多くの者同様、実際には朝鮮人だった――日本が一九一〇年に朝鮮半島を併合した際の「近代の戦利品」だった。一九三六年には、日本はまだ朝鮮半島を支配していた。日本のために走った孫は熱烈な朝鮮の民族主義者で、仕方なく走ったのである。ベルリンでは彼は、朝鮮名――ソン・ギジョン――で必ず署名し、署名の横に朝鮮の地図を描き添えた。アメリカの一番の優勝候補は、エリソン・「ターザン」・ブラウンという、二十二歳のナラガンセット族のインディアンだった。「ターザン」というのは、ジョニー・ワイズミューラーの演ずるターザンのように木からぶら下がって叫ぶのが好きだったからだ。（ちなみに、ブラウンがベルリンに来られたのは幸運だった。一九三六年のボストン・マラソンでのオリンピック選手選抜試合で、ブラウンは伝説的ランナー、ジョン・A・ケリーと「心臓破りの丘」で死闘を演じ、もう少しで死ぬところだったのだ。ブラウンは実のところレースの途中で少し歩かざるを得なくなり、近づいてくる一台の車の前に危うくよろめき出るところだった。）ヌルミに仕込まれたフィンランド選手に加え、ほかの優勝候補には、一九三二年のオリンピック・マラソンで優勝したアルゼンチン人のカルロス・サバラ、三十四歳にもなっていた英国人アーネスト・ハーパーがいた。ハーパーは石のように無表情なアジアの選手やストイックなフィンランドの選手とは異なり、皺だらけの顔に悲壮な苦痛の表情を浮かべて走った。

　マラソン・ランナーにとって不運なことに、陸上競技が行われていたそれまでの期間、涼しくて曇っていた天候は、大レースが行われる八月九日、不意に暑くなり日が照ってきた。午後三時に喨々《りょうりょう》と鳴り渡るトランペットの音と同時にスタジアムを出たランナーの多くは、仮借なく照りつける日差しを防ぐために帽子をかぶっていた。サバラはすぐに非常に速いペースで先頭に立ち、ほかのランナーに、ついて来いと挑んだ。天候を考えた賢明なランナーは、彼を勝手に先に行かせた。あとで彼は猛烈なスピードを出した報いを受けると思ったのだが、その推測は正しかった。後方に――さほど後方ではなかったが――いた一人が孫だった。彼はがにまたで、奇怪なランニングシューズを履いていたので、すぐにわかった。そのランニングシューズは、親指とほかの指のところが割れていた。それは彼が、トラック以外のところで履いていた、快適な日本の地下足袋を真似たデザインのものだった（沢木耕太郎著『オリンピア　ナチスの森で』によると、それは日本の足袋職人が特別に作ったものだった）。英語を少し知っていた孫は、何キロも走っている途中、ハーパーと話をした。サバラはやがて駄目になる、と年配の賢人は孫に請け合った。ターザン・ブラウンはスピードを上げて二十五キロ地点で四位になったが、それ以上にはならなかった。暑さと速いペースのせいで、サバラは二十八キロ地点でへばってきた。スピードが落ち、やがて倒れた。起き上がった時には、孫にもハーパーにも追い抜かれていた。サバラは三十二キロ地点で脚が攣り、脱落した。ハーパーはしばらく孫と一緒に走っていたが、三十三キロ地点を過ぎると、孫は二十五秒リードし、その後、差は広がり続けた[66]。

　孫はたった一人でスタジアムのマラソン門をくぐった。彼の姿が現われたことは、トランペットのファンファーレで告げられた。彼はオリンピック記録の二時間二九分一九秒でゴールインしたとき、ストレスや緊張の徴候をなんら見せなかった。彼はゴールインすると、すぐに奇妙な靴を脱ぎ、更衣室までの百メートルを裸足で走った。孫の姿は、ハーパーが二分後にゴールラインを跨いだ時には、すでになかった。ハーパーは優勝者とは異なり、カッと照りつける太陽のもとを四十二キロ走った者が浮かべるであろう表情を浮かべていた。三位になったのは、日本のために走った、もう一人の朝鮮人、南昇龍だった。

「日本人がマラソンで優勝した！　なんたる国、なんたる民族だ！」[67]とゲッベルスは日記に書いた。（三ヵ月後、ドイツはいわゆる防共協定を日本と結び、その後、日独伊枢軸を結成した。）孫は謙虚にも、自分が勝ったのはハーパーのおかげだと言った。「スタートした時から」と彼は言った、「サバラのことは気にかけるな、疲れ切るまで走らせておけ、と［ハーパーは］私に言い続けた」[68]。

表彰台で孫と南は、日本の国歌が演奏されているあいだ、ちゃんと頭を下げた。しかし孫はあとで勇敢にも、自分が頭を下げたのは日本を敬っているからではなく、日本が朝鮮を占領したことに覚えている「恥辱と怒り」に黙って耐えていたからだと記者たちに語った。率直に自分の気持ちを述べた罰として、孫は日本の役人から、生涯、陸上競技に出るのを禁じられた。同じような抗議の気持ちからソウルの新聞『東亜日報』は、日の丸のないスウェットシャツを着ている孫が表彰台に乗っている修正写真を掲載した。朝鮮にいる日本の権力者は直ちに編集者を投獄し、同紙を九ヵ月間、発行停止処分にした[69]。

ベルリン大会終了後、オリンピック・スタジアムの入口近くの石柱に、「孫基禎」という名が、ほかの優勝者たちの名前と並んで彫られた。約三十年後、韓国の政治家が、柱に刻まれた名前を、「ソン・ギジョン」に変え、孫の国籍を大韓民国にするよう、当時、スタジアムを管理していた西ドイツの役人に依頼した。西ドイツはその問題をＩＯＣに委ねた。ＩＯＣはどんな変更にも応じなかった[70]。

しかし、最後に笑ったのは孫だった。朝鮮人にとって彼は偉大な英雄だったので、五十二年後の一九八八年にソウル・オリンピックが開かれたとき、スタジアムにオリンピックの聖火を持って入場するという、目覚しい栄誉を与えられた。感涙にむせんだ孫は七十三歳だったが、ベルリンでゴールラインを跨いだ時と変わらぬくらい、敏捷に見えた。

原注

（1）Klemperer, *I Will Bear Witness*, 182.
（2）Hart Davis, *Hitler's Games*, 171. 次のものも参照のこと。"Die Zielphotographie bei der Olympiade," *Pester Lloyd*, 8.8.36.
（3）"Negro Athletes," *New York Amsterdam News*, 18.7.36.
（4）McRae, *Heroes Without a Country*, 154 に引用されている。1936 年のオリンピックでアメリカ系黒人が数々の勝利を収めたことについては次のものも参照のこと。Charles H. Williams, "Negro Athletes in the Eleventh Olympiad," *The Southern Workman* 56（1937）: 45-56; David Clay Large, "Afro-Amerikaner und die Olympischen Spiele 1936," Ruprechts-Karls Universität, Heidelberg, ed., *Olympia — Sieg und Niederlage*（Heidelberg, 2005）, 107-23.
（5）Michaela Czech, *Frauen und Sport im nationalsozialistischen Deutschland*（Berlin, 1999）, 95.
（6）"Die Stimme aus dem Innenraum," *Stuttgarter NS.-Kurrier*, 8.9.36.
（7）Henry J. Kellermann, "From Imperial to National Socialist Germany. Recollections of a German-Jewish Youth Leader," *Leo Baeck Institute Yearbook*（1999）xxxix, 327.
（8）Richard Mandell, *Nazi Olympics*, 228.
（9）Baldur von Schirach, *Ich glaubte an Hitler*（Hamburg, 1967）, 217-18.

(10) Olympic File, NAACP, Box 384, LC.
(11) Donald E. Fuoss, "An Analysis of Incidents in the Olympic Games from 1924 to 1948 with Reference to the Contribution of the Games to International Good Will and Understanding" Ed.D. thesis, Columbia University Teacher's College, 1951, 186 に引用されている。
(12) Larry Snyde "My Boy Jesse," Saturday Evening Post, 7.11.36, 97.
(13) Fuoss, "in Analysis," 1 86 に引用されている。
(14)´(15) Baker, *Jesse Owens*, 137 に引用されている。
(16) Wiggins, "The 1936 Olympic Games in Berlin: The Response of America's Black Press," 286 に引用されている。
(17) "Jewish War Veterans Condemn Snub of Jesse Owens," Olympics Press File, NAACP, Box 384, LC.
(18) Carlson and Fogarty, *Tales of Gold*, 181.
(19) "Da kann man nur noch Nazi werden," *Der Spiegel*, 81/1986, 126-27.
(20) Carlson and Fogarty, *Tales of Gold*, 132.
(21) Hajo Bernett, "'Frauengeschichten' von den Olympischen Spiele in Berlin 1936," *Olympisches Feuer* 4 (1996): 36 に引用されている。
(22) Ibid. 次のものも参照のこと。"Are Girl Athletes Really Girls?" *Life*, 7.10.66, 66.
(23) Gigliola Gori, "A Glittenng Icon of Fascist Femininity: Trebisonda 'Ondina' Valla, *IJHS* 18 (Mar. 2001): 177-78.
(24) Rürup, *1936: Die Olympischen Spiele und der Nationalsozialismus*, 145 に引用されている。
(25) Carlson and Fogarty, *Tales of Gold*, 149.
(26)´(27) Ibid., 155, 151.

(28)、(29) "Owens Out of Relay," *NTY*, 5.8.36.
(30) Peter Levine, "My Father and I, We Didn't Get Our Medals': Marty Glickman's American Jewish Odyssey," *American Jewish History* 78 (Mar. 1989): 408 に引用されている。
(31)、(32) "Nazi, Dutch Threats Are Reason," *NYT*, 8.8.36.
(33)、(34) Levine, "'My Father and I'," 410, 415.
(35) "50 Years Later," *NYT*, 10.8.86.
(36) Levine, "'My Father and I'," 412-13 に引用されている。
(37) Ibid., 416.
(38)、(39) "Glickman Shut Out," *NYT*, 30.3.98.
(40) Hans Bohrmann, ed., *NS-Presseanweisungen der Vorkreigszeit*, Bd.4/II: (1936), 831.
(41) "Da kann man nur noch Nazi werden." *Der Spiegel*, 31/86, 117 に引用されている。
(42) Speer, *Inside the Third Reich*, 70-73.
(43) Fröhlich, *Die Tagebücher von Joseph Goebbels*, vol. 2: 655.
(44) Rede an die Männer der 8. [SS] Klasse, 3.7.38, MA 312, IfZG.
(45) Martha Dodd, *Through Embassy Eyes* (New York, 1939), 212.
(46) Mark Danner, "The Secret Way to War," *New York Review of Books*, 9.6.05, 73 に引用されている。
(47) Paul Wolff, *Was ich bei den Olympischen Spielen sah* (Berlin, 1936), 18.
(48) Lothar Rübelt, *Sport: Die wichtigste Nebensache der Welt: Dokumente eines Pioneers der Sportphotographie 1919-1939* (Vienna, 1980), 22.
(49) "Writer Charges Police Shadow Games Scribes," *Los Angeles Times*, 7.8.36.
(50) 宣伝省が集めた外国の新聞記事は五十年後に一冊の本になった。Jürgen Bellers, ed., *Die Olympiade*

1936 im Spiegel der ausländischen Presse (Berlin, 1986).

(51) Ktüger, *Die Olympischen Spiele 1936 und die Weltmeinung*, 208 に引用されている。

(52)、(53) Bellers, *Die Olympiade 1936*, 28, 31.

(54) Les Jeux Défigurés," *L'Auto*, 17.8.36.

(55) Julian Hale, *Radio Power* (London, 1975), 1 に引用されている。

(56) Arnd Krüger "Germany: The Propaganda Machine," in Krüger and Murray, *The Nazi Olympics*, 34.

(57) "Die Fernmeldungenanlagen auf dem Reichssportfeld," *Deutsche Allgemeine Zeitung*, 9.7.36.

(58) Heiko Zeutschner, *Die Braune Matscheibe* (Hamburg, 1995), 59-84.

(59) "Olympics in Television," *NYT*, 6.8.36.

(60) Carlson and Fogarty, *Tales of Gold*, 174.

(61) "400-Meter Title," *NYT*, 8.8.36.

(62)、(63) Riefenstahl, *A Memoir*, 196, 199.

(64) Neal Bascomb, *The Perfect Mile* (New York, 2004), 13.

(65) Hart-Davis, *Hitler's Games*, 201 に引用されている。

(66) Martin Gynn, *The Olympic Marathon*, 170-72; "Japanese Smash Olympic Mark," *NYT*, 10.8.36.

(67) Fröhlich, *Die Tagebücher von Joseph Goebbels*, vol. 2, 658.

(68)、(69) Gynn, *Olympic Marathon*, 172-76.

(70) Karl Lennartz, "Kitei Son and Spiridon Louis Political Dimensions of the 1936 Marathon," *Journal of Olympic History* 12 (Jan 2004): 26

第8章 プール、マット、リング、荒い波

陸上競技種目が終わると、ベルリン大会から活気が少し失われたように思えた。陸上競技の選手の何人かは、自分たちの種目が終わるとベルリンを去り、ジェシー・オーエンスを目当てにやってきた観衆も去った。しかし、ベルリン大会を早々に去るというのは間違いだったろう、というのも、最も印象的な種目の多くが、まだこれから催されるからだ。その中には、オリンピック記録と世界記録をベルリンで破ることになる競技の大部分が含まれていた。また、ベルリン大会では、最年少のメダル受賞者と、最年少の金メダル受賞者が生まれた。

選手の成績を計り記録する最新の装置に関心のある者には、オリンピック・スタジアムで使われた光電子時間測定器に加え、水泳スタジアムで用いられた新しい電子時間測定器および写真判定器と、史上初の、フェンシングの点数を電子的に記録する装置があった。ドイツ北部のキールでは、ヨット競技が気球からの航空写真によって監視されていた。しかし革新的な技術も、判定と運営についての不満が続出するのを抑えることはできなかった。判定と運営のレベルは陸上競技の場合ほど高くはなかったのだ。

ドイツ大選手団にとっては、これから始まる種目がことに重要だった。それは陸上競技以外でドイツがメダルの大方を獲得した競技だったからだ——事実、夏季オリンピック史上初めて、国家のメダル競争でトップになるのに十分な数のメダルを。そういうわけで、外国人訪問者、とりわけアメリカ人の訪問者の何人かは、いったん陸上競技が終わってしまうと、ベルリン大会はさほど面白くないと思ったかもしれないが、チュニックに似た運動着に鉤十字を付けた選手が表彰台に次々に登るようになると、ドイツの観衆はいっそう興奮してきた。

水泳と飛び込み

ベルリン大会の水泳と飛び込みの会場は、オリンピック・スタジアムのちょうど北にある、二万人が坐れる水上スポーツ集合施設だった。ドイツは水上スポーツの種目では、さしてよい成績を挙げなかった。新しい厳格な訓練計画を実施したにもかかわらず、第三帝国は一九三六年には依然として弱かった。しかし、自国のチームは力不足だったけれども、観客数には影響がなかった。スタジアムは八日にわたる水上スポーツ競技が行われているあいだ、ほぼ満員だった。ヒトラーでさえ、水泳にほとんど興味はなかったけれども、ときおり顔を見せた。

間もなく起こる太平洋戦争の予行演習かのように、男子水泳競技はアメリカと日本の戦いになった。四年前のロサンゼルス大会の時と同じように。そして、その時と同じように、日本の男子チームはアメリカの男子チームより多い得点を挙げた。それについて、あるアメリカのジャーナリストは言った。「四年前のロサンゼルスでは偶然だったかもしれない。いまやわれわれは世界最強の［男子］水泳チームは日本であるのを知っている、飛び込みを除いては」(1)。アメリカの何人かの評者は、日本の水泳選手が活躍したのは酸素プライミング――純粋の酸素の吸入――のせいだとしたが、アメリカのコーチ、ボブ・キパスは、本当の理由は優れた技術と猛練習なのを知っていた。

十分な知識のない者には、日本人の水泳には二つの際立った特徴があるように見える――驚くほどに活潑なストローク（一分ごとの完全なストロークの相当な数、という意味だが）と、それをかなりの距離にわたって維持することができるという、瞠目すべき能力。［しかし］話はそれだけではない。日本の若者は若い女に関心がなく、水泳を国家の名誉の問題だと見なしていて、一心不乱に泳ぐのである。(2)

日本の際立った大物選手には、千五百メートル自由形で優勝した寺田登、二百メートル平泳ぎで優勝した葉室鉄夫がいた。日本はまた、八百メートルリレーでもアメリカを負かした。おそらくそれはチームの全体的力を最も正確に計る競技だろう。ワシントン大学で催された、全米大学競技協会の選手権大会で九回優勝した、両腕を広げた時の幅が驚くほど長い、大柄でひょろりとした選手、シアトル出身のジャック・メディカは千五百メートル自由形で寺田に負けて二位だったが、得意の種目、四百メートル自由形ではアメリカに金メダルをもたらした。百メートル平泳ぎの世界記録保持者、シカゴ出身の十八歳のアドルフ・キーファーは、決勝でも予選でもすべてオリンピック記録を作り、アメリカにもう一つの金メダルをもたらした。日本とアメリカが優勢な中で目立った例外は、百メートル自由形に出場した、ハンガリーのフェレンツ・シクだった。シクは比較的無名の選手で、必死に泳いで金メダルを獲得した。シクはアメリカと日本の選手が互いのことばかり気にかけていたので漁夫の利を占めたのだ。彼らは、シクが勝って片手を挙げるまで、シクの存在に気づかなかった。シクに続いたのは二人の日本人だった。

奇妙なことに、ベルリン大会でアメリカの水泳選手の何人かはタンクトップに星条旗ではなく、日章旗を付けていた。それは忠誠を誓う対象を間違えたからではなく、アメリカの水泳界が財政難に陥っていたからである。水泳選手は、他の種目の選手同様、費用の相当額を自分で負担しなければならなかった。問題の水着は、アメリカの選手が以前、日本の選手と対決した際に残ったものだった。アメリカの水泳関係の役員は、ベルリンに行くのに全員新しい水着を新調するより、日本の水着を再利用することにしたのである。ベルリンでの水泳の最終成績を考えると、その決断は賢明なものだったろう。

女子水泳競技のスターは――実際、ベルリン大会全体のスターは――オランダのヘンドリカ・マステンブルークだった。彼女は百メートル自由形と四百メートル自由形で金メダルを、百メートル背泳ぎで銀メダルを、四百メートルリレーで三つ目の金メダルを獲得した。マステンブルークの偉業は、当時、コーチも知らなかったのだが、彼女が酸素を消耗してしまう慢性の血液の病気に罹っていたために、いっそう感動を呼ぶものになった。

十七歳のマステンブルークはベルリンでは若い選手の一人だったが、二百メートル平泳ぎで銅メダルを獲得したデンマークの小さなインゲ・セーレンセンに比べれば一人前の女だった。セーレンセンは競技に出たとき、わずか十二歳と二十四日で、近代オリンピック史上、最年少のメダル獲得者になった。その記録は、思春期前の少女の体操選手を輩出している今に至っても破られていない。

男子飛び板飛び込み競技で一番注目を集めたのは、マーシャル・ウェインという、背が高く、金髪で、完璧に均整のとれたマイアミ出身の選手だった。ウェインはマイアミ大学で飛び込みを始めるずっと前に、両親が加わっていた旅回りのサーカス団の団員からアクロバットを学んだ。サーカス風の体のひねりや宙返りが、彼の飛び込みのスタイルの売り物になった。ベルリンでは、ウェインと仲間の飛び込み選手ディック・デイゲナーは、練習の最終日までまったくプールに近づかず、最終日に一連の完璧な飛び込みをして、ライバルの日本人選手を動揺させた。デイゲナーは飛び板飛込みで僅差でウェインを破ったが、ウェインは高飛び込みでオリンピック村での同室者のエルバート・ルートをかなりの差で破り、金メダルを獲得した。（ルートはアメリカインディアンで、ウェインによると、ジャーマンソーセージを貪り食い、毎晩、部屋中に吐いた。）大会期間中ウェインを苛立たせたのは、同室者は別にして、ドイツ側の要求ですべての飛び込み選手が着ることになった水着だった。それは、彼らが着慣れているぴったり合ったものではなく、ぶかぶかのものだった。「なんであんなものを着せたのか？」とウェインは五十年後、インタヴューされた際にいぶかった。「わからない。ドイツ人の道徳観？　あんな連中が？　道徳だって？　ともかく、僕らはああした馬鹿な水着を着てたんですよ(3)」

女子飛込みでは、観衆の注意はアメリカの美人選手ドロシー・ポイントン＝ヒルに集まった。彼女はエレナー・ホウム・ジャレットに劣らぬスターだった。堅苦しい仲間の選手たちと異なり、ポイントン＝ヒルは映画女優のように振る舞った。毛抜きで眉毛を抜き、防水の派手な色の口紅を差し、ハイヒールを履いてプールの周辺を歩き回った。彼女は自分でデザインした、金ラメの粋な水着を着、オリンピックの観衆のためにモデルになった。ポイントン＝ヒルはロサンゼルス大会で金メダルと銀メダルを獲得したが、それに加えベルリンでは、高飛び込みで金メダルを、飛び込み板飛び込みで銅メダルを獲得した。大会終了直後、彼女はプロになることを宣言した。「一生懸命にやって手にした名声を利用するのを咎めるわけにはいかない(4)」と、彼女の父は言った。

女子飛び込み競技では、水泳同様、何人かの非常に若い選手が目立った。その中に、十三歳のアメリカの神童マージョリー・ゲストリングがいた。インゲ・セーレンセンがオリンピック史上最年少のメダリストになったとすれば、ゲストリングは、ベルリン大会の最年少の金メダリストになった。ゲストリングは多くの神童同様、両親に厳しく仕込まれた。両親は彼女に同伴してベルリンにやってきた。父親によると、幼いマージョリーは飛び込みにすっかり夢中になっていて、寝食を忘れるほどだった。「娘はまだ男の子のことを考え始めていない[5]」と父親は言い添えたが、それは救いようのない親馬鹿のいい例だった。

体操

ドイツ人の観衆は、水上スポーツ・センターでは自国の選手の優勝を祝うことがほとんどできなかったが、体操競技が行われた会場である野外のディートリヒ＝エッカルト劇場では事情が違った。ドイツ人は、体操は自分たちのスポーツだと考え、トゥルネンを十九世紀の一種の国家宗教にし、一八九六年の最初の近代オリンピックの体操種目を制した。ベルリン大会でも同じように体操種目を制するのは国家の名誉の問題だと信じていたドイツは、ベルリン大会に向け最強のチームを編成しようとやっきになった。そして、その準備は大いに報われた。二十四歳のアルフレート・シュヴァルツマンは跳馬で金メダルを獲得し、鉄棒と平行棒でそれぞれ銅メダルを獲得した。また、合計得点で個人総合優勝を果たした。（ちなみに、ドイツは一九五二年のヘルシンキ大会までオリンピックに参加しなかったが、四十歳になったシュヴァルツマンは、ベルリン大会でも活躍したドイツの唯一の選手としてヘルシンキ大会に出場し、鉄棒で銀メダルを獲得した。）シュヴァルツマンのドイツ人のチームメート、コンラート・フライは鞍馬と平行棒の両方で金メダルを獲得した。団体戦では、優勝したドイツの最強ライバルはスイス・チームで、スイスは僅差で二位になった。スイスの体操選手は自由演技で金メダルと銀メダルを、鞍馬で銅メダルを、跳馬と平行棒で銀メダルを獲得した。スイスのオイゲン・マックは、体操男子個人総合でシュヴァルツマンの次点だった。

ロサンゼルス大会で好成績を挙げたアメリカの体操選手は、ベルリン大会では失望落胆した。十位に終わったのだ。アメリカの体操委員会の会長は、チームが貧弱な成績しか挙げられなかったのは、ベルリンの体操連盟技術委員会の「恣意的行動」のせいだとした。同委員会は通常のやり方に反し、演技種目の順番を公開籤引きで決めず、勝手にアメリカのチームに吊り輪を最初に割り当てた、吊り輪はきわめて難しく、筋肉を緊縮させるので、たいていはプログラムの最後に来る種目なのに。アメリカはまた、こういう不満も口にした。他の国は三人の審判員を指名することが許されているのに、アメリカは一人の審判員しか選べなかった、「アメリカは一九三二年のロサンゼルス大会で、国際アマチュア体操連盟が十分に納得するように、体操競技を見事に取り仕切ったにもかかわらず」(6)。

ベルリン大会にも女子の体操競技が含まれていた。その種目は鞍馬、平均台、平行棒だった。ところが、メダルは個人にではなくチームだけに与えられたので、オルガ・コルブトやメアリー・ルー・レトンのような国際的スターはベルリン大会ではいなかった。最終的にドイツ・チームが一位、チェコスロヴァキアが二位、ハンガリーが三位だった。

フェンシング

女子体操競技とは対照的に、ベルリンでの女子フェンシングは観衆の多大な関心を惹いた——それはもっぱら、ヘレーネ・マイヤーのためだった。ドイツの新聞は、マイヤーの「非アーリア人」の血統については何も書かぬよう宣伝省から厳命されていたが、マイヤーが半分ユダヤ人であり、ドイツ代表として競技をするためにアメリカから呼び戻されたということは広く知られていた。彼女が祖国を代表して進んで競技をするという「愛国心」を讃えた者もいたが、人種差別主義を隠すためのイチジクの葉を第三帝国に渡したと言って非難する者もいた。彼女を批判した一人であるヴィクトル・クレンペラーはいまや有名なった日記の中で、ベルリン大会でマイヤーがドイツのために銀メダルを獲得したことについて書いている。「どっちがもっと恥ずべきことなのか、私にはわからない、彼女が第三帝国のドイツ人として参加したことか、あるいは、彼女の成し遂げたことが第三帝国のものとされていることか」(7)

第三帝国の役人たちは、マイヤーの人種問題で自分たちが作戦的に譲歩したことが、女子フォイルで銀メダルなどではなく金メダルで償われることを期待していた。さらに彼らは、金メダル受賞者が、もう一人の「非アーリア人」、ハンガリーのイロナ・シャヘレル＝エレクだったことに喜んだはずはない。そのハンガリー女性は、大接戦の末、マイヤーを僅差で破ってから、得点で金メダルを獲得したのだ。マイヤーがもう一人のユダヤ人選手、オーストリアのエレン・ミュラー＝プライスと闘って引き分けたからだ。(プライスは銅メダルを獲得したが、それは、ベルリン大会の女子フォイルでは、すべてのメダル獲得者がユダヤ人かユダヤ人の血が入った者だったことを意味した。)

授賞式でマイヤーはメダルを受け取る際、ナチ式敬礼をするのに躊躇しなかった。ドイツに対する渝《かわ》らざる愛情と亡命生活を送らざるを得ない深い苛立ちが、一九三六年十一月に、ドイツのオリンピックのチームメートにアメリカから送った、ほろ苦い、混乱した、哀切な手紙に、痛いほどはっきりと表われている。

親愛なるモリー、ギーゼラ、ティリー、ドリー、ドリス、ケーテ、エルフリーデ、そしてその他の皆さん！

私は「大会期間中」ドイツにいた日々を、なんども思い返します。その思い出がなんと私の心に鮮明に生きているか、想像できないでしょう。ドイツでの出来事はもうとっくに過ぎたことで、私は今、以前のようにアメリカの大学での日常に戻っています。ここでは誰もオリンピックに関心がありません。「あれは昔の話」と誰もが言います。ストライキや大統領選挙やフットボールの試合のようなほかの出来事が、すべての新聞の紙面を占めています。でも、それが、ここアメリカでは当然のことなのです。

しなければならないことは山のようにありますが、ドイツでの素晴らしい日々や、とりわけ貴女方みんなのことを思い返すことのできる自由な十五分を、日中いつでも見つけます。ここで長たらしい褒め言葉を連ねるつもりはありませんが、貴女方と一緒に仲良く過ごした日々は、私の人生で最良の日々に数えることができると、嘘いつわりなく言います。……貴女方はみんな、私に対してとてもよくして下さったことを、決して忘れません。私は心からの感謝の念を拙い言葉で伝えることができるだけですが、わかって下さると信じます。……

ここアメリカでは、新聞が「ドイツでの」オリンピックを、ひどく邪悪なものにしています。ドイツに対するプロパガンダでしかありません！　そういうわけで、私たちみんな、つまり、アメリカのオリンピック選手も含めて、そのプロパガンダに対抗して努力したのも、あまり役に立たなかったのだと思います。

将来、私たちは、また会えるでしょうか？　私にはわかりません。自分がドイツに帰りたいということだけは、わかっていますが、今は、ドイツには私の居場所がありません。……私は苛酷な運命に打ちのめされた人々の一人なのです。私は貴女方同様、ドイツのすべてを愛していて、貴女方同様、ドイツ人だと感じるのです！

真の友情を込めて、ヘレーネ(8)

マイヤーは一九三七年、世界フェンシング選手権大会でドイツのために再び戦ったが、一九五二年になるまでドイツに戻らなかった。同年、ドイツ人の航空技師と結婚し、一九五三年、癌で死んだ。十年後、一九七二年の夏季オリンピックの準備をしている際、ミュンヘン市はオリンピック会場の近くの一つの通りに彼女の名を冠した。シャヘレル＝エレクとミュラー＝プライスについて言えば、前者は一九四八年のロンドン大会でまたも金メダルを獲得し、一九五二年には銀メダルを獲得した。後者もロンドン大会で銅メダルを獲得した。

中欧のユダヤ人（あるいは半分ユダヤ人）がベルリン大会でフェンシングを制したが、男子部門は、もっぱらイタリアが制した。ジュリオ・ガンディーニがフォイル競技で優勝し、チームメートのフランコ・リッカルディがエペ競技で優勝し、団体戦でイタリアに金メダルをもたらした。ハンガリー人のエンドレ・コボスが三番目の男子フェンシング種目、サーブルで優勝した。（彼は一九三二年のロサンゼルス大会でも、同種目で優勝した。）

ベルリン大会でメダルを獲得したコボスは、ハンガリー系ユダヤ人がフェンシングに優れているという長い伝統に連なっていた。一九〇八年から三六年にかけて、ハンガリー系ユダヤ人はフェンシングで合計十八という驚くべき数のメダルを獲得した。彼らがそのようにフェンシングに優れている大きな理由は、注目に値する。オーストリア＝ハンガリー系ユダヤ人は、反ユダヤ主義者から自分たちの「名誉」を護るために、十九世紀末から二十世紀初頭にかけてフェンシングに熱心に取り組んだ。

しかし、ユダヤ人がそのスポーツで際立った腕前を見せ始めたため、反ユダヤ主義者は、決闘を挑まれると、ユダヤ人には護るべき「名誉」などないと言って応じず、ユダヤ人に切り傷を負わされるという屈辱を免れた。

ベルリン大会でのアメリカのフェンシング選手は、ロサンゼルスでは比較的強かったのと対照的に振るわなかった。あるアメリカのフェンシング関係の役員は、アメリカが弱かったのは、怪我と、国際経験の不足と、なかんずく、アメリカのチームに対する財政的、組織的援助が十分ではなかったせいだと言った。そのアメリカの役員は、フェンシングに対するアメリカとイタリアの準備の仕方を比較し、こう報告した。「アメリカのフェンシング選手が自分たちの本業とチームの資金を死に物狂いで集めることに時間を割いている時に、イタリアの選手はフェンシングに専念し、世界最高のコーチのもとで総体的なコンディション作りをしていた」[9]。プロであるのを偽っているというこの種の不平は、ソヴィエトとその他の東欧の選手がメダル争いの国際レースでヤンキーを押しのけるようになると、その後のオリンピックで、アメリカ側からますます聞かれるようになった。

ボクシングとレスリング

フェンシング同様、ベルリンでのボクシング競技は真の意味でコスモポリタンだった。三十四ヵ国から来た二百人以上の選手が、オリンピック史上、最大規模のボクシング・トーナメントに参加した。昼夜にわたって六日間繰り広げられたボクシング試合は、ヨーロッパ最大のスポーツ・アレーナである、洞窟めいた独逸屋内競技場《ドイチュラント・ハレ》で行われた。競技場はオリンピックの旗と一緒に鉤十字の旗で飾られた。最初の予選試合は、試合の進行を速めるために二つのリングで同時に行われた。ときおり、試合中の選手が隣のリングのゴングの音を自分のリングで鳴ったものと誤解し、非常な混乱が起こった。

大編成のアメリカ・チームにとっては、二つのリングを使うという方式が唯一の苛立たしいことではなかった。ヤンキーのボクシング選手は毎日計量されるのに腹を立てていた。それは、トレーナーによれば、トーナメントのあいだ、ずっと「半飢餓の、すっかり渇き切った状態(10)」でいるということを意味した。アメリカは、英国同様、主に中欧の審判員は中欧出身の選手を贔屓していると信じていた。事実、中欧の選手がメダルの大半を獲得するという結果になった。一時、英国とアメリカは判定に抗議して試合を放棄さえするかに思われたが、結局、そのままベルリンにとどまって運命を甘受することにした。その結果、英国とアメリカは、オリンピックでは初めてのことだが、ボクシングで一つの金メダルも取らずに帰国することになった。

英国のボクシング選手はまったくメダルが取れなかったが、アメリカのボクシング選手はなんとか銀メダルを一つと銅メダルを一つ獲得した。銀メダルを取ったのはカリフォルニア出身のジャッキー・ウィルソンだった。彼はアメリカのボクシング選手団の六人の黒人のうちの一人だった。背が六フィート二インチという正真正銘ののっぽで、体重が百十七ポンドあったウィルソンは、「アマチュア界のバンタム級で最強のパンチ(11)」を喰らわすことができる男と、アメリカのトレーナーたちに言われていた。ところが審判員が中欧の選手贔屓だったので、ウィルソンが金メダルを取るには、イタリア人のウルデリコ・セルゴをノックアウトしなければならなかった。実際には、ウィルソンは各ラウンドで優勢に見えたが、それでもスプリット・デシジョンで敗れた。(ウィルソンはプロに転向して成功し、一九四〇年には『リング』誌では、ライト級の世界第二位に、一九四一年にはウェルター級の世界第二位にランクされた。)もう一人のアメリカの黒人選手、フライ級のルイス・ローリーはベルリン大会で「最も科学的ボクシング選手(12)」として、ヴァル・バーカー・トロフィーを貰ったが、準決勝で判定負けを喫し、銅メダルしか取れなかった。どうやら、科学では十分でなかったらしい。

アメリカと英国と対照的に、ボクシング界では成り上がりのドイツがきわめて強く、五つのメダルを獲得し、そのうち二つが金だった。金メダルの一つは、最初の種目であるヘビー級で獲得したものだった。勝者のヘルベルト・ルンゲは、アルゼンチンのギジェルモ・ロベルに辛うじて判定勝ちした。

大会終了後、アメリカのボクシングの役員は、オリンピックでの依怙贔屓の判定あるいは不手際な判定の問題を解決する一つの手段は、招致国が試合の「審判員全員を出す」ことを認めることだと、冗談交じりに言った。「それで事態が今より悪くなることはないだろう」と彼は言った、「［招致国の審判員は］優勝者を全部自国の選手にするのを恥じて、何人かは実力で優勝者にするだろう[13]」。

グレコローマンスタイルとフリースタイルの種目から成るレスリング競技も、ドイチュラント・ハレで行われた。そして、ボクシングの場合と同じように、予選で二つのマットが同時に使われた。伝統的にオリンピックのレスリングは観衆がまばらだったが、ベルリン大会ではボクシングに劣らぬくらいの観衆を集めた。ドイツ[14]の観衆は自国の選手を奮い立たせようと盛んに身振りをしたり、「奴の尻をマットにつけろ、ヤーコプ！」というような助言を大声で叫んだりした。グレコローマンスタイルの種目では、古代のレスリングの伝統に則り、立った姿勢での摑み合いも含まれていた。その際、競技者は相手の腰から上しか摑めなかった。ベルリン大会では、このスタイルに最も熟達していたのはスカンディナヴィアおよびバルト諸国の選手だった。スウェーデン、エストニア、フィンランドのレスリング選手が重量級を制し、一方、トルコはフライ級で金メダルを取り、ハンガリアはバンタム級で金メダルを取った。フリースタイルの競技でも重量級では北欧が特に活躍したが、グレコローマンにはエントリーしなかったアメリカは、フリースタイルの種目の中量級、軽量級で名を揚げた。アメリカのフランク・ルイスはウェルター級で金メダルを獲得し、フランコ・ミラードはフェザー級で銀メダルを獲得した。彼らは全員、オクラホマ州出身だった。同州は世界クラスのレスラーの主要な「培養器」だった。

ベルリン大会のレスリング競技の最も興味深い選手は、ドイツのミドル級選手ヴェルナー・ゼーレンビンダーだろう。ベルリンの労働者階級出身のゼーレンビンダーは二十四歳の時に共産党に入り、一九二〇年代後半、さまざまな労働者スポーツ・トーナメントに出場した。ナチが権力を握ってからブルジョワのスポーツ・クラブに強制的に入らされたゼーレンビンダーは、一九三三年、ドイツ・レスリング選手権大会で優勝した。表彰台で彼はナチ式敬礼をすることを拒んだので、即座に逮捕された。幸い、彼を尋問したゲシュタポの将校がレスリングのファンだったので、ゼーレンビンダーは釈放された。

一九三五年、ゼーレンビンダーは全ドイツのチャンピオンになり、オリンピック予選を勝ち抜いた。その結果、ベルリン大会のドイツ代表に加えられた。ゼーレンビンダーと、いまや地下に潜っていた共産党の同志たちは、もしゼーレンビンダーがベルリン大会で金メダルを取ったら、試合後に優勝者全員が受けるインタヴューで、彼がナチ体制を批判するスピーチをすることを決めた。残念ながら、彼にはその勇敢な計画を実行する機会がなかった。第一回戦で敗れ、結局四位に終わったからである。一年後、彼はヨーロッパ選手権大会で三位になり、ドイツのタイトルは保持した。その後四年間、ドイツ選手権優勝者のタイトルは毎年守った。(15)

一九四二年二月、ゼーレンビンダーは弾薬工場で運搬労働者として働いているうちに、逃亡中の共産主義者スパイを匿ったとして逮捕された。九つの強制収容所をたらい回しにされたあと、一九四四年九月に処刑されることになった。瀬戸際になってその運命をなんとか避けようと、自分がドイツのスポーツ界に貢献したことを理由に、温情の処置を願い出た。彼は、「善良なドイツ人」[16]として国家の大義に奉仕するため前線に送ってもらいたいと頼んだ。その嘆願は却下され、一九四四年十月二十四日、ブランデンブルク刑務所で絞首刑に処された。

ナチが崩壊したあと、西ベルリンの労働者階級の住むノイエケルン地区の競技場にゼーレンビンダーの名が冠せられたが、冷戦が始まると、彼は突如、西側では好ましからざる人物になり、その名前は地図から消えた。それと対照的に共産主義の東ドイツは、最初に建てられたスポーツ会館をゼーレンビンダーと名付け、彼の名誉を讃えて毎年、レスリング大会を開いた。

重量挙げ

ベルリン大会での重量挙げでは、一つの階級を除き、すべての階級で世界記録もしくはオリンピック記録が出た。真に卓越した重量挙げの選手、エジプトのケドル・エルトゥーニはプレスで世界新記録を作り、スナッチでは現存する世界記録に並んだ。プレス、スナッチ、ジャークでの彼の三つの最高記録は、二位のドイツの選手ルードルフ・イスマイヤーに、三十五キロという驚くべき差をつけた。エルトゥーニのチームメート、ライト級のアハマド・メスバハは合計三三二・五キロで金メダルを獲得し、オリンピック記録を作った。若いドイツ人の巨漢ヨーゼフ・マンガーは、重量級でもう一つのオリンピック記録を作り、金メダルを獲得した。

前述したように、ベルリン大会の最初にオリンピックの宣誓の言葉を朗誦するという栄誉を担ったルードルフ・イスマイヤーは、少なくとも当時、ナチの大義を熱烈に信じていたドイツ代表のオリンピック選手の一人だった。大会の一年後、ナチ党に入り、戦時中、東部前線で国防軍の情報将校になった。しかし戦後、根本的に考えを変え、左翼のドイツ平和連合の創設者の一人になった。一流の選手は自分の名声を、世界平和と友愛を促進するために使わねばならないと信ずるに至ったと、彼は説明した。だが、ベルリン大会に関しては、ヒトラーは意図的にオリンピック精神を蹂躙したのではなく、大会は国際間の理解を真に深めたと、五十年後になっても依然として信じていた。[17] もちろん、そう信じていたのは彼だけではなかった。彼はかつてのチームメートの多くの者同様、自分と仲間の選手が非常に多くのものを犠牲にした催しであるベルリン大会が、ナチに「悪用」されたとか、ナチのイデオロギーに汚されていたとかという考えを、まったく受け入れることができなかったのだ。

ナチのイデオロギーによって苦しんだ重量挙げの選手の一人は、オーストリアのユダヤ人ローベルト・ファインだった。ファインはライト級でアハマド・メスバハとまったく同じ点数を稼いだが、メスバハより体重があるという理由で金メダルが貰えなかった。ファインはその決定に対して抗議した。IOCは金メダルを授与することを約束したが、その約束は果たされなかった。大会の二年後、オーストリアがナチに占領されると、ファインは強制収容所に送られるのを避けるため、身を隠した。[18]

自転車競技

ベルリンでの重量挙げは狂信的なほどに党派的な観衆を集めたが、自転車競技はもっと大きな規模で愛国心を掻き立てた。トラックレースは、自転車競技場に特設された、カーブに沿って外側を高くした木製のトラックで行われたが、収容能力一杯の観衆が競技場に詰めかけた。百キロのロードレースでは、ベルリン西部のグルーネヴァルト公園を蛇行して通るコースの両側に数万の観衆が集まった。何十年にもわたって一流の自転車競技は国家のスポーツ能力を計る主要なものとして、とりわけ西欧ではサッカーの向こうを張っていた。フランス、ドイツ、イタリア、スイス、スペイン、ベルギーでは、一流の自転車選手の名前は誰もが知っていた。そして、大レースでは高額の賭けが行われたので、ひどい不正は日常茶飯事だった。例えば、トゥール・ド・フランスでは、レーサーが相手を道路からはみ出させたり、後続の者のタイヤをパンクさせようと舗道に鋲を落としさえしたりした。そして、もちろん、トゥール・ド・フランスは、ドーピングのスキャンダルでも悪名高くなった。

ずるいやり口は、オリンピックの自転車競技でも伝統になっていた。ベルリン大会も例外ではなかった。ベルリン大会のどんな競技よりもひどい反則が、千メートルのペア・レースの決勝で犯された。それは、外側が急角度に高くなっているトラックで二人の選手が対決するものである。金メダルを狙うレースで、ドイツの選手トニー・メルケンスは、自分の横を回って勝利を確実なものにしようとしていたオランダの選手アリー・ヘリット・ファン・フリートを、あからさまに妨害した。フリートは抗議したが、ドイツの役員はメルケンスを失格にせず、百ライヒスマルクの罰金を科しただけで優勝者だと宣言した。アメリカ人の記者がこう書く気持ちになったのは、そういったような決定のゆえである。「主な陸上競技以外では、オリンピックの審判員はおおむね驚くほど依怙贔屓をし、無能である(19)」

自転車競技の運営の不手際は、百キロのロードレースではっきりと露呈された。オリンピックの自転車競走で初めて、各レーサーは時間をずらしてスタートして個人のタイム・トライアルとしてコースを走るのではなく、全員一斉に走ることになった。事故の起こる危険は、レーサーが狭い道路で割り込んで有利な位置を奪おうとすることで増した。そうしたやり方では勢いよく転倒する者が出ると批判した者がいたが、まさにその通りで、未熟なペルー人選手がゴールから遥か離れたところでひっくり返り、二十人の世界一流のレーサーが巻き添えを喰って転倒した。その中に、三人の最速のアメリカ人が含まれていた。『ニューヨーク・タイムズ』の記者はこう評した。「国際的スポーツの集いは国際間の平和と理解に役立つという理念は、その瞬間、またしても幻想に思えた」[20]。フランス人選手ロベール・シャルパンティエは固まって衝突している自転車を巧みによけ、仲間のフランス人のギ・ラペビーのちょっと前を全速力で走ってゴールインした。優勝したシャルパンティエはベルリン大会で三つ目の金メダルを獲得した。総合のチーム・ランキングではフランスが一位、スイスが二位、ベルギーが三位だった。それは一九二〇年にチーム・ランキング制が導入されて以来、イタリアが自転車競技で金メダルを取らなかった最初のオリンピックだった。アメリカのレーサーは、まったくメダルが取れなかった。

漕艇

自転車競技に比べ、ベルリン大会での漕艇種目は運営能力の模範だったが、それでも、そのやり方について、とりわけアメリカの選手から不満があった。アメリカのクルーは、コースでの練習時間の不足、強風の吹くコンディション、選手用の宿泊所の不備（何人かはケーペンニックの警察署に泊まった）について不平を鳴らした。

スカル、カヌーを含めすべての漕艇競技はベルリンの南東の端にある、グリューナウで行われた。そこにはベルリン・レガッタ・クラブの本部があった。地元の人間は、そこを「ドイツのヘンリー」（ヘンリーはテムズ川沿いの町。国際ボートレース大会がそこで開かれる）と好んで呼んだ。レースのコースは幅の広いミューゲルゼー湖にあった。その湖は六艘のボートが並走できるくらい広かった。コースに沿って二万人の観衆が坐れる新しい特別観覧席が出来た。観覧席は漕艇競技の行われた二日間満員で、さらに数千人が芝の土手に坐った。

英国とアメリカがベルリン大会の漕艇競技では最強だと思われていた。英国は十九世紀にそのスポーツを生み出し、その後、国際競技大会で相当の成績を挙げ続けた。アメリカが、とりわけエイトのスカルで、近代オリンピックにおいて強くなってはきたが。アメリカの漕艇選手は一九〇〇年のオリンピックでデビューして以来、その種目で六度優勝した。ドイツは一九三二年には比較的健闘し団体得点でアメリカの次だったが、結局、四十年にわたる近代オリンピックの歴史で四個の金メダルを取っただけだった。ドイツがベルリン大会で活躍すると予想した専門家は、競技が自国の湖で行われ、観衆が地元の人間であるのを考慮してもほとんどいなかった。

ところがドイツの漕手は、ベルリンで五個の金メダルを獲得して皆を驚かせた。英国が一九〇八年に獲得した金メダルよりも一つ多かったのだ。ドイツはシングル・スカル、舵手付きペア・スカル、舵手なしフォア、舵手付きフォアで優勝した。英国はダブル・スカルで金メダルを一個取っただけで、ワシントン大学の選手が代表したアメリカは、舵手付きエイトで優勝した。それは漕艇種目の中で最も格が高いものだろう。

ドイツの勝利は数が多かっただけではなく、決定的なものでもあった。どの勝利も他を大きく引き離したものだった。レースのあとドイツのコーチは、自分のチームが活躍したのは、入念な準備、きわめて厳しい練習、「勝利への意志」、自国の観衆の応援、「絶対的条件だが、総統の臨席」のおかげだとした。[21] コーチの言わなかったもう一つの要因は、ドイツ製のボートが競争相手のボートよりも相当軽かったということである。

英国の唯一の勝利は注目に値する。というのも、その勝利に貢献したジャック・ベリスフォードが五度目のオリンピックに参加していて、それまでの四回の出場で金メダルを二個、銀メダルを二個、合計四個のメダルを獲得したからだ。三十七歳だった彼は、漕艇競技に出た選手の中で年齢の順では上から二番目だった。ベリスフォードとパートナーのレズリー・サウスウッドは（ともにテムズ漕艇クラブの会員だった）終始、ドイツのペアに負けそうに見えたが、最後の三百メートルで死に物狂いで漕ぎ、ドイツのペアを三艇身引き離してゴールインした。

アメリカが重量級のエイトで優勝した時も、漕手はゴールライン近くで猛烈な勢いで漕いだが、その勝利は非常にきわどいものだった。「ハスキー快走帆船《クリッパー》」と呼ばれたワシントン大学のクルーは、その年、アメリカ大学対抗試合で不敗だったが、いつものようには飛び出してリードを奪うことができなかった。それどころか、レースの大半、どん尻だった。集団の先頭はドイツとイタリアで、彼らのボートはコースの左側の丘によって向かい風から守られていた。そのうえ、ハスキーズの整調手ドン・ヒュームは軽い肺炎に罹っていた。スタートしてから三百メートルほど行ったところで、アメリカ・チームは依然として最下位だったが、ワシントン大学のコックス、ボブ・モッチはペースを速めるようヒュームに向かって怒鳴った。ヒュームは気を失っていたので応答しなかった。しかし、必死になったモッチが自分で調整手になろうと、ヒュームのところに行くことに決めたとき、ヒュームが正気づいた。ゴールまであと二百メートルというところで、ヒュームが再び調整手を務めることができるようになったので、モッチはストロークを一分間で四十四という前代未聞の数に上げた。ハスキーズは、先頭の二艘のボート以外はたちまちすべて抜き去った。最後の全力疾走で、ドイツ人の観衆は、「ドイチュラント、ドイチュラント」と、ドイツ選手の猛烈なスピードのストロークに合わせて叫び、モッチがヒュームに向かって、「十回全力で漕いでくれ」という声を掻き消した。ついにあと数メートルというところで、ワシントン大学はドイツを抜き、続いてイタリアを抜いた。レースが終了してから何分も経っても、汗と吐瀉物にまみれたヒュームは意識朦朧としていたので、自分のクルーが金メダルを獲得したのにさえ気づかなかった。[22]

団体スポーツ

アメリカはベルリン大会で漕艇選手に非常に期待していたが、サッカー・チームには期待していなかった。もちろん、アメリカ人は長いあいだサッカーに対し、悪名高いほどに無関心だった。前回のオリンピックでアメリカ・チームは一つの銀メダルと一つの銅メダルしか取れなかった。その二つとも、一九〇四年、地元のセントルイスで楽な相手と戦って取ったものだった。その時アメリカは、二つの別々のチームをエントリーした。きわめて示唆的だが、一九三二年のロサンゼルス・オリンピックではサッカーはなかった。もちろん、多くのアメリカ人は、サッカーは異質で、軟弱で、退屈で、エリート主義だとして軽蔑し続けた。

ところがアメリカは一九三六年、驚くほど優秀なサッカー・チームをベルリンに送り込んだ。そしてアメリカはよく健闘したが、オリンピックでのサッカーの試合の特徴は、良かれ悪しかれチームのプレーではなく、観衆のあいだの熾烈な国家主義的情念の発露にあった。一つの際立った例では、興奮した観衆が目に余る暴力沙汰を起こした。さらに、選手のあいだに数多くの汚いプレーと、スポーツマンシップに悖る行為があった。選手の多くは隠れプロだった。

アメリカ・チームはイタリアとの最初の試合で、そうした嫌らしさを味わうことになった。アメリカとは違ってイタリアは、サッカーを非常に重要なものに考えていた。ウィンストン・チャーチルはこう言ったことがある。「イタリア人は、サッカーの試合のように戦争に負ける。そして、戦争のようにサッカーに負ける」[23]。試合の前半で、負け犬のアメリカ・チームに対して一点しか取れなかったことに苛立ったイタリア・チームは、後半になると、相手を蹴ったり、押したり、殴ったりするという、次第に喧嘩腰の作戦に頼った。二人のアメリカ選手が競技場から運び出された。一人は腹を蹴られ、もう一人はサイドラインの外に乱暴に押しやられて靭帯を切断したのだ。試合が終わりかけた頃、不運なドイツ人レフェリーは、アメリカ人選手を殴ったことで、競技場を出るようにイタリア人フォワード、アキーレ・ピッチーニに命じた。だがピッチーニは競技場を去るのを拒否した。そして、レフェリーが命令を実行しようとすると、ほかのイタリア選手たちが彼を囲み、両腕を体の脇に押さえつけ、手で彼の口をふさいだ。怯えたレフェリーはピッチーニにそのままプレーを続けさせた。イタリア・チームが1対0で勝った。アメリカ・チームは抗議したが、そのアピールは却下された。

アメリカ対イタリアの騒動は、オーストリア対ペルーの試合の後半で起こったことに比べれば大した喧嘩ではない――それは本格的な国際的事件になった乱闘だった（ペルーの当時の大統領には政治的な思いがけない授かり物だったのは言うまでもなく）。アメリカの新聞が「ラフ・プレーの流儀」[24]と呼んだやり方でオーストリアは前半は2対0でリードしたが、試合終了間際に、ペルーはまたたくまに二つのゴールを決め、延長戦に持ち込んだ。延長戦前半の十五分では、どっちのチームも得点が挙げられず後半の延長戦になり、スタジアムの緊張感が非常に高まった。後半終了間際、依然として同点だったので、ペルーの観衆は自分たちで片をつけようと決心した。レボルバーを振りかざした者もいた数十人のペルーの観衆が競技場に雪崩れ込み、オーストリアの選手とレフェリーを襲った。オーストリアのチームが戦意を喪失していたので、ペルーのチームは即座に二ゴールを決め、4対2で勝った。

国際ラジオ放送でその結果を聞いたリマの大衆は欣喜雀躍した。リマの大司教は、ベルリンに滞在しているペルーのオリンピック派遣団の団長に電報を打った。「諸君を祝福し、抱擁する」。そして、ペルー共和国の大統領オスカル・ベナビデスは、次のような祝電を打った。「私は勝利を収めた諸君に対する強い愛国的感情を、すべてのペルー人と共有する。そして、われらの仲間の市民たちの熱烈な祝福に、私の祝福を加える。諸君の雄々しい功績は、より偉大なる国家の信望に寄与すると確信する(25)」

ペルー人が祝っているあいだ、オーストリア人はオリンピックの役員と国際サッカー連盟（FIFA）に正式に抗議をしていた。今度は同連盟は抗議の正当性を認め、再試合を命じた。役員は観衆が介入することを防ぐため、再試合は観衆のいないスタジアムで行うよう命じた。

オーストリア・チームは再試合にちゃんと現われたが、ペルー・チームは現われなかった。それどころか、ベナビデス大統領が「ベルリンのずるい決定(26)」と呼んだ決定にひどく腹を立てたペルーのオリンピック派遣団は、大統領の命令に従い、ドイツを去ってフランスに移動した（おそらく彼らは、そこで快く自らの傷を舐めることができただろう）。ベルリンを去るにあたって派遣団の団長は言った。「われわれはヨーロッパの選手を信用しない。われわれがここにやって来て目にしたのは、一群の商人どもだ(27)」

一方リマでは、怒った暴徒が旅行代理店のオリンピックの旗を引きちぎり、ドイツ領事館に押しかけた。カヤオ港の港湾労働者はドイツ船の荷降ろしを拒否した。リマの「ドイツ人仕立屋」の店主は急いで店名を変えた。新聞『ラ・クロニカ』はこう主張した。ペルーは「悪知恵と陰謀」によって正当な勝利を奪われたが、それは、オリンピックという催しが現代の植民地主義の一例であり、南米すべてに対する侮辱であることを暴露した。もしもFIFAの役員が、古臭くて頽廃的なヨーロッパに「肩入れする」ことが必要と思わなかったなら、南米は「ペルーの選手の手によって」金メダルを獲得していたであろう。[28]

ベナビデス大統領も、全南米大陸の代弁をするのだとして言った。アルゼンチン、エクアドル、チリ、コロンビア、ウルグアイ、メキシコはみな、ペルーとの連帯感を示すため、ベルリンを去るつもりだと言明した。南米の選手が全員、その呼びかけに実際に応じることを恐れたゲッベルスは、ドイツ政府とオリンピックの組織委員はドイツ人の誰も入っていないFIFAに対してなんの権限も持っていないことを、急遽、公表した。（結局、コロンビアだけがペルーに同調してベルリンを去った。）一方、ペルーのオリンピック派遣団がパリ滞在中の苦しい暮らしを乗り切るための「緊急資金」が設立された。ベナビデス大統領自身、三万五千フランを資金に寄付した。

ペルー政府がサッカーの「スキャンダル」を巡って国民の怒りを煽るのに全力を尽くしているように見えたとするなら、それには立派な理由があった。ベナビデスは議会の選挙に直面していて、国民の目を政府の無能力と腐敗の嘆かわしい実態から逸らす必要があったのだ。リマ駐在のアメリカの代理大使はこう記した。「ベナビデス大統領は今度のことを、国民、とりわけ大方が革新的考えを持っている労働者階級に取り入る行動をとる絶好の機会だと思っている。ペルー政府は、この事件を政治的信望を得るのに大いに利用したのだ[29]」。大統領はひとたび再選されると、本来の政治姿勢をあらわにし、今度の事件はすべて世界の共産主義のせいだとした。[30]

ペルーが試合を放棄したので、この騒動でのもう一方の相手であるオーストリア・チームの勝利と公表された。オーストリアは次にポーランドを破り、金メダルを賭けてイタリアと対決した。イタリア対オーストリアの決勝戦もきわめて荒っぽい試合になり、延長戦になったが、イタリアが1点を挙げ、勝者になった。オーストリアが長年イタリア北部を支配していることに憤慨していたムッソリーニは、嬉しさのあまりわれを忘れた。彼はイタリアの選手がローマに戻ってくると、自ら一人一人祝福した。

ドイツはサッカーで金メダルを獲得することを期待されていたが、第二回戦で弱いノルウェーと戦って2対0で敗れた。「どうしてこんなことが起こったのか？」[31]と全国紙は嘆いた。ドイツの勝利を過信していたヒトラーがノルウェー戦でスタジアムに姿を現わさなかったのが敗因だと、多くのドイツ人は囁いた。

ベルリン大会でのサッカーの試合を巡る熱狂と暴力沙汰を要約して、あるアメリカ人はこう評した。「八年経って初めて［オリンピックの］種目に再び入ったサッカーは、国際試合を安全に行うことができないのを露呈した」[32]。もちろん後年、世界中の「サッカーのフーリガン」は、その判断が正しいことを証明することになる。


サッカーがアメリカ人にとって異質なものとすれば、バスケットボールはその正反対なものであり、アメリカはバスケットボールを正式なオリンピック種目に入れてもらおうと何年もロビー活動を続けた。一九三六年、男子バスケットボールがオリンピックのスポーツとしてついに登場した。ただしそれは、アメリカの圧力によるよりは、アメリカ以外の国でもバスケットボールが次第にポピュラーなものになったという事実による。ベルリン大会でのトーナメントは、四大陸から二十三のチームが参加した。

アメリカのオリンピックの役員はベルリン大会でバスケットボールがオリンピック種目なったことに喜んだが、新たに決められたルールと規定には、あまり喜ばなかった。ベルリンでの予選が行われているとき、スイス人の会長と英国人の幹事のもとに新たに設立された国際バスケットボール連盟は、選手の背の高さを五フィート八インチに制限すべしという、ウルグアイの決議案について話し合い、選手の背の高さは約六フィート一インチ以下でなければならないというルールを決めた。その結果、アメリカの三選手が失格になった。アメリカが激しく抗議し、背の高さの制限は瀬戸際で撤回された。だが、アメリカの大学間の試合の慣行を持ち込もうとしたアメリカ側の努力は実らなかった。そのため、少なくともベルリン大会でのバスケットボールは、ヤンキーにはクリケットのように馴染めないもののように見えた。

ベルリンでのバスケットボール競技場は、標準的なラインと鍵型フリースローゾーンが印《しる》された室内ではなく屋外だった。それは、一段低くなっている四つの土のテニスコートから成っていた。ネットを急遽外し、砂状の表面に間に合わせのラインをチョークで引いたものだった。ほぼ丸いドイツ製の公式のボール「ベルク」はバランスがなんとも悪く、投げるとひどくゆらゆらした。そのボールはごく軽くもあるので、しばしば強風の吹く中で正確にシュートをするのが難しかった。しかし選手は少なくとも、ラインの外に出たとき、観客席に衝突することを気にせずに済んだ。ドイツの組織委員が、このスポーツに関心のある観衆はほとんどいないと踏んだので、特別観覧席がなかったからだ。

アメリカのバスケットボール・チームは十四人から成っていて、そのうちの半分は、オリンピック出場予選大会で優勝したユニヴァーサル・スタジオのチームのメンバーだった。その中にサム・ボールターが入っていた。彼はベルリン大会でアメリカ代表になった六人のユダヤ人のうちの一人だった。（大会後、ボールターはフィラデルフィアのラジオ番組で司会者を務め、ＡＯＣがヒトラーの人種差別政策を糊塗したとして何度も批判した。その批判に応え、同委員会の事務局長フレデリック・ルビーンは、エイヴェリー・ブランデージに手紙を書いた。「選手としての能力とは関係なく、ボールターのようなタイプの人間を、今後のオリンピックから排除する計画を立てるのがきわめて望ましいという点で、あなたに同意します[33]」）

アメリカ・チームはカナダとの決勝戦まではなんの苦労もなかったが、決勝戦はヤンキーにとって真の試煉だった——それはカナダ・チームを相手の試煉ではなく、競技場のコンディションを相手の試煉だった。間断なく降る雨のせいで、一段低くなっているテニスコートの面に水が六インチほど溜まってしまったのだ。アメリカ側は競技場を室内に移してくれとドイツの役員に懇願したが、拒否された。溜まっている水がほんのちょっと少ない隣のテニスコートに移すことには譲歩したけれども。アメリカ・チームのキャプテン、フランシス・ジョンソンは、その試合をこう回想している。

それは雨中のサッカーの試合のようだった。観衆は全員屋外にいてパーカーにくるまったり傘を差したりして、雨中でバスケットボールの試合を見ていた。ボールは地面に当たるたびにスポンジのように水を吸い込んだ。そして土のコートなので、止まろうとしても止まれなかった。ずるずる滑ってしまうのだ。泥の中をそうやって滑っていくので、ユニフォームはかなり変色した。[34]

サム・ボールターによると、審判の仕方も、やはり奇怪だった。まったく首尾一貫していないので、「選手は戸惑った」[35]。

アメリカ・チームは前半、15対4でリードし、最後は19対8で勝った。メキシコはポーランドを破り、銅メダルを獲得した。優勝したアメリカ・チームは槲葉の冠を、ほかならぬ老ジェイムズ・ネイスミス博士から授けられた。バスケットボールの発案者の彼は、アメリカ・バスケットボール協会の好意でベルリンにやってきたのだ。

バスケットボールがオリンピックにデビューした際の奇怪な状況を要約したスポーツライターのJ・アーサー・デイリーは、試合の運営は「素晴らしいとはとても言えなかった」が、世界中のバスケットボールに及ぼす「使命的効果の価値」[36]はあったとした。

そしてもちろん、世界はまさしく、そのアメリカの競技に次第に引きつけられるようになった――その結果、やがてアメリカの各大学と全米バスケットボール協会は外国の一流選手を補充し始めた。そして、一九七〇年代と八〇年代のアメリカのオリンピック・チームは、手ごわい挑戦を受けたばかりではなく、一九七二年と八八年の場合のように、金メダルを獲得できないこともあった。一九九二年、アメリカは才能のある選手の深刻な不足を補うために、プロのスター選手から成る「ドリーム・チーム」を編成する必要に迫られた。

ベルリン大会には、サッカーとバスケットボールのほかに四つのチーム・スポーツがあった。フィールド・ホッケー、屋外ハンドボール、ポロ、水球である。その結果は次のように要約できる。一九二八年と三二年にフィールド・ホッケーで優勝したインドはベルリン大会でもドイツを8対1で破って優勝した。インドのメダルは、それだけだった。

中欧だけで行われていた屋外ハンドボールは、ラグビーの暴力とサッカーの正確さを兼ね備えたもので、招致国のドイツがメダルが取れそうなものとして、なんとかオリンピック種目に加えたものである。ドイツは予定通りオーストリアを破って金メダルを獲得し、スイスは銅メダルを獲得した。この種目はオリンピックでは二度と行われなかった。

一九三六年以後中止になった、もう一つのスポーツであるポロには、わずか五ヵ国しかチームを送らなかった。そのうちの一ヵ国――アルゼンチン――のみが、本当に力のあるチームだった。アルゼンチンは決勝で英国を11対0の大差で破った。メキシコはハンガリーを破って銅メダルを獲得した。ドイツとハンガリーは問題にならないほど弱かった。

水球はあまりに荒っぽいのでプールの水が選手の出血ではっきりとピンクになることもあるが、ベルリン大会でも選手が野放図に蹴ったり、肘で突いたり、睾丸をねじったりする行為がいくつもあった。ハンガリー対ドイツの決勝戦おいても、そうだった。ハンガリーのスター、オリヴェル・ハラシは子供の時に市電に轢かれて片脚の膝から下がなかった。ドイツは一九三二年、ハンガリーの次の二位だったが、ベルリン大会では2対2のタイに持ち込んだ。しかし、ハンガリーがトーナメント全体で、得失点の率（10：2）がドイツのそれ（14：4）より高いとされ、ハンガリーが金メダルを獲得した。（あるドイツの数学者がその計算に異を唱えたが、結果は変わらなかった。[37]）

ヨット、射撃、馬術

キールにあるドイツの海軍基地の内港と外港で催されたヨット競技は、周囲の軍事色に幾分染まっていた。ほかのどんなスポーツよりも、一見「紳士的」なヨット競技ほど反則、陰険な手段、異議のある判定に満ちたものはなかった。最大の騒動は全長六メートルのヨットと九メートルのヨットの種目で起こった。六メートルのヨットのレースでは、審判員はその場で順位をノルウェーが一位、英国を二位、スイスを三位にしたが、レースは非常にきわどいものだったので、その決定に対して英国が上級役員に抗議した。上級役員は航空写真をもとに、最初の順位を覆し、英国に金メダルを、ノルウェーに銀メダルを与えた。スイス・クルーが厳密にはアマチュアではないことが判明したため、あとになって銅メダルをスウェーデンに取られた――それは、その競技のほかの数十人の者にも言えたことだった。全長八メートルのヨットの種目でも、審判の順位付けが再び問題になった。結局イタリアに金メダルを与えられたが、銀メダルと銅メダルを決めるために、ノルウェーとドイツは二日後、再び競争し、ノルウェーが勝った。ちなみに、ノルウェーのクルーの一人、ヤーコプ・タムスは、一九二四年のシャモニーのオリンピックでもスキージャンプで優勝し、冬季オリンピックと夏季オリンピックの両方で金メダルを獲得した最初のオリンピック選手になった（近代オリンピック史上でその偉業を成し遂げた、わずか四人のうちの一人である）。

ヨットとは異なり、ベルリン大会でヴァンゼー（ベルリン西部の大きな湖で、一九四二年一月二十日、ナチの高官はヨーロッパのユダヤ人を殲滅する具体的な計画を立てるための会議をそこで開いた）で催された射撃競技は少数の抗議があっただけだったが、残念ながら、ほとんど関心を惹かなかった。射撃はオリンピックにはふさわしくないと多くの者は考えたが、自分の計画に軍の支持を得たいとクーベルタンが願ったため、近代オリンピックのそもそもの初めから、さまざまな射撃競技が行われるようになった。

ベルリン大会では三つの射撃種目があった――動く標的を二十五メートル先から撃つラピッドファイヤー・ピストル、五十メートル先から撃つフリー（あるいはターゲット）ピストル、五十メートル先から撃つ二二口径ライフルである。ドイツはラピッドファイヤー・ピストルで一位と二位を占めた。スウェーデンはフリー・ピストルで優勝した。ノルウェーのヴィリ・レーエベルクは三百点という完璧な得点を挙げ二二口径ライフルで優勝した。それはオリンピック競技で最初の満点だった。陸軍参謀長ヴェルナー・フォン・フリッチュが自ら励ましたにもかかわらず、ドイツの射手はその種目では六位に終わった。

アメリカに関して言えば、アメリカのピストル射撃委員会は、あまりに小さいという理由で、二二口径の銃の使用に反対した。同委員会はまた、ドイツの選手は規則を破り、競技が始まる前にその銃を使って練習ができたと文句を言った。結局アメリカは小型ライフルの種目には参加しないことに決めた。全米ライフル協会はその決定を正当化するため、そうした玩具のようなものは合衆国の男らしい射手の威厳にかかわると主張した。(38)

馬術は射撃競技と同じように、ベルリン大会の時には、世界のどこでも軍の領域だった。軍はほとんどの選手を訓練し、支援した。事実ベルリン大会では、六つの馬術種目は現役の軍人にしか開かれていなかった。そうした軍事的な馬術に参加したアメリカ・チームは、カンサス州のフォート・ライリー陸軍基地の騎兵から成っていた。ドイツはもちろん、すべて国防軍の軍人だった。軍から資金と兵站の面で全面的な支持を受けていたので、ドイツの騎手は全員がそれぞれの種目で優勝し、チームも優勝した——オリンピックの馬術史上前例のない、比類なき快挙だった。

三日にわたる個人競技で最も辛い種目は、二十一マイルのクロスカントリー障害物レースだった。出場者五十六人のうち二十七人しかゴールに到達できず、途中で三頭の馬が死んだ。オリンピックの競技でそれほどの犠牲を出した馬術種目はそれまでになかった。

アメリカのスポーツライター、ヘンリー・マクレモアの意見では、その種目はベルリン大会の「最も汚いもの」の一つだった。(それが実際に汚いものであったのかどうかは確言できない。いずれにせよそれは、ナチのオリンピックを巡る「論議」が政治に限られていたのではないことを、またも示している。)レースのあとアメリカの選手にインタヴューをしたマクレモアの語るところでは、騎手は全員、さまざまな障害物のある場所を示す地図を貰った。第四障害物は石壁のすぐ後ろにある水濠だった。アメリカの選手がマクレモアに語ったところでは、問題は、彼らとほかの外国の騎手が、当の水濠の深さは四フィート以下だとドイツの役員に教えられたことだった。ところが、実際には十フィートの深さだったのである。どうやらドイツの騎手だけが、その水濠の本当の深さを前もって知っていたらしかった。というのも、国防軍の三人の将校はその障害物を越える段になると、全員、壁の左端を飛び、人工の砂洲の約三フィートの水溜りに降りたからである。三人とも無事だった。それと対照的に、アメリカの全選手を含め二十八人の外国人騎手は水濠に飛び込んだ際、落馬した。もちろん彼らは、鞍を拾い上げ水溜りから出るという厄介な作業で貴重な時間を無駄にした。水を吸収した結果約十五ポンド重くなったのは言うまでもない。

アメリカの大尉ラッグズ・ラギュースにとっては、クロスカントリー・レースは第四障害物のところで終わった。陸軍の厩舎の中で最高の馬、トレイロルカが転倒して脚を折ったのだ。レギュースはやむなく即座にその場で自分の馬を射殺した。「大尉のずぶ濡れの顔から涙が滴り落ちた」とマクレモアは報じている。「それは哀れを誘う光景だった」[39]

三日にわたる馬術種目は、ベルリン大会のドイツの英雄をもう一人生み出した。二十六歳の陸軍中尉フライハー・コンラート・フォン・ヴァンゲンハイムである。彼はクロスカントリーで落馬して肩甲骨を折ったが再び騎乗し、見事にコースを完走した。彼は最後の競技プリ・デ・ナシオン、すなわち障害飛越で再び落馬したが、また騎乗し、完璧にゴールインした。彼の巧みな技と勇気とによって、ドイツは金メダルを獲得した。

ヴァンゲンハイムはドイツの馬術チームの大方の者と同じように、その後戦争に行った。仲間の二人は戦死したが、ヴァンゲンハイムは生き残ったものの、一九五三年、ソヴィエトの捕虜収容所で死んだ。馬術競技で金メダルを取ったもう一人のドイツ人ハインツ・ブラントは、一九四四年七月二十日、クラウス・フォン・シュタウフェンベルク伯爵が、東部の総統司令部にいたヒトラーを爆死させようとして失敗した際に、致命傷を負った将校の一人だった。

五種競技

近代五種は乗馬、射撃、フェンシング、水泳、ランニングを組み合わせた、五日にわたる苛酷なスポーツで、十種競技の軍事版であり、厳しいものだった。「その種目ほど気力と忍耐力を試すものはないだろう」と、ある者は書いている。「それは五日続き、軍事訓練を受けていない平均的な人間を瘋癲院か病院に入れるに十分なものだ」[40]。わかっている限り、ベルリン大会の十種競技参加者は一人も瘋癲院に行かなかったが、数人は入院せざるを得なかった。

十種競技の内容は、『三銃士』から採ったかのようだ。敵陣を突破して伝言を届けるように命じられた勇敢な兵士が馬に乗って疾駆し、馬から降りざるを得なくなって剣で決闘し、再び騎乗するが、今度は敵の待ち伏せているところからピストルを撃って脱出し、最後に馬を失い川を泳がざるを得なくなり、ゴールに向かって森を駆け抜ける。スウェーデンは、一九一二年のストックホルム大会で十種競技が始まって以来、その種目を制していた。その大会でアメリカの陸軍中尉ジョージ・S・パトン・ジュニアは、射撃でひどい点を取らなかったら金メダルを獲得したであろう。

ベルリン大会ではドイツの陸軍中尉ゴットハルト・ハントリックがスウェーデンの連勝を止めた。僅差で続いたのはアメリカの陸軍中尉チャールズ・F・レナードだった（彼はパトンと異なり、射撃が特に得意だった）。ハントリックが優勝した秘訣は、本人がのちにインタヴュアーに語ったところでは、ある一つの競技に集中するのではなく、あらゆる競技にむらなく優れていることだった。ところが実際は、彼は走るのが苦手で、「車に乗ったほうがよい」[41]と言った。奇妙なことに、彼は戦闘機の操縦士で、選手の大部分が属していた騎兵隊の一員ではなかった。一九三六年七月、彼はコンドル軍団に配属され、スペイン内戦で戦った。ベルリン大会に出るために特別休暇を貰ったが、大会が終了するとすぐにスペインに戻った。十種競技で優勝すると、ヒトラーは自ら彼を一階級昇進させた。ヒトラーはベルリン大会でメダルを取ったドイツの軍人全員をそうしたのである。

ハントリックはその後、空軍の有名なリヒトホーフェン飛行中隊に入り、ポーランド侵攻と「ブリテンの戦い」で戦った。大方の仲間とは異なり、傷一つ負わずに戦争で生き残った。戦後、飛ぶのをやめ、ハンブルクでメルセデスのセールスマンになって成功した。

デモンストレーション・スポーツ

ベルリン大会では、二つのデモンストレーション・スポーツが行われた。グライダーと野球である。それらのスポーツは、将来オリンピックの公式のスポーツとして認められることを目指して試験的に行われた。結局、野球のみが一九九二年になって初めて公式のオリンピック競技になった。*1

グライダーが公式の種目にならなかったのは、大会唯一の死者が出たからである。オーストリアの操縦士イグナーツ・シュティーフゾーンのグライダーが、飛行中に翼が折れ地上に墜落したのだ。グライダーが将来、公式種目になる可能性は、そのスポーツの主な支持者がドイツ軍だったことで消えた。ドイツ軍はヴェルサイユ条約によって空軍を拡大することが禁止されていたのを誤魔化すために、グライダーを使ったのである。ナチ・ドイツは一九四〇年にオランダを侵略した際、グライダーを実に効果的に使用した。

野球では死者は出なかったが、戸惑っているベルリンの観衆を死ぬほど退屈させた。大掛かりな宣伝と単なる好奇心のせいで、八月十二日、二つのアメリカのチーム――「USAオリンピアンズ」と

「ワールズ・アマチュアズ」――の試合を見ようと、オリンピック・スタジアムは十万人の観衆で満員になった。それはアメリカも含めどの国であれ、野球を見に来た最大の観衆だった。

アメリカの熱烈な野球好きと、ドイツの一握りの野球通が、これから野球を見る観衆に前もって予備知識を与えるための「野球――それは何か？」《ヴァス・イスト・ダス》という題の一連の講演会が開かれた。解説には野球の理解にあまり役立たない翻訳が含まれていた。例えば、ピッチャーはアインヴェルファー（文字通りには、「投入者」）で、センターはミッテル＝アウセン（「中央の外側」）だった。ゲッベルスの宣伝省の野球専門家は、野球の神秘的なルールのいくつかについて、同国人に包み隠さず話した。「投入者は相手チームの打者に対し、自分のチームのキャッチャーに向かってボールを一定の高さで投げる。キャッチャーは、ボールがもし打者の木製のバトンによって捕らえられなければ、そのボールを捕捉しなければならない(42)」

バスケットボール競技の場合同様、野球の行われた場所も完璧ではなかった。内野の芝に張られた白いテープは、ファウルラインとベースラインを示していた。サッカーのネットがバックネット代わりに置かれた。そしてスタジアムの照明は五十フィート上方までしか照らさず、選手も観衆もフライのボールを目で追うことができなかった。ドイツ人アナウンサーは、球場で行われていることについてまったく無知だった。もちろん観衆も無知だった。彼らは内野フライで盛んに喝采し、ヒットで黙り込んだ。七回が終了する時には「ワールズ・アマチュアズ」が「USAオリンピアンズ」に勝っていたが、そのずっと前に観衆の数はかなり減った。それにもかかわらずカール・ディームは、この奇怪なアメリカからの「輸入品」でドイツの組織委員はホームランを打ったという印象を与えるため、試合後、両チームの選手に、諸君の実験は大成功だったと請け合った。「これはオリンピック大会で、かつてどの国でも見られなかった最高のデモンストレーション・スポーツだったと、公式に諸君に言うために私はやってきた」[43]と彼は断言した。

事実、野球は一九四〇年の東京大会で公式種目にすることが投票で決まったが、一九四〇年には東京でオリンピックは開かれなかったので、第二次世界大戦後にアメリカに占領される以前から日本で盛んになっていたスポーツで日本人がどのくらい活躍するのかを見る機会を、世界は逃した（野球は明治時代の初期にアメリカから日本に紹介された）。IOC内部のヨーロッパ人委員が反対したので、野球はバルセロナ大会まで公式種目にはならなかった。バルセロナ大会の際アメリカは、日本とカリブ海諸国の協力を得て、ついに野球をオリンピックの公式種目にすることができた。

おそらくアメリカは、それほど頑張るべきではなかっただろう。キューバが野球で最初の二回、オリンピックの金メダルを獲得したのだ。二〇〇〇年のシドニー大会ではアメリカが優勝したが、二〇〇四年のアテネ大会では、アメリカは出場資格さえ失い、キューバがまたしても優勝した。フィデル・カストロはアメリカのメジャー・リーグでピッチャーになることを夢見ていたという伝説があるが、キューバがアメリカの「国民的娯楽」で最高位に立ったことを大いに誇りにした。（野球は本当の国際的スポーツになったが、IOCは二〇〇五年、二〇一二年のロンドン大会ではオリンピックの種目から外されるだろうと発表した。）

「世界労働者競技カーニヴァル」

ベルリン大会が終わろうとしていた頃、それに対抗する「オリンピアード」が世界を半分回ったところのニューヨーク市で開かれていた。「世界労働者競技カーニヴァル」である。それは、ベルリンのナチ主催の大会に代わる、「進歩的」で「民主主義的」な大会として構想された。

「世界労働者競技カーニヴァル」は、ナチのベルリン大会に代わる民主主義的な主要な催しとして開かれたのではなかった。その役割は、バルセロナで七月十九日に始まる予定の「人民のオリンピック」が果たすことになっていた。事実、数万の左翼の運動選手とその支持者が「人民のオリンピック」に集まったが、スペイン内戦の勃発によって都市が麻痺しているのを目にした。選手の何人かと旅行をしたアメリカのジャーナリストは、混乱を極めていた光景を次のように書いた。

バルセロナに近づくと、白旗がどの窓にも見える——タオル、シーツ、テーブルクロスが平和を求めて窓の下枠から垂れている。銃声が何度も聞こえる——大砲や機関銃の音ではない（一度だけそういう音がしたが、すべてライフル銃の音だ）。……ひっくり返された車、死んだ動物、燃えている教会から立ち昇る渦巻状の、あるいは円錐形の煙。色彩が渦巻状に這い登っている、市の建築の心臓、［アントニオ］ガウディの素晴らしい教会［未完のサグラダ・ファミリア］は無傷だ。(44)

そうした状況では、「人民のオリンピック」を開くことは到底できなかった。主催者は即座に中止を決定した。選手の大半は、なんとかすぐにバルセロナを出たが、何人かはフランコと戦うために自ら残るか、そのままプラハの競技大会に行くかした。バルセロナの「別のオリンピック」で競技をするために「スポーツにおけるフェアプレー米国委員会」から派遣された十二人のスポーツマンのうち、七人だけが帰国した。そのほかはスペインに残って戦った。帰国した選手のうち、三人はニューヨーク市の大会に参加した。

開かれずに終わったバルセロナの「人民のオリンピック」とは異なり、「世界労働者競技カーニヴァル」は、ベルリン大会に代わるものとしては、かなり小規模のもので、種目はもっぱら陸上競技から成り、二日しか続かなかった。主な主催者はチャールズ・オーンスタインとジェレマイア・マホーニー判事だった。前述したように、彼はベルリン大会のアメリカでのボイコット運動で大きな役割を果たした。二人ともそのカーニヴァルを、「ブランデージの一味の手によって蒙った屈辱に復讐し、アメリカの選手はナチ政権に暗黙の支持を与えてはならないという信念を証明する[45]」機会だと見た。

そのカーニヴァルの重要な共同スポンサーは、ユダヤ人労働者委員会だった。同委員会はニューヨーク市で相当の影響力があった。国際婦人服組合の組合長でユダヤ人労働者委員会の出納係のディヴィッド・ダビンスキーは、国際婦人服組合がその催しを全面的に支持するようにした。やはり重要だったのは、全米体育協会が協力したことだった。なぜなら、そのカーニヴァルは全米体育協会の認可がなければ、同協会に入っている選手を呼び集めることはできなかったろうから。同協会の事務局長ダニエル・フェリスは、オーンスタインから、「オリンピック自体に……干渉はしない[46]」と請け合ってもらったあとで初めてその催しを許可した。個人的にはフェリスは、エイヴェリー・ブランデージ同様、ベルリン大会に「代わる」その催しは大したものにはならないのを確信していた。「その催しは重要な外国の選手を引き寄せることができないだろうという点で、あなたと同意見です」と彼は六月にブランデージに宛てて書いた。「優れた選手は全員、オリンピック大会に出ているでしょう。それは、ただのありふれた陸上競技会で、今までのところ興味を唆るようなことは何一つ見つけていません[47]」

「世界労働者競技カーニヴァル」の会場は、ベルリン大会陸上競技選手選抜試合の会場だった、ランダル島の陸上競技用スタジアムだった。ダビンスキーは自分の組合の影響力を行使してニューヨーク公園監視官ロバート・モーゼズとフィオレロ・ラ・ガーディア市長を説得し、ランダル島の施設を使う許可を得た。ラ・ガーディア市長は全面的な協力を約束した。その催しを左翼の政治的抗議ではなく、市の労働者階級のためになるものにすることに注意を払ったけれども。「私は人口過密の都市に住む成人の体育と体格向上の機会を増やす必要に無関心ではありません」と彼はダビンスキーに語った。「そして、労働者の胸に、もっとスポーツに参加したいという意欲を起こさせるような運動には、心から協力支持する価値があります。あなたが今行っている素晴らしい試みを、私は支援します」(48)

ウィリアムズ・カレッジの陸上競技チームのマネージャーだった頃から陸上競技の熱心なファンだったニューヨーク州知事ハーバート・レーマンも支援を申し出、時間があったら自分もカーニヴァルに参加するとさえ約束した。スポンサーにならないことで目立ったのは、アメリカ共産党だった。同党はニューヨーク市の左翼系労働者のあいだで、ユダヤ人労働者委員会および国際婦人服組合と影響力を競い合っていた。ニューヨークでのそうしたライバル同士の敵対関係は、ヨーロッパにおける保守的社会主義者とスターリン主義的共産主義者のあいだの反目を反映していた。

カーニヴァルはベルリン大会が終わる前日の八月十五日に開かれた。競技は組合員の男女だけのための八つの「非公開」種目と、アメリカと世界中からトップの男子（女子は除外）選手を引き寄せるための二十三の「公開」種目に分かれていた。そんなふうに二つに分かれていたことは、主催者の、アメリカにおける労働者のスポーツを促進したいという念願と、ベルリン・オリンピックに本当に代わるものを提供したいという念願を反映していた。

確かに、何人かの傑出した選手がカーニヴァルに参加した。そのうちには、オリンピック予選で落ちてベルリンに行けなかった者もいた。「ビッグ・ネーム」の中にはユーレイス・ピーコックがいた。彼は一九三五年、全米体育協会主催の選手権大会の百メートル競走でジェシー・オーエンスを破った(ピーコックは一九三六年、肉離れが悪化し、オリンピックには出られなかった)。また、一九三二年の走り幅跳び金メダリスト、エディー・ゴードン、全米体育協会の八百メートルの優勝者チャールズ・ビーサム、前屋内短距離競争のタイトル保持者ベン・ジョンソン、ジャージー・シティ出身の短距離のセンセーショナルな学童、ロバート・ローデンカーチェンもいた。中でも最も注目すべきなのはジョージ・ヴァーロフだろう。棒高跳びの世界新記録保持者だったが、オリンピック選抜試合では驚くほどに振るわず、ベルリンに行くことができなかった。カーニヴァルに参加した大方の選手は政治的動機から参加したのではなく、失ったものを償いたいという気持ちから参加したのである——自分たちはベルリンに行った連中に負けないということを示したかったのだ。ヴァーロフは、いささか例外だった。「ジャンプする管理人」として知られた、サンフランシスコのこの守衛は、はっきりとした左翼的考えを持っていた。ランダル島にやってきた比較的少数の外国人選手の中にも、政治的に抗議をした者が何人かいた。その中にカナダの世界的クラスのユダヤ人競歩選手、ヘンリー・シーマンがいた。彼はベルリン大会をボイコットしようと決心しなかったなら、カナダのオリンピック選手団に入ることができただろう。

そのほかにも少数の際立った選手はいたものの、カーニヴァルはスポーツ大会としては失敗だった。ヴァーロフは一四フィートと四インチ半という、最も注目すべき記録を出した。それは、アール・メドーズがベルリンで金メダルを獲得した時に出した記録より一インチ半高かった。管理人は一四フィート六インチ半という自己世界記録を破ろうと果敢に挑んだが、三度バーを落としてしまった。

ヴァーロフとその仲間たちを声援していた観衆の中に、レーマン知事がいた。約束を守って競技会にやってきたのだ。レーマンとその他の観衆は、百ヤード短距離競争で新記録を出すだろうと誰もが期待していたユーレイス・ピーコックが遅れ、足を引きずりながら惨めな三位に終わると、がっかりして溜め息をついた。その種目と、二百二十ヤード短距離競争の優勝者は、ペリン・ウォーカーという、ジョージア出身の無名ランナーだった。アメリカの新聞は、カーニヴァルでのほかの種目の優勝者同様、ウォーカーが白人であることを強調した。アメリカの新聞は、カーニヴァルでのほかの種目の優勝者同様、ウォーカーが白人であることを強調した。白色人種が「今度は短距離を制した」[49]と『ニューヨーク・アメリカン』は、ベルリンと対照的な状況にあからさまに言及して書いた。

ミルローズ運動協会のアーネスト・フェデロフは一マイル競争で四分二四・四秒で優勝したが、『ニューヨーク・タイムズ』は「取り立てて騒ぐようなことではない」[50]のを認めた。予選で敗れてベルリン行きを逃したチャールズ・ビーサムは、一分五六・二秒という比較的遅いタイムで八百八十ヤード競争で優勝した。エディー・ゴードンは走り幅跳びで二位に終わったが、サンフランシスコのオリンピック・クラブの前世界記録保持者ウォルター・マーティーは走り高跳びで六フィート四インチしかクリアできず、三位に終わった。優勝者のアル・トレッドゴールドは六フィート六インチ跳んだ（ベルリンで金メダルを取ったコーニーリャスより二インチ低かった）。白人がニューヨークでは各種目を制したが、記録はおおむね平凡だった。

カーニヴァルは切符の売上げでも失敗だった。ユダヤ人新聞や組合新聞に大々的に宣伝したにもかかわらず、また、いくつかの組合が切符を一括購入したにもかかわらず、売上げはがっかりするようなものだった——二日間でわずか一万八千枚が売れただけだった（三万枚売れると期待されていた）。切符の期待外れの売上げは、いくつかの要因が組み合わさったためと考えられよう。急進的な左翼が、穏健な活動家の主催する催しに行く気がしなかったこと。ビッグ・ネームの選手（特に外国から）の参加があまりに少なかったこと。ニューヨーク市民は陸上競技よりもバスケットボールや野球やボクシングのほうを好むこと。なかんずく、オリンピックの予選失格者の出る競技は、簡単に言えば、さして興奮するようなものではなかったのである。世界労働者競技カーニヴァルは——レーマン知事が言ったように――「ナチ・オリンピックに対する答え[51]」であったかもしれないが、さほど納得のいく答えではなかった、あるいは、大勢の者が多くの注意を払うような答えではなかった。

さらば、ベルリン

ベルリンに集まったオリンピック選手、役員、観衆は、ニューヨークで行われた「別の」オリンピックにほとんど関心を持たなかった。夏季オリンピックがベルリンで幕を閉じたとき、首都にいた者の最大の関心事は、国別のメダル獲得数だった。そして、近代オリンピック史上、ドイツが初めて最多のメダルを獲得したことがいまや明らかになった。

もちろん、オリンピックは厳密に個人間の競技であるという作り話にしがみついていたIOCは、国家別メダル獲得数を公式の表にしないように仕向けてきたが、非公式の国別メダル獲得数を表にするというのは、そもそもの初めから近代オリンピックの一部だった。ドイツが例外になるなどとは、とても思えなかった。事実、そんなことはなかった。国別の成績は帝国競技場には表示されず、ナチ党機関紙『フェルキシャー・ベオバハター』以外のドイツの新聞は、宣伝省の命令で、大会が終了するまで国別の順位を載せるのを控えたが、ベルリンの繁華街にあるウルシュタイン通信社の建物の正面にある巨大なスコアボードには、大会中、各国がいかにメダル獲得競争で活躍しているかが表示されていた。八月十六日に最後の競技が終わると、スコアボードには、ドイツが三十三個の金メダル、二十六個の銀メダル、三十個の銅メダルで一位、アメリカが二十四個の金メダル、二十個の銀メダル、十二個の銅メダルで二位、イタリアが八個の金メダル、九個の銀メダル、十二個の銅メダルで、大差で三位であることが記された。

競技が終了すると、ドイツの指導者たちは国内の新聞に、第三帝国がなぜ見事な成績を収めたのかの説明と一緒に、お祭り騒ぎのような国家主義的自己礼讃の文をやたらに載せ始めた。「ドイツは三十三個の金メダルを獲得し、他を圧して一位だ」[52]とゲッベルスは日記の中で大喜びした。「[われわれは]世界で第一のスポーツ国だ。素晴らしい！」『デア・アングリフ』は感情的な調子で書いた。「われわれはもう辛抱できない、これほどの喜びを抑えるのは、まことに難しいからだ！」[53]同紙は、オリンピックに対するドイツの態度とライバル国の態度を比較し、こう結論づけた。第三帝国は、フィンランドが中距離競争を、日本が男子水泳を、アメリカが「黒い肌の戦士を使って」男子短距離競争と跳躍を制しているような具合に、ある特定のスポーツを制してはいないが、スポーツの広い範囲をカバーし、これまで得意としなかった種目においてさえ活躍しようと努めている。その結果、競技の広範囲にわたって異例なほどに大量の銀メダルと銅メダルを獲得した。(奇妙なことに同紙は、ドイツが軍事的な馬術の種目を完全に制したことを忘れていたらしい。) しかし、『デア・アングリフ』にとっては(他のドイツの諸新聞にとってと同様)、ドイツが大活躍をした根本的な理由は、一人の男の影響力にあった——アドルフ・ヒトラーという男の。総統は第三帝国のスポーツ機関がドイツ社会の機関と同様に再生するように心を配った。そして、総統が大会に律儀に出席したことが、ドイツの選手にとって大変な刺激になった。ドイツの『オリュンピア新聞《ツアイトウング》』も同意した。「われわれは、こう結論すべきではないのか」と同紙は問うた、「オリンピック大会の最大の勝者は、アドルフ・ヒトラーである、と？」[54]

その評価に全面的に賛成したチャンマー・ウント・オステンは大会後のスピーチで、こう言明した。「われわれはドイツのために勝ち取った栄冠を、国家社会主義という祭壇に置くべきである。われわれは国家社会主義運動と、とりわけ総統に心の底から感謝すべきである。総統はドイツ国民を蘇らせたばかりではなく、ドイツのスポーツにも非常に大きな刺激を与えたのである」[55]

アメリカの評者は、『ニューヨーク・タイムズ』が指摘しているように、ヒトラーがオリンピック会場にいたことがドイツの選手にとって「計り知れぬ精神的刺激」になったということには同意したが、すぐにこう付け加えた。ドイツの選手は一切の任務から解放されて、国家の支援のもとに一年三ヵ月練習をしてきた――そうであるなら、彼らをアマチュアと呼ぶのは疑問だと思うと、ある者は言った。[56]

もちろん、誰もが知っているように、ドイツは招致国であることに伴うすべての利点を持っていた。ドイツは最小限の旅費で、マイナーなスポーツにさえ充実したチームを参加させることができた。それは、アメリカがロサンゼルスで、また、その前はセントルイスでやって大変な得をした事柄である。試合の模様を観察した外国人は、ドイツ人の大観衆の存在が自国の選手に「最善を尽くす」気持ちを起こさせた一因だと指摘した。多くの局外者は、ドイツが記録的な数のメダルを獲得したのは、ほとんどの種目に卓越した女子選手がいたおかげだと言った。あるアメリカ人は、からかうようにこう評した。「この男性的な第三帝国は、その成功の多くを女子選手に負っている。ドイツの婦女子は、チーム全体として見ると、水泳以外のあらゆる種目のライバルよりもむらなく優れていた」[57]

ドイツの女子チームの活躍で、女子選手の何人かの「男性的」容貌が取り沙汰されたが（それは、のちに東独のオリンピック・チームを嘲笑する風潮を予告していた。東独のチームでは「男は男で、女は男だ」）、同時代の多くの批判的な人間にとってもっと緊急の問題は、ドイツの勝利が暗に意味する社会的な事柄だった。とりわけその勝利が、イタリアと日本が目覚しい成績を挙げ、西欧の民主主義国のいくつか、なかんずく英国とフランスが比較的不振だったという事実と結びついているのだからら。日本は合計十八個のメダルを獲得し、かつては強力だった英国を凌いだ。英国は十四個のメダルを獲得しただけだった。イタリアは二十二個のメダルを獲得し、十九個のフランスに勝《まさ》った。多くの者がその結果から引き出した結論は、軍国主義的なタフな独裁国家に比べて西側諸国は「軟弱」だというものだった。ヒトラー自身、英国がベルリンで比較的成績が振るわなかった事実をもとに、「危機的状況においては、ああした国からは大したことは期待できない」[58]と結論づけた。日本軍の指導者は、自国の選手がベルリンで大活躍したのは、日本人の「人種的活力」の証明であり、日本が東アジアにおける最も強力な帝国主義国家としてアメリカと英国に取って代わることを示す例だと見た。中国はベルリン大会では一つもメダルを取ることができなかったが、大会から積極的な「人種的教訓」を引き出した。ある著名な中国のジャーナリストはジェシー・オーエンスがいくつもの勝利を収めたことに触れ、オーエンスの挙げた成果は「白人至上という神話を打ち砕いた」[59]と書いた。別のジャーナリストは、「いまや、有色人種は……白色人種に劣ると誰が言えるのか?」と問うた。

ベルリン大会で不振どころではなかったアメリカでさえ、メダルの獲得総数でドイツに負けたため、ドイツが欺瞞と不正工作をしているようだということについて、予想通り文句を言っただけではなかった。アメリカが、水泳や長距離競争のような最も重要な種目において優れた成績を残すことができなかった事実の持つ深い意味についての考察も生まれた。そのことを懸念したあるアメリカ人が言ったように、のろのろした亀のような忍耐力を試すマラソン（短距離競争の兎のぴょんぴょん跳びとは反対に）で自国が惨めな敗北を喫したことは、深い精神的な弱さを示唆していた。

スタミナというのは一国の生命であるが、われわれのスタミナはあまりに軟弱な生活を送ってきたせいで弱まってしまった。結局、魂のみならず肉体を鍛えるのは強靭な精神的信念であり、近年、われわれアメリカ人は宗教的、道徳的信念において、悪名高いほどにだらしなくなってし

まった。われわれは数多くの教会を持っているが、その中にはなんの魂もない。(60)

英国では、ベルリン大会で不振だったことがきっかけになり、英国スポーツの衰退の根にあると思われる社会的、政治的不備について、かなりの者が切歯扼腕した。ある牧師は『デイリー・テレグラフ』に次のような投書をした。

> 一世紀前は、イギリス人は一般的に二つの確信を持っていた。一、自分たちは負けない。二、数の上で優勢な敵を破らねばならない。ネルソンもウェリントンも、敵と同じくらいの数の兵も大砲も持っていなかったと思う。いまや、海国の民であるわれわれは内陸の国スイスに漕艇で負けるのである。ボクシング（すぐれて英国のスポーツである）においては、われわれは目立たない地位にある。……運動能力のこの衰退の理由はなんなのだろう？――それは技術にあるのか、勝とうという意志の衰弱にあるのか？　われわれには多くの利点がある。覇権を握ってきた長い伝統がある。わが国民はヨーロッパで一番よい食べ物を口にしている。われわれの生活水準は最高で、余暇の時間は最大である。わが国の気候は屋外スポーツに最適である。われわれは革命によって混乱させられたことはないし、財政的逼迫によって損なわれたこともない。(61)

ならば、何が悪かったのか？　その牧師によると、問題は、英国が本質的にあまりに「民主主義的」であることだった――彼の見解では、それは凡庸さを助長し、男らしさを弱める体制なのだ。「ユニオン・ジャックが〝失格選手〟の一団の上に翻ると考えるのは愉快ではない」と、その牧師は結論づけた。「そして、世界の舞台での男らしいスポーツにおけるこうした失敗が、英国が〝軟弱〟

になったもう一つの証拠として、われわれのライバルに解釈されても、いぶかる必要はない[62]」

驚くには当たらないが、この「軟弱」ということが、民主主義勢力とファシズム勢力における、迫りくる政治経済の前線での対立、そしてやがては戦線での対立にとって不吉な意味合いを持っていると見られたのである。このことについて、英国の外交官サー・ロバート・ヴァンシタートほど明確な予感を抱いた者はいなかった。ドイツ人は、オリンピックを見にベルリンを訪れた彼をドイツ贔屓にしたと考えた。ベルリンを去る際、ヴァンシタートは、二十世紀半ばの国家間の本当の争いが始まりかけているという予兆を感じた。ドイツ人に触れて、彼はこう書いた。「この緊張感に満ちた、熱烈な国民は、もしわれわれがこのまま行き当たりばったりの態度をとり続けるなら、われわれをC3［三級］の国家に見せてしまうだろう。そして彼らは、その蓄えられたエネルギーで何かをしたいと思うだろう。……こうした連中は最も手ごわい相手になるだろう。彼らは今、厳格な訓練を受けているが、それはオリンピック大会のためではなく、何かほかの、まったくスポーツとは無縁の世界記録を、おそらく世界自体を破るためなのだ[63]」

ヴァンシタートのようにベルリン大会で、ドイツの効率的な組織力、募りゆく軍事力、宗教じみた総統崇拝が一体になったものの中に危険な何かを見た外国人の懸念を強めようとするかのように、大会の閉会式は平和と国際親善を讃えるものというよりは、ナチの党大会にそっくりに見えた。開会式とは対照的に、制服姿の突撃隊員とSSが、スタジアムと、ヒトラーがヴィルヘルム通りから帝国競技場に向かう道筋の至る所に見えた[64]。そして、式は夜に行われたので、アルベルト・シュペーアがニュルンベルク党大会のために考案したのと同じ、下からサーチライトを照らす「光の伽藍」効果を出すことができた。また、たくさんの裸火も焚かれ、ナチお得意の松明パレードを思わせた。

儀礼上バイエ＝ラトゥールはＩＯＣを代表して、「素晴らしい仕事をしてくれた」ドイツの組織委員に感謝し、四年後、東京に集まるよう世界の若者に呼びかけた。「［その大会が］明るさと協調を示し、その結果、オリンピックの聖火が幾時代もの人類の幸福のために、いっそうの熱意と、勇気と、名誉を運ぶことになりますように[65]」

千人の合唱団が讃歌を歌い、遠くで礼砲が轟いた。ある記者は、弾幕砲撃の開始を思い浮かべた。白衣の水夫たちによって五十二のオリンピックの国旗が降ろされると、赤い打ち上げ花火がスタジアムの上空に揚げられ、サーチライトが次々に消え、あたりを包む闇がオリンピックの火をくっきりと浮かび上がらせた。火はさらに数分間明るく燃えてからゆっくりと消えた。その間、巨大なオリンピックの鐘が弔鐘のように鳴り響いた。スピーカーから、亡霊じみたメッセージが流れた。「私は世界の若者に、東京に来るよう呼びかける」。合唱団は、別れの歌を歌った。「大会は終わりぬ」

しかし大観衆は、まだ立ち去ろうとしなかった。どうやら、ヒトラーからの最後の挨拶を期待していたらしい。総統が闇の中に坐っていると、スタンドの観衆は「ハイル、ヒトラー！　ハイル、ヒトラー！」と叫び始めた。すると、見えない合図があったかのように、観衆は右腕を挙げて一斉に立ち上がったように見えた。そして、ドイツ国歌と、『ホルスト・ヴェッセルの歌』を大声で歌った。一九三六年のベルリン・オリンピック大会の閉幕の夜、巨大なオリンピック・スタジアムに谺《こだま》した最後の文句は突撃隊の戦闘的な歌の文句で、間もなく息を引き取ったクーベルタン男爵が宣言したオリンピックの理念とは、微塵も関係のないものだった。「**Bald flattern Hitlerfahnen über allen Strassen, die Knechtschaft dauert nur noch kurze Zeit.**（間もなくヒトラーの旗がどの通りにも翻る。われらの隷従も、あとほんのわずかしか続かない）」

章末注

＊1　野球は実際には、一九一二年のストックホルム・オリンピックで一度行われた。その時はアメリカのチームが招致国のスウェーデンを13対3で破った。一九五二年のヘルシンキ・オリンピックでは、「フィンランド野球」と呼ばれた、野球の「改訂版」が行われた。

原注

（1）"U.S. Swim Teams," *NYT*, 16.8.36.
（2）James Olson "Japan at the Olympic Games, 1909-1936," M.A. thesis, California State Polytechnic University, Pomona, 1991, 153に引用されている。
（3）Carlson and Fogarty, *Tales of Gold*, 162.
（4）"Dorothy Poynton-Hill," *L.A. Times*, 14.8.36.
（5）"Olympic Diving Queen," ibid., 13.8.36.
（6）Rubien, *Report*, 224.
（7）Klemperer, *I Will Bear Witness*, 182.
（8）Rürup, *1936: Die Olympischen Splele und der Nationalsozialismus*, 182.
（9）Rubien, *Report*, 204.
（10）、（11）、（12）Ibid., 174-76.
（13）Ibid., 176.

(14) "Geh aufs ganze, Jakob!," *Rheinische Landeszeitung*, 10.8.36.
(15) Klaus Ullrich "Werner Seelenbider — a Hero," *Fifth Symposium on the History of Sport and Physical Education* (Toronto, 1982), 363-68.
(16) Rürup, *1936: Die Olympischen Spiele und der Nationalsozialismus*, 214.
(17) "Da kann man nur noch Nazi werden," Der Spiegel, 31/86, 130.
(18) Rürup, *1936: Die Olympischen Spiele und der Nationalsozialismus*, 213.
(19)、(20) "Kisses and Tears," *NYT*, 12.8.36.
(21) "30,000 erlebten den Triumph unserer Ruderer," *Berliner Journal Nachtausgabe*, 1 6.8.36.
(22) "Huskey Crew — U.W. Rowers Recall Gold Medal Day in '36," *Seattle Times*, 4.5.96; "Reliving an Olympic Victory," ibid., 25.10.2000.
(23) Tobias Jones, *The Dark Heart of Italy* (New York, 2004), 75に引用されている。
(24)、(25) U.S. Consular Report, Lima, Peruvian-Austrian Football Game, 862.4063 Olympic Games, NAに引用されている。
(26)、(27) *Time*, 24.8.36, 57.
(28)、(29) U.S. Consular Report Lima, 862.4063, NA.
(30) "Peruvian Eleven," *NYT*, 14.8.36.
(31) "Furor over Reich Defeat," *NYT*, 9.8.36.
(32) "Top Honors," *NYT*, 17.8.36.
(33) Rubien to Brundage, 19.8.36, Box 234, ABC.
(34) Carlson and Fogarty, *Tales of Gold*, 191.
(35) Adolph H. Grundman "A.A.U.-N.C.A.A. Politics: Forrest C. 'Phog' Allen and America's First Olympic

Basketball Team," *Olympika* 5 (1996) : 121 に引用されている。

(36) Arthur J. Daley, "Olympic Basketball at Berlin," *Spalding's Official Basketball Guide. 1936-37* (New York, 1937), 46-47.

(37) "Haben unsere Wasserballer das Olympiaturnier doch gewonnen?" *Stuttgarter Neues Tageblatt*, 29.9.36.

(38) Rubien, *Report*, 236-38.

(39) "Dirtiest Stones," *WP*, 29.9.36.

(40) "Pentathlon Won by German Star," *NYT*, 7.8.36.

(41) "Der Fünfkämpfer muss sich selbst besiegen," *Berliner Lokal-Anzeiger*, 8.8.36.

(42) *Time*, 24.8.36, 57 に引用されている。

(43) Mark Maestrone, "A 1936 Olympic Baseball Extravaganza," *Journal of Sports Philately* 36, no. 3 (Jan./Feb. 1998) : 15 に引用されている。

(44) Muriel Rukeyser, "We Came for the Games," *Esquire* 82 (1974) : 368.

(45) Edward S. Shapiro, "The World Labor Carnival of 1936: An American Anti-Nazi Protest," *American Jewish History* 74 (1985) : 260.

(46) "Labor Track Meet," *NYT*, 28.5.36

(47) Ferris to Brundage, 5.6.36, Box 23, ABC.

(48) Shapiro, "The World Labor Carnival," 264-65 に引用されている。

(49) 同書 270 に引用されている。

(50) "Walker Captures Honors," *NYT*, 16.8.36.

(51) Shapiro, "World Labor Carnival," 271 に引用されている。

(52) Fröhlich, *Die Tagebücher von Joseph Goebbels*, vol. 2, 663.

(53) *Der Angnff*. "Reich's Olympians," *NYT*, 17.8.36 に引用されている。
(54) *Die Olympia-Zeitung*, no. 30, 19.8.36.
(55) "Bekenntnis zu Führer und Reich," *Der Leichtathlet 1938*, Heft 14, 2.
(56) "Reich's Olympians," *NYT*, 17.8.36.
(57) "4,500,000 Admissions," *NYT*, 17.8.36.
(58) Hans-Adolf Jacobsen, *Nationalsozialistische Aussenpolitik 1233-1938*（Frankfurt, 1968）, 352 に引用されている。
(59) Andrew Morris, "'I Can Compete!': China in the Olympic Games, 1932 and 1936," *JSH* 26, no. 3（Fall 1999）: 556 に引用されている。
(60) Letter to editor, *WP*, 25.8.36.
(61)、(62)、(63) Hart-Davis, *Hitler's Games*, 231, 227.
(64) Schlusstag-Minutenprogram, R 43II/730, BAB.
(65) "Games in Berlin Close Amid Pomp," *NYT*, 17.8.36.

第9章 『オリンピア』

もし、一九三六年のベルリン・オリンピックが運営と宣伝活動の面で画期的な成功を収めたものとして今なお記憶されているとするなら、それはおそらく、ドイツのメディアが大会について言ったこと——あるいは、外国のメディアが大会について言ったとドイツのメディアが言ったこと——によるよりは、大会が終了してから二年後まで公開されなかった、ある映画の影響であろう。レニ・リーフェンシュタールの『オリンピア』である。テレビによる大会の取材では、その将来性を窺わせるものはほんのわずかしかなかったが、リーフェンシュタールの映画は撮影技法において神話的規模ともいえる多くの寄せ集めを提供した。それはまたドイツ人にとって、アメリカ人の傲慢な鼻を明かしてほくそえむ、もう一つの根拠となった。一九三二年のロサンゼルス大会では、ロサンゼルス記念コロシアムがハリウッドに近かったにもかかわらず、大会の映画は作られなかったのである。

『オリンピア』の製作

レニ・リーフェンシュタールが『オリンピア』の監督になる道は、彼女のカメラの前で競技をした選手たちの道にまったく劣らず険しいものだった。一九〇七年八月二十二日にベルリンに生まれた彼女は、芸術家としての最初のステップであるバレエの稽古の金を出してもらおうと、鉛管工の父を説得するのに悪戦苦闘した。そして早くも十七歳までには、偉大なユダヤ人の興行主マックス・ラインハルトの出し物で、花形ダンサーとしてベルリンの舞台を踏んでいた。映画監督アルノルト・フランクは彼女の躍動的な踊りに注目し、自分のいくつかの「山岳映画」に彼女を冒険登山家として登場させた。最も注目すべき作品は『聖山《デア・ハイリーゲ・ベルク》』だった。一九三三年、彼女はタイタニック号の悲劇を描いた映画『SOS、氷河《アイスベルク》』で英雄的な水先案内人を演じた。『青の光《ダス・ブラウエ・リヒト》』では、俳優として演技をすると同時に、監督としてデビューもした。主人公である、若い女性旅行家で真実の追求者の「内的風景」を探求したこの独創的な映画は、リーフェンシュタールの人生で一つの画期的事件になった。というのも、その「神秘的」性格が、自分は独自に精神的探求をしていると確信していた男、アドルフ・ヒトラーに大きな感銘を与えたからである。(1)

『SOS、氷河』が一九三三年八月三十日にベルリンのウーファ＝パラスト・アム・ツォーで初公開されたとき、リーフェンシュタールは初日のためにニュルンベルクから飛行機で来なければならなかった。彼女はニュルンベルクで新しい仕事にすでに取り掛かっていたのだ——のちの恒例となるナチ党大会の第一回のドキュメンタリー映画の監督をするという仕事に。彼女の新しいファンであるヒトラー自身、彼女をその企画のために使うよう、土壇場になって宣伝相のゲッベルスに指示した。急いで編集され、『信念の勝利《ジーク・デス・グラウベンス》』と題されたその映画は失敗作で、今ではほとんど忘れられている。リーフェンシュタールがのちに語ったところによると、ゲッベルスは、彼女に協力するようにというヒトラーの明確な命令を無視して、あらゆる種類の妨害をした。だが、本当の問題は、資金が足りず、装備が不十分だったのに加え、準備の時間がなかったことのように思われる。(2)

　ヒトラーは『信念の勝利』が失敗したにもかかわらず、一九三四年に開かれた次のニュルンベルク党大会の映画の監督をリーフェンシュタールに依頼した。今度は十分な予算も、相当の準備時間もあった。その成果は、史上最も有名なプロパガンダ映画『意志の勝利《トリウムフ・デス・ヴイレン》』だった。リーフェンシュタールは自分の望んだ印象的な雰囲気を映画に出そうと、撮影すべき「アクション」の上にレールを敷き、そこを動かす移動カメラのような斬新な手法を使った。「私は自分がドキュメンタリーに対する紛れのない才能を持っているのに気づいた」と彼女はのちに書いた。「偽ることなく実際の出来事に映像を与える映画製作者の喜びを経験した」(3)

一九三五年三月二十八日、『意志の勝利』はベルリンで初公開された。観客の中にヒトラーがいた。その作品がいたく気に入ったヒトラーは、彼女にライラックの花束を手渡した。数ヵ月後、一九三五年八月、彼はもっと重要な褒美を彼女に与えた。間もなくベルリンで開かれるオリンピック大会のドキュメンタリー映画の制作を依頼したのだ。

リーフェンシュタールは一九八七年に公刊された論議の余地の多い回想録の中で、『オリンピア』制作の背後にある真相をぼかすのに全力を尽くした。彼女の主張するところでは、ベルリン大会の映画はIOCに依頼され（カール・ディームの発案で）、独立した配給会社、トービス映画の資金援助を得て、自分一人で制作したものだった。(4) 事実はまったく違っていた。彼女は実際、映画に対する芸術上の指導権は持っていたものの、映画制作は宣伝省から依頼されたのであり、資金はすべて国家が持ったのである。しかし当局は、映画がナチ政府とは無関係に見えたほうがいいと考え、映画の実際の所有者である宣伝省の目隠しとしてのダミー会社、有限会社オリンピア映画を設立することをリーフェンシュタールに認めた。

またリーフェンシュタールは回想録の中で、ゲッベルスが彼女の映画制作に反対し、事あるごとに仕事の邪魔をしたと主張している。実際は、ゲッベルスはその映画の宣伝価値を認め、リーフェンシュタールがそれに関わるのを認めた。もっとも、冬季オリンピックの映画『世界の若者』の監督にその映画を任せたかったであろうが。「リーフェンシュタール嬢はオリンピア映画の準備作業について報告した。彼女は抜け目のない女だ」(5)とゲッベルスは一九三五年八月十七日の日記に書いている。リーフェンシュタールにとっての問題は、ゲッベルスが結局、その企画にあまりに関心を持ち過ぎ、何度かそれを変更しようとしたことだった。彼女は、少なくとも彼女の言うところでは、それに抵抗して成功したらしい。ちょうど、その好色な女誑《おんなたら》しが自分のベッドに引き入れようとするのに彼女が抵抗して成功したように。

リーフェンシュタールは、伝統的なドキュメンタリーや、美化したニュース映画は作るまいと決心していた。古代ギリシアに最初に芽生え、それからナチ・ドイツの中に新しい居場所を見つけたオリンピックの理念(どうやら彼女もそれを本気で信じていたらしい)の本質を捉えようとしたのだ。映画のプロローグの、ほとんど超現実的で霧に包まれたシーンについて、彼女は忘我状態のようなヴィジョンを抱いていた。

私は心の目で、古代オリンピックの行われた場所の廃墟が、切れぎれの霧の中からゆっくりと現われ、ギリシアの神殿と彫像が脇を漂っていくのを見ることができた。アキレスとパリス、それから、ミュロンの作った円盤を投げる男。私はその彫像が血肉をそなえた人間に変わり、スロー・モーションで円盤を徐々に投げ始める夢を見た。彫像はギリシアの神殿の、炎に変貌してゆく踊り手になり、オリンピックの火は松明に点火し、それはゼウスの神殿から一九三六年の現代のベルリンに運ばれた——古代から現在までの架け橋だ。(6)

リーフェンシュタールは、ベルリン大会の全種目を映画に収めることはとてもできなかったので、重要で代表的な瞬間、シーン、パフォーマンスに絞ることに最初から決めていた。しかしまた、どのシーン、どの種目が最終版に収めるに値するか前もって知ることはできなかったので、ほとんどどんな種目でも撮影せざるを得なかった。そしてそのあと、フィルムを編集することにした。彼女の功績だが、映画はマラソンの優勝時間より一時間十五分しか長くなかった。

『オリンピア』のためのリーフェンシュタールの作戦は、時間、人員、装備、資金の面で大変な規模のものだった。一九三五年十二月一日に彼女が署名した宣伝省との契約書は、壮大な野望を反映していた。それによると、彼女は合計百五十万ライヒスマルクを要求した。『意志の勝利』の経費を遥かに超えていた。資金は一九三六年四月十五日から三七年十月十五日までのあいだに四回に分けて支給されることになっていた。[7] リーフェンシュタール自身は二十五万ライヒスマルク貰うことになっていた。彼女は映画の芸術上の指導権は持っていたが、政府に定期的に財務報告をしなければならなかった。契約書にはIOCの名は出てこなかった。オリンピックを商業的に利用する権利は、建前はIOCが管理していたのだが。また、ドイツ組織委員会の名も契約書にはなかった。『オリンピア』に対する契約上と財政上の取り決めは、うわべは「独立」しているオリンピックという媒体をいかにナチ国家が完全に乗っ取ったかを、またも示していた。

リーフェンシュタールは潤沢な予算を利用して精緻な撮影設備を作り上げ、厖大な数のスタッフを雇った。大会が始まる数ヵ月前、リーフェンシュタールと四人のカメラマンは作戦について話し合うため、近くの鉱泉町バート・ハルツブルクに引き籠もった。

彼女は自分の制作本部として、ベルリン＝シュパンダウにあるハウス・ルーヴァルトと呼ばれた広壮な別荘を借りた。彼女はそこで撮影期間中、撮影班全員と暮らした。暮らしぶりはスパルタ的ではまるでなかった。一流ホテル並みに、ハウス・ルーヴァルトにはちゃんとしたバー、メイドのサービス、図書室、レストランがあった。一流ホテルとは違い、ハウス・ルーヴァルトは豪華な朝食を無料《ただ》で宿泊者に提供した。別荘の作業スペースには、最新式のフィルムの編集室、ラッシュを見るための映写室、広い暗室、リーフェンシュタールでさえ「贅沢に設えられている」と認めたいくつかの事務室が含まれていた。(8)

リーフェンシュタールは、もっぱら南ドイツ出身の若いスポーツマンタイプのカメラマンと技師を選んだ。彼らは多くの一流のドイツの映画関係者と異なり、女性のために喜んで働いた。実際、その何人かは彼女のもとで以前働いたことがあった。

そうした男たちも、新しい技術を使って実験をすることに乗り気だった。冬季オリンピック映画『世界の若者』の裏方として働いた天才的技術者の一人、ハンス・エアトルは水中で撮影することができる特殊なカメラを開発した。それは、水泳と飛び込みの種目には非常に役に立った。カヤック競争の撮影のエキスパートになったヴァルター・フレンツは、漕艇とヨットの撮影の責任者になった。『意志の勝利』の時のベテランで、ガルミッシュでのアルペン・スキーで銀メダルを取ったグッツィ・ランチュナーは、飛び込み、体操、馬術の種目の大部分を撮影した。

『オリンピア』での瞠目すべき近接撮影――苦痛に歪む選手の顔、力を込めた際に盛り上がる筋肉――の多くを撮影したエキスパートは、ハンス・シャイプだった。彼は、当時最も強力だった、六百ミリの望遠レンズ付きの巨大なライカを巧みに使った。その大砲のようなライカを使ってシャイプは、スタジアムの半分向こうから、選手の汗まみれの額を捉えることができた。もっと正確に言えば、シャイプは条件が整っていた時にそうしたショットを撮ることができた――つまり、当時使われた、感光度の低い映画フィルムでもよく撮れる自然光があった場合に。残念ながら、大会の当初は薄曇りで雨が多かったので、鮮明な長距離撮影は事実上不可能だった。シャイプがその時期に撮ったフィルムの多くは破棄された。

『オリンピア』の実際の撮影は、大会が開幕するずっと前から始まっていた。一九三六年六月、リーフェンシュタールは、才気煥発だが精神的疾患を抱えたシュールレアリストの写真家ヴィリー・ツィークレをギリシアに送り、映画のプロローグにふさわしい場面を撮ってこさせた。その目的のために精神病院から外出の許可を貰ったツィークレは、アクロポリスとオリンピアの靄がかかったような夢幻的イメージを撮るために、スモークパウダーと、ガーゼを被せたレンズを用いて数週間仕事をした。ツィークレはダンツィヒ近くのバルト海の海岸にある淋しい砂丘を撮影し、それをプロローグ用に加えた。すでに述べたように、リーフェンシュタールはギリシアでの聖火の点火式と聖火リレーの第一段階を撮影するために撮影班を派遣してもいた。聖火リレーの一部を演出して再現して撮影するという彼女の技法は、競技自体を撮影する際にもときおり用いることになる技法を予告していた。

開始日が近づいてくると、リーフェンシュタールは大会を撮影するために最上の技術的環境を整えようと決心して帝国競技場とその他のオリンピック会場に乗り込んだが、大会運営に責任を負う役員としばしば衝突した。最初彼女は、カメラマンがスタジアムの中のフィールドを自由に歩き回ってよいという許可を要求したが、役員は、それは選手の気持ちを乱すし、事故が起こりかねないとして反対した——例えば、カメラマンが槍で刺されるとか、円盤で頭部を切断されるとかいった事故が。結局彼女は、カメラを載せるための二つの鋼鉄製の塔を建てる許可を得た。その塔はもちろん目障りで、一部の観衆の視界を遮った。もっと問題だったのは、ローアングルで選手の映像を捉えるために、走り幅跳び、走り高跳び、短距離競争用のトラックの近くに彼女が掘らせたカメラ用の穴だった。もっともな話だが、ＩＯＣは選手が過ってその穴に落ちてしまうのを心配した。確かにオーエンスは、百メートル競争の最初の予選を済ませたあと、危うくその穴に落ちるところだった。激怒した

IOCは走り幅跳びと走り高跳びの場所の近くの穴を除き、すべてのカメラ用の穴を埋めるようにリーフェンシュタールに命じた。

リーフェンシュタールはまた、革新的なレール撮影の手法を導入した。それは無人カメラをレールに沿って動かし、短距離選手がトラックを走ってくるところを撮影するというものだった。その装置は一九三六年春の全ドイツ陸上競技選手権大会で試され、うまく作動することがわかった。しかし国際陸上競技連盟は、オリンピックのランナーが速い速度で移動しているカメラに気を散らされるかもしれないと心配し、大会の始まる直前に、その装置すべてを取り外すよう求めた。

リーフェンシュタールはそれと対照的に、グリューナウの漕艇のコースでは、ボートがラストスパートからゴールインするまで一メートルごとに撮影できるカメラを引く車が走る、百メートルの台を設置することに今度は成功した。その複雑な装置を作ったのは、「苦闘、最後の努力、勝利と疲弊」のショットを撮りたかったからだとリーフェンシュタールは言った。[9]

彼女はまた、漕艇競技のパノラマ的な俯瞰ショットも撮りたいと思った。そして、そのために空軍から軍用飛行船を借りた。またもや役員は彼女の計画に横槍を入れ、安全上の理由から飛行船を使うことを禁じた。リーフェンシュタールは土壇場になって、飛行船に代わるものとして、特定の高度でシャッターを切るように設定したミニカメラを付けた、無人風船で実験してみた。それはテストではうまくいったが、結局、風船は競技中、コースから外れて漂って行ってしまい、使えるフィルムはまったく得られなかった。

リーフェンシュタールとその撮影班は、大会の映画を作る準備過程で数多くの障害に出会ったので、撮りたい特定のショットを手に入れるには、規制の少ない練習の際に選手を撮るほかはないという結論に達した。

出来上がった映画のヨットのシーンの大半は、リーフェンシュタールとカメラマンのフレンツが、キールでのドイツ代表選抜レースと練習中に、ボートに載せたカメラで撮ったショットから成っていた。(10) 同様にコックスの視線から漕艇競技を見るというシーンも、練習中、さまざまなスカルに坐っているカメラマンによって撮影された。ハンス・エアトルは、水泳スタジアムで練習が行われているあいだにゴム製筏に乗っていくつかの刺激的ショットを撮った。それに加えて、ドラマチックな水泳シーンは、練習中に泳いでいる選手の鼻先を曳かれていく玩具《おもちゃ》のボートに取り付けたミニカメラで撮影された。フレンツはマラソン選手に頼み、走っている最中の足の動きのショットを撮るために、練習中、籠に入った小さなカメラを首から掛けてもらうことにした。もちろん、本番のレースではランナーの誰もカメラを下げはしなかったが、リーフェンシュタールは、マラソン・コースの一部であるアーヴス高速道路の脇の茂みに隠した、ゴムを引いた軌道に沿って牽引するカメラで、孫基禎とアーネスト・ハーパーの鮮明なクローズアップを撮った。

大会が始まっても、リーフェンシュタールは撮影方法と、選手との対応を巡って役員と争い続けた。ヒトラーの後ろ楯があることを恃《たの》んだ彼女が、我が物顔に帝国競技場を歩き回ったのも事態を悪くした。彼女は警察、審判員その他の役員が邪魔をするたびに激怒した。ハンマー投げの審判員がカメラマンのランチュナーに撮影を中止させると、リーフェンシュタールは審判員のところに駆け寄って襟の折り返しを摑み、「この阿呆!」と金切り声で怒鳴った。(11) 彼女はまた、どんなふうに戦術的に涙を流したらよいのかも心得ていた。

リーフェンシュタールが帝国競技場で活動しているのを見たベラ・フロムは、プリマドンナとしてのリーフェンシュタールの姿を、あまり好意的ではない調子で描いている。

公認写真家のレニ・リーフェンシュタールは、グレーのフランネルのスラックスを穿き、ジョッキー・キャップのようなものをかぶり、疲れを知らぬ、なんともきびきびした重要人物といった態度で至る所に顔を出す。一方、彼女の助手たちは、レニが指示する仕事を黙って手際よくこなす。

ときおり彼女は総統の隣に坐り、雑誌の表紙風の笑みを浮かべ、自分は偉いという光輪を頭上にしっかりと載せる。彼女は優先権を持っていて、誰かほかの者が自分の見逃したショットを撮るのが我慢できない。使い走りの少年が、一人のカメラマンから次のカメラマンのところに絶えず走り回って、みなに恐れられている紙片を渡す。「私、レニ・リーフェンシュタールは、撮影中、現在の位置にそのままとどまるよう警告する。歩き回らないように。違反した場合は、報道関係者通行許可証を没収する(12)」

大会期間中、リーフェンシュタールの撮影班は、約四十万メートルのショットを撮った。プロローグの映像、聖火リレーの場面、練習風景のショットに加え、その厖大なセルロイドの集積には、あらゆる競技種目のフィルムが含まれていた。しかし、すべての「アクション」のフィルムが、リアルタイムで本番の競技を撮影したものというわけではなかった。すでに述べたように、闇が迫ってきて棒高跳びの最終段階の鮮明なショットが撮れなかったので、リーフェンシュタールはグレン・モリスの助けを借り、ファイナリストたちに頼み、翌日、もう一度跳んでもらって撮影した。モリスは、リーフェンシュタールがやはり撮り損なった、彼が見事に優勝した十種競技の最後を飾る、五千メートル競走を再現することに同意した。水泳、飛び込み、体操のフィルムのいくつかも、同じように大会終了後に撮り直したものだった。

リーフェンシュタールは大会の競技を撮影するのにあらゆる種類の困難に遭遇したけれども、最も手ごわい作業はフィルムの編集だった。それは、カメラマンが撮ったフィルムの四分の三を破棄せざるを得ないことを意味した。彼女は撮影の場合同様に、編集にも周到な計画を立て、すべての素材の詳細な索引を作り、作業の正確な時間割を作成した。

しかし彼女は編集作業を本格的に始めることができないうちに、ゲッベルスから重大な要求を突きつけられた。実際、いまやゲッベルスは彼女の敵になっていた。ゲッベルスは映画の編集に一年たっぷりかけるという彼女の計画を認めなかった。彼は映画が大会終了直後に上映された場合のみ大きな宣伝効果をもちうると信じていた。彼女によれば、彼は映画に「あまりにたくさんの黒人が出る」[13]のではないかと心配していた。そのうえ彼は、彼女が撮影中政府の金を無駄に使ったという噂を耳にして腹を立てていた。ついに、彼は抜き難い女性蔑視癖が表面に出てきて、リーフェンシュタールのような、たとえ「抜け目のない女」であっても所詮女が、山のようなフィルムを積極的な宣伝映画にするという仕事ができるのかどうか疑い始めた。そこで彼は、『オリンピア』の監督をリーフェンシュタールから、宣伝省での彼の追従者、ハンス・ヴィーデマンに替えようとした。リーフェンシュタールは直ちにゲッベルスのもとに行き、そうした干渉に抗議した。ゲッベルスは日記にこう記している。「リーフェンシュタールがヴィーデマンのことで文句を言いに来た。彼女はひどいヒステリーだ。女はそうした大仕事ができないという、もう一つの証拠だ」[14]

ゲッベルスはリーフェンシュタールを威嚇し、彼女の信用を落とすため、一九三六年十月、オリンピア有限会社の帳簿の抜き打ち検査を命じた。リーフェンシュタールはその点では弱かった。彼女とその撮影班は事実、どんな出費も惜しまず、自分たちに委ねられた装備の世話を十分にしなかった。予想通り、政府の会計監査官はあらゆる種類の不備を発見した。例えば、同社の主任財務係ヴァルター・グロスコップフは、貴重品を入れる金庫を用意せず、数万ライヒマルクを上着のポケットに入れて持ち歩き、手当たり次第に使った。バルト海沿岸の砂丘で撮影するのに、それほどの大金と時間を使う必要があったかどうかについては会計監査官は判断できなかったけれども、リーフェンシュタールの会社が、飲み食いやチップに湯水のようにベルリンで金を使ったことを見過ごすことはできなかった。そのうえリーフェンシュタールは、契約に定めてあるように、必要経費を自分の給料の中から取るのではなく、会社の財源から引き出した。会社はメルセデスを二千六百七十一ライヒスマルクで買い、カメラマンのランチュナーに千ライヒスマルクで売った。ハウス・ウーヴァルトにある会社の皿、衣類からカメラに至るまでの物品は、撮影終了後、不法に売り飛ばされるか、ただ単に消えるかした。要するに、ある証人が会計監査官に証言した通りだった。「金は関心事ではなかった。どの技手も技師も好きなものをなんでも手に入れた。民間の会社がそんなやり方をすれば、たちまち破産する[15]」

リーフェンシュタールは国の飼い葉桶から「豚のように貪った[16]」ということを示す会計監査官の報告は、ゲッベルスにとっては、彼女を即座に馘《くび》にすべき証拠になった。少なくとも、彼女を財政的に束縛すべきである、と彼は言った。

ところがリーフェンシュタールは、束縛されるような女ではなかった。彼女は企画を完成させるために、ポストプロダクションの助成金として、さらに十万ライヒスマルク要求して、その批判に応えた。彼女はまた、手元の材料から二本の長篇特作映画を作り出すことを正式に提案した。ゲッベルスはリーフェンシュタールの図々しさに唖然とした。もっとも彼は、彼女の一番新しい要求に、氷のように冷たい侮蔑の念しか示さなかったと言ってはいるが。彼はそのことについて日記に書いている。「リーフェンシュタール嬢は私に対してヒステリックになっている。この猛女と一緒に仕事をするのは不可能だ。今度は自分の映画のためにさらに五十万欲しいと言っている、そして、二本の映画を作りたいと言っている。しかし、彼女のスタジオではひどくでたらめなことが行われている。私は冷厳そのものだ。彼女は泣く。涙は女の最後の武器だ。しかし、私にはもう効き目がない。彼女は自分の仕事をし、秩序を守るべきだ[17]」

明らかにゲッベルスとの交渉が行き詰まったが、『オリンピア』を自分の思う通りにし、自分が納得のいく形で完成させようと決心したリーフェンシュタールは、今度は切り札を出した。ヒトラーと自分との特別な関係という切り札を。いろいろ手を回し、相当に時間が経ってから彼女は自分の後援者に個人的に会い、自分が今必要としているものと、ゲッベルスとのごたごたについて話した。彼女は回想録の中で、「ゲッベルスが自分に対して性的関係を迫った[18]」ことは言わずに、自分と撮影班が宣伝省から受けた「嫌がらせ」について、もっぱら話したと言っている。そして、自分はこんな状況ではドイツで暮らして仕事を続けることはできないとも言った。

それまでゲッベルスの側からの話だけを聞いていたヒトラーは、宣伝相と言い争った。二人が会った時に正確にどんな言葉のやりとりがあったのかはわかっていないが、その後間もなくリーフェンシュタールはヒトラーの副官から、追加の三十万ライヒスマルクの補助があるだろうということ、ゲッベルスから嫌なことを言われるのを心配する必要はないということを伝えられた。

ゲッベルスにとっては、その結末はひどく屈辱的なことだったが、復讐としてできたのは、リーフェンシュタールの下っ端の協力者の何人かを追放することだけだった。

ゲッベルスから干渉を受けることのなくなったリーフェンシュタールは、『オリンピア』の編集に没頭した。それは極度に骨の折れる仕事だったが、仕上がったものが「調和のとれた建築物」になるように、完全に自分で取り仕切った。彼女の頭には包括的な構想があったが、個々の場面をそれぞれの「リズミカルな動き」に従ってまとめた。それは必ずしも大会の競技種目の実際の順番に一致しなかった。「それは作曲に似ていた、そして、作曲のように直感的なものだった」(19)と彼女はのちに、自分の手法について語った。

大方のドキュメンタリー同様、リーフェンシュタールの映画はナレーションを入れることになったが、この映画の場合彼女は、ドイツのラジオで大会の競技を放送した著名なアナウンサー、パウル・ラーフェンを実際に映画に登場させ、アナウンサーとしての彼の役割を再現した。映画の中ではラーフェンは、もちろん映画の観客に向かって話しているのだが、まるで目に見えないラジオの聴衆に向かって話しているように見える。そうすることによってリーフェンシュタールは、ナレーションを生き生きとさせると同時に、ベルリン大会の呼び物の一つであったドイツのラジオ技術を宣伝することができたのである。

リーフェンシュタールはフィルムを編集中に新しい音響効果をフィルムに加えざるを得なかった。なぜなら撮影している際に、録音技師が観衆の雑然とした声以外の音をあまり拾えなかったからだ。大会の開始を宣言するヒトラーの十五語のドイツ語の文章が、その映画の中で同期した音の聞かれる唯一のものである。サウンドトラックの迫真性を増すため、リーフェンシュタールはベルリン在住のアメリカ人と日本人に、それぞれの国の代表的なやり方で喝采してもらって録音した。

音楽はリーフェンシュタールのそれまでの映画で重要な役割を果たしていた。映画の雰囲気を作り、伝えたいメッセージを強調するのに役立ったのだ。『意志の勝利』の冒頭のシーンで、ヒトラーの飛行機がワーグナーの『マイスタージンガー』の一部の伴奏で雲間から降りてくる。リーフェンシュタールは『オリンピア』でもやはり効果的な音楽を使う決心をしていた。そこで、『意志の勝利』

で一緒に仕事をしたヘルベルト・ヴィントに再び作曲を依頼した。

ヴィントの得意は国家主義的ラジオ番組と映画のための「英雄的」音楽だった。彼はナチ党の党員で、ゲッベルスのお気に入りの作曲家だった。リーフェンシュタールは『オリンピア』の仕事を彼に依頼することで、宣伝省との関係を修復しようと思っていた。自分の雇った音楽家から彼女が期待したのは、一種の平行テキストだった。ワーグナーのライトモチーフのように、物語が展開するのを助けるような。例えばプロローグに関して、彼女はヴィントに言った。「ねえ、ヘルベルト、画面に新しい主題が現われると――神殿の楣石《まぐさ》など――画面と正確に同期してテーマを変えてくれたら素晴らしいわ」[20]。ヴィントはマラソンのために選手の動きの対立旋律になるような音楽を作った。その結果、レースで行われていることの内的な本質を摑むことができた。彼は熱の籠もった口調でこう説明している。

レニ・リーフェンシュタールは、ランナーの頭部からのショット［籠に入れたカメラからの有名なショット］も撮ったので、観客は、いわばランナーの目で見ることができた。ランナーの視線は地面の上に伸び、両脚は絶えず前方に跳ぶ――両脚の下で地面はさっと後方に去る。レニ・リーフェンシュタールはこうした画面において、どんな長距離レースにおいても何キロも走ったあとで起こる状況をドラマチックに創造することができた。疲弊！　ランナーの脚は重くなり、リズムは遅くなり、足取りは鈍くなり、姿は重苦しくなる。しかし音楽は、ランナーの肉体に起こっている事柄の順序に伴わない。逆に、ランナーの音楽、気分、思考の飛躍、精神、意志、中心理念は疲れ始めた肉体の上に揚がり、ランナーの前方に飛び、肉体を前に引っ張る。肉体と精神のドラマチックな対照物を、一つのスリリングな経験に形作ることが、そこに見事に達成されていた[21]。

ドイツの天才の記念碑

一九三八年三月初旬、ついに『オリンピア』は封切りを待つばかりになった。約束通りリーフェンシュタールは、実際に二本の映画を作った——第一部『民族の祭典《フェスト・デア・フェルカー》』、第二部『美の祭典《フェスト・デア・シェーンハイト》』である。聴くのに大変な努力がいるワーグナーの『指環』三部作同様、第一部と第二部は、それぞれ別々に観るものとして作られた。しかしリーフェンシュタールは、ワーグナーの楽劇ほどの長さの映画に対してさほどの忍耐心はないだろうと思われる外国人向けに、ドイツ語のオリジナル版よりもやや短い、五つの外国語版を作成した。そして熟慮の末、そうした外国語版から鉤十字と、ヒトラーのショットのいくつかを削除した。戦後間もなく、連合国の検閲官はドイツ語のオリジナル版のかなりの部分をカットした。そして一九五八年、リーフェンシュタール自身、自分の政治的汚名を晴らそうという意図で、衛生無害になった短縮版を作成した。

『オリンピア』は政治的、イデオロギー的メッセージを持たない、純粋な芸術映画だと、リーフェンシュタールはいつも主張していた。当時の多くの評者はその言葉を受け入れた。その後、少数の評者もその言葉を受け入れた。その考えはどの程度正確なのだろうか？

『オリンピア』は評価しにくい。現在観ることのできるその映画には多くのそれぞれ違った版があるからだ。一九五八年の短縮版とさまざまな外国語版は、オリジナルのドイツ語版と、微妙だが重要な点で異なる。今日、そのオリジナル版を観る者はごく少ない。現存するオリジナル版は、戦後、アメリカに没収されたからだ。ワシントンの国立公文書館に一つ、ドイツ連邦公文書館のベルリン分館に一つある。

一九三八年のドイツ語版は国内の観客向けのものではあるが、少なくとも表面上は、特に党派的という感じはない。外国人選手の勝利にも、外国人の観衆にも、ちゃんと注意が払われている（それどころか、映画は観衆の大多数が外国人だという誤った印象すら与える）。『オリンピア』はドイツがいくつメダルを獲得したかを明らかにしていないし、事実、ドイツにとって不面目ないくつかの敗北も記録している。その中でとりわけ注目すべきなのは、フィールド・ホッケーでドイツがインドに一方的に敗れた試合である。ところが、この「中立」の姿勢は、リーフェンシュタールがナチ政府の方針から独立していたことを示すと解釈してはならない。逆にそれは、ゲッベルスがドイツの新聞社に対して下した、外国人選手の勝利もちゃんと報道するように、国民的誇りを表に出すのを控えるように、という命令を反映していたのである。

『オリンピア』はアメリカの黒人選手の活躍に関しても、一見すると、十分に公正に見える。ジェシー・オーエンスは明らかにスターになっている。彼は非常に好意的に扱われているので、ベルリン市民はそれを冗談の種にした。「Dem Fürer zeigt die Leni dann/was deutsche Filmkunst alles kann/Da sah er dann im Negativ/wie positive der Neger lief.」[22]（「レニは総統も見せてくれる／ドイツの映画にできるのはそれだけだ／彼は映画のネガの中で／ニグロがなんとポジに走るのかを見た」）。その一方、競技中のオーエンスの場面はたくさんあるのに、オーエンスのサインを貰おうと長蛇の列を作って辛抱強く並んでいるドイツの少年のショットは一つもない。そのうえ映画では、アメリカのほかの黒人選手の競技はさほど褒め称えられてはいない。男子四百メートル競走の唯一のクローズアップで写っているのは二位になろうと走っている英国のランナー、ゴドフリー・ブラウンで、金メダルを取ったアーチー・ウィリアムズではない。八百メートル競争の場面で焦点が当てられているのは、自国の花形ランナー、マリオ・ランツィを応援しているイタリアのチームであって、目覚しい逆転勝利を収めたジョン・ウッドラフではない。ウィリアムズもウッドラフも、表彰台に上った姿はその映画にはない。リーフェンシュタールは、言い換えれば、ゲッベルスが気に入ったほどには「黒人」を軽視しはしなかったが、アメリカの黒人選手を正当に扱ったとはとても言えない。

そのうえ、さまざまな微妙なやり方で、その映画はドイツ人選手贔屓をまさしく反映している。最高のスローモーション・ショットはドイツ人選手の競技に取って置かれているのだ。ドイツが勝った場面は悲壮な音楽で強調され、大得意のドイツの指導者たちの顔が大写しになる。大量のフィルムが馬術の種目に充てられている。その種目ではドイツが優勢だったのだ。ドイツ人選手はメダルを獲得しなくても大きく取り上げられる場合があった。例えば、エーリヒ・ボルヒマイヤーは決勝に出なかったにもかかわらず、百メートル競争の予選で勝った姿が写っている。ヴィリー・シュレーダーは円盤投げで早い段階で失格したにもかかわらず、まるでファイナリストででもあるかのように写っている。十種競技の場面では、エルヴィーン・フーバーが、事実に反し、優勢なアメリカ人選手の好敵手かのように扱われている。ドイツの観客が第三帝国の陸上競技の選手は実際よりも活躍したと思ったとしても許されるだろう。

『オリンピア』はまた、ドイツの同盟国か、ナチ・ドイツに対して好意的な国から来た選手を贔屓している。日本人選手はイタリア人選手同様、大きく扱われている。それと対照的に、チェコのメダル獲得者のショットは、ただの一つもない。チェコは当時、ズデーテン地方を巡ってドイツと対立していた。

オリジナルのドイツ語版ではヒトラーが実に頻繁に現われるので、彼はベルリン大会で実際よりも大きな役割を果たしたかのように見える。総じて、『オリンピア』に現われる総統は『意志の勝利』の場合と異なり、後光を発するような半神に描かれてはいず、ごく普通のスポーツ愛好家、自国のチームが勝つと元気づき、負けると悲しがる、腹の出たドイツ人に描かれている。たいていは笑い、微笑し、ただ楽しんでいる姿で写っている。（しかし、水泳スタジアムでヒトラーが自分のお祖母さん風の崇拝者から頬にキスをされている有名なシーンを入れるのは行き過ぎだったろう。ハンス・エアトルの撮ったそのシーンのフィルムは、編集室の床に捨てられた。）リーフェンシュタールはヒトラーを普通の男《メンシュ》として描いたが、宮廷画家が王室の人間に近づくようなやり方で彼を扱い、後援者に対して自分なりの演技をしていたのだろう。

『オリンピア』の英語版ではヒトラーは時々しか現われず、彼の唯一のクローズアップのショットは、開会式で開会の辞を述べる時のみである。映画のほかのところで、彼がオーストリア選手団に向かってナチ式敬礼をしているところと、ドイツ人選手が勝ったあと笑っているところの短いショットがある。同様に、大会の至る所にあり、『オリンピア』のオリジナルのドイツ語版ではやたらに写っている鉤十字の旗は、英語版とほかの外国語版では、オリンピックの旗に席を譲っている。

さらに、ドイツ語版と外国語版では、ナレーションの口調に相当の違いがある。ナレーターの声は外国語版ではわざとらしいほど感情のない、平凡な声だが、ドイツ語版ではナレーターは競技がまるで人種と国家の戦いであるかのような調子で喋っている。例えば百メートル競争では、黒人ランナーは「白人種の最強の代表」と対決することになる。水泳スタジアムの二百メートル男子平泳ぎは個人同士の競争ではなく、ドイツと日本の「血闘」ということになる。マラソンで三人一緒になったフィンランド人ランナーは、「三人のランナー、一つの国、一つの意志」と言われる。それは、ナチのスローガン、「一つの国家、一つの民族、一人の指導者」の模倣である。外国語版では選手の名前がきちんと言及されているが、ドイツ語版では、選手の国籍だけしか言わない場合が多い。言い換えれば、ドイツの観客が観た『オリンピア』は、競技とは、国家と人種の競争であり、世界の諸民族のあいだで覇権を握るための大激戦のスポーツ版であるというナチのドグマを強調していた。

しかし『オリンピア』の外国語版でさえ、国家社会主義のイデオロギーから決して自由ではない。ナチにとって大事な基本的原理と審美的理念のいくつかを、時には微妙に、時にはかなりあからさまに伝えている。古代ギリシアのイメージを長々と写している『オリンピア』のプロローグは、ギリシアと現代ドイツのあいだにあるとナチの考えた繋がりを再び主張している。ミュロン作の裸の円盤投げ選手が完璧なアーリア人のスーパーマンに姿を変えていくとき、その意味を摑むのに、モデルがエルヴィーン・フーバーだったことを知る必要はない。聖火リレーの場面は、リレーが古代オリンピアから出発してナチのベルリンで終わることを強調することによって、その二つの場所に大きな精神的繫がりがあることを、聖火リレー自体が示唆するよりも強く示唆している。観客はオリンピアの聖なる廃墟に一分ほどいると、次の一分で——南東ヨーロッパの地図を蛇行する黒い線によってのみ中断されるが——ヒトラーが統《す》べるベルリンのスタジアムにいるのである。

『美の祭典』第二部のプロローグは、まさに夜が明けようとするとき、観客をオリンピック村に案内する。下生えの灌木を這う一匹の甲虫、羽をひらひらさせる一羽のアオサギ、オーストラリア選手団の好意による一匹のカンガルーが野原をぴょんぴょんと横切る。蜘蛛の巣が朝日に照らされる。ナチ・ドイツの朝だ。世界中からやってきた選手が、この牧歌的な環境の只中で、国防軍が建てた趣味のいい宿舎に住み、敷地内の生活の便益を利用している姿が見られる。運動場、池、ラウンジチェア、森の中を通るランニング用の小径、生殖器をぶらぶらさせている裸の男たちが樺の枝で楽しそうに互いに叩き合っている、フィンランド風のサウナ。これから始まる大事なことを前にしての、溢れんばかりの遊び気分、くつろぎ、多国籍の若者の一体感が感じられる。ほかの何人かもすでに指摘していることだが、そのシーン全体は、リーフェンシュタールの『意志の勝利』の中で、ニュルンベルク党大会の前にふざけ戯れているヒトラー・ユーゲントの団員を強く思い出させる。もちろん、『オリンピア』の中では、選手の大半はナチではないが、観客はデーベリッツのオリンピック村を、ニュルンベルクのヒトラー・ユーゲントの宿営所のように、ナチの用語、民族共同体《フォルクスゲマインシャフト》の中心にあると思われている深い連帯感の表われとして見ることになっている(23)。

最後に言えば、『オリンピア』が「美しい肉体」を讃えているということは、単にリーフェンシュタールの個人的審美観を反映しているだけではない（彼女は立派な体格を実際に愛しはしたが）。それは、国家社会主義のドイツが、健康、力、完璧な肉体を讃美したことに密接に結びついている(24)。もちろん、ほかの政治哲学（わけても共産主義）も、強くて健康な肉体を理想化したが、ナチの審美観は、自然な環境における裸の肉体を好んだという点で、共産主義の審美観と異なっている――それはナチのロマンチックなスローガン「血と土《ブルート・ウント・ボーデン》」の一部なのである。『オリンピア』はこの点では特に効果的だ。夏季オリンピックでは選手はほとんど衣服を身につけていないという事実を十分に利用し、古代の戦士が真っ裸で英雄的な闘いをしているというイリュージョンに近いものを作り出すために、剥き出しの肌と、薄く覆われた筋肉組織に焦点を合わせている。

「鉤十字くらい美しい」

『オリンピア』は、ヒトラーの四十九回目の誕生日である一九三八年四月二十日に、ベルリンのウーファ＝パラスト・アム・ツォーで初めて公開された。その映画はひと月ほど前に公開されることになっていたが、当時ヒトラーは、それよりも重大な仕事を抱えていた――すなわち、自分の生国オーストリアの併合《アンシュルス》である。三月十三日、ドイツ軍はオーストリアに進攻したが、オーストリア人からも国際社会からもほとんどなんの抵抗にも遭わなかった。国際社会はその時までには、独立した共和国としてのオーストリアを、多かれ少なかれ消滅したものと見なしていた。ヒトラーが『オリンピア』を観る用意が出来た頃には、オーストリアは確実にドイツの一部になっていて、四月十日にナチの管理下で行われた国民投票では、九九・七五パーセントのオーストリア人がアンシュルスに賛成した。

『オリンピア』の初日は特別興行の夕べだった。シュペーアは劇場のために特別なファサードを考案した。巨大なオリンピックの旗に、鉤十字の旗を飾りとしてちりばめたのである。第三帝国の政界、経済界、文化の分野の代表的な人物が勢揃いしていた。全閣僚と外交団の面々に加え、俳優のグスタフ・グリュントゲンス、エミール・ヤニングス、ベルリン・フィルハーモニーの指揮者ヴィルヘルム・フルトヴェングラーもやってきた。リーフェンシュタールの最初の意図とは異なり、映画の第一部と第二部は短い休憩を挟んで一挙に上映された。四時間半経ってやっと幕が下りると、観客全員が立ち上がって数分間拍手をした——賞讃の気持ちと安堵の気持ちが半々だったろう。誕生日を迎えたヒトラーが、白いライラックと赤い薔薇の花束をリーフェンシュタールに渡した。ギリシア大使はオリンピアの「聖なる木」から採ったオリーヴの枝を彼女に与えた。ゲッベルスでさえ、力を込めて彼女の手を握った。「私は［映画の］力強さと深さと美に完全に圧倒された(25)」と彼は日記の中で告白した。

当然のことながら、ドイツの新聞はその映画を絶讃した。ナチの映画批評家フランク・マラウンは、『オリンピア』は「国家社会主義のイデオロギーの領域(26)」から生まれた理念をフィルムで具現化したものだとして賞揚した。ゲッベルスはそれが成功作だということを認め、褒美としてリーフェンシュタールにもう十万ライヒスマルク渡し、かつ、映画の宣伝をして彼女を助けざるを得ないと思った。しかし『オリンピア』は、プロモーションに力を入れる必要はほとんどなかった、少なくともドイツにおいては。それは国中の映画館で上映されたが、毎夜満員で、宣伝省がそれまでに制作したものの中で最大のヒット作になった。五月にゲッベルスはリーフェンシュタールに国家映画賞を与え、『オリンピア』は「全世界の目にドイツの剛勇を示し、現在のわが国民の偉大さを証明する」[27]であろうと言明した。

至る所の人間がドイツの天才の作品に感銘を受ける機会に恵まれるように、宣伝省はベルリン大会に参加した国のすべてに、さらには参加しなかったいくつかの国にさえ、『オリンピア』のフィルムを送った。イランはベルリンに選手団を送らなかったが、宣伝省はイラン人が何を逃したのかを教えるためにテヘランにフィルムを送った。[28]

宣伝省は、もし映画だけではなく映画制作者も世界を回れば『オリンピア』の宣伝価値は高まるだろうと信じ、一九三八年夏、リーフェンシュタールをヨーロッパ各国に派遣し、映画の宣伝をさせた。リーフェンシュタールは政府の出した費用で、チューリッヒ、パリ、ブリュッセル、コペンハーゲン、オスロ、ヘルシンキ、ストックホルム、ローマ、ヴェネチアを、フィルムを持って回った。

そうした巡回興行で、彼女はいっそうの賞讃と栄誉を得た。パリでは、彼女とその映画は時のセンセーションになった。それは一つには、パリで上映したフィルムから、ヒトラーと鉤十字の写っている場面のいくつかを、彼女が利口にも削除したためなのは疑いなかろう。彼女はローマでは総統《イル・ドゥーチェ》自らに付き添われ、ヴェネチア映画祭では最高の映画に与えられる賞、ムッソリーニ杯を受賞した。

だが、彼女の巡回興行になんの災難も嫌なこともなかったわけではなかった。チューリッヒでは、誰かがレニの席の近くで悪臭爆弾を破裂させた。[29]アントワープで映画の上演中、左翼の人間が反ファシストのリーフレットを配って、ヒトラーが画面に出るたびに「狂犬！」と怒鳴った。[30]ヴェネチアにおいてさえ、映画祭審査員の英米のメンバーは、ファシスト贔屓だとしてリーフェンシュタールにほかの国の審査員が賞を与えることに反対した（アメリカの審査員はウォルト・ディズニーの『白雪姫』に票を投じた）。一方ローマでは、ピウス十一世は『オリンピア』をカトリック映画目録に載せ、「モラルにとって危険」な、異教の信奉として非難した[31]。

リーフェンシュタールがヨーロッパで蒙った批判は、一九三八年秋に彼女がアメリカで遭遇した、もっとずっと深刻な抗議を予想させるものだった。その年彼女は、自分の映画をアメリカの観客に見せようとしたのだ。リーフェンシュタールの熱烈なファンだったエイヴェリー・ブランデージは、『オリンピア』はユダヤ人が反対するのでアメリカではまったく受けないだろう、と危惧していた。一九三六年五月、彼はスウェーデン人の友人クラレンス・フォン・ローゼンに書き送った。「君が例のオリンピックの映画を観る機会があったことを羨ましく思う。あれは芸術的傑作とのことだね。アメリカで映画館を独占しているユダヤ人は、もっともな話だが、あれがここで上映されるのを妨げるだろう[32]」。『オリンピア』がアメリカで暖かく迎えられるかどうか、やはり疑問に思っていたゲッベルスは、合衆国には映画を持って行かないようにとリーフェンシュタールに忠告した。アメリカ行きを彼女に思いとどまらせることができないとわかったゲッベルスは、彼女は純粋に個人の資格でアメリカに行くという話をでっち上げて、生じうる政治的リスクを減らそうとした（実際には、彼女は第三帝国経済省から出た資金を使った）。そして、アメリカ駐在の領事に、彼女のことで騒ぎ立てないよう指示した[33]。

一九三八年秋は、リーフェンシュタールのような人間がアメリカでドイツ的天才を鼓吹するのには、よい時期ではなかった。彼女は十月にドイツを発とうと計画していたが、そのひと月前の九月に、ヨーロッパはズデーテン地方の問題を巡って戦争に突入しそうに見えた。その危機は、悪名高いミュンヘン協定によって瀬戸際で回避されたが、アメリカ人の多くはその協定を、西側の民主主義国が軍国主義のドイツに屈した恥ずべきものと正しくも見ていた。一九三八年十一月三日付の『ニューヨーク・タイムズ』は、リーフェンシュタールがアメリカに来る途中だということを報じた際、彼女がヒトラーと親しいことを重視し、ヒトラーの車が彼女のベルリンのアパートの前に停まっているのがよく見かけられると、取り澄まして書いた。（リーフェンシュタールは回想録の中で、ヒトラーは「私を女として欲した」と言っているが、自分が彼の愛人になったという噂は一貫して否定した。彼女の言うことは、この場合は信用してよいように思われる。）十一月四日、リーフェンシュタールの乗った船がニューヨーク市の埠頭に着いたとき、『ニューヨーク・タイムズ』の報ずるところによると、二つのユダヤ人グループ、米国ユダヤ人委員会と米国ユダヤ人労働委員会が『オリンピア』のボイコットを呼びかけていた。二つのグループは、代表的な映画配給会社と映画館経営者に打った電報の中で、「アメリカの制度と民主主義に対する攻撃の一部」と彼らが呼んだリーフェンシュタールの映画の上映に反対する共同行動を起こそうと訴えた。二つのグループは、「このファシスト映画」を上映する映画館の前にピケを張ることを約束した。(34)

そうした抗議が前もってあったにもかかわらず、リーフェンシュタールは最初のうちはニューヨークで友好的に迎えられた。埠頭では無数の記者が「ヒトラーの女友達」にインタヴューしたがり、彼女の写真を撮りたがった。彼女はピエール・ホテルのスイートに泊まり、ニューヨークの歓楽街での夜の生活に飛び込んだ。著名な映画監督キング・ヴィダーが、彼女に会うためハリウッドから遥々やってきた。

しかし、ニューヨークに数日いたあと、彼女は十一月九日から十日にかけて起こった「水晶の夜」のユダヤ人迫害事件で引き起こされた興奮の嵐に巻き込まれた。パリでドイツ人外交官がポーランド人のユダヤ青年に暗殺された報復という名目で、ナチの兇徒がユダヤ教会を焼き、ユダヤ人の商店を破壊し、ドイツの諸都市の通りでユダヤ人に暴行を加えたのだ。約二万人のユダヤ人が逮捕され、さまざまな強制収容所に送られ「保護拘置」された。それから第三帝国の政府は、その迫害事件によって生じた損害に対する償いとして、ドイツ系ユダヤ人に巨額の賠償金を科した。その非道な行いについてどう思うかと訊かれたリーフェンシュタールは、どんな迫害も実際にあったとは信じないと答えた。そうした報道は単なる「中傷」で、ナチ・ドイツに関して世界に伝わっている根拠のない噂の代表的なものだと言った。そうした答えは、当然ながらアメリカ人の反感を買った。ナチズムに対してずけずけと反対の言葉を発していたコラムニストのウォルター・ウィンチェルは、リーフェンシュタールの政治観と、彼女が世評では美人ということになっているのを結びつけ、彼女は「鉤十字くらい美しい[35]」と書いた。

リーフェンシュタールはユダヤ人迫害について、ニューヨーク駐在のドイツの領事から事の真相を教えられたあとでさえ、だんまりを決め込んだ。領事はすぐにドイツに帰るよう彼女に忠告した。彼女は拒み、領事に向かって、「この忌々しいユダヤ人問題がもはや新聞の見出しに載らなくなり……アメリカ人が次のセンセーショナルな話題に注意を向けるようになる[36]」までアメリカで頑張るつもりだと答えた。

だが、ニューヨークの人間にあまりに冷たくされたリーフェンシュタールは、十一月中旬、シカゴに逃げた。そこで、エイヴェリー・ブランデージの家に泊まった。ブランデージはエンジニア・クラブに三十五人を招いて、『オリンピア』の私的な上映会を開いた。それが『オリンピア』のアメリカにおける屈辱的「初演」だった[37]。

リーフェンシュタールはシカゴにいるあいだに、デトロイトに自分を訪ねてくるようにとヘンリー・フォードから招待された。彼女は即座に快諾した。フォードが金と影響力を使って、『オリンピア』をアメリカで配給してくれることを期待したのだ。だがこの自動車製造業者は、その映画には本当には興味がなかった。彼はただ、自分がヒトラーの讃美者であることをリーフェンシュタールに告げたかっただけで、「私が今度のニュルンベルクの党大会で会うのを楽しみにしていると［総統に］言ってくれたまえ」[38]と彼女に言った。（フォードは結局、党大会には行かず、ヒトラーに会うこともなかった。）

依然として敗北を認めなかったリーフェンシュタールは、十一月下旬にハリウッドに行った。仲間の映画制作者から尊敬と支持を得るだろうと、甘い考えを抱いていたのだ。ところが、『ヴァラエティー』に、こういう発言があるのを見つけた。「ハリウッドにはレニ・リーフェンシュタールの居場所はない」。ハリウッドに影響力のある支部を持つ左翼的な「アメリカ民主主義擁護反ナチ同盟」は、『オリンピア』が上映される映画館の前でピケを張ることを約束した。リーフェンシュタールに会いたいと言っていたゲリー・クーパーは、不意にほかの約束があることになった。ルイス・B・メイヤーは彼女に会う約束を取り消した。彼女に会うことに同意した唯一の映画界の大物は、ドイツ贔屓だったウォルト・ディズニーだった。しかしディズニーは、もし公然とリーフェンシュタールを支持したなら、自分の映画が仕返しを受けるのではないかと心配し、『オリンピア』の配給に関わるのを断った。自分の試写室で写すのさえ断った。

結局『オリンピア』は、エイヴェリー・ブランデージがウィリアム・メイ・ガーランドを説いて、ロサンゼルスのカリフォルニア・クラブで私的上映会を開いてくれなかったら、ハリウッドで上映されることはなかったろう。その上映会には百九十人が招かれたが、その中に元水泳選手ジョニー・ワイズミューラー、リーフェンシュタールのかつての恋人、オリンピックの十種競技優勝者グレン・モリスがいた。リーフェンシュタールはその際に使用したフィルムから、ヒトラーが写っている場面をすべて入念に削除した。その削除版を見た『ロサンゼルス・タイムズ』の映画批評家は、その「公平さ」と政治的内容の欠如を賞讃した。[39] しかし、その好意的な批評もなんの役にも立たなかった。どんな主要の映画制作会社も配給会社も『オリンピア』に手を触れようとしなかった。とうとう一九三九年六月初旬、リーフェンシュタールは諦めてドイツに戻った。そしてアメリカを去る前、プレスリリースを出した。

アメリカは一九三六年のオリンピアードで大成功したにもかかわらず、アメリカの優勝選手が登場する私の映画はここでは上映されていない。制作会社と配給会社を含めて、アメリカの映画産業が、現代ドイツに敵意を抱いている人々によって支配されているからである。彼らは、自国の選手が世界の他国の選手の影を薄くした姿をアメリカ人が見る機会がないようにしてしまった。オリンピック大会は純粋にスポーツの催しであるにもかかわらず、また、私の映画は世界のどこでも上映されているのだけれども。[40]

この声明は、政治、道徳面での近視眼的見方は別にして、『オリンピア』が「世界のほかのどこでも上映されている」というのは不正確である。この映画はアメリカで配給が阻止された理由と似たような理由で、英国では戦後まで上映されなかった。

ドイツに戻るとリーフェンシュタールは、またもや賞を貰って元気づいた。一九三九年六月、エイヴェリー・ブランデージの発案で、ＩＯＣは彼女に「オリンピック賞状《ディプロマ》」を与えた。ブランデージとＩＯＣは、次第に好戦的になるナチ体制の宣伝者だという非難に動揺することがなかったらしい。

ちょうど二《ふた》月前ドイツは――ヒトラーがミュンヘンでした約束を破り――チェコスロヴァキアの残った部分を占領したのだ。[41]それなのにＩＯＣは、リーフェンシュタールの作品は「五輪の理念《レ・ジデアル・オランピック》」と完璧に一致すると思ったのだ。

一九三九年、ブランデージとＩＯＣがリーフェンシュタールと『オリンピア』についてどう思ったにせよ、それ以後の評者の何人かは、その映画は事実プロパガンダ作品でありながらプロパガンダ作品にまったく見えないがゆえに、いっそう素晴らしいと解釈するようになった。

けれども、その映画はヒトラーのドイツの一種の宣伝だったとしても、第三帝国に対する、世界中の人間の見方を大きく変えることはなかった。その映画はベルリン大会自体と同じく、上映された当初は、外国でよりもドイツ国内で大きな影響を与えたようである。その映画はドイツの映画館では何週間も連続して上映されたが、ヨーロッパ大陸の映画館では、すぐに上映されなくなった。ヒトラーに敵意を抱いている外国の新聞は、その映画を褒める理由を見つけたとしても、そのことで、ナチ・ドイツに対する否定的な見方を変えはしなかった。当然のことだが、『オリンピア』が外国で上映されたタイミングが、それが当時持っていたかもしれない宣伝価値を低めてしまった。ナチ体制がオーストリア併合、水晶の夜、チェコスロヴァキア占領に至る、一連の攻撃的で残忍な行動をとったことを考えると、ドイツは平和を愛好し、寛容であるという主張を納得させるのは次第に難しくなった。したがって、少なくとも『オリンピア』の外国での反応という点では、その映画が十分に影響力を持つか否かはできるだけ早く上映されることにかかっている、と考えたゲッベルスは正しかったのかもしれない。『オリンピア』は最終的には第三帝国に利益をもたらしたが――一九四二年十二月の時点で約十一万四千六十六ライヒスマルク――費用を厳密に便益分析すると、宣伝省がかけた期待に十分に応えたとは言えない。

レニ・リーフェンシュタールがＩＯＣからオリンピック賞状を貰ったのは、あとわずか三ヵ月でヨーロッパに戦争が起こる時だった。リーフェンシュタールの映画で祝福された、各国間、各人種間の戦闘は、人類史上最も残虐な軍事衝突である第二次世界大戦に、間を置くことなく移行していったのである。一九三六年の夏季オリンピックの幕が下りるとき、オリンピックは四年後に東京で続けられることが世界に告げられた。言うまでもなく、一九四〇年にオリンピックが東京で開かれることはなかった。

原注

（1）リーフェンシュタールの若い頃の生活と仕事については、とりわけ次のものを参照のこと。Rainer Rother, *Leni Riefenstahl: The Seduction of Genius*（London, 2002）, 11-41; Lutz Kinkel, *Die Scheinwerferin: Leni Riefenstahl und das 'Dritte Reich'*（Hamburg, 2002）, 10-44.

（2）Rother, *Riefenstahl*, 45-58.

（3）Leni Riefenstahl, *A Memoir*（New York, 1992）, 160.

（4）Ibid., 172-73.

（5）Fröhlich, *Die Tagebücher von Joseph Goebbels*, vol. 2, 503.

（6）Riefenstahl, *A Memoir*, 171.

（7）Propaganda Ministerium Bericht, 16.10.36, R 055/503, PAAA.

(8) Taylor Dowling, *Olympia* (London, 1992), 36-38.
(9) "Leni Riefenstahls Vorarbeiten in Grünau," *Das 12-Uhr Blatt*, 13.6.36.
(10) "Leni Riefenstahl bei der Olympia-Auswahl der Sieger in Kiel," *Lichtbild Bühne*, 9.6.36.
(11) Riefenstahl, *A Memoir*, 194.
(12) Bella Fromm, *Blood and Banquets*, 225-26.
(13) Riefenstahl, *A Memoir*, 201.
(14) Fröhlich, *Die Tagebücher von Joseph Goebbels*, vol. 2, 680.
(15) Bericht über die Zeit von 3. bis 8. Oktober 1936 statgefundene Kassen und Regierungsüberprüfung bei der Olympia-Film G.m.b.H., R 055/505, BAB.
(16) Fröhlich, *Die Tagebücher von Joseph Goebbels*, vol. 2, 707.
(17) Ibid., 717.
(18) Riefenstahl, *A Memoir*, 202.
(19) Ibid., 205.
(20)´(21) Cooper C. Graham, *Leni Riefenstahl and Olympia* (Metuchen, NJ, 1986), 174-76 に引用されている。
(22) Kinkel, *Die Scheinwerferin*, 152 に引用されている。
(23) Graham McFee and Alan Tomlinson, "Riefenstahl's Olympia: Ideology and Aesthetics in the Shaping of the Aryan Body," *IJHS* 16, no. 2 (June 1999): 91 ; Kinkel, *Die Scheinwerferin*, 153; Martin Loiperdinger, "Die XI. Olympischen Spiele in Berlin als internationaler Reichsparteitag," in Thomas Alkemeyer, ed., *Olympia-Berlin: Gewalt und Mythos in den Olympischen Spielen von Berlin 1936* (Berlin, 1986), 167-76.
(24) Thomas Alkemeyer, "Images and Politics of the Body in the National Socialist Era," *Sport Science Review* 4,

1 (1995), 60-61. リーフェンシュタールが「美しい肉体」に取り憑かれていたこととナチに共鳴していたことについては、Susan Sontag の有名なエッセイ "Fascinating Fascism," *New York Review of Books*, 6.2.75, 23-30 を参照のこと。

(25) Kinkel, *Die Scheinwerferin*, 154 に引用されている。

(26) Hajo Bernett, *Untersuchungen zur Zeitgeschichte des Sports* (Schondorf 1973), 126 に引用されている。

(27) Kinkel, *Die Scheinwerferin*, 154 に引用されている。

(28) Deutsche Botschaft, Tehran, to Auswärtiges Amt, 1.11.36, PAAA.

(29) Voigt to Deutsche Gesandtschaft, Bern, 18.5.38. PAAA.

(30) Deutsches Konsulat Belgien to Auswärtiges Amt, 12.12.38, PAAA.

(31) "Riefenstahl Film," *Preussische Zeitung*, 9.1.39.

(32) Brundage to Rosen, 16.5.38, Box 62, ABC.

(33) Cooper Graham, "'Olympia' in America: Leni Riefenstahl, Hollywood, and the Kristallnacht," *Historical Journal of Film, Radio and Television* 13, no. 4 (1993): 435.

(34) "Protest Olympia Movie," *NYT*, 4.11.38; Kinkel, *Die Scheinwerferin*, 160.

(35) "Walter Winchell on Broadway," *Daily Mirror*, 9.11.38.

(36) Kinkel. *Die Scheinwerferin*, 163 に引用されている。

(37) Riefenstahl, *A Memoir*, 238; Graham, "'Olympia' in America," 439.

(38) Leni Riefenstahl, *The Sieve of Time* (London, 1992), 238.

(39) "XIth Olympiad" *L.A. Times*, 17.12.38.

(40) Rother, *Leni Riefenstahl*, 93-94 に引用されている。

(41) Guttmann, *The Games Must Go On*, 91.

「オリンピックは続かねばならない」

ベルリン大会の閉会式が行われてから二週間後、ヒトラーは上級補佐官たちに向かい、四年以内にドイツはいつでも戦争ができるよう、軍事的にも経済的にも用意しなければならないと指示した。第三帝国の戦争準備の一環として、ブラウプンクト社はオリンピック・スタジアムの下の地下通路で野戦用無線通信機の製造を開始した。それから間もなく、スタジアム自体が象徴的に変貌した。スタジアムの正面入口の前にあった、二本の柱を繋いでいたオリンピックの五輪が降ろされ、巨大な鉤十字の旗に変えられた(1)。

ドイツと国際スポーツ社会との橋渡し役をしていたテーオドール・レーヴァルトの必要がなくなったので、一九三七年、帝国スポーツ指導者のハンス・フォン・チャンマー・ウント・オステンは、半分ユダヤ人のレーヴァルトをIOCの委員の座から降ろした。そしてチャンマーは、レーヴァルトの代わりにヴァルター・フォン・ライヘナウ将軍を委員にすることを申し出た(IOCはそれを承認した)。ライヘナウはドイツのスポーツと戦争準備との関連に非常に重きを置く人物だった。リッター・フォン・ハルトはライヘナウを任命することを正当化しようと、バイエ＝ラトゥールに向かい、将軍は「優れたアスリート」で、「スポーツの最高の保護者の一人」だと褒め上げた(2)。ライヘナウ自身の見解では、ドイツのオリンピック・スポーツが享受できる最高の「保護」とは、国防軍との密接で永続的な関係だった。

SSの最高指導者ハインリヒ・ヒムラーは、ナチ・ドイツのオリンピック計画について、国防軍に対抗するヴィジョンを抱いていた――その計画は、SSが次第に軍のライバルになってきたことを反映していた。ヒムラーは一九三六年十一月八日、国家の中の国家に急速になりつつあったエリートの黒シャツのヒトラー護衛隊が、今後はオリンピック選手団の少なくとも半分を提供するつもりだと公言した。(3)

しかしヒムラーは、オリンピックと競技におそまきながら興味を抱くようになった唯一のナチ指導者ではなかった。ベルリン大会でドイツが好成績を挙げた結果、国中に蔓延したスポーツ熱に浮かされたヒトラー・ユーゲントから勤労奉仕隊に至るナチ党のほとんどあらゆる組織が、それぞれ独自のスポーツクラブを作った。ヒトラー自身、一九四〇年の東京大会には外国人選手としては最大の選手団を派遣し、船数隻分のオリンピック・ファンも同行させると約束した。(4)

ナチズムがドイツのオリンピック計画を取り込んでいることをおおやけに示すため、一九三六年九月のナチ党大会は、ドイツ一流のオリンピック選手の分列行進を呼び物にした。歓喜力行団によって組織されたこの「ドイツ・スポーツのパレード」は、ひと月前のドイツの大勝利も、やはり総統の贈り物だということを、忠実な党員に改めて思い起こさせるのに貢献した。(5) 一方「ガパ」では、ナチに牛耳られていた町議会は、帝国スポーツ指導者チャマー・ウント・オステンと大管区長官アドルフ・ヴァーグナーを、冬季オリンピック開催に尽力したという理由で名誉町民にした。(6) ドイツの陸軍スキー部隊が、双子の町を見下ろす斜面で軍事訓練を開始した。

IOCは、ナチ体制がベルリン大会をヒトラーとナチの価値観を祝う場にしたことに嫌悪感を抱くどころか、ヒトラーのドイツを、オリンピックの理念の偉大な守り手だと言い続けた。IOC会長バイエ＝ラトゥールは、ベルリン大会が「これまでで最高のもの」だという点で、エイヴェリー・ブランデージと同意見だった。一九三七年、ベルリン大会の期間中、オリンピック精神に貢献したという理由で、IOCは歓喜力行団にオリンピック・カップを授与した。

すでに述べたように、一九三九年、IOCは『オリンピア』を制作したリーフェンシュタールにオリンピック賞状を与えるのが適切だと考えた。実際には彼女は一九四八年まで、自ら賞を受け取ることはできなかった。一九三九年の秋、フォン・ライヘナウ将軍が率いる第一〇軍がポーランドに侵攻した際、従軍記者として同行していたのだ。彼女は前線で目撃した残虐行為に嫌悪感を抱き（少なくとも、そう彼女はのちに言った）、間もなくベルリンに戻り、新しい映画『低地《ティーフラント》』（オイゲン・ダルベールの同名のオペラにもとづいたメロドラマ）を撮った。そのために、強制収容所のジプシーの囚人をエキストラとして使った。[7] 一九四〇年六月、ドイツ軍がパリに入ると、リーフェンシュタールは「言いようのない喜び」を表わした電報をヒトラーに打った。

IOC本部は依然としてスイスにあったが、近代オリンピックの重要な「知的中心」は、一九三七年にクーベルタンが死んだあと、ドイツに移った。オリンピックの「改革者」の遺体はローザンヌに埋葬されたが（心臓は本人の要望によって壷に納められ、古代オリンピアの地に置かれた）、彼の私的文書は、新しくベルリンに出来た国際オリンピック協会に移管された。なぜそんなことになったかと言うと、そのフランス人の遺産を継続的に利用することに宣伝価値があることに気づいたヒトラーが、今わの際の老人のもとに使者を送り、遺された文書を手に入れる権利を得たからである。カール・ディームは死の床にあるクーベルタンに祝福され、かつ、バイエ＝ラトゥールに支持されて新しいオリンピック協会の会長になった。

一九三七年から四四年まで、ディームの国際オリンピック協会は、『五輪展望《ディー・オリユンピシエ・ルントシャウ》』を発行した。それは、クーベルタンがＩＯＣの公式の出版物として出した『ルヴュー・オランピック』を継ぐものだった。ディームはまた、古代オリンピアでの発掘作業の管理責任者になった。それは、一九三六年に総統自身が命じて始まったものだった。事実上、オリンピックの世界の新しいクーベルタン男爵になったディームは、一九三八年、その偉大なフランス人の記念碑を委嘱することを自ら引き受けた。像はドイツの鉱泉町バーデン゠バーデンに建てられた。

一九四〇年に冬季オリンピックと夏季オリンピックの両方を催すことになっていた日本は（それぞれ札幌と東京で）、一九三七年三月、中国に侵攻した。一九一四年にベルギーに侵攻したドイツの場合同様、日本が中国に侵攻したことで、オリンピックの招致国としての日本の適格性が直ちに疑問視された。またもやＩＯＣは、オリンピックの会場をどこかほかの国に移すようにという国際的な強い圧力に直面した。そして、またもやアメリカの諸団体が、オリンピックをほかの国に移すように、もし結局日本でオリンピックが開催されることになったら、ボイコットをするようにと呼びかける全世界的な運動の先頭に立った[8]。エイヴェリー・ブランデージに宛てた手紙の中で、仲間のＡＯＣメンバー、Ａ・Ｃ・ギルバートは警告した。「［一九三六年のドイツ・オリンピック大会に関する］ユダヤ人問題でわれわれの受けた反対は、もし日本とアメリカが実際に戦争に突入した場合、アメリカの選手団が日本でのオリンピックに参加すると公式に声明した時に生ずる反応に比べたら取るに足らない[9]」。しかしブランデージは「政治」がオリンピックを中断することは許されないという主張に固執し、オリンピックは予定通り日本で開催されねばならない、アメリカが本格的に参加して」、と論じた。そして、「わが委員会もしくは選手が日本を好むか嫌うかは問題ではない」と言って、付け加えた。「われわれは一九三六年、アメリカはベルリン大会に出るなという騒ぎがあったとき、その立場を固守した。今度も変わることはない」[10]。彼は自分の言い分を強固なものにしようと、「オリンピックは続かねばならない」と題した長たらしい声明文を発表した。

ブランデージは知らなかったのだが、中国に侵攻した際に指揮をした日本の将官たちは、一九三〇年代初めのナチの狂信者のように、国際オリンピック競技という構想自体にまったく乗り気ではなかった。彼らは日本の侍の規範である武士道という、きわめて国家主義的、軍国主義的規範に合わないとしてオリンピックを非難した。軍の圧力を受けた日本の内閣は一九三八年七月十二日、一九四〇年にオリンピックの招致国になる権利を放棄した。日本政府はさらに、日本は日本人のみのための独自の国家的「オリンピック」を開く、また、日本の選手は日本以外の国で催されるオリンピックに参加することは許されないと言明した。

ドイツの首都が一九一六年夏季オリンピック（のちに中止になった）の開催地の資格を失った時にシンシナティが代わって立候補したのにやや似て、ニューヨーク市が、間もなく始まる万国博覧会の補助的催しとして一九四〇年の夏季オリンピックを日本に替わって開催しようと申し出た。万国博覧会では、エリナー・ホウム・ジャレットが「水の乙女《アクワメイド》」として出演することになっていた。ＩＯＣは万国博覧会との関係で悪い思い出しか持っていなかったので（その点になればジャレットとの関係でも）、一九四〇年の夏季オリンピックの会場をヘルシンキに、冬季オリンピックの会場をサンモリッツに移すことに投票によって決定した。オリンピックは、ブランデージが言ったように、続かねばならなかったのである。

ところが、冬季オリンピックは、新たに決めた場所で開くことができないことがすぐにわかった。スイスが、一九四〇年の冬季大会ではアルペンスキーは絶対にやらないと言い張ったのだ。その理由は、IOCがプロのスキー指導員の参加を禁ずる規則を廃止しないことだった。アルペンスキーなしでオリンピックを開くのに気が進まなかったIOCは、さらに別の開催地を物色することにした。驚くべきことに、一九三九年に彼らがついに選んだ場所は、ガルミッシュ＝パルテンキルヒェンだった。言い換えれば、同委員会は、「水晶の夜」のユダヤ人迫害事件が起こり、ドイツがチェコスロヴァキアを占領したあとになってさえ、ナチ・ドイツに、またもオリンピック招致国になるという栄誉を与えたのである。

ドイツのオリンピック関係の役員たちは、その栄誉を受けたことにいたく喜んだ。第五回冬季オリンピックのための新しい組織委員会は、ガルミッシュ＝パルテンキルヒェンの施設を改良する仕事に急遽、取り掛かった。それらの施設は、一九三六年のオリンピックが終わった直後、市によって管理されていた。ディームと一緒に冬季大会の計画の責任者になったリッター・フォン・ハルトは、旧友のエイヴェリー・ブランデージをまた接待するのを待ち望んだ。一九三九年七月、ハルトはAOC会長ブランデージに正式の招待状を送り、こう書き添えた。「私たちの招待ができる限り早い遅れで「ママ」受諾されるよう貴下が個人的に協力して下されば、非常に感謝します」[11]

残念ながら、一九四〇年には冬季オリンピックは開かれなかった。その点になれば、ヘルシンキでの夏季オリンピックも（一九四〇年に起こったフィンランド対ソヴィエトの戦争の結果である）。一九三九年九月一日、ドイツはポーランドに侵攻し、その惨事は急速に第二次世界大戦に発展することになった。一九一四年から一八年にかけての第一次世界大戦の時と同じように、戦場での血まみれの対決は、究極的には、スポーツ競技場で行われることになっていた熾烈な競争を先取りしていた。

しかし、一九一四年の場合同様、またしてもIOCは、当座、戦争が早期に終わることを期待して、一九四〇年の大会の準備を進めようとした。例えばブランデージは、「まったく無益で不必要」[12]

な戦争を終わらせるために、「非常な大物で影響力のある人物」が現われて戦争を終わらせることを期待していた。(ブランデージはチャールズ・リンドバーグ同様、のちに圧力団体「アメリカ優先委員会」に入会した。同団体は、アメリカはナチ・ドイツに対する戦いに参加すべきではないと主張していた。)

一九四〇年に計画されていたガルミッシュ大会に関して言えば、一九三九年九月九日、リッター・フォン・ハルトはバイエ＝ラトゥールに告げた。ドイツがポーランドで迅速な戦果を収めているためドイツの東の国境は「明確に調整され」て「本当の世界平和」が訪れ、オリンピックは間違いなく予定通りに開かれる。しかし彼は、ドイツの現状では、オリンピックの準備を進めてよいものかどうか、ヒトラーに訊いて確認しなければならないことを認めた[13]。

ヒトラーは間もなく、ドイツはオリンピックよりも重要な事柄に注意を向けなければならないと決断した。十月末、ヒトラーは冬季オリンピックに対する準備を一時中止することを命じた。それはハルトにとってはひどくがっかりすることだったが、ドイツの若者にとっては、オリンピックに参加するよりも緊急の任務が目の前にあるという点で、総統に同意した。一九四〇年一月、彼はブランデージに手紙を書いた。

> オリンピック大会の名誉のために休戦するという、あなたの立派な考えは実行できるとは思えません。諸国民の生死が関わっている現状では、スポーツはともかく諦めねばなりません。青年はスポーツ活動を楽しむのではなく、大きな犠牲を払うことになるでしょう。英国とフランスはドイツが粉砕されればもっと幸福になるという錯覚をまたも抱いている、という確信をわれわれは新たにしました。ですから、われわれは最後まで防衛せざるを得ません。両国がドイツに順応

するようになるまで、われわれは徹底的にそうせざるを得ないのです。その後は、平和が再び世界中に訪れるとわれわれは信じています。[14]

一九四〇年八月、ドイツがフランスを破り、英国に空爆を開始したあと、ハルトはブランデージに宛て、ドイツがヨーロッパを支配することはオリンピック精神にとって非常にいいことだと書いた。「われわれは迅速で完全な勝利を収めるものと思っています。もっとも、ドイツは考えうる限りの期間、戦い続ける覚悟をしていますが。また、新しいヨーロッパはオリンピック運動によりよい基盤を与えるでしょう[15]」

ハルト同様カール・ディームも、第二次世界大戦のあいだ——一九一四年から一八年までの戦争の時と同じように——スポーツをドイツの兵器庫の重要な一部にしようとしていた。一九四〇年にはガルミッシュで冬季オリンピックが開かれることはないのがはっきりすると彼は、古代の競技の遺産と国家主義的なドイツの体育祭および一九二〇年代のドイツの格闘的団体競技《カンプフシュピーレ》を結びつける目的の「大ドイツ・オリンピア」という計画を持ち出した。四年間隔で行われることになるこの「ドイツ・オリンピアード」は、国中の都市を次から次に回り、参加選手は「ドイツ人の血」を持つ者に限られる。[16]ディームの構想は計画の域を出なかったが、ドイツが牛耳るオリンピックというヒトラー自身の夢に近いものだった。ドイツが戦争に勝っていたなら、それに似たものが実現したと考えて間違いはない。

将来のオリンピック運動に対するナチの計画は、一九四〇年中頃にチャンマーとディームによる、IOC会長バイエ＝ラトゥールへの一連の要求にも、はっきりと見て取れた。それは、ドイツ国防軍がバイエ＝ラトゥールの母国ベルギーを含め北海沿岸の低地帯を制圧したあとのことだった。（ちなみに、ドイツがベルギーに侵攻した際に指揮をしたのは、IOCの新しいドイツ代表になったフォン・ライヘナウ将軍だった。）チャンマーがヒトラーに話したところによると、二人の要求の要旨は、IOCと将来のすべてのオリンピックは、「ドイツのスポーツが至る所で、とりわけオリンピックで占めている支配的な立場」を反映するように「再編成」されねばならないということだった。[17] ディームは一九四〇年の夏にバイエ＝ラトゥールに会ったとき、一九四四年のオリンピック開催地にIOCによって選ばれていたロンドンは、ベルリンかローマに開催地の役割を譲るべきであると告げた。もっと重要なのは、IOCの将来の構成と機能に関して、ドイツがこう主張したことである。国の政府が国際的委員会に相談することなく、派遣すべき選手を指定し、指定を取り消すことができるようにせよ。ドイツはさらに、こう主張した。第三帝国がその「保護」のもとに置いた、すべての新しい国家からベルリンがIOCの委員を選ばねばならない。次のIOCの会長がドイツ人になることを確信していたディームは、今後IOCはナチの指導者原理《フューラープリンツィープ》（すべての運動方針を指導者が独裁的に決定し、他はこれに従うというやり方）に従わねばならないと言った。

その要求はIOCの完全な無力化を意味したが、バイエ＝ラトゥールはそれを受け入れた、少なくとも建前は。実際には彼は、戦争が続いているあいだはIOCを「休暇中」ということにして、その要求に応えることをなんとか延ばした。ドイツは、戦争が終わったなら、IOCもオリンピック運動も完全に支配できると請け合ってもらったことで満足しなければならなかった。

ドイツは、バイエ＝ラトゥールがベルリン大会に非常に貢献し、IOCを将来「再編成」せよという要求にきわめて従順だったので、彼が一九四二年一月に脳卒中で急死したとき、芯から悲しんだ。ヒトラーは、ドイツが占領しているブリュッセルで営まれたバイエ＝ラトゥールの葬儀にハルトとディームを団長とする弔問団を派遣した。ハルトはヒトラーとチャンマーから託された花輪を墓前に置き、ディームはドイツ組織委員会を代表して、似たような供物を捧げた。ハルトはバイエ＝ラトゥールの未亡人に、ベルギーのドイツの軍政官と、ドイツ銀行のブリュッセル支店（ハルトは依然として同銀行の重役だった）が手厚く世話をするということを明言した。(18)

戦争が長引き、地球規模の大戦に拡大していくと、ナチの第三帝国は、ドイツの同盟国と中立国のあいだでの「国際的」スポーツ競技会を催すという、戦争が始まった頃に立てた計画を破棄した。ディームは一九四〇年と四一年にガルミッシュ＝パルテンキルヒェンで開かれた「国際冬季スポーツ週間」を取り仕切ったが、四一年六月にドイツがソヴィエト連邦に侵攻したあとは、ドイツのアルペンスキーの選手はスラロームやダウンヒルではなく軍事スキーに専念した。

次第にディームは、自分の昔からのお気に入りのテーマで新聞用の小論を書き、熱の籠もったスピーチをするのに時間を割くようになった。スポーツ一般、とりわけオリンピックのスポーツは軍事衝突の苛酷な活動の準備としてうってつけのものであるというテーマで。ドイツ人はこの教訓を誰にも増して学んだとディームは信じていた。ポーランド、ノルウェー、北海沿岸の低地帯での勝利は、第三帝国の運動場から生まれたと彼は主張した。ベルリン大会の体操で優勝したアルフレート・シュヴァルツマンが、戦争が始まった頃に落下傘兵として大活躍をしたのは、ディームの見解では、スポーツと戦争の密接な関係を示していた。「オリンピックの勝者にして戦闘の英雄。……スポーツ愛好家の士官にしてスポーツ愛好家の指導者たち！……その結果として、われわれはポーランド、ノルウェー、オランダ、フランスに突入するに至ったのだ――よりよいヨーロッパにする競争に勝つに至ったのだ！」(19)。ディームは「新しいヨーロッパにおけるオリンピックの理念」と題した占領下のパリでのスピーチの中で、国家社会主義者のイデオロギーとドイツの軍事力は古代スパルタの直接の遺産だと主張した（それはヒトラーと共有する考えだった）。さらに、将来のオリンピックにおいて白人種は他の人種を排除してはならない、と敢えて言った。もっとも彼は、その考えを純粋に人種差別主義者的理由で正当化したのだが。「弱虫のみが他の人種との競争を恐れる。白人種は生来の身体的素質に欠けているかもしれないものを、より高度の知性と、規律正しい準備によって補うであろう。……世界の人間に感銘を与えたいと思う者は、全世界と戦う心づもりをしなくてはならない[20]」

もちろんドイツは、いまや世界の大半を相手に文字通り戦っていた。そしてディームは一九四三年から四四年にかけ、ナチに占領されているヨーロッパ各地を旅行し、国防軍の兵士を前に、「スポーツにおけるヒロイズム」と、鉄の規律、厳格な服従、国民的誇り、積極的自己犠牲という「オリンピックの遺産」についてのスピーチをした。「死は美しい、英雄としてそれを経験する時は[21]」と彼は兵士に語った。

彼のスピーチの自己犠牲に関する部分は、一九四四年末から四五年初めにかけて、次第に適切なものになってきた。その時、国防軍は何十万という斃れた仲間をあとに残し、祖国を防衛して、さらに多くの者が死ぬのを覚悟しながら退却し始めていた。

最後の防衛にそなえてナチの第三帝国は、正規軍の能力が限界に達していたので、いわゆる国民突撃隊《フォルクスシュトルム》を編成した――少年と老人から成る烏合の衆だった。その一つが国民突撃隊3／107だった。その隊は帝国競技場に配備された。その指揮官は、ほかならぬリッター・フォン・ハルトだった。彼はチャンマー・ウント・オステンが死んだあと、一九四三年三月に新しい帝国スポーツ指導者になったのだ。カール・ディームはハルトの副官を務めた。もう一人の副官は、かつてのドイツ組織委員会の報道担当官だったグイード・フォン・メングデンだった。一九四四年十一月十二日に、国民突撃隊3／107はオリンピック・スタジアムの中央でヒトラーに忠誠を誓った。

一九四五年三月十八日、カール・ディームは帝国競技場で、国民突撃隊に属しているヒトラー・

ユーゲントの一団を前にお得意の熱弁を振るった。その頃までには米軍はすでにライン川を渡っていて、赤軍の兵士はベルリンの東約七十キロのオーデル川の畔《ほとり》に立っていた。ディームのスピーチはクッペルザール体育館で行われた。そこはベルリン大会のフェンシングの試合が行われた場所である。ディームは国防軍に対する激励演説で、オリンピック精神を、テルモピュレの戦い（紀元前四八〇年）での少数のスパルタ軍の狂信的な自己犠牲に擬《なぞら》えた。スパルタ軍は数の上で圧倒的に勝る、侵略してきたペルシア軍に降伏するよりは死を選んだ。もちろん、ヒトラー・ユーゲントに対するこのスピーチと、その前に国防軍にした話の違いは、今度はまるで望みのない状況に直面している思春期の少年に話しかけているということだった。彼が十代の若者の眼前に描いたイメージは、一九三六年に彼が作った野外劇『オリンピックの若者』の「英雄の死」の場面を不気味にも思い出させた。しかし、大きな違いもあった。今度は、「殉教」は現実のことになるのだ。(22)

一九四五年四月二十日、ヒトラーの五十六回目の誕生日に赤軍はベルリンを攻撃し、数日のうちにソヴィエト軍は市の西端の帝国競技場に到達した。かつてのオリンピック集合施設は、高射砲をそなえた本格的な砦に変貌していた。ディートリヒ＝エッカルト劇場の隣の壁は、怯懦あるいは敗北主義の兆しを見せた国防軍兵士と国民突撃隊隊員の処刑場として使われた。一九四四年八月十二日から四五年四月十四日までのあいだに、ＳＳの銃殺隊はその場所で二百人以上の「裏切り者」を射殺した。その多くは少年だった。

赤軍兵士は四月二十五日、オリンピック・スタジアムに突入した。スタジアムは彼らの主要な攻撃目標ではなかった。彼らのもっぱらの関心は市の中央部、とりわけ帝国首相官邸の下にある掩蔽壕《えんぺいごう》だった。三日後、その地区にいたヒトラー・ユーゲントの部隊は、どんな犠牲を払ってでもスタジアムを奪回せよという命令を受けた。少年たちはわずかのあいだロシア兵を追い出すことに成功したが、その間、二千人以上が戦死した。数日後、ベルリンはソヴィエト軍の手に落ちた。

足に軽傷を負ったためにスタジアム内での殺戮を目撃しなかったディームは、ドイツが降伏した直後、オリンピック競技場の敷地を歩いた。彼はのちに自伝の中で、その悲惨な場所で見たことと感じたことを書いている。「オリンピックの若者がかつて集《つど》った競技場、かつて世界を喜ばせた建物と記念碑的敷地が、いまや死の戦場になり、どこを見ても吐き気を催すような遺体、不気味な瓦礫があるだけだ。……最も空想力の豊かな詩人でさえ、そんな気違いじみた矛盾を想像することはできなかったろう」(23)。その「気違いじみた矛盾」は、もちろん、オリンピック精神と英雄的な殉教の輝かしい調和なるものを唱えた人物から、直接生まれたものでもあるのだ。

ナチ・ドイツのオリンピック運動の指導者たちは第二次世界大戦の終了直後の時期に、それぞれやや違った道を辿ったが、その多くは一九五〇年代と六〇年代に西ドイツのオリンピックの組織において重要な役割を演じ続けた。そうした成り行きは、第三帝国の指導者と、ボンの保守的な初代首相コンラート・アデナウアーのもとでのドイツ連邦共和国の指導者とが、ほぼ同じだったという事実に幾分由来する。

テーオドール・レーヴァルトはIOCの委員を辞めさせられてからは静かに引退生活を送っていたが、戦争が終わった時には、ドイツのスポーツ界に戻って積極的な貢献をするには、あまりに年をとっていた。悲しい話ながら、彼は一九三六年のナチのオリンピックを運営するうえで自分が果たしたきわめて問題の多い役割について、よく理解していなかった。生涯の最後に至るまで、ベルリン大会はヒトラー体制から完全に独立していたと言い続け、そうしたのは(と彼は思い込んでいた)自分の手柄だとした。一九四六年二月二十二日、彼は英国のアバーデア卿に手紙を書いた。「ヒトラーが政権を握ったことによって引き起こされた驚くほど困難な状況のもとで、私が一九三六年の大会を非の打ち所もなく行ったことを、あなたご自身証明して下さいました。オリンピックの規則と規律は厳密に守られました。IOCは、一九四〇年の冬季オリンピックの開催地をガルミッシュ＝パルテンキルヒェンに満場一致で決めたとき、その事実を認めてくれたのです。オリンピックの性格を変えようとするヒトラーのすべての試みを私が阻止することができた事実が認められ、いかに嬉しかったか想像になれるでしょう[24]」

アバーデア卿、ジークフリード・エドストレム、エイヴェリー・ブランデージその他のかつてのオリンピックの同僚たちは、旧友のレーヴァルトが戦争直後のドイツの厳しい状況のもとでなんとか暮らしていけるよう、食料や金銭を送って援助した。レーヴァルトは一九四七年四月、八十七歳で死んだ。

レーヴァルトは死ぬ一年前、同僚のディームの汚名を晴らそうと、ドイツを占領していた連合国の当局に手紙を書いた。レーヴァルトはその中で、ディームが自分との私的な会話で語った際のことを記した。「彼は国家社会主義を認めていないことについて、包み隠さずに話しました。彼の組織能力と芸術的才能が、一九三六年のオリンピックが成功したことに大きく関わっています[25]」

ディームは、自分とナチ体制との複雑な関係を糊塗するために、レーヴァルトの曖昧な「宣誓供述書」だけに頼ってはいなかった。ディームは戦後のベルリンの帝国競技場も含めた地区を占領していた英国の軍政当局からのアンケートに答えねばならなかった際、自分はナチ党の党員だったことはなく（それは本当だった）、党のどんな機関でも働いたことはないと明言した。後半の言い分は明らかに嘘だった。彼は帝国体育委員会《ライヒスアウスシュス・フユール・ライベスユーブンゲン》に関わっていたのでナチ支配下の機関のために働いたことになるし、第二次世界大戦の末期に、国民突撃隊の若者を無益な死に追いやるのに手を貸したのである。

仮に当局の誰かが、ディームの答えの「独創的」解釈に反対したとしても、それはいまや六十四歳のスポーツ官僚が、戦後、ほとんど中断することなくそれまでのような仕事を続けるのを妨げなかった。一九四七年、彼はケルンの独逸体育大学《ドイチエ・シュポルトホーホシューレ》の学長になった。彼はその創立に協力したのだ。そして、一九六二年に死ぬまで学長の職にあった。ディームはまた、ギリシアのオリンピアに出来た新しい国際オリンピック・アカデミーの院長にもなった。そのアカデミーは、古代の競技に関するドイツの学問的研究の長い伝統を存続させるのに力があった。ドイツが一九四九年に東西に分割されてから、ディームは西ドイツのために新しい全国オリンピック委員会を設立するのに尽力し、一九五二年までその委員を務めた。一九四八年、IOCはディームを特別ゲストとしてロンドン大会に招いた。招かれたドイツ人は彼一人だった（一九四八年にはドイツの選手は参加しなかった）。四年後、彼はドイツの若者の選手団の団長としてヘルシンキに行った。それは、ドイツが戦後に参加した最初の夏季オリンピックだった。さらに、一九五六年にオーストラリアのメルボルンで開かれたオリンピックに派遣されたドイツ選手団に加わった。一九五七年、IOCは最高の栄誉であるオリンピック勲章をディームに授与した。一年後、ディームの七十五歳の誕生日に、西ドイツ全国オリンピック委員会の会長ヴィリ・ダウメは（彼は一九三六年のベルリン大会でフィールド・ハンドボール・チームの一員だった）、古参役員のディームを、「最近のドイツのスポーツの歴史において最も創造的で万能の人物」[26]として公式に認めた。

レーヴァルト同様ディームも、自分が第三帝国のスポーツ界で演じた役割について反省したようには見えない。逆に、仕事を恙《つつが》なくこなしたことに誇りを抱き、自分にはどんな道徳的汚点もないと言い張り続けた。一九四六年五月に書いた手紙に、こう記している。「私は自分に忠実だったし、ナチに妥協することは拒否したたし、「第三帝国において」体制の前に膝を屈するよりは、教職と行政の仕事に就く機会を見送るほうを選んだ」[27]

ディームは一九六二年に死ぬと、「ミスター・オリンピア」として西ドイツで称揚された。全国のスポーツ施設や学校が彼の名を付けた。独逸体育大学が建つケルンの通りは、「カール・ディーム通り《ヴェーク》」と改称された[28]。今でもその名である。

カール・リッター・フォン・ハルトも自分のベストに付着した褐色（ナチの制服の色）の染みを取り、戦後西ドイツの最も力のあるスポーツ官僚として再び活躍しようとしたが、彼の政治的復活はディームの場合よりも時間がかかった。ハルトは第三帝国での自分の仕事が政治的にも道徳的にも誰からも注目されていないと信じて、一九四五年五月、ベルリンを占領しているロシア当局に出頭した。それは間違いだった。彼はそれからの四年半をさまざまなソヴィエトの収容所で過ごした。その中で最も注目すべきなのは、ブーヘンヴァルト収容所だった。それはヴァイマル近くの、かつてのナチの強制収容所だった。ソヴィエトはそれを、自分たちの政敵を監禁するのに使っていた。

ハルトの運命を知ったブランデージやエドストレムのようなオリンピックの同僚は旧友を釈放してもらおうとしたが、一九三六年のベルリン大会に一つのチームも送ってこなかったロシアには、なんのつてもなかった。一九四七年の初め、ハルトはブーヘンヴァルトで起こった凄まじい流行病の犠牲になったという知らせが外部の世界に届いた。彼が死んだことはドイツの新聞に載り、ラジオで放送された。ディームは、「真実と美と名誉のための闘いにおいてわれわれを数十年も結びつけてくれた」、「われらの親友」の死を、滞りなくブランデージに伝えた[29]。真実にとって幸いなことに（美と名誉にとっては必ずしもそうではなかったが）、ハルトが死んだという知らせは誤報であるのが間もなくわかった。ある「ヘル・フォン・アンハルト」がブーヘンヴァルト収容所で死に、ソヴィエト側が名前を混同したらしい[30]。

ハルトは一九五〇年にブーヘンヴァルト収容所から釈放されると、「非ナチ化」（連合軍が採用したナチ識別審査手続）審問を受けねばならなかったが、ディーム、エドストレム、ブランデージが彼の言う「反ナチ」の姿勢を証明したので、彼は難なく公式の潔白証明書を貰うことができた（ドイツ人はそれを人気のある粉石鹸の銘柄にちなんで、ペルジールシャインと呼んだ）。ディームは、ベルリン大会のドイツ選手団にユダヤ人を入れようとハルトは懸命に努力したとさえ言った。ハルトが復権したのは、当時「非ナチ化」の業務を連合国から引き継いだ西ドイツの官僚が、なんとかしてナチの過去に関して「終結」宣言をし、ドイツ経済を建て直し、連邦共和国を唯一の正当なドイツ国家として認められるようにするという仕事をしようとしていた時期だった。

　ハルトはいまや、「オリンピアに帰る」用意が出来たと感じていた――ドイツとオリンピックのスポーツ界で重要な役割を演ずるという、かつての人生を歩む用意が。事実、彼はＩＯＣのドイツ人の同僚メクレンブルク公爵同様、ＩＯＣの委員の地位を失うことはなかった。そして、彼のナチとしての過去に疑問を投げかけた、ドイツにある連合国側の高等弁務団の反対を押し切って、一九五一年五月、ＩＯＣの会合に再び出席することができた。一九五八年、エイヴェリー・ブランデージの推薦で、彼はＩＯＣを統率する理事会の一員になった。一方、国内ではハルトはＩＯＣの影響力を行使し、メクレンブルクの跡を継いで、一九五一年一月、西ドイツ全国オリンピック委員会の会長に就任した。彼はその後十年間、同委員会を専制的に運営し、西ドイツが再びオリンピックに参加できるよう、中心になって動いた。彼が一九六四年に死んだとき、ガルミッシュ＝パルテンキルヒェンの当局は、新しく出来たスポーツ集合施設に彼の名を冠した。

　すでに見たように、第一次世界大戦後、敗北し信用を失ったドイツは、一九二〇年と二四年の二つのオリンピックから追放されたが、第二次世界大戦が終わり第三帝国が崩壊したあとでは、一九四八年にサンモリッツの冬季オリンピックと、ロンドンでの夏季オリンピックに出られなかっただけだった。いずれの場合も、ドイツが逃したものは多くはなかった。サンモリッツ大会の入りは悪く、アイスホッケーの選手がプロか否かを巡っての論争でごたごたした。[31] ロンドン大会は戦後英国の窮乏生活を背景に行われたので、オリンピック村は老齢で退役した英国空軍のパイロットたちが急造した貧弱なもので、参加選手用の食事は工場労働者に割り当てられた配給分と似たようなものだった。オリンピックの聖火は取り扱いの不手際で、オリンピアから遥々運ばれて英国に到達したあと、短いあいだだが消えた。

ドイツは一九五二年にオスロの冬季オリンピックに参加した。そして、その年のヘルシンキでの夏季オリンピックにも参加した。しかし、その時の「ドイツ」は西ドイツのみだった。東ドイツは独自の全国オリンピック委員会を持ってはいたが、ハルトと西ドイツの官僚によって除外された。[32] 二人はその際、IOCの会長エドストレムと、一九五二年半ばにエドストレムの跡を継いで会長になったブランデージから多大な支持を得た。

西ドイツが一九五二年にオスロの冬季オリンピックに参加を許されたとき、多くのノルウェー人は猛反対をした。彼らはドイツが第二次世界大戦中にノルウェーを占領していた時の苦い思い出を引きずっていたのだ。ドイツはオスロ大会に参加する条件として、ベルリン大会に加わったどんな選手も役員も送ることが許されなかった。したがって、ハルトもディームも母国にとどまらざるを得なかった。ヘルシンキはドイツに対し、そうした制約を課さなかった。その結果、ハルトとディームが出席できただけではなく、体操選手（かつ、戦時中の落下傘部隊員）のアルフレート・シュヴァルツマンも参加することができた。彼はベルリン大会の時の選手で、それ以降のオリンピックに出た唯一のドイツの選手だった。

ドイツがオリンピック競技に復帰した時は、ナチ・ドイツのかつての「オリンピック都市」ベルリンは昔の面影はほとんどなく、瓦礫が散乱し、四つの占領地帯に分割されていて、西側の人間から見ると、ソヴィエトの支配下にあるドイツ民主共和国の奥で、悲しいほどに孤立していた。そうした状況のもとでは、ベルリンでのオリンピックの栄光は、すでに遠い思い出のように感じられた。

その思い出を呼び覚まし、ベルリン市民の気分を明るくするのに一役買ったのは、一九五一年八月二十二日にジェシー・オーエンスがオリンピック・スタジアムに戻ってきたことだった。それは、彼が偉大な勝利を収めた場所に帰ってきた最初の時だった。オーエンスはハーレム・グローブトロッターズ（一九二七年にシカゴで結成された、コミカルなプレーもする、エキシビション・バスケットボール・チーム）に加わってヨーロッパを巡業中、ベルリンに立ち寄ったのだ。オーエンスはベルリンに歴史的な帰還をしたことを記念して芝居がかった演出をした。スタジアムの中央にヘリコプターで降り、それから「勝者の一周《ヴィクトリー・ラップ》」としてトラックをひと回りしたのだ。七万五千人の観衆は狂喜して歓呼した。オーエンスは一周し終わると、短いスピーチをし、「全能の神のもとに、われわれと一緒に自由と民主主義のために頑張ろう」とドイツ人に呼びかけた。西ベルリンの市長代理ヴァルター・シュライバーは、ジェシー・オーエンスのもとに歩み寄って言った。「ヒトラーは君の手を握ろうとしなかった。私は君に両手を差し出す」(33)。共産主義の東ベルリンから来た数千の者が含まれている観衆は、再び歓呼した。自分たちの試煉の時に、ほかならぬオーエンスが来てくれたことに賞讃と感謝の念を抱いたベルリン市民の反応ぶりは、一九六三年六月に、ジョン・F・ケネディ大統領が、「私は一人のベルリン市民であります《イヒ・ビン・アイン・ベルリナー》」というスピーチをした時の、ケネディに対する愛情の発露を先取りしていた。（オーエンスが一九八〇年に死ぬと、西ベルリン当局はスタジアムに通ずる通りを「ジェシー・オーエンス通り《シュトラーセ》」と名付けた。）

オーエンスがスタジアムに華々しく現われたあとに、感動的な出来事があった。彼が三年後に語ったところによると、スピーチを終えてから更衣室に向かっていると、一人の少年がサインを求めてやってきた。少年はオーエンスがベルリン大会で負かした、走り幅跳びのドイツの名選手ルッツ・ロングの息子だということがわかった。オーエンスはサイン帳に名前を書いているとき、そのドイツ人の友人が戦時中にシシリーで戦死したことを初めて知った。「僕らは話さなくちゃいけない」とオーエンスはロングの息子に言った。「君と僕は話をして、お互いのことを知らなくちゃいけない[34]」。その出会いがオーエンスが思い出している通りのものだったかどうかは別にして、後年オーエンスはロングの家族との連絡を保ち、一九六四年、彼は『ジェシー・オーエンス物語』のいくつかの場面を撮りにベルリンにまた来た際、ロングの息子がその映画に出演できるよう取り計らった。

ジェシー・オーエンスはベルリン大会の直後、多くの挫折と屈辱を味わった。彼は大会後に全米体育協会が催した、ヨーロッパ各地での一連のエキシビション陸上競技試合に出ずに帰国してしまったので、全米体育協会は直ちに彼を除名し、そのため彼のアマチュアとしての人生は終わった。いずれにせよプロに転向する決心をしていたオーエンスは、金を儲ける唯一の手段は、サーカスじみた離れ業をすることなのを知った。彼はサラブレッドの馬、自動車、グレイハウンドと競争した。さらには、ボクサーのジョー・ルイスとも競争した（オーエンスはわざとルイスに勝たせた）。そうした「見世物」で稼いだ金が彼を悩ますことになった。というのも、彼の黒人ファンの一部の者が、「ニグロの道化師」を演じていると言って非難したからだ。一方、合衆国政府は、十分な税金を納めていないという理由で、一九三六年の彼の稼ぎに先取特権を定めた。彼がオリンピックの金メダルで儲けようとしたことが、一九三九年の最優秀アマチュア選手として、全米体育協会がオーエンスにではなく、グレン・モリスにサリヴァン記念賞を与えた理由の一つだったのは疑いない。

一九三六年以後のオーエンスの悲しい人生は、当時広がっていた人種偏見の一部と見てよかろう。ベルリンでのオーエンスの偉大な勝利でさえ、当時アメリカで蔓延していた人種差別的見方を裏付けるものになってしまった。黒人とその他の「原始的」人種がスポーツで成功するのは生まれつきの体質のおかげだという考えは、ナチに限ったものではなかった。アメリカでは人種と運動能力との関係についての考えが基本的に変化しつつあった。二十世紀初頭には、白人がスポーツで成功しているのは、優れた精神および優れた肉体の結合によるという考えが優勢だった。初期のオリンピックで北欧出身の白人が優勢だったことが、その考えを強めた。ボクシングでは、オーストラリアのピーター・ジャクソンやアメリカのジャック・ジョンソンのような黒人選手が何度も白人選手を破ったので、その残忍なスポーツでは、ニグロの生来の資質が有利に働いているのではないかという推測が生まれたが、スポーツのほとんどの領域で、黒人は他の黒人とだけしか試合ができなかったので、白人運動選手優位の神話はほとんど疑問視されなかった。

その傾向は一九三〇年代初めに変わり始めた。それはもっぱら、一九三二年のオリンピックで、アメリカの黒人のエディー・トーランとラルフ・メトカーフ（短距離競争）、エドワード・ゴードン（走り幅跳び）が大活躍したためだった。いまや何人かの白人のスポーツ解説者が（何人かの黒人の解説者さえも）、黒人が最近、短距離競争と走り幅跳びで活躍しているのは、白人に勝るいくつかの解剖学的特徴をそなえているからだと論じ始めた。

アメリカにおいてはベルリン大会が人種についての考えに大きな影響を与えた結果、そうした擬似科学的ないかがわしい説が勢いを得、スポーツ解説者、スポーツ関係の役人、コーチのあいだに広まった。エイヴェリー・ブランデージは書いている。「いかにニグロが陸上競技に秀でているかは、とりわけジェシー・オーエンスの例でわかる。彼らの筋肉構造が、その種のスポーツに役立つのだ」。イェール大学の陸上競技のコーチ、アルバート・マゴールは、黒人のあいだに広く見られる突出した踵骨《しょうこつ》のおかげで、短距離競争において黒人は白人に決定的に勝ると言った。ベルリン大会でアメリカの陸上競技のコーチ補佐だったディーン・クロムウェルは、一九四一年に言った。「ニグロがああいう種目に優れているのは、白人よりも原始人に近いからである。跳躍が彼らにとって生き死にに関わる問題だったのは、そう遠い昔のことではない」。オーエンスのコーチのラリー・スナイダーでさえ、「マイ・ボーイ」とほかの黒人短距離選手の活躍は「筋肉の筋具合と……神経組織の細胞構造」のおかげだと言った。また、オーエンスのようなニグロの選手が白人のコーチの命令に喜んで従うのも、役に立っているとスナイダーは言った。「大方の有色人種の若者は、コーチの教えにすぐに適応する。彼らはコーチに全幅の信頼を置いていて……練習、フォーム、技術の完成をコーチに進んで、喜んで任せる」

　ジョンズ・ホプキンズ大学の実験生理学教授チャールズ・D・スナイダーは、「一九三六年のオリンピックの真の勝利者」と題した、ベルリン大会後に書いた小論の中で、ベルリンでアメリカの黒人が勝利を収めたことは、競技場での総体的な白人優位を揺るがすものでは必ずしもないと主張した。「おそらく、短距離競争においては」と彼は書いた、「骨と筋肉の構造の解剖学的に有利な点が、黒人を白人に勝る者にしているのであろう。いずれにせよ、われわれは、ニグロの若者は白人の施設において白人に訓練されているということを覚えておかねばならない」。さらに教授は続けた。もし、単なるメダル数ではなく人口の規模を基礎に一九三六年の国ごとの成果を評価したなら、白人のみから成る北欧と中欧の小国が、依然として勝者だったのは歴然としている。最も活躍した選手は、と教授は言った、「〝かつての偉大な北方人種が残存する国〟の代表であり、一方、最悪の成績しか残せなかった選手は〝概して、極度に人種混合の国〟の代表である」。

ベルリン大会は、アメリカにおいては（ほかの国においてと同様）、黒人はある種のスポーツでは解剖学的に有利であるという、当時生まれかけていた紋切り型の考えを強めたが、ニグロは生来、性格と知能が劣っているという紋切り型の考えをそれが打破することはなかった。黒人は短距離競争と跳躍では才能があるかもしれないが、スタミナ、規律、チームワーク、精神的鋭敏さを必要とする競技では白人を凌駕することは決してないだろうと考えられていた。したがって黒人は、バスケットボールや長距離競争のようなスポーツで優れることはないと言われた。この独断的主張を崩すには、黒人がオリンピックと、ほかのアマチュアの競技で幾度も活躍し、久しく待望されていたアメリカのプロ・スポーツでの人種差別撤廃が実現されねばならなかった――もちろん、そうなっても、ほんの一部が崩されただけだったし、それも、おそらく、礼儀正しいおおやけの論説の中でだけだった。有名な事件だが、一九八八年にもなって、スポーツ解説者のジミー・「希臘人《ザ・グリーク》」（彼はギリシア系アメリカ人だった）・スナイダーは、黒人は白人より運動能力が優れている、なぜなら黒人は「奴隷時代からそういうふうに飼育されてきたからである」と言ったため、CBSのショー、「NFL（ナショナル・フットボール・リーグ）、トゥデー」を下ろされた。彼が馘《くび》になってから、何千という視聴者が局に電話をし、自分はジミーと同意見だと言った。

ジェシー・オーエンスは一九三六年のオリンピック以後の歳月で屈辱的扱いを受けたかもしれないが、少なくとも恐るべき第二次世界大戦で生き残った。彼の仲間のオリンピック選手の多くは、そうではなかった。一九三九年と四五年のあいだに、ポーランドのオリンピック選手団の二十五人が戦争で、ポーランドの抵抗運動で、強制収容所で死んだ。ベルリン大会のドイツの二十五人のメダル受賞者が、第二次世界大戦で死んだ。そのうち十三人が東部戦線で死んだ。

戦火の中を生き延びたベルリン大会のドイツのオリンピック選手の大方は、その後、建設労働者、鉄道員、給仕、バーテンなどの仕事をしてひっそりと暮らした。西ドイツ最大のメルセデスの販売代理店の店主になって成功した（異例だが）、馬術の優勝者ゴットハルト・ハンドリックによれば、三六年のオリンピック選手の多くは後年、アルコール中毒者や麻薬乱用者になった。「総じて」とハンドリックは言う、「オリンピックの経験は、大方のドイツの選手に対し、図太い神経を持っていなければ適応するのが難しいたくさんのことを、のちに与えたのではないかと恐れる[35]」。もちろん、この評価は、非常に多くのオリンピック選手の栄光のあとの歳月と、優れた成績を残した選手の大半の人生に当て嵌まるだろう。

ベルリン大会の生き残りのドイツの古参選手は、彼らの国――もっと正確に言えば、彼らのかつての国の西側の半分――が、オリンピックを主催する次の機会を得た頃には、急速に年をとりつつあった。一九六六年、IOCは一九七二年の夏季オリンピックをミュンヘンで開催することに投票で決めた――それは一つには、一年前に、東ドイツは将来のオリンピックに自分たちの選手団を送ってよいというIOCの決定の償いだったように思える。その決定は、自分たちが真に全ドイツを代表していると主張する、当時の首都ボンに鋭く対立するものだった*1[36]。

ドイツの二十世紀の二つの夏季オリンピックのあいだには三十六年という歳月があったかもしれないが、一九七二年のミュンヘン・オリンピックは、一九三六年のベルリン・オリンピックの濃い影のもとに行われた。ミュンヘンの組織委員は、自分たちの主催する大会の何もかもが一九三六年のそれと違うものにしようと決心していた。それは、「まったく新しいドイツ[37]」がオリンピックを主催しているのだという確信を反映していた。
そういうわけでミュンヘンの組織委員は、ナチのために映画を作ったという理由で戦後のドイツで映画を作ることを禁じられていたレニ・リーフェンシュタールが、英国の新聞『サンデー・タイムズ』のフォトジャーナリストとしてミュンヘンに姿を現わしたとき、喜ばなかった。ドイツ当局も、ミュンヘンの映画館の館主たちがリーフェンシュタールがミュンヘンに来たのを利用し、ミュンヘン大会の期間中、市内の至る所で『オリンピア』を上映した時も不快感を表明した。[*2]
リーフェンシュタールは来たけれども、一九七二年のミュンヘンには、オリンピックの訪問者に、第三帝国時代のオリンピックと似ていると思わせるようなものは、あまりなかっただろう。一九三六年の新古典派のオリンピックの建物と対照的に、特色のある、いくつものテントを連ねたような形のガラス屋根のミュンヘンのスタジアムは、モダニズム建築の力作だった。設計を担当したシュトゥットガルトのギュンター・ベーニッシュ設計事務所は、硬直した記念碑的なものではなく、「開放感、透明性、明晰性の雰囲気」[38]を創り出す目的で設計をしたと語った。ベルリン・オリンピックのスタジアムを設計したヴェルナー・マルヒも、一九七二年のスタジアムの設計を提出した。彼の新しい構想はごく大胆で斬新だったが、ミュンヘンの運営委員たちには、ヒトラーのために働いた男を再び使う気はなかった。
新しいミュンヘンのスタジアムは確かに大きく、啞然とするほどに巨額の費用がかかったが、総じて組織委員は、「巨大主義」と壮大さを避け、控え目の透明性を前面に出そうとした。ヴィリ・ダウメとその仲間たちは大会中、国家主義的色彩を弱めようと、国旗ではなく、パステル調のオリンピックの旗を町の至る所に翻させることにした。新生ドイツは警察国家ではないということを強調するため、警備員には趣味のよい空色の制服を着せ、武器は携行させなかった。ダウメはそれについてこう言っている。「われわれは悲壮感や勇壮感を表わすような色は避けた。われわれが選んだ色は、平和と、くつろいだ明るさを表わす色だった。……ミュンヘン・オリンピックは、建築、風景、色彩の戯れにすっかり囲まれているようにした。……総じて、招致国をではなく、オリンピックのスポーツを前面に出すように努めた[39]」

最初、その作戦は成功したように思えた。不当な値段についていつもながらの苦情はあったものの、ほかの点では訪問者は、バイエルンの首都でのドイツ人の親切さと優しさに感銘を受けた。「ミュンヘンに着いて最初に感じたことは、オリンピックの役員であれ、警官であれ、ジャーナリストであれ、さらにはミュンヘンの一般市民であれ、過去を拭い去ろうと強く決心していることだった」と、英国の『インデペンデント・テレヴィジョン・ニュース』の記者は書いた。「私たちはこれが新生ドイツなのだと強く感じた。それは非常な努力の結果で、ドイツ人は開放的で近代的で、過去と訣別しているように見せようとしているのがよくわかる[40]」。ドイツの放送局は万事順調に行っていることに大いに安堵し、ミュンヘンを囲んでいる「国際的賞讃の波」を自慢した。「ここでは、新しい、変貌したドイツを世界に示しているのだ——三十六年前にベルリンでオリンピックを政治的に悪用した国家社会主義独裁を思い出させるものは皆無のドイツを。ミュンヘン大会はベルリン大会に似ていると言われるおそれはない[41]」

すると、一九七二年九月五日、ミュンヘン大会の十一日目、十一人のイスラエルの選手とコーチが殺害されるという恐るべき事件が起こった。イスラエル人を襲ったのは、パレスチナ解放機構のファタ派の〈黒い九月〉だった。いまやミュンヘンから発しているイメージは、覆面をしたテロリストが、ユダヤ人のオリンピック選手をオリンピック村で人質にしている姿だった。約二十時間後、陰鬱な顔をしたバイエルンの役人が、ヒュルシュテンフェルトブルック空軍基地での救出作戦で〈役人は認めなかったが、その作戦は大失敗だった）、十五人が死んだと発表した――九人の人質のイスラエル人全員と（二人のイスラエル人はその前に殺害された）、五人のテロリストと一人のドイツの警官だった。誰も公式には言わなかったが、誰もが同じことを考えた――またもや、ユダヤ人がドイツの土の上で殺害された。

九月五日の悲劇の最大の皮肉は、その悲劇が、自分たちの大会をベルリン大会と別のものにしようという、組織委員の善意から生まれたということだ。一九三六年のオリンピック村はベルリンの中心からかなり離れた、厳重に警護された軍事基地にあったが、ミュンヘンの選手村はオリンピック・スタジアムのすぐ隣で、市の境界内にあった。選手村は六フィートの高さの防護柵で囲まれ、門は真夜中には錠が下りるが、二十四時間警備されているわけではなかった。日中、サインを漁る者が選手村に入るのは、選手や役員にとってと同じくらい簡単だった。真夜中過ぎまで町で飲み騒いでいた選手は、柵を乗り越えて楽に選手村に再び入ることができた。

テロリストが使った方法は、それだった。九月五日午前四時に彼らはフェンスに近づいたが、一夜を町で過ごして酔っ払ってベッドに戻る何人かのアメリカ人選手のほか、誰にも会わなかった。アメリカ人選手と選手のような格好をしたテロリストは、互いに助け合って柵を乗り越えた。悲劇が起こったあと、警備が手ぬるかったことについて質問されたバイエルン首相のアルフォンス・ゴッペルは、過去のことがあるので、制服を着た当局者を人目に立つところに配置するのに非常に気を遣わねばならなかったことを指摘した。「Man wollte eben nicht den Polizeistaat demonstrieren」(42)（「われわれは警察国家に見えるのはどうしても嫌だった」）。

殺害事件が起こった翌日、死んだイスラエルの選手のための追悼式が行われた際、依然としてIOCの会長だったエイヴェリー・ブランデージは、ミュンヘン大会は一日だけ喪に服したあと、予定通り続けられると言明した。その決定を正当化するため、彼は（息を呑むほどに無神経な話だが）、イスラエル人選手殺害と、ローデシアが除外されなければミュンヘン・オリンピックをボイコットするという、黒人のアフリカ諸国の脅迫（ＩＯＣはその脅迫に屈した）とを一緒くたにした。ＩＯＣはアフリカ諸国の「あからさまな政治的脅迫」には屈したが、アラブのテロリズムに屈することはできない、とブランデージは言った――「オリンピックは続かねばならない(43)」。

ブランデージの声明に多くの者はひどく驚いたが、驚くこともなかったのである。考えてみれば、ブランデージは、オリンピック運動に対する「脅威」、特に一九三六年のベルリン大会に先立つボイコット運動に関して過去四十年以上、そう言ってきたのである。「オリンピックは続かねばならない」という彼が繰り返し口にする文句は、ナチ・オリンピックの、もう一つの名残だった。ブランデージは、不運なミュンヘン大会のあと、ＩＯＣの会長の座を降りた。彼は三年後、ガルミッシュ＝パルテンキルヒェンで休暇を過ごしているあいだに死んだ。そこは、一九三六年の冬季オリンピック中に初めて訪れて好きになった場所だった。

ブランデージはＩＯＣの会長として一九七二年に同委員会のミュンヘン会議における最後のスピーチの中で、自分が二十年間会長を務めているあいだにオリンピックが全世界に広まったことを自慢する一方、経費が次第に嵩み、オリンピックが商業化されていることを嘆いた。例のごとく、彼はオリンピックにおいてスポーツのプロに対する規制を緩めることや、あらゆる「政治的介入」に対する現下の闘いで譲歩することに激しく抗議した。また、捨て台詞として、冬季オリンピックを批判した。冬季オリンピックは一九六四年のインスブルックでは「ひどく病んだ」ものになり（練習中にオーストリアと英国の二人の選手が死亡した）、一九六八年のグルノーブルでは「半ダースほどの世界選手権大会に堕し」、一九七二年には日本に七億ドルという途方もない負担をかけた、と彼は言った。ブランデージはスピーチの締め括りとして、いまや「世界の新聞で軽蔑され揶揄されている」冬季オリンピックが「一九七六年のデンヴァーでちゃんと埋葬される」ことを切望していると言った。(44)（デンヴァーは七六年の大会を辞退したが、インスブルックが土壇場で割り込んだ。冬季オリンピックは二〇〇二年のスキャンダルまみれのソルトレークシティ大会（IOCの何人かのメンバーがソルトレークシティのオリンピック関係者から賄賂を受け取った）を経てその後発展したが、そのことでブランデージは、IOCのその「過ち」に対する憎しみを抱くのをやめはしなかったろうと考えてよい。彼は冬季オリンピックを非難し続けたが、一九三六年のガルミッシュ大会だけはいつも非難の対象から外したことは興味深い。）

ミュンヘン大会から八年後、またもや大変な政治的騒動が起こったとき、アメリカはオリンピックの神聖さという問題に関して、一九三六年とは非常に違った立場をとった。アメリカはソヴィエト連邦が一九七九年にアフガニスタンに侵攻したことに抗議して、一九八〇年のモスクワ大会をボイコットすることに決めた。ほかの六十一ヵ国もモスクワ大会に参加しなかった。西ドイツはワシントンから強い圧力がかかったのでアメリカに倣ったのである。（一方、英国、フランス、イタリアはモスクワに選手団を送ったので、ワシントンはひどく落胆した。）

その時点では、実際にはアメリカのオリンピック指導者たちはモスクワ大会ボイコットに乗り気ではなかった。一九三六年のベルリン大会ボイコット運動が起こった時のブランデージのように。しかし、アメリカのオリンピック関係の役員たちは、モスクワからの招待を断れという、国内でのさまざまな方面からの強い圧力を受けた。そして、ボイコット賛成派はその理由付けの一つとして、一九三六年の時の経験を引き合いに出した。「オリンピック大会は、オリンピックがあったればこその威厳と栄光に満ちた一時期をナチに与えた」と、ブネイ・ブリス（ユダヤ人の互助組織）の名誉毀損防止同盟は論じた。名誉毀損防止同盟によると、ソヴィエト・ロシアはナチ・ドイツ同様、組織的な「人種上、宗教上の差別をしている。……一九八〇年はどうすべきか迷っている者は、恥ずべき一九三六年のベルリン・オリンピックの経験から何も学んでいない[45]」。同じようにジェイムズ・バーナムも、『ナショナル・レヴュー』誌上で、来るべきモスクワ大会は、ナチのオリンピックを想わせるプロパガンダの機会をクレムリンに与えると論じた。

結局、アメリカのオリンピック関係の役員に対して決定的な圧力をかけたのは、カーター政権だった。カーター政権はソヴィエト軍がアフガニスタンから引き揚げることをモスクワ大会参加の前提条件にしたのだ。一九八〇年一月、大統領ジミー・カーターはUSOCの会長ロバート・ケインに宛てて個人的に手紙を書き、もしソヴィエト連邦が一ヵ月以内にアフガニスタンから撤退しなければ、アメリカの委員会はオリンピックをモスクワからほかに移すようIOCを説得しなければならない、それに失敗すれば、アメリカはほかの西側諸国と協力し、ソヴィエトでのオリンピックに対する大ボイコット運動を展開しなければならないと指示した。そしてカーターは、こう言った。そうした「世界の怒りを示す強力な警告がソヴィエト国民から隠されることはあり得ないし、世界中に反響するだろう」、そしておそらく、「将来の侵略」を抑止するだろう[46]。もしアメリカのオリンピック機関がワシントンの方針に従わない場合、オリンピック選手団に対する財政援助はしない、また、アメリカの選手がモスクワに行くのを阻止するとカーターは脅した。

カーター自身は一九八〇年のボイコット運動を正当化するのに一九三六年との「類似」に言及しなかったが、国務長官サイラス・ヴァンスは、まさしく言及した。彼は明言した。「私は大学生だった一九三六年のことを振り返ってみると、われわれが参加したのは間違いだったと今になって思う[47]」。副大統領ウォルター・モンデールも、似たような感想を述べた。モスクワ大会に参加すべきかどうかの投票をする前日に、USOCに対してモンデールは、一九三六年の大会は無視してはならぬ貴重な教訓を与えてくれたと主張した。一九八〇年のアメリカの選手は「ベルリン・オリンピックのたっぷり一世代あとに生まれたかもしれないが」とモンデールは言った、「彼らの助言者および管財人として、みなさんはその歴史から自分たちの任務を知ることを彼らに教える責任を負っているのです。ヒトラー台頭の話は専制政治の研究の対象以上のものだからです。それはまた、自由世界の失敗の記録でもあるのです――ナチの台頭を抑える好機を逃し、侵攻に反対せず、宥和政策を非難しなかったという失敗の[48]」。（アフガニスタン侵攻の罰として、アメリカからロシアへの穀物輸出を減らす案に強く反対したのもモンデールだった。そのような戦術は、アメリカの農民に損害を与えるだけだと彼は言った。）

　そういうわけで、一九八〇年のモスクワ大会の部分的なボイコットは実際に何を達成したのか？六十二ヵ国が参加しなかったというのはモスクワ大会を地味なものにしたのは確かだが、だからといってモスクワはアフガニスタン政策を変えなかったし、ボイコットでクレムリン内部が弱体化したという証拠もない。一九三六年に大規模なボイコットが行われていれば国内のヒトラーの立場が弱くなった可能性は十分あったが――彼の三年目になる体制は、世界と国内に対してその地位を高めるためにオリンピックを見事に成功させることが必要だった――一九八〇年のボイコットは、実際にモスクワに打撃を与えるような厳しい制裁の代わりとしては取るに足らぬものに終わった。（アメリカの穀物輸出禁止案が否決されたことが思い出される。）結局、モスクワ大会ボイコットの結果は、東側ブロックが一九八四年にロサンゼルス大会を逆にボイコットしたということだった。

　一九三六年の場合同様、アメリカのオリンピック選手は（多くの元オリンピック選手を含め）、モスクワ大会ボイコットに強く反対した。そうした元オリンピック選手の中に、興味深いことに、ジェシー・オーエンスがいた。ヘビースモーカーだった彼は肺癌でひどく病んでいたが（彼は一九八〇年三月に死んだ）、最初はボイコット支持を表明していたものの、ボイコットは選手にとって残酷だという理由で反対に回った。彼はエイヴェリー・ブランデージを思わせる口調で書いた。「オリンピックへの道はモスクワに通じてはいない。どこの都市、どこの国にも通じてはいない。それはレークプラシッド、モスクワ、古代ギリシア、ナチ・ドイツを遥かに超えて続く。オリンピックへの道は、最後には、われわれの中の最善のものに通じている(49)」

ワシントンがモスクワ大会ボイコットを決めた時に一九三六年の亡霊が背後にさ迷っていたとすれば、一九九三年にベルリンが二〇〇〇年の夏季オリンピック招致国として新たに名乗り出た時には、例の褐色の経帷子《きょうかたびら》をまとった悪鬼はまさに前面に出てきた。

ベルリンは、ドイツが一九九〇年、一見奇蹟に見えるような再統一を果たし、一九九一年に連邦議会が首都をボンから昔の独逸帝国首都《ライヒスハウプトシュタット》に戻すことを決めたすぐあと、二〇〇〇年のオリンピック誘致運動を開始した。ベルリン支持者は、オリンピック千年を自分たちの町で祝う格好の理由として、ベルリンがイデオロギー上の相違を克服したことを挙げた。しかしベルリンの市議会は、かつての帝国競技場と、老朽化しつつあるオリンピック・スタジアムを二〇〇〇年の大会の主な会場にするという、驚くほどに先見の明に欠けた決定をしたのである。その計画によると、オリンピックのお偉方は六十四年前にヒトラーが使った当の演壇から選手に挨拶をするのだった。

そのアイディアは、多くのベルリン市民のあいだでさえ不評だった。帝国競技場は一九三六年の大会とあまりに強く結びついているので、新しいオリンピックをそこで開くというのは、ナチのもとで苦しんだすべての者に対する侮辱だと、多くのベルリン市民は言った。その問題は、一九三六年の大会のためにオリンピック・スタジアムの前の広場に据えられた「英雄的」影像の多くが依然として残っていることで、いっそう紛糾した。競技場自体同様、そうした影像は歴史的建造物保護法のもとにあり、したがって撤去することができなかった。「ばつの悪い思いをする時があるはずだ」と、二人のオリンピック計画委員会のメンバーは書いた。「ナチの建物の残存物の写真が国際的新聞に載るのは間違いない[50]」

一九三六年の亡霊に取り憑かれた競技場をまた使うかもしれないということに対する反対があまりに激しかったので、ベルリンがオリンピック招致国として名乗り出ることを巡る議論が行われた会議場は、警官を配置して立ち入り禁止にしなくてはならなかった。その雰囲気は、帝国競技場の再使用が公式に認められると、一触即発のものになった。その後の何週間、何ヵ月間、ベルリンの過去の亡霊に、混乱した現在の悪魔が加わった。オリンピックは金持ちの玩具、あるいは資本家階級を援助するものに過ぎないと主張していた左翼の「NOlympia」運動のグループが激しいデモを行い、オリンピックのスポンサーたちの建物を爆破した。ドイツがオリンピック招致国に立候補した件は、ベルリン・オリンピック委員会の初代会長が公金横領で捕まり、後任者がＩＯＣのメンバーの私生活に関する文書を作成していたことが明るみに出たので馘になったとき（その文書にはメンバーの飲酒癖、性的好みについての情報が書かれていた）、スキャンダルの泥沼に嵌まった[51]。二〇〇〇年には、ベルリンでのオリンピックの第二幕はなかった。

もしドイツがベルリンのかつての帝国競技場で二〇〇〇年のオリンピックを実際に開いたなら、組織委員は施設を新しいオリンピック大会にふさわしいものにするのに、いくつかの亡霊を祓《はら》う以上のことをしなければならなかったろう。オリンピック・スタジアムを含む全集合施設は、それまでほぼ半世紀にわたって酷使され、維持がなおざりになっていたので、大々的に修理する必要があった。

赤軍はベルリンを征服したあと、短期間そこに露営し、そのあと、その地域を英軍に引き渡した。英軍はその後数十年にわたって、その分割された都市の中に本部を置いた。彼らは五月広場をラグビーの試合に使い、一九八七年五月、女王エリザベス二世の誕生日を、広場で「女王のパレード」をして祝った。彼らは旧シュポルトフォールム近くの集合施設の一部に兵舎と文民用の家を建てた。早くも一九四六年九月、英軍は一部が破壊されたオリンピック・スタジアムをスポーツ競技用に使い始めた。最初はベルリンに駐留している西側の連合国軍だけで競技をした。施設を再び使う前に、彼らは正面入口近くの青銅の「名誉の銘板」からヒトラー、チャンマー、プフントナーの名前を削り取った。

同じように、英軍はディートリヒ゠エッカルト劇場をヴァルトビューネ（森の劇場）に変えたあと、そこでプロのボクシング試合を行った。一九四八年十月三十一日、マックス・シュメーリングが、ベルリン大会でライトヘビー級で銀メダルを取ったリヒャルト・フォークトに敗れてプロのボクシング人生に別れを告げたのは、そこでであった。[*3] やがてヴァルトビューネは音楽（もっぱらロック）の催しの会場になった。一九六五年、ローリング・ストーンズはそこでコンサートを開いたが、八十七人が負傷し、損害は合計三十万マルクに達した。

五月広場にあった鐘塔は、もっと不名誉な運命を辿った、少なくとも最初は。鐘塔は戦争でひどく破損したので、一九四七年二月、英軍は修理するよりは爆破することにした。しかし、鐘塔を倒す前に鐘を下ろし、屑鉄泥棒から守るために近くに埋めた。十年後、ヴェルナー・マルヒに促され、英軍は鐘を掘り出してスタジアムの入口に置いた。そして公式の、「圧政によって命を落とした世界のオリンピック選手の記念物」として生まれ変わった。マルヒはまた、鐘塔自体の再建を訴え、一九六二年、新しい鐘塔が以前と同じ場所に建てられた。しかし、新しい記念の役目を果たすには鐘は古いので（しかも、ひどく罅《ひび》が入っていた）、代わりの鐘が鋳造され、新たに建てられた鐘塔に吊された。ブランデンブルク門とドイツ連邦共和国の国章の鷲の模様のある鐘は、以前の鐘の約半分の大きさである。

一九四九年から英国は帝国競技場のいくつかの建物に対する管理権をドイツに譲り始めた。ドイツのサッカー・クラブはオリンピック・スタジアムを盛んに使うようになり（彼らは「過去の亡霊」をまったく気にしなかった）、一方、一般の何万ものベルリン市民が水泳スタジアムに群がった。一九五〇年六月十二日、ベルリン市議会は集合施設全体を「オリュンピアシュターディオン」と改名した。一九五二年のヘルシンキ大会の選抜試合で西ドイツの陸上競技選手と水泳選手が競ったのは、そこである。一九六三年から六四年にかけて、ブンデスリーガ（プロのサッカー・リーグ）が導入されたのに伴い、オリンピック・スタジアムはベルリンのサッカー・チーム、ヘルタ・ベルリーナ・シュポルト・クラブの本拠地になり、決勝戦を含め二〇〇六年のワールドカップの会場の一つになった。

一九九〇年代の中頃、ベルリンが二〇〇〇年のオリンピックの招致国に立候補して落選したあと、過去四十年ひどい状態にあったオリンピック・スタジアムは、いっそう惨めな状態になった。若木が時計塔から生え、モルタルを通して水が染み出している天井の梁からは鍾乳石が垂れていた。ベルリンの政治家は、オリンピック・スタジアムが絶えず劣化していくのを、集合施設の正式な所有者でありながら、その維持に十分な支出をするのを拒否しているボンの連邦政府のせいにした。集合施設全体を取り壊すという考えもあったが、それはもちろん、建物が歴史的記念物に指定されているので非常に難しかったであろう。「エッフェル塔もあまり美しくないが」と、保護派のベルリンのある役人は言った、「人はそれを取り壊すだろうか？　両方［エッフェル塔とオリンピック・スタジアム］とも象徴である。歴史的な意義という点から、その二つを保存しなければならない」[52]。

一九九八年、連邦政府とベルリン州《ラント》（ベルリンは州と同格の特別市）は手を組み、スタジアムとその周辺の広場の大規模な改修に乗り出した。改修工事ではスタジアムの正面《ファサード》はほぼ元の状態で残されたが、内部は大幅に改造された。カラフルなプラスチックの座席、部分屋根、新しい照明が取り付けられ、貴賓席があった場所にＶＩＰ用の席が設けられた。今日、スタジアムの中を歩くと、ヒトラーが貴賓席に坐り、ジェシー・オーエンスが表彰台に立っていた時は、ここはどんな様子だったかを想像するのは難しい。

オリンピック村は帝国競技場とはまったく違った運命を辿った。それは、オリンピック村が戦後、ソヴィエトの占領地帯にあったからである。ベルリン大会の直後の数年のうちに国防軍に返還された集合施設は、第三帝国が続いているあいだ、軍の管理下にあった。そして、戦争の最後の日々には、凄まじい戦場になった。ベルリンを征服したあと赤軍は集合施設を収用し、軍事訓練と宿泊用に使った。ロシア軍はヒンデンブルク集会場、食堂、水泳会館、体育館は残したが、選手の宿泊所は、わずかな一群の宿泊所以外ほとんど取り壊した。ロシア軍が残すことにした宿泊所は、彼らは知らなかったのだが、まさに一九三六年にアメリカの選手が使ったものだった[53]。筋金入りの反共主義者で戦後の冷戦に賛成していたジェシー・オーエンスは、溜飲の下がる思いをしただろう。

現在、オリンピック村の敷地は、朽ちた建物と瓦礫が散乱する荒地になっていて、荒涼とした光景を呈している。ジェシー・オーエンスとジャック・ラヴロックが練習をした、石炭の燃え殻を敷き詰めた競争用トラックには雑草が生い茂っている。選手が日向ぼっこをしたテラスは、とっくの昔になくなっている。フィンランド風サウナも同様だ。敷地を囲んでいる防護柵には、不発弾に注意という表示がある。だが、過去の名残もいくつかある。ヒンデンブルク集会所の入口の正面の壁に、こういう文句が書いてあるのが、かすかにわかる。「Ich baue fest auf Dich, deutsche Jugend!」、「Treue ist das Mark der Ehre.」（「余は諸君に絶大な信頼を寄せている、ドイツの若者よ！」、「忠誠は名誉の印」。）しかし、もっと目立つのは、この一帯を最近まで借りていた者たちの残したものだ——中央ホールにある巨大なレーニン像。

二〇〇一年の夏、ベルリン・オリンピックから六十五年後、ナチのオリンピックがまたしてもニュースになった。ドイツで最近起こったことが原因ではなかった。ヒトラーのオリンピックを誰もが思い出したのは、IOCが二〇〇八年のオリンピックを北京で開くことにしたからである。それは、一九三六年の「悲劇的過ち」の繰り返しになると批判した者もいた（一九八〇年のモスクワ大会のことも頭に入れて）。フランス下院外務委員会の議長フランソワ・ロンドは、そのことについてこう言っている。「IOCの決定は、日々、自由を愚弄し、人権を蹂躙している抑圧的な政治体制を正当化するのに役立っている。一九三六年のナチ・ドイツと一九八〇年のソヴィエト連邦の例に倣い、共産主義の中国は、権力掌握をいっそう強めることになる強力なプロパガンダの道具として［オリンピックを］利用するだろう[54]」

　もちろん、一九三六年のベルリンと二〇〇八年の北京を比較することは反論を呼び起こした。二十一世紀の中国は、一党に権力が集中し人権が侵害されてはいるが、ヒトラーのドイツのレプリカとはとても言えないという反論を。『ニューヨーク・タイムズ』のスポーツコラムニスト、ジョージ・ヴェクシーは二〇〇一年に、こう書いている。「北京が選ばれたことを、一九三六年にヒトラーのベルリンが得た一時的な威信に譬えている者もいる。ドイツの強制収容所と中国の労働改造所《ラオガイ》すなわち労働収容所のあいだに類似点があるのは否定できない。しかし、今は時代が違うのであり、中国は一九三六年のドイツとは雲泥の差なのである。カリスマ的指導者もいないし、過激な運動もないし、統一された目的もない。どちらかというと、中国人は明らかに西欧流の自由と経済を欲しているように見える。中国人には「IOCの決定を」祝う理由がある[55]」

共産主義の中国とナチ・ドイツのあいだにどんな違い（そして類似）があるにせよ、IOCは二〇〇八年のオリンピック開催地を北京にしたことを正当化した際、一九三六年に使い、一九八〇年に再び使った、陳腐な理由付けをした——すなわち、オリンピックはその主催国をよりよいほうに変えるであろう。二〇〇八年のオリンピックに世界の注目が集まることは中国の開放性を加速し、人権に関する状況を改善するだろうと、同委員会は主張した。「次の七年で中国には大きな変化が生じるだろうと、われわれは信じている[56]」と二〇〇一年、IOCの一人の役員は言った。言い換えれば、オリンピックは、この抑圧的で秘密主義的な東洋の巨象についての、西欧人が長いあいだ抱いていた空想をついに実現するだろう——オリンピックは中国を世界に十分に開かれた真の「民主主義国」に変えるだろう[57]。

オリンピックを主催することが——中国においてであれ、ほかのどの国であれ——閉鎖的な国を必ず開放的にする結果になると、IOCが本気で信じていたのかどうかを知るのは不可能である。過去の例から見ると、そういう結果になるとは、あまり思えない。そうした国の当局は、世界の各国を招くことになると、独裁主義体制内の政治的多様性や異論に対して寛容になるどころか、政敵と、問題を起こしそうな人物を、いっそう弾圧することが多かった。それは一九三六年のベルリンで起こっただけではなく、一九六八年のメキシコ・シティでも起こった。オリンピックが開かれる十日前に、メキシコ・シティでは政府の狙撃兵が、オリンピック開催に抗議する群衆に向け発砲し、少なくとも三十八人を殺し、百人以上に傷を負わせた。[58] 一九八七年、ソウル・オリンピックが開かれる一年前、韓国大統領、全斗煥はヒトラー同様、オリンピックを抑圧的体制を強化するために利用しようとしていると主張し、大胆にも、来るべきオリンピックをベルリン・オリンピックに譬えてデモをした学生たちに対して、警察は催涙ガスと棍棒を使用した。[59] ソウル近郊の貧困地区に住む者たちも、幹線道路や大きなホテルから見える棟割長屋の取り壊しを含む、オリンピックの「美化」計画に抗議した。[60] 民主主義国のギリシアでさえ、二〇〇三年、差し迫ったオリンピックでの安全に対する外国人の懸念を和らげようと、〈十一月十七日〉として知られる極左グループ（グループの名は、一九七三年、アテネ工芸学校の学生が軍事独裁に抗議して起こした反乱が終わった日にちなんで付けられた）の十五人のメンバーを検挙し、投獄した。[61] さらにギリシアの警察と情報機関は、イスラム教徒が多く住むアテネの地区での活動を強化し、地元のイスラム教徒から、イスラム教の信者は全員テロリストのように扱われていると抗議の声が上がった。[62] 一方、中国は、オリンピックが開かれる年まで政治的、宗教的反対者を弾圧し続けることにし、さらに、活気に満ちている（非衛生的であるにしても）胡同《フートン》――北京にある、曲がりくねった路地と今にも倒れそうな棟割長屋の古い一帯――を取り壊すことで、別の種類の浄化計画を進めた。[63]

しかし、中国においてオリンピックを催してどんな政治的結果が生まれようと、IOCは一九三六年の場合同様、北京をオリンピックの開催地に選んだことを、正反対の主旨の論法で弁護した。オリンピックは「政治」に関するものではなく、もっと大きな事柄、例えば、全地球的連帯、世界平和のような事柄に関するものである、したがって、オリンピックの開催地の決定は、なんであれ、取るに足らない政治的論争に巻き込まれてはならないと、IOCは主張したのだ。「オリンピックは政治に取って代わらねばならない」と、USOCの会長サンドラ・ボールドウィンは言った。「それは、世界において最大の平和時の催しである」[64]

エイヴェリー・ブランデージが墓場から喝采しているのが聞こえるようである。

章末注

＊1　一九五六年から六四年までのオリンピックに、ドイツは東西ドイツの選手から成る一つのオリンピック選手団を送った。合同選手団は、共通の旗――黒、金、黄の三色の地に五輪を描いたもの――のもとに参加し、同じ讃歌、ベートーヴェンの第九交響曲の「歓喜に寄す」を使った。一九六八年から八八年まで、西ドイツと東ドイツは別々の選手団をオリンピックに送ったが、一九九〇年にドイツが再統一されると、再び一つの選手団を送るようになった。ドイツが東西に分割されているあいだ、オリンピックの代表を巡る二つのドイツの激しい闘いは、それ自体で複雑で興味津々の話である。

＊2　ほかのオリンピック招致国は、IOC同様、その映画制作者に対して、同様の悪意を抱いてはいなかった。ヘルシンキの組織委員会は、一九五二年の大会の映画を作る契約を彼女に申し出たし――彼女は断った――IOCは、とりわけブランデージは、五〇年代、六〇年代を通し彼女とごく親しい関係にあった。のちに彼女はアフリカの部族民、特にヌバ族とマサイ族を撮る写真家に転身した。七十代になると彼女はスキューバダイビングと水中撮影を始めた。しかしそのあいだ、若い頃に「ヒトラーの映画制作者」としての役割を果たしたことが災いし、彼女は依然としてナチ時代の考え方に捉われたままだという執拗な非難を受けた。亡くなる二年前――彼女は二〇〇三年に百一歳で死んだ――人種的憎悪の犯罪を含むいくつかの罪で、ドイツにおいて短期間取り調べられたが、結論は出なかった。(65)

＊3　レニ・リーフェンシュタール同様、シュメーリングも驚くほど長生きをしたが――彼は

二〇〇五年に九十九歳で死んだ——後年、ナチとの繋がりを消すのがリーフェンシュタールよりもうまかった。やがて彼は西ドイツでいくつかのコカコーラ代理店の経営者になったおかげで裕福になると、ジョー・ルイスを経済的に助け、〈褐色の爆撃機〉が一九八一年に死ぬと、ルイスの未亡人に金を送った。シュメーリングは、第三帝国以後に長生きをしたことと、自己を正当化した回想記を書いたおかげで、彼が進んでナチの目的に奉仕し、自分が言っているよりもずっとヒトラーに近かったという事実をうまくぼかすことができた。

原注

（1）Hajo Bernett, "Symbolik und Zeremoniel," 368-69.
（2）Halt to Baillet-Latour, 23.12.37, Halt Correspondence, IOCA.
（3）Joseph Ackermann, *Heinrich Himmler als Ideologe*（Göttingen, 1970）, 242-43.
（4）"Germany Prepares for the 1940 Olympics," *NYT*, 23.8.36.
（5）Hajo Bernett, "Vor 60 Jahren: Olympra-Parade auf dem Nürnberger Reichsparteitag," *Olympisches Feuer* 4（1996）: 43-47.
（6）Beschlüsse Markt Garmisch-Partenkirchen, 8.1.35 bis 5.12.44, MAGP.
（7）Text of telegram in Kinkel, *Die Scheinwerferin*, 223.
（8）Hajo Bernett, "Das Scheitern der Olympischen Spiele von 1940," *Stadion* 4（1980）: 251-70.
（9）Gilbert to Brundage, 7.2.38, Box 26, ABC.
（10）"Olympics Must Be Held in Japan," *NYT*, 13.1.38.

(11) Halt to Brundage, 1.7.36, Box 57, ABC.
(12) Brundage to Babcock, 4.11.36, Box 14, ABC.
(13) Halt to Baillet-Latour, 9.9.39, Halt Correspondence, IOCA.
(14) Halt to Brundage, 10.1.40, Box 57, ABC.
(15) Halt to Brundage 28.8.40, ibid.
(16) Laude and Bausch, *Der Sport-Führer*, 146.
(17) 同書 161 に引用されている。
(18) Von Halt to Edstrøm, 31.1.42, Halt Correspondence, IOCA.
(19) Rürup, *1936. Die Olympischen Spiele*, 204 に引用されている。
(20) Laude and Bausch, *Der Sport-Führer*, 174-75 に引用されている。
(21) 同書 184 に引用されている。
(22) Hajo Bernett, “Bevor die Waffen schwiegen: Das Berliner ‘Reichssportfeld’ als Kriegsschauplatz,” *Stadion* 18, no. 2 (1992): 261-63.
(23) Laude and Bausch, *Der Sport-Führer*, 187 に引用されている。
(24) Lewald to Aberdare, 22.2.46, Nachlass Diem, 647b, CDA.
(25) Diem to Brundage 21.11.46, Nachlass Diem, 647b, CDA.
(26) Laude and Bausch, *Der Sport Führer*, 199 に引用されている。
(27) 同書 196 に引用されている。
(28) “Finaler Opfergang,” *Der Spiegel*, 2/02, 44-45.
(29) Diem to Brundage, undated, Correspondence, Roll 20, Nachlass Diem, CDA.
(30) Heimerzheim, *Ritter von Halt*, 182-83.

（31）Brundage to Diem, 1.6.48, Correspondence, Roll 20, Nachlass Diem, CDA.

（32）東独が除外されたことについては次のものを参照のこと。Wolfgang Buss, "Die Ab- und Ausgrenzungspolitik der westdeutschen Sportführung gegenüber der DDR in den frühen 50er Jahren," *SportZeit* 1（2001）35-56.

（33）"75,000 in Berlin Hail Jesse Owens," *NYT*, 23.8.51.

（34）Baker, *Jesse Owens*, 174 に引用されている。

（35）Johnson, *All That Glitters*, 194-95 に引用されている。

（36）Noel Cary; "Playing Politics: The Cold War, the Berlin Wall, and the Origins of the Munich Olympics," unpublished conference paper, 2002. 次のものも参照のこと。"Die Olympischen Spiele 1972 in München," *FAZ*, 27.4.66.

（37）Arnd Krüger, "Berlins Schatten über München," *Leistungssport* 4（1972）: 251-56. ミュンヘン大会の日々の生彩に満ちた記述は次のものに見られる。Richard D. Mandell, *The Olympics of 1972. A Munich Diary*（Chapel Hill, 1991）.

（38）Gavriel D. Rosenfeld, *Munich and Memory. Architecture, Monuments, and the Legacy of the Third Reich*（Berkeley; 2000）, 155 に引用されている。

（39）Rürup, *1936. Die Olympischen Spiele*, 225 に引用されている。

（40）Simon Reeve, *One Day in September*（New York, 2000）, x に引用されている。

（41）Noel Cary, "Murder and Memory at the Munich Olympics," unpublished conference paper, 2001 に引用されている。

（42）Cary, "Murder and Memory" に引用されている。

（43）Guttmann, *The Games Must Go On*, 252-55.

(44) Brundage speech, IOC Munich Session 1972, Friedrich Ruegsegger Papers, Box 1, Folder 38, University of Illinois Archives.
(45) "Myths and Realties of the 1936 Nazi Olympics," Anti-Defamation League pamphlet, AJCA.
(46) Gaddis Smith, *Morality, Reason and Power: American Diplomacy in the Carter Years* (New York, 1986), 227 に引用されている。
(47) 同書 226 に引用されている。
(48) 同書 227-28 に引用されている。
(49) Baker, *Jesse Owens*, 225 に引用されている。
(50) "Herrenmenschen in Cellophan," *Der Spiegel*, 14/93, 68 に引用されている。
(51) "Picture Is Dimming for Games in Berlin," *NYT*, 14.7.92.
(52) "Hitler's Glory Slowly Decays," *Sunday Star-Times* (Wellington, New Zealand), 21.7.96 に引用されている。
(53) "Auf den Spuren von Jesse Owens," *Der Tagesspiegel*. 11.9.04.
(54) CNN. Com/World, 14.7.01.
(55) "Being the Host Keeps the Pressure on China," *NYT*, 14.7.01.
(56) "Ein Meer der Freude," *Der Spiegel*, 29/01, 175 に引用されている。
(57) Susan Brownell, "China and Olympism," in John Bale and Mette Krogh Christensen, eds., *Post Olympism? Questioning Sport in the Twenty-first Century*, 60.
(58) "Files Point to Official Use of Snipers," *NYT*, 2.10.03.
(59) Alfred E. Senn, Power, *Politics and the Olympic Games*, 223-25.
(60) Helen Jefferson Lenskyj, "Making the World Safe for Global Capital: The Sydney 2000 Olympics and Be-

yond," Bale and Christensen, *Post Olympism?*, 138.

(61) "Experts Say Greek Verdicts Don't Dispel Olympic Threat," *NYT*, 10.17.03.

(62) "Stepped-up Police Activity Irks an Arab Area in Greece," *NYT*, 26.4.04.

(63) "Better Race to Beijing before Olympics," *San Francisco Chronicle*, 29.9.05.

(64) "Delegates Hope Choice Spurs Openness," *NYT*, 14.7.01.

(65) "Leni Riefenstahl, 101," *NYT*, 10.9.03.

謝辞

一九三六年のオリンピックについて調査し、執筆した長い期間中、何やら悲壮な気分になったとき、今手掛けている仕事は、オリンピック競技に——例えばマラソンに——実際に参加しているのに近いくらい根気の要るものではないのかと思うこともあった。確かな話、本書を執筆するには、マラソン同様、応援してもらい、コーチをしてもらうことを必要とした。家族、友人、同僚、二十あまりの研究機関のスタッフの助力なしには、最初の一マイルさえ走れなかっただろう。ましてや、ゴールまでは。

二〇〇八年の夏季オリンピックの開催地が北京に決まりさまざまな論議を呼んだが、その問題も含め、最近起こったオリンピックを巡るいくつかの論争に照らして一九三六年のナチ主催のオリンピックを再検討してみたらどうかという考えは、W・W・ノートン社の編集者、スティーヴ・フォーマンの示唆で浮かんだ。そしてフォーマンは、その企画の進行中、時に応じて力を貸してくれた。

スポーツの歴史の奥義に私よりもずっと通暁している友人のハワード・デ・ナイクは最初の草稿を通読し、多くの誤りを指摘してくれ、書き改めるうえで有益な示唆を与えてくれた。『ロサンゼルス・タイムズ』の元スポーツ記者、アール・ガストキーも原稿の大半を精読してくれ、ボクサーのマックス・シュメーリングに関するルポルタージュ風文体を伝授してくれた。以前サクラメント州立大学で教え、現在メルボルン大学で教鞭を執っているバーバラ・キーズ教授は草稿の数章を読み、間もなく上梓される『スポーツのグローバル化――一九三〇年代の国家間の競争と国際社会』（ハーヴァード大学出版局より刊行予定）の原稿を読ませて下さった。歴史専攻の大学院生でサッカーに夢中の私の息子ジョシュア・ラージは、きわめて批判的な目で私の原稿を吟味してくれた。さらに、ジョージア工業大学のジョナサン・シュニーア教授と、ボウズマン市にあるモンタナ州立大学のビリー・G・スミス教授にも原稿を読んでもらい、得《う》るところがあった。タフツ大学のデイヴィッド・ガスは、オリンピック選手の何人かについての有益な情報を与えてくれた。スー・ルエリンは見事に原稿整理をしてくれた。

本書を執筆中、私は二〇〇五年、モンタナ州立大学、プリンストン大学、ハイデルベルク大学、ジョージア工業大学、サクラメント州立大学、ニュー・メキシコ大学およびサンフランシスコで開催された万国博覧会シンポジウムで、予備的な研究成果のいくつかを発表することができた。そうした機会を与えて下さった次の方々に感謝したい。ビリー・G・スミス教授、コンスタンツァ・ギューテンケ、ハイナー・ムスト、ジョナサン・シュニーア、バーバラ・キーズ、クリスティーネ・ザウアー、チャールズ・マクレランド、ロバート・ライデル。

オリンピックについて書くのは、実際にオリンピックを開催するほどの費用はかからないが（ありがたいことに）、資料収集のために遠くまで調査旅行をするのは安くはなかった。その意味で、私の著作を援助するために多額の助成金を下さったモンタナ州立大学の研究・創作援助委員会に感謝する。また、助成金申請の際に推薦状を書いて下さったノエル・ケアリー教授、ジェフリー・M・ディーフェンドーフ教授、ピーター・フリッチェ教授にも感謝する。

本書を執筆するために私は合衆国とヨーロッパの各地の公文書保存館と図書館を訪れた。その際協力して下さった、非常に貴重な専門知識を持った次の機関のスタッフに感謝したい。ロサンゼルス・アマチュア運動連盟、ニューヨーク・アメリカ系ユダヤ人委員会公文書館、パリ国立図書館、ニューヨーク・ブラウスタイン図書館（とりわけシーナ・ホロヴィッツ）、ロンドン・英国図書館、ベルリン連邦公文書館、コーブレンツ連邦公文書館、ミュンヘン・バイエルン首都公文書館、ケルン・カール・ウント・リーゼロット・ディーム公文書館（とりわけミヒャエル・ヴィンターおよびカール・レナーツ）、ニューヨーク・ユダヤ史センター、コロンビア大学図書館、ケルン・ドイツ体育大学、カリフォルニア大学バークレー校ドウ図書館、アトランタ・エモリー大学図書館および公文書館、プリンストン大学ファイアーストーン図書館、スタンフォード大学グリーン図書館、ハイデルベルク大学図書館、ハイデルベルク大学スポーツ・運動科学研究所、スタンフォード・フーヴァー研究所、ミュンヘン現代史研究所、ローザンヌ・オリンピック委員会オリンピック研究センター（とりわけルース・ベック＝ペルノー）、ワシントンDC米国議会図書館（とりわけデイヴ・ケリー）、ガルミッシュ＝パルテンキルヒェン・マルクト公文書館、モンタナ州立大学図書館、カレッジ・パーク国立公文書館（とりわけジョン・E・テイラー）、ニューヨーク公立図書館、ウィーン・オーストリア国立図書館、ウィーン・オーストリア国立公文書館、ベルリン・外務省政治公文書館、ロンドン・国立公文書館、シカゴ大学レーゲンスタイン図書館、ガルミッシュ＝パルテンキルヒェン・リヒャルト・シュトラウス研究所（とりわけクリスティアン・ヴォルフ）、シアトル公共図書館、ミュンヘン国立公文書館、ベルリン国立図書館、イェール大学スターリング図書館、トゥーレイン大学図書館および公文書館、イリノイ大学アーバナ・シャンペイン図書館および公文書館（とりわけウィリアム・マーアとデビー・プファイファー）、ハーヴァード大学ワイドナー図書館、イェール大学原稿・公文書保管所。

この種の本の執筆者というものは、公文書館や図書館の館員に忍耐を強いるだけではなく家族にも忍耐を強いることになる場合が多い。私の度重なる不機嫌の発作と、度重なる（そして、ありがたくないこともないであろう）不在に耐えてくれた妻マーガレットに感謝したい（改めて）。また、初めてのことだが、三歳の娘アルマにも感謝したい。父が自分と遊戯《ゲーム》をするよりも競技《ゲーム》について書くことのほうに多くの時間を費やすという悲しい事実を、彼女は徐々に受け容れてくれるようになった。

訳者あとがき

本書『ベルリン・オリンピック　1936　ナチの競技』（*Nazi Games: The Olympic of 1936*）の著者デイヴィッド・クレイ・ラージは現代ドイツ史の泰斗で、現在、モンタナ州立大学の歴史学教授である。ラージは一九四五年に生まれ、カリフォルニア大学バークレー校で歴史を専攻し、一九七三年に博士号を取得した。ナチが台頭してきた一九三〇年代を中心とするドイツに関する著書を十点ほど公刊し、わが国でも、『*Between Two Fires — Europe's Path in the 1930's*』（『全体主義と政治暴力――ヒトラーとスターリンの「血の粛清」』、大西哲訳、三交社、一九九三年）が紹介されている。

ベルリンで開催された一九三六年の第十一回オリンピックについてはすでにいくつもの本が出ていて、わが国でも、リチャード・マンデル著、田島直人訳『ナチ・オリンピック』（ベースボール・マガジン社、一九七六年）と、ダフ・ハート・デイヴィス著、岸本完司訳『ヒトラーへの聖火――ベルリン・オリンピック』（東京書籍、一九八八年）が翻訳されている（ともに絶版）。では、なぜ著者は新たに本書を執筆したのか。序章で著者がつまびらかにしているように、執筆の動機は二つある。一つは、かつてのナチ・ドイツ同様、一党支配の国である中国の北京で、二〇〇八年に夏季オリンピックが開かれること、もう一つは、一九三六年のベルリンの夏季オリンピックおよびガルミッシュ＝パルテンキルヒェンの冬季オリンピック関する「厖大な量の専門的な二次的文献と、公文書館の大量の記録の両方に十分に注意を払った、一般読者のための総合的研究」が、これまでなかったということである。

ベルリン・オリンピックは一党支配の国が国際的催しを開くとどうなるのかを示す、典型的な例である。ベルリン・オリンピックが開かれる前年までには、ヒトラーは総統兼国家首席、国防軍最高司令官に就任しナチ体制は次第に固まりつつあり、ヴェルサイユ条約に違反してラインラントに進駐し、国内のユダヤ人迫害をすでに始めていた。しかし、ナチ体制は世界制覇に乗り出すまで、対外的には「平和国家」という仮面を必要とした。ヒトラーは本来、国際平和を理念とするオリンピックに反対だったが、オリンピックがその仮面にうってつけなのを悟り、ユダヤ人迫害をうわべは一時中止し、国家事業としてオリンピックに厖大な費用をかける。著者ラージは、オリンピック開催期間中だけ羊の皮をかぶったナチという狼の姿を徹底的に暴いていく。そのために、かつての東独にあった未公開の文書、ゲシュタポに押収された、オリンピック選手宛の手紙まで調べるという入念な作業を行った。二〇〇八年七月八日付の『ニューヨーク・タイムズ』でジェフリー・ホイートクロフトは、本書は「米独の資料に関する完璧な知識にもとづく異例なほどの博識に溢れ」ていて、著者ラージは「読む者の心を摑んで離さぬショッキングな話」を展開していると激賞している。

ベルリン・オリンピックは、アメリカがボイコットすれば、ずっと規模の小さいものになっていたかもしれない。一九三六年までには、ドイツ在住のユダヤ人が迫害されていることは海外でも知られ始めていたので、アメリカ在住のユダヤ人を中心とするベルリン・オリンピックのボイコット運動が起こった。ところが、のちに国際オリンピック委員会（ＩＯＣ）の会長になる建設業者エイヴェリー・ブランデージが、あらゆる手を使ってそうした抗議運動を阻止し、時の大統領フランクリン・ローズヴェルトも抗議運動には消極的だったので、抗議運動はあえなく潰《つい》えた。著者ラージは、もしボイコット運動が成功していれば、まだ完全には確固としたものになっていなかったヒトラー体制に大きな打撃を与えただろうと論じている。ただしラージは、オリンピックが、現在の「閉ざされた国」を「開かれた」国にし、人権抑圧がなくなる契機にはならず、逆に、言論弾圧を強めるかもしれないと考えている。現に、二〇〇八年五月十三日付の『読売新聞』の伝えるところによれば、中国では、「五輪よりも人権を」と訴えた労働者、楊春林氏が「国家政権転覆煽動罪」で懲役五年の刑に処され、やはり、「五輪を機に中国の人権状況を改善するよう」訴えた人権活動家、胡佳氏も懲役三年六ヵ月の刑に処された（ベルリン大会中も、外国人記者にナチ政権を批判する話をした市民は逮捕された）。「スポーツは政治を超える」という、オリンピック関係者が好んで口にするスローガンが、いかに空しいものかを、ラージは鋭く指摘する。

ところで、現在のオリンピックは、ベルリン・オリンピックの一つの遺産を引き継いでいる。聖火リレーである。北京五輪の聖火リレーはチベット問題に端を発し、「平和のシンボル」が「紛争のシンボル」と化してしまったが、聖火リレーを考案したのがほかならぬナチ・ドイツだったというのは歴史の皮肉である。聖火リレーは、近代オリンピックのでっち上げられた伝統の中の「でっち上げられた伝統」であり、「古代の競技には、そんな聖火リレーなどなかった」のである。聖火リレーは、古代ギリシア人はドイツ人であったという荒唐無稽なナチ哲学を立証し、国威を発揚するためのデモンストレーションに過ぎなかったのだ。いまや聖火リレーが護衛隊で守ってまで行われなければならない「神聖な」行事になっているのを、地下のヒトラーはどう思っているだろうか。

著者ラージは歴史学者であると同時に、本書の執筆にあたってベルリン大会のマラソン・コースを走ってみたというほどのスポーツマンなので、ベルリン大会の競技そのものも微細に記述している。まず、一八九六年の近代オリンピックの第一回アテネ大会から第十回ロサンゼルス大会まで（第六回大会は中止）の競技を、興味津々の（時には滑稽な）エピソードを交えながら略述してから、第十一回のベルリン大会のほとんどの競技を臨場感溢れる筆致で再現する。そのため読者は、仰々しい開幕式から、ナチが「羊の皮」をかなぐり捨てその正体を現わした不気味な閉幕式に至るまでのベルリン大会を、まるでその場に居合わせたかのように追体験することができるのである。なお、ベルリン大会での男子競泳、棒高跳び等での日本人選手の活躍は本書にも記されているが、前畑秀子の劇的な勝利については沢木耕太郎著『オリンピア　ナチスの森で』（集英社文庫）をお読み頂きたい。

翻訳にあたっては、次の方々に大変お世話になった。心から御礼申し上げたい。著者デイヴィッド・クレイ・ラージ氏、早稲田大学教授のアントニー・ニューエル氏、岩田駿一氏、長與進氏、齊藤泰治氏、駿河台大学講師細野豊氏、エジプト大使館、トルコ大使館、ノルウェー大使館、フィンランド大使館のそれぞれの広報部の方々、白水社編集部の藤波健氏。

二〇〇八年五月二十一日

高儀　進

原注に使われている略語

AAF	Amateur Athletic Federation (Los Angeles)
AAU	Amateur Athletic Union
AJCA	American Jewish Committee Archive (New York)
ABC	Avery Brundage Collection (Champaign-Urbana)
AOC	American Olympic Committee
BAB	Bundesarchiv Berlin
BAK	Bundesarchiv Koblenz
BHSA	Bayerisches Hauptstaatsarchiv (Munich)
BPP	Bayerische Politische Polizei
BSA	Bayerisches Staatsministerium des Äussern
BSI	Bayerisches Staatsministerium des Innern
BSUK	Bayerisches Staatsministerium für Unterricht und Kultus
CDA	Carl-Diem-Archiv (Cologne)
FAZ	*Frankfurter Allgemeine Zeitung*
FO	Foreign Office
GOC	German Organizing Committee
HI	Hoover Institution (Stanford)
IfZG	Institut für Zeitgeschichte (Munich)
IJHS	*International Journal for the History of Sport*
IOC	International Olympic Committee
IOCA	International Olympic Committee Archive (Lausanne)
JSH	*Journal of Sport History*
LC	Library of Congress (Washington, DC)
MAGP	Markt-Archiv Garmisch-Partenkirchen
NA	National Archives (Washington, DC)
NAACP	National Association of Colored People
NYT	*New York Times*
OKWS	Organisations-Komittee der IV. Olympischen Winter Spiele
ÖSA	Österreichisches Staatsarchiv (Vienna)
PAAA	Politisches Archiv des Auswärtigen Amts (Berlin)
PRO	Public Record Office (London)
RMI	Reichsministerium des Innern
RSA	Richard-Strauss-Archiv (Garmisch-Partenkirchen)
RPMI	Reichs- und Preussisches Ministerium des Innern
RSHA	Reichssicherheits Hauptamt
SAM	Staatsarchiv München
SZS	*Sozial- und Zeitgeschichte des Sports*
VB	*Völkischer Beobachter*
WP	*Washington Post*

一貫性を保つために、原注においては、日、月、年の順に記すヨーロッパ式日付を用いた。

訳者略歴
一九三五年生
早稲田大学大学院修士課程修了
翻訳家
日本文藝家協会会員

主要訳書
D・ロッジ「大英博物館が倒れる」

「交換教授」

「どこまで行けるか」

「小さな世界」

「楽園ニュース」

「恋愛療法」

「胸にこたえる真実」

「考える…」

「作者を出せ!」

J・ランチェスター「フィリップ氏の普通の一日」

R・マーティン「ベートーヴェンの遺髪」

P・パーカー「越境」

M・フレイン「スパイたちの夏」

P・ピアス「シェイクスピア贋作事件」

B・ウリー「本草家カルペパー」

R・ムーアハウス「ヒトラー暗殺」

ベルリン・オリンピック1936
ナチの競技

二〇〇八年七月一〇日 印刷
二〇〇八年八月一〇日 発行

訳者 © 高《たか》儀《ぎ》 進《すすむ》
発行者 川村雅之
印刷所 株式会社理想社
発行所 株式会社白水社

東京都千代田区神田小川町三の二四
電話 営業部〇三(三二九一)七八一一
編集部〇三(三二九一)七八二一
振替 〇〇一九〇-五-三三二二八
郵便番号 一〇一-〇〇五二
http://www.hakusuisha.co.jp
乱丁・落丁本は、送料小社負担にてお取り替えいたします。

誠製本(株)

ISBN978-4-560-03188-9

Printed in Japan